CELE 17 LEGI ALE MUNCII ÎN ECHIPĂ

Cum să construiești o echipă puternică

JOHN C. MAXWELL

EDITURA AMALTEA
www.amaltea.ro

Colectivul EDITURII AMALTEA care a contribuit la realizarea acestei lucrări:
Alina Caşcaval, Cristian Cârstoiu, Simona Derla, Antoaneta Dincă, Lucian Dumitrescu, Gabriela Fărcăşanu, Eugen Gorda, Tatiana Militaru, Ana-Maria Murariu, Lidia Olaru, M.C. Popescu-Drânda, Corneliu Rusu, George Stanca, Mihaela Stanca

tehnoredactare computerizată: AMALTEA TehnoPlus

coperta: Simona Derla, Antoaneta Dincă
traducere: Raluca-Elena Daniliuc
redactor: Ana-Maria Murariu

editori:* *Dr. M.C. Popescu-Drânda
Dr. Cristian Cârstoiu

Descrierea CIP a Bibliotecii Naţionale a României
MAXWELL, JOHN C.
Cele 17 legi ale muncii în echipă / John C. Maxwell; trad.: Raluca Elena Daniliuc – Bucureşti : AMALTEA, 2003
(Cunoaştere şi autoeducare. Motivaţional)
260 p.; 21 cm
ISBN 973-9397-71-9

I. Daniliuc, Raluca-Elena (trad.)

316.47

The 17 Indisputable Laws of Teamwork

CELE 17 LEGI ALE MUNCII ÎN ECHIPĂ / JOHN C. MAXWELL
ISBN 973-9397-71-9

adresa: CP 9-8 Bucureşti
internet: www.amaltea.ro / **email**: office@amaltea.ro

Dedic această carte Trustului INJOY.

Mă faceţi să fiu un om mai bun.
Faceţi ca valoarea mea faţă de alţii să fie mai mare.
Îmi creaţi posibilitatea să fac ceea ce fac mai bine.
Îmi acordaţi mai mult timp.
Mă reprezentaţi acolo unde nu pot să merg.
Îmi oferiţi un sentiment al comuniunii care mă face să mă simt mai bine.
Îmi îndepliniţi dorinţele sufletului.
Nu voi putea niciodată să vă mulţumesc destul de mult.

CUPRINS

MULŢUMIRI

Fiecare carte pe care o scriu este rezultatul unei munci de echipă. Prezenta carte nu face nici ea excepţie. De aceea aş dori să mulţumesc celor care m-au ajutat să creez *Cele 17 Legi ale Muncii în Echipă*:

Echipei INJOY, care m-a ajutat să gândesc în profunzime şi să perfecţionez legile.

Lui Margaret Maxwell, soţia mea, cel mai bun prieten şi colegul de echipă numărul unu, care îmi dă numai sfaturi bune.

Lindei Eggers, care are întotdeauna grijă de toate detaliile vieţii mele.

Lui Kathie Wheat care a făcut o nemaipomenită muncă de cercetare pentru această carte.

Lui Stephanie Wetzel, care a „şlefuit" manuscrisul verificând şi editând fiecare cuvânt.

Lui Charlie Wetzel, ale cărui lucrări îmi extind influenţa în întreaga lume.

INTRODUCERE

În fiecare zi, într-un fel sau altul, faceţi parte dintr-o echipă. Întrebarea nu e dacă veţi participa la ceva în care sunt implicaţi şi alţii, ci dacă această colaborare cu ceilalţi va avea succes. Răspunsul îl veţi găsi în prezenta carte.

Fiecare dintre noi ştie că munca în echipă este un lucru bun: de fapt, este esenţial! Însă cum funcţionează în realitate? Ce anume determină succesul unei echipe? De ce unele echipe ajung în vârf şi îşi văd viziunea devenită realitate, în timp ce altele par a nu se îndrepta nicăieri?

Nu există răspunsuri simple la aceste întrebări. Dacă ar exista, în sport ar fi mai mulţi campioni mondiali consecutivi, iar lista celor mai puternice 500 de companii ar rămâne în fiecare an aceeaşi.

Una dintre provocările studiului cu privire la munca în echipă constă în faptul că până şi celor care au reuşit să ducă o echipă în vârf într-un anumit domeniu le este uneori foarte greu să identifice prin ce se deosebeşte o echipă puternică de un grup de indivizi care nu reuşesc să ducă nimic la capăt împreună. Unii consideră că de fapt cheia succesului este o etică a muncii foarte riguroasă. Dar nu vi s-a întâmplat să întâlniţi persoane foarte muncitoare care nu au reuşit niciodată să-şi pună în valoare întregul potenţial? Alţii cred că marile echipe sunt rezultatul alchimiei. Şi deseori spun „Nu pot să explic cum se poate crea o mare echipă, însă fără îndoială o recunosc atunci când o văd". Cum se poate realiza acest lucru şi cum aţi putea învăţa să construiţi echipa dvs.?

Fiind o persoană care comunică în permanenţă şi care petrece în fiecare an ore în şir adresându-se publicului, caut în permanenţă modalităţi directe de a le preda oamenilor adevăruri complexe. Acesta este de fapt rolul unei persoane care comunică – ia ceva complicat şi îl transformă în ceva simplu. În 1998, am scris *Cele 21 de legi supreme ale liderului*. Dorinţa mea a fost să împărtăşesc ce am învăţat în urma a trei decenii în care am ocupat poziţia de lider. Reacţia a fost copleşitoare. Cartea a ajuns pe listele cu cele mai vândute cărţi de consum *New York Times*, *Wall Street Journal*, *Business Week*, şi pe piaţa Asociaţiei Creştine a Librarilor (CBA). Sunt profund recunoscător pentru acest lucru. Însă mai important e că în ultimii ani, pe măsură ce am predat legile în Statele Unite şi pe cinci continente, am avut plăcerea de a vedea cum oamenii intră în contact cu legile, le aplică în viaţa lor şi îşi îmbunătăţesc calităţile de lider. Legile au schimbat viaţa oamenilor, iar eu mi-am dat seama că am găsit un instrument eficient de a-i ajuta să înveţe ştiinţa conducerii.

Dorinţa mea este să fac ca ştiinţa formării unei echipe să fie la fel de uşor de perceput, reţinut şi aplicat precum ştiinţa conducerii. Vreau să ridic orice văl de mister care pluteşte asupra ei. De aceea am muncit din greu să identific Legile muncii în echipă. Aspectul pozitiv al unei legi este că te poţi baza pe ea. Indiferent cine eşti, ce pregătire ai, cu ce situaţii te confrunţi, poţi aplica legile fără ezitare.

Pe măsură ce vă predau legile, veţi vedea că deseori abordez subiectul muncii în echipă din perspectiva unui lider – lucru cât se poate de firesc, atâta timp cât liderii sunt cei care formează echipele şi care le conduc către succes. Însă nu trebuie să fiţi lider pentru a putea beneficia de conţinutul acestei cărţi. Aproape tot ceea ce faceţi depinde de munca în echipă. Nu contează dacă sunteţi lider sau subaltern, antrenor sau jucător, profesor sau elev, părinte sau copil, director general sau funcţionar într-o organizaţie de voluntariat. Indiferent cine sunteţi, dacă învăţaţi şi aplicaţi legile, capacitatea dvs. de muncă în echipă va creşte. Cu cât numărul legilor pe care dvs. şi echipa dvs. le învăţaţi este mai mare, cu atât aveţi mai multe şanse de a deveni – dintr-un simplu grup de indivizi – o echipă învingătoare.

Echipele pot îmbrăca orice formă şi pot avea orice dimensiune. Dacă sunteţi căsătorit, dvs. Şi soţul sau soţia dvs. formaţi o echipă. Dacă sunteţi angajat al unei organizaţii, dvs. Şi colegii dvs. formaţi o echipă. Dacă sunteţi implicat în activităţi de voluntariat, dvs. Şi ceilalţi lucrători non-profit formaţi o echipă. Aşa cum obişnuia să spună în glumă Dan Devine „O echipă este o echipă care este o echipă. Shakespeare a spus acest lucru de foarte multe ori." Deşi e posibil ca celebrul dramaturg să nu fi rostit exact aceleaşi cuvinte, conceptul este fără îndoială adevărat. De aceea munca în echipă este atât de importantă.

La una din conferinţele mele recente, un lider tânăr care se afla la începutul carierei sale m-a întrebat: „John, poţi să-mi numeşti un lucru – unul singur şi cel mai important în acelaşi timp – pe care trebuie să-l ştiu neapărat despre munca în echipă?"

„Un singur lucru?", i-am răspuns eu. „Nu e deloc uşor să-ţi dau un răspuns".

El a insistat: „Dă-mi măcar un indiciu. Vreau să ştiu doar lucrul cel mai important".

„Bine, dacă insişti", am răspuns eu. „Singurul lucru şi cel mai important pe care trebuie să-l ştii neapărat despre munca în echipă este că există mai multe lucruri pe care trebuie să le ştii despre munca în echipă."

La început m-a privit întrebător. Apoi, a devenit puţin contrariat. Însă mai târziu, am citit în ochii lui o sclipire bruscă. „Am înţeles.", spuse. „Este de fapt un proces. Foarte bine. Sunt pregătit să îl parcurg. Sunt dornic să încep să învăţ."

Vreau să vă încurajez şi pe dvs. să faceţi acelaşi lucru, să vă consacraţi trup şi suflet procesului de învăţare a modului în care puteţi deveni membri sau fondatori extraordinari ai unei echipe. Pe măsură ce citiţi Legile Muncii în echipă şi începeţi să le aplicaţi, veţi vedea că au un impact pozitiv asupra fiecărui aspect al vieţii dvs.. Pe măsură ce continuaţi să le aplicaţi, nu uitaţi următorul lucru: Nici una dintre legi nu funcţionează individual, un rezultat cu adevărat bun nu vor da decât toate legile laolaltă. Cu cât învăţaţi mai multe legi, cu atât veţi avea performanţe mai mari.

Vă doresc să parcurgeţi cu plăcere întregul proces, să vă dedicaţi trup şi suflet şi să nu uitaţi niciodată că indiferent ce doriţi să faceţi în viaţă, e nevoie de o muncă în echipă pentru a vă împlini visurile.

1

LEGEA SEMNIFICAŢIEI

Unu este un număr mult prea mic pentru a realiza ceva măreţ

Cine sunt eroii dvs.? Bine, poate nu aveţi eroi. Atunci să vă întreb altceva: Pe cine admiraţi cel mai mult? Cu cine aţi dori cel mai mult să vă asemănaţi? Ce fel de oameni vă pun sângele în mişcare? Admiraţi:

- Inovatorii din domeniul afacerilor, precum Jeff Bezos, Fred Smith, sau Bill Gates?
- Atleţi de renume, precum Michael Jordan, Marion Jones, sau Mark McGwire?
- Genii creatoare, precum Pablo Picasso, Buckminster Fuller, sau Wolfgang Amadeus Mozart?
- Simboluri ale culturii pop, precum Madonna, Andy Warhol, sau Elvis Presley?
- Lideri spirituali, precum John Wesley, Billy Graham, sau Maica Tereza?
- Lideri politici, precum Alexandru cel Mare, Charlemagne, sau Winston Churchill?
- Giganţi ai industriei cinematografice, precum D.W.Griffith, Charlie Chaplin, sau Steven Spielberg?

- Arhitecţi sau ingineri, precum Frank Lloyd Wright, fraţii Starrett, sau Joseph Strauss?
- Oameni de ştiinţă inovatori, precum Marie Curie, Thomas Edison sau Albert Einstein?

Sau poate că lista dvs. cuprinde persoane dintr-un domeniu pe care nu l-am menţionat.

Este foarte bine să spunem că îi admirăm pe cei care au realizat ceva. Iar noi, americanii, îi iubim pe deschizătorii de drumuri sau pe indivizii curajoşi, pe cei care luptă singuri, în ciuda dificultăţilor cu care se confruntă sau a opoziţiei pe care o întâmpină: colonistul care îşi delimitează un loc al său în sălbăticia frontierei, şeriful din Vestul Sălbatic care îl înfruntă curajos pe duşman într-un schimb de focuri, pilotul care survolează singur Atlanticul şi omul de ştiinţă care schimbă lumea prin puterea minţii sale.

MITUL LUPTĂTORULUI SINGURATIC

Oricât de mult am admira realizările individuale, adevărul este că nici un individ nu a reuşit să realizeze singur nimic valoros. Convingerea că o singură persoană poate realiza ceva măreţ este un mit. În viaţa reală nu există personaje gen Rambo care să înfrunte singuri o armată întreagă. Nici măcar Luptătorul Singuratic nu era cu adevărat un singuratic. Peste tot a fost însoţit de prietenul său indian Tonto!

> *Convingerea că o singură persoană poate realiza ceva măreţ este un mit.*

Nimic extraordinar nu a fost vreodată realizat de un individ care să fi acţionat singur. Priviţi în profunzime şi veţi vedea că toate faptele aşa-zis individuale sunt în realitate rezultatul efortului depus de o întreagă echipă. Daniel Boone, figură marcantă a Frontierei, era însoţit de oameni din asociaţia Transylvania Company pe măsură ce străbătea Drumul Sălbăticiei. De şeriful Wyatt Earp aveau grijă cei doi fraţi ai săi şi Doc Holliday. Aviatorul Charles Lindberg se bucura de susţinerea a nouă oameni de afaceri din St. Louis şi beneficia de serviciile Companiei Aeronautice Ryan, care i-a construit avionul. Nici măcar Albert Einstein, omul de ştiinţă care a revoluţionat lumea cu teoria relativităţii, nu a lucrat izolat. Cu privire la cât de mult datorează celorlalţi pentru munca sa, Einstein a remarcat odată: „De multe ori pe zi îmi dau seama în ce măsură viaţa mea exterioară şi interioară se bazează pe efortul camarazilor mei, cei în viaţă şi cei trecuţi deja în eternitate, şi cât de asiduu trebuie să muncesc pentru a da în schimb tot atât cât am primit". Este adevărat că istoria ţării noastre este marcată de realizările multor lideri puternici şi indivizi inovatori care şi-au asumat riscuri considerabile. Însă acei oameni făceau întotdeauna parte dintr-o echipă.

Asupra acestui subiect, economistul Lester C. Thurow scria:

> Nimic în istoria, cultura sau tradiţiile americane nu contestă existenţa unei munci în echipă. Echipele au fost foarte importante în istoria Americii – trenuri care au cucerit Vestul, bărbaţi care au muncit împreună la linia de montaj, în industria americană şi au cucerit lumea, o strategie naţională reuşită împreună cu o muncă în echipă închegată au făcut ca un american să fie cel care a ajuns primul pe lună (şi ultimul care a ajuns atât de departe). Însă mitologia americană venerează doar individul... În America, orice tip de activitate se bucură de laude nesfârşite, însă nicăieri americanii nu ridică monumente în semn de preţuire a muncii în echipă.

Trebuie să spun că nu sunt de acord cu toate concluziile lui Thurow. La urma urmei, am văzut cu propriii mei ochi monumentul de război din Washington D.C. al Corpului de Marină al Statelor Unite, care comemorează înălţarea steagului pe monumentul Iwo Jima. Însă într-o anumită privinţă Thurow are dreptate. Munca în echipă a fost şi rămâne esenţială pentru construirea acestei ţări. Iar această afirmaţie poate fi făcută pentru orice ţară din lume.

VALOAREA MUNCII ÎN ECHIPĂ

Un proverb chinezesc spune: „În spatele unui om capabil se află întotdeauna alţi oameni capabili". Adevărul este că munca în echipă este cheia marilor realizări. Întrebarea nu este dacă echipele sunt valoroase. Întrebarea este dacă noi recunoaştem acest lucru şi dacă putem deveni jucători mai buni într-o echipă. Din acest motiv susţin că *unu este un număr mult prea mic pentru a realiza ceva măreţ*. Nu poţi realiza nimic cu adevărat valoros singur. Aceasta este Legea Semnificaţiei.

> *Nu există probleme pe care să nu le putem rezolva împreună, ci există foarte puţine probleme pe care să le putem rezolva singuri.*
>
> –LYNDON JOHNSON

Vă provoc să vă gândiţi la *o* faptă de extremă importanţă din istoria umanităţii care a fost realizată de un singur om. Indiferent care este răspunsul dvs., veţi descoperi că în acea faptă a fost implicată o întreagă echipă. Din acest motiv preşedintele Lyndon Johnson a afirmat: „Nu există probleme pe care să nu le putem rezolva împreună, însă există foarte puţine probleme pe care să le putem rezolva singuri."

C. Gene Wilkers, în cartea sa *Jesus on Leadership* a observat că puterea echipelor nu numai că este evidentă în lumea afacerilor de astăzi, ci are în acelaşi timp o istorie adâncă, evidentă chiar şi în timpurile biblice. Wilke susţine că:

- Echipele implică prezenţa unui număr mai mare de persoane, ceea ce presupune existenţa mai multor resurse, mai multor idei şi a unei energii mai mari în cazul unei singure persoane.
- Echipele cresc la maximum potenţialul unui lider şi reduc la minimum punctele sale slabe. Punctele forte şi punctele slabe sunt mult mai vizibile la o singură persoană decât la o echipă.

- Echipele oferă perspective multiple cu privire la modul în care se poate satisface o nevoie sau se poate atinge un scop, formulând astfel mai multe alternative pentru fiecare situaţie. Puterea de înţelegere a unui singur individ este rareori la fel de largă şi profundă ca aceea a unui grup atunci când se confruntă cu o anumită problemă.
- Echipele împart laudele în cazul unei victorii şi împart vina atunci când suferă o înfrângere. Acest lucru generează atitudini autentice de modestie şi spirit de echipă. O persoană primeşte singură laudele şi suportă singură vina. Ceea ce generează stări de mândrie şi câteodată un sentiment al ratării.
- Echipele fac ca liderii să fie în permanenţă responsabili pentru obiectivul care trebuie atins. Persoanele care acţionează individual pot schimba obiectivul fără a avea un sentiment al responsabilităţii.
- Echipele pot face mai mult decât o singură persoană.

Dacă doriţi să vă atingeţi potenţialul sau să încercaţi să faceţi ceea ce vi se pare imposibil – cum ar fi să transmiteţi mesajul dvs. chiar şi după două mii de ani de la moartea dvs. – trebuie să deveniţi jucător al unei echipe. Deşi pare a fi un clişeu, următoarea afirmaţie este totuşi adevărată: Indivizii iau parte la competiţie, însă echipele sunt cele care câştigă campionatele.

DE CE ACŢIONĂM INDIVIDUAL?

Ştiind tot ceea ce ştim despre potenţialul unei echipe, de ce totuşi unele persoane preferă să facă anumite lucruri singure? Cred că există mai multe motive.

1. Eul

Deşi puţini oameni recunosc fără probleme că nu pot face totul, aceasta este totuşi o realitate a vieţii. Nu există super-oameni. După cum afirmă Kerry Walls, unul din membrii echipei INJOY,

O echipă ia naştere atunci când întreaga putere de concentrare se îndreaptă către „noi", nu către „mine".

„Dacă reuşeşti să învârţi mai multe farfurii nu înseamnă că ai mai mult talent, ci că probabilitatea de a scăpa una dintre ele este mai mare." Prin urmare întrebarea nu este dacă puteţi face totul singur: ci cât de repede vă veţi da seama că nu puteţi face acest lucru.

Filantropul Andrew Carnegie remarca: „Faptul că ai ajuns să-ţi dai seama că alţii te pot ajuta să faci ceva mai bine decât ai fi făcut singur marchează o etapă importantă în dezvoltarea ta." Pentru a realiza ceva cu adevărat măreţ, descătuşaţi-vă de eul dvs. Şi pregătiţi-vă să faceţi parte dintr-o echipă.

2. Nesiguranţa

De-a lungul colaborării mele cu diverşi lideri, am descoperit că anumite persoane refuză să promoveze munca în echipă deoarece se simt ameninţaţi de alţi oameni. Niccolo Machiavelli, personalitate politică florentină a secolului al XVI-lea, a remarcat probabil unele lucruri similare, ceea ce l-a determinat să afirme: „Prima metodă folosită pentru a aprecia inteligenţa unui conducător este să-i priveşti pe oamenii din jurul lui."

Cred că mai degrabă nesiguranţa şi inteligenţa scăzută sau lipsa acesteia face ca liderii să fie înconjuraţi de oameni slabi. După cum am afirmat în *Cele 21 de legi supreme ale liderului*, numai liderii încrezători pot oferi putere şi altora. Aceasta este Legea Delegării. Pe de altă parte, liderii nesiguri nu reuşesc să creeze o echipă din două motive: fie doresc să

„Nu ar trebui să folosim doar creierele pe care le avem, ci toate creierele pe care putem să le împrumutăm."

–WOODROW WILSON

deţină controlul asupra tuturor lucrurilor de care sunt responsabili, fie le este frică că ar putea fi înlocuiţi de cineva mai capabil. În ambele cazuri, liderii care nu reuşesc să promoveze munca în echipă îşi subestimează propriul potenţial şi distrug cele mai bune eforturi ale oamenilor cu care lucrează. Ar trebui să ia în considerare sfatul preşedintelui Woodrow Wilson: „Nu ar trebui să folosim doar creierele pe care le avem, ci toate creierele pe care putem să le împrumutăm".

3. Naivitatea

Pe biroul consultantului John Ghegan se află o plăcuţă pe care scrie: „Dacă ar trebui să o iau de la capăt din nou, aş apela la un ajutor". Această remarcă scoate perfect în evidenţă sentimentele celui de-al treilea tip de persoane care nu reuşesc să devină fondatori ai unei echipe. Subestimează cu naivitate dificultatea realizării unor lucruri măreţe. Prin urmare, încearcă să facă totul singuri.

Unii oameni care se încadrează la început în această categorie reuşesc până la urmă să îşi corecteze modul de gândire. Îşi dau seama că visurile lor depăşesc capacităţile de care dispun, îşi dau seama că nu pot să îşi îndeplinească obiectivele singuri şi acţionează în consecinţă. Metoda lor de realizare a obiectivului devine construirea unei echipe. Însă alţii află acest adevăr prea târziu, şi nu îşi îndeplinesc obiectivele. Şi e păcat.

4. Temperamentul

Unii oameni nu sunt foarte sociabili şi nu iau în considerare posibilitatea construirii unei echipe şi participării acesteia. Pe măsură ce se confruntă cu anumite situaţii, nu se gândesc niciodată că ar putea să-i implice şi pe alţii pentru a realiza ceva.

Fiind o persoană căreia îi place să colaboreze cu alţii, îmi vine greu să înţeleg acest lucru. Ori de câte ori mă confrunt cu o situaţie de orice fel, primul lucru pe care îl fac este să mă gândesc la oamenii pe care vreau să-i am în echipă pentru a mă ajuta. Aşa am făcut de cînd eram copil. Întotdeauna am gândit astfel: *De ce să faci o călătorie singur dacă poţi să-i inviţi şi pe alţii*?

> *Se ştie că oamenii au realizat întotdeauna mai multe dacă au lucrat împreună cu alţii, şi nu împotriva lor.*
>
> – DR. ALLAN FROMME

Înţeleg că nu toată lumea acţionează în acest fel. Însă nu are nici o importanţă dacă v-aţi născut sau nu cu anumite predispoziţii pentru munca în echipă. Dacă faceţi totul singuri şi nu vă aliaţi niciodată cu alţii, creaţi bariere imense în faţa dezvoltării propriului potenţial. Dr. Allan Fromme spunea în glumă: *Se ştie că oamenii au realizat întotdeauna mai multe dacă au lucrat împreună cu alţii, şi nu împotriva lor*. E puţin spus! E nevoie de o echipă pentru a face ceva durabil. În plus, chiar şi persoanele cele mai introvertite pot învăţa să se bucure de avantajele muncii în echipă. (Ceea ce e adevărat chiar dacă cineva nu încearcă să realizeze ceva măreţ.)

Cu câţiva ani în urmă prietenul meu Chuck Swindoll, în cartea sa *The Finishing Touch*, a scris un fragment care surprinde perfect importanţa muncii în echipă.

> Nimeni un poate fi o echipă întreagă. Avem nevoie unii de alţii. Ai nevoie de cineva şi cineva are nevoie de tine. Nu suntem insule izolate. Pentru a face ca acest lucru pe care îl numim viaţă să funcţioneze trebuie să contăm pe ceilalţi şi să oferim sprijin. Să apelăm la ceilalţi şi să răspundem şi noi nevoilor lor. Să dăm şi să luăm. Să mărturisim şi să iertăm. Să întindem mâna, să îmbrăţişăm, să avem încredere ... Deoarece nici unul dintre noi nu este întrutotul o persoană expertă, independentă, suficientă-sieşi, super-capabilă, atotputernică, ar trebui să încetăm să mai acţionăm ca şi cum am fi. Ducem oricum o viaţă destul de singuratică fără să interpretăm acest rol prostesc. Jocul s-a terminat. Putem începe să creăm legături.

Pentru cei care încearcă să facă totul singuri, jocul s-a terminat cu adevărat. Dacă vreţi să realizaţi ceva măreţ, trebuie să creaţi legături cu ceilalţi. *Unu este un număr mult prea mic pentru a realiza ceva măreţ.* Aceasta este Legea semnificaţiei.

DIFERENŢA E VIZIBILĂ

Dacă privim modul în care oamenii îşi organizează viaţa, putem spune destul de repede cine recunoaşte şi îmbrăţişează adevărul Legii semnificaţiei. Acest lucru este fără îndoială valabil în cazul lui Lilly Tartikoff. Nu ştiu dacă Lilly a cunoscut dintotdeauna valoarea muncii în echipă, însă presupun că a învăţat acest lucru destul de devreme deoarece a fost balerină profesionistă. Dacă dansatorii nu lucrează împreună, atunci performanţele lor nu ating niciodată nivelul performanţelor lui Lilly. Încă de la vârsta de şapte ani, exersa şase zile pe săptămână, timp de zece ore pe zi. Prin urmare a devenit membră a Teatrului de Balet din New York şi a lucrat aici între 1971 şi 1980.

La o partidă de tenis din Los Angeles, în 1980, Lilly l-a întâlnit pe Brandon Tartikoff, cel care fusese proaspăt numit preşedinte de divertisment la NBC. În vârstă de numai 30 de ani, era la acea vreme cel mai tânăr preşedinte dintr-un post de televiziune. Peste puţin timp s-au împrietenit. Apoi s-a închegat între ei o relaţie de dragoste, iar în 1982 erau căsătoriţi. Atunci a început o viaţă cu totul nouă pentru Lilly. Cea care în trecut nu era nicidecum o „practicantă" a privitului la televizor a devenit soţia directorului unui post de televiziune înrădăcinat în cultura industriei de divertisment din Los Angeles. Însă această schimbare nu era nimic în comparaţie cu cealaltă situaţie cu care s-a confruntat în acel an. Pentru a doua oară, Brandon a fost diagnosticat cu boala lui Hodgkin.

PUTEREA UIMITOARE A ŞTIINŢEI

La sfatul unui doctor care îi era prieten, Brandon a consultat un tânăr cercetător în domeniul oncologiei de la Universitatea UCLA, pe nume Denny Slamon. În luna august 1982, Dr. Slamon i-a aplicat lui Brandon două tipuri de tratament, dintre care unul experimental. Tratamentul îi era aplicat vinerea, după care Lilly îl ducea acasă, şi îl îngrijea în timpul week-end-ului când suferea din cauza efectelor secundare extrem de neplăcute. Un an au făcut acelaşi lucru, timp în care Brandon a continuat să-şi exercite rolul de preşedinte al canalului de televiziune. A fost o perioadă dificilă pentru ei, însă au ales să lupte împotriva cancerului ca o echipă, iar în timp Brandon s-a vindecat.

Din tot acest coşmar au rezultat multe lucruri bune. În primul rând, NBC-ul, postul de televiziune pentru care lucra Brandon şi care în ratinguri era cel mai prost cotat, a urcat pe prima poziţie. În autobiografia sa a scris „Cancerul te ajută să vezi lucrurile mai clar. Mi-am dat seama că boala te *ajută* să îţi faci meseria dintr-un motiv foarte simplu: Nimic nu te determină mai mult decât cancerul să te concentrezi asupra a ceea ce este important."[1] Acest lucru i-a permis să difuzeze unele dintre cele mai populare şi inovatoare show-uri din istoria televiziunii: *The Cosby Show, Cheers, Hill Street Blues, Miami Vice, The Golden Girls, The A-Team, St. Elsewhere* şi altele.

Pentru Lilly însă rezultatul a fost diferit. După ce soţul ei s-a vindecat de boala lui Hodgkin, pur şi simplu nu putea să treacă de acest episod al vieţii ei.

„Brandon s-a bucurat de rezultatele unei ştiinţe uimitor de puternice", remarca ea. Cercetările medicale care i-au prelungit viaţa lui Brandon au intrigat-o. Prin urmare, atunci când a avut ocazia să îi ajute pe alţii să beneficieze de aceeaşi ştiinţă, nu a putut spune nu. Acest lucru s-a întâmplat în 1989 când Dr. Dennis Slamon, omul de ştiinţă de la UCLA care l-a tratat pe Brandon cu şapte ani în urmă, i-a cerut lui Lilly ajutorul.

NIMENI NU POATE SĂ REALIZEZE CEVA SINGUR

Dr. Slamon studia de mulţi ani cancerul la sân. Credea că se află pe punctul de a aplica un tratament complet nou care nu numai că ar fi fost mai eficient pentru tratarea cancerului decât orice tratament aplicat ulterior, însă nu ar avut nici efectele secundare obişnuite ale chimioterapiei. Avea competenţa şi abilităţile necesare pentru a realiza acest lucru, însă nu putea să îl ducă la capăt singur. Avea nevoie de cineva care să îl ajute să obţină finanţarea necesară. S-a gândit la Lilly. Era mult prea fericită ca să îl refuze.

Planul pe care l-a pus la punct a dovedit o deplină înţelegere a muncii în echipă şi a parteneriatelor strategice. Lilly lucrase odată ca şi consilier în materie de frumuseţe pentru Max Factor, care făcuse iniţial parte din compania Revlon. A încercat să stabilească o colaborare între Ronald Perelman, director general la Revlon şi Dr. Slamon. La început nu a fost uşor, însă de îndată ce Perelman a înţeles potenţialul cercetării lui Slamon, a acordat 2,4 milioane de dolari pentru munca omului de ştiinţă fără nici un fel de restricţii. A fost un parteneriat în premieră. Rezultatul a fost crearea Programului de Cercetare în domeniul cancerului la femei Revlon/ UCLA – iar nu după mult timp, un nou tratament de succes împotriva cancerului salva vieţile a numeroase femei.

BUCURIA DE A MUNCI ÎN ECHIPĂ

Pentru Lilly, co-finanţarea programului de cercetare a fost doar începutul. A început să se bucure de rezultatele muncii în echipă, şi era nerăbdătoare să facă şi mai mult. Şi-a dat foarte repede seama că putea să îi implice şi pe alţii în munca sa. Dorea să construiască o echipă mai mare, iar pentru aceasta putea să îşi folosească relaţiile din lumea show-business-ului. În acelaşi an a înfiinţat în Hollywood un Bal al Focului şi al Gheţii cu scopul de a aduna fonduri. Câţiva ani mai târziu, şi-a extins cercul şi a creat un parteneriat cu Entertainment Industry Foundation (EIF) – Fundaţia Industriei de Divertisment şi a înfiinţat Maratonul Revlon, mai întâi în Los Angeles, apoi în New York. În urma acestor evenimente s-au strâns peste 18 milioane de dolari pentru cercetările din domeniul cancerului. Iar în 1996, a contribuit la crearea Alianţei Naţionale de Cercetare în domeniul cancerului la femei.

În 1997, cancerul soţului ei Brandon a recidivat pentru a treia oară şi i-a pus capăt vieţii. Nu avea decât 48 de ani. În ciuda acestui obstacol de ordin personal, Lilly continuă să construiască echipe pentru a lupta împotriva cancerului. Atunci când a întâlnit-o pe Katie Couric, al cărei soţ murise din cauza cancerului la colon, Lilly a fost din nou stimulată să treacă la acţiune. Cu ajutorul lui

Curic şi al EIF, a înfiinţat în 2000 Alianţa Naţională de Cercetare în domeniul cancerului colorectal.

„Când am aflat, eu şi Katie”, spunea Lilly „că dacă e diagnosticat din timp, cancerul poate fi învins, mai exact poate fi vindecat şi tratat în procent de 90%... ei bine, a fost ca şi cum i s-ar fi arătat o friptură unui câine înfometat. M-am gândit că trebuie să facem acest lucru. Aşa că mi-am implicat toţi partenerii: Fundaţia Industriei de Divertisment şi doctorul Slamon...iar Dr. Slamon a venit cu un program de lucru şi o misiune...Aşa am creat NCCRA [Alianţa Naţională de Cercetare în domeniul cancerului colorectal]. Nu vă puteţi imagina emoţia şi satisfacţiile pe care le-am trăit!”[2]

Un singur individ nu poate duce la capăt sarcina incredibilă şi extrem de importantă pe care Lilly Tartikoff şi partenerii ei încearcă să o îndeplinească. Nici o persoană nu poate să lupte singură împotriva cancerului. Ceea ce este valabil pentru orice lucru care merită făcut. Dacă este vorba despre ceva extrem de important, este nevoie de o echipă. Lilly şi-a dat seama de acest lucru, l-a aplicat, iar acum trăieşte realizându-l în fiecare zi. *Unu este un număr mult prea mic pentru a realiza ceva măreţ.* Aceasta este Legea Semnificaţiei.

CUGETARE CU PRIVIRE LA MUNCA ÎN ECHIPĂ

Poate că sunteţi bun – dar cu siguranţă nu sunteţi *atât de* bun!

CUM SĂ DEVENIŢI UN MEMBRU MAI BUN AL UNEI ECHIPE

Care sunt scopurile majore pentru îndeplinirea cărora lucraţi în prezent? Notaţi mai jos câteva dintre ele:

1. ______________________________
2. ______________________________
3. ______________________________

Acum, reflectaţi asupra modului în care puteţi îndeplini aceste scopuri. Ce metodă aţi ales pentru a le îndeplini? Veţi încerca să le realizaţi singur? Sau aveţi de gând să construiţi o echipă?

Dacă nu încercaţi să faceţi parte dintr-o echipă, atunci daţi-vă seama de ce. E din cauza eului? A unui sentiment de nesiguranţă? Aţi estimat greşit dimensiunea situaţiilor cu care vă confruntaţi? Sau temperamentul dvs. vă îndeamnă să munciţi singur? Dacă răspunsul dvs. la una din aceste întrebări este da, încercaţi să depăşiţi dificultatea respectivă imediat. Cu cât deveniţi mai repede membrul unei echipe, cu atât mai repede veţi putea să vă îndepliniţi visurile.

CUM SĂ DEVENIŢI UN LIDER DE ECHIPĂ MAI BUN

Gândiţi-vă la cel mai mare vis al vieţii dvs. Acum întrebaţi-vă:

- „E mai mare decât pot eu realiza?”
- „După realizarea lui, beneficiază şi alţii în afară de mine?”
- „Merită să îmi dedic o parte a vieţii?”

Dacă răspunsul dvs. la toate aceste întrebări este da, gândiţi-vă ce fel de oameni ar trebui să vi se alăture pentru a realiza visul dvs. Întocmiţi o listă cu oamenii care vi se par potriviţi şi care ar dori să vi se alăture. Apoi invitaţi-i să vă însoţească în călătoria dvs. şi căutaţi în permanenţă şi alţi oameni care ar dori să beneficieze de avantajul de a face parte dintr-o echipă.

2

LEGEA IMAGINII DE ANSAMBLU

Scopul este mai important decât rolul

Cu mulţi ani în urmă, am fost invitat să particip la o conferinţă importantă pregătită de o organizaţie naţională foarte respectată. Eram una dintre cele aproximativ douăsprezece persoane care au fost alese să ia cuvântul în faţa unui public de peste şaizeci de mii de oameni din toate colţurile ţării. Conferinţa era organizată pentru o cauză pe care o preţuiam, deci am considerat invitaţia o onoare.

Cu câteva săptămâni înaintea conferinţei, toţi vorbitorii am fost programaţi să ne întâlnim cu fondatorul organizaţiei pentru a pune la punct aspecte legate de strategie, pentru a discuta despre subiectele pe care urma să le abordăm în discursurile noastre, şi pentru a oferi suport şi sugestii unul altuia. Am fost foarte încântat de acest lucru, deoarece din grup făceau parte şi câţiva lideri extraordinari. Întâlnirea promitea a fi extrem de dinamică, însă de fapt s-a dovedit a fi foarte diferită de aşteptările mele.

Când am intrat toţi în sală, nimic nu părea a semăna cu o sesiune de strategie şi suport. Pe măsură ce discutam despre ziua în care urma să aibă loc conferinţa, câţiva vorbitori dădeau impresia că şi-ar negocia locul şi momentul în care urmau să ia cuvântul. Fiind persoane cu abilităţi foarte bune de comunicare, şi-au dat seama că ordinea în care urmau să vorbească, momentul din zi şi intervalul de timp care urma să le fie alocat influenţează foarte mult receptarea mesajului. Rolul pe care fiecare vorbitor urma să îl joace părea a fi mult mai important decât scopul în sine al conferinţei.

Însă am mai observat şi altceva. Atunci când un vorbitor ne-a informat succint cu privire la subiectul pe care urma să îl abordeze, mi-am dat seama imediat că discursul lui va fi elementul de bază al conferinţei. Iar toate celelalte mesaje urmau să vină în completarea acestuia. Totuşi persoana respectivă nu se lupta pentru a obţine cel mai bun loc. Nu negocia. Părea că nu vrea deloc să ia parte la toată târguiala aceea.

În acel moment în care toată lumea se concentra asupra propriei persoane, mi-am dat seama că am pierdut din vedere principalul motiv pentru care ne aflam acolo. De aceea am atras atenţia grupului cu privire la acest vorbitor: „Cred că mesajul său va fi cel care va aduce cu adevărat o schimbare în vieţile oamenilor care participă la această conferinţă. Şi cred că publicul îl va primi mai bine dacă va fi transmis în timpul care îmi este alocat mie. Vă mulţumesc." I-am spus persoanei care nu încerca să îşi promoveze discursul: „Vă rog, acceptaţi locul meu".

A fost ca şi cum cineva ar fi lovit fiecare persoană din încăpere. Dintr-o dată toată lumea a început să aibă o nouă viziune asupra lucrurilor. Din acel moment, au încetat să se ocupe doar de propria persoană şi să îşi protejeze propriul discurs, s-au arătat dispuşi să facă totul pentru binele colectiv. Ne-am amintit cu toţii că scopul este mai important decât rolurile noastre individuale. Aceasta este esenţa Legii Imaginii de Ansamblu.

CE ROL ÎMI REVINE?

Într-o cultură care preamăreşte gloria medaliilor individuale de aur şi în care fiecare luptă pentru drepturile sale în loc să se concentreze asupra asumării unor responsabilităţi, oamenii au tendinţa de a pierde din vedere imaginea de ansamblu. De fapt unii oameni par a crede că ei sunt întreaga imagine. Totul se învârte în jurul nevoilor, scopurilor şi dorinţelor personale. Am văzut pe un tricou un mesaj care exprimă această atitudine foarte bine: „Ideea mea despre o echipă este o mulţime de oameni care fac ceea ce le spun eu să facă."

În cazul în care considerați că dvs. sunteţi întreaga imagine, nu veţi vedea niciodată imaginea de ansamblu.

O echipă nu trebuie să fie o adunătură de oameni care sunt folosiţi de un singur individ ca instrument pentru obţinerea unor câştiguri personale. Membrii unei echipe trebuie să aibă scopuri comune, de care să beneficieze cu toţii în mod egal. Trebuie să fie motivaţi să lucreze împreună, nu să fie manipulaţi de cineva pentru propria glorie. Oricine este obişnuit să adune mai mulţi oameni şi să îi folosească doar pentru interesul propriu nu este un fondator de echipă; este un dictator.

Dacă doriţi să observaţi dinamica unei echipe în acţiune, urmăriţi lumea sportului unde puteţi vedea cu uşurinţă dacă oamenii lucrează împreună. Rezultatul unui meci este imediat şi poate fi măsurat. Din acest motiv este uşor să observaţi dacă un individ se gândeşte doar la el şi nu la scopurile şi valorile comune ale echipei.

În sport, pentru a câştiga, membrii unei echipe trebuie să aibă întotdeauna în faţă imaginea de ansamblu. Trebuie să îşi amintească faptul că scopul lor este mai important decât rolul fiecăruia – sau decât orice glorie personală pe care ar putea să şi-o dorească. Superstarul NBA David Robinson remarca: „Cred că orice jucător vă va spune că realizările personale contribuie la dezvoltarea eului, însă dacă nu câştigi, eşecul va fi resimţit de-a lungul unui sezon foarte, foarte lung. Ceea ce contează cel mai mult este că echipa a jucat bine."

TOTUL SE REZUMĂ LA ECHIPĂ

Renumitul antrenorul de fotbal din Oklahoma din anii '50, Bud Wilkinson, a afirmat în *The Book of Football Wisdom* astfel:

> *„Dacă o echipă urmează să-şi atingă potenţialul, fiecare jucător trebuie să dorească să-şi subordoneze scopurile personale binelui întregii echipe."*
>
> – BUD WILKINSON

„Dacă o echipă urmează să-şi atingă potenţialul, fiecare jucător trebuie să dorească să-şi subordoneze scopurile personale binelui întregii echipe."

Unele echipe de sport par a adopta mentalitatea „Fiecare pentru sine". Altele fac în aşa fel încât atitudinea de subordonare şi de muncă în echipă să fie vizibilă în tot ceea ce fac. De exemplu, echipe de fotbal precum Notre Dame sau Penn State nu au numele jucătorilor înscrise pe tricouri. Lou Holtz, fost antrenor al echipei Fighting Irish, a explicat de ce. „La Notre Dame, consideram că simpla alăturare a celor două litere ND era singura identificare de care aveam nevoie. Ori de câte ori se plângea cineva, îi spuneam că e norocos că i-am permis să aibă numărul trecut pe echipament. Pentru mine, iniţialele erau suficiente pentru a-mi indica ce poziţie ocupă jucătorul. Dacă prioritatea ta este echipa, şi nu tu însuţi, de ce altceva mai ai nevoie?"

Echipele câştigătoare au jucători care pun interesul echipei înaintea interesului personal. Vor să joace în zona lor de competenţă, însă sunt dispuşi să facă ceea ce e necesar pentru binele echipei. Sunt dispuşi să îşi sacrifice rolul pentru scopul suprem. Aceasta este Legea Imaginii de Ansamblu.

OBSERVÂND IMAGINEA DE ANSAMBLU

Oamenii care construiesc echipe de succes nu uită niciodată că fiecare persoană dintr-o echipă trebuie să joace un rol, iar fiecare rol are contribuţia sa pentru realizarea unei imagini mai mari. Fără această perspectivă, echipa nu îşi poate îndeplini scopul, chiar dacă „jocul" echipei este sportul, afacerile, familia, parohia sau guvernul.

> *„Nu toţi membrii unei echipe campioane se bucură de aprecierile publicului, însă fiecare dintre ei poate spune că este campion."*
>
> – EARVIN „MAGIC" JOHNSON

Liderii aflaţi la cel mai înalt nivel înţeleg Legea Imaginii de Ansamblu. Au întotdeauna în faţa lor şi a oamenilor lor marea imagine. Un exemplu evocator în acest sens este Winston Churchill. Se spune că în timpul celui de-al doilea război mondial, atunci când Marea Britanie traversa cea mai întunecată perioadă, era extrem de dificil să îi determini pe oameni să nu renunţe la munca lor din minele de cărbune. Mulţi vroiau să renunţe la slujbele mizerabile din mine care nu le aduceau nici o satisfacţie, pentru a intra în armată, care se bucura atunci de aprecierea şi susţinerea tuturor. Totuşi munca lor în mină a fost esenţială pentru succesul războiului. Fără cărbune, militarii şi cei rămaşi acasă s-ar fi confruntat cu probleme grave.

Prin urmare primul ministru s-a întâlnit într-o zi cu miile de mineri şi le-a explicat că munca lor este extrem de importantă în acel război şi că ar putea duce la îndeplinirea sau la distrugerea scopului de a păstra libertatea Angliei.

Churchill a prezentat imaginea a ceea ce se va întîmpla când se va termina războiul, şi anume marea paradă închinată oamenilor care au luptat în război. În primele rânduri s-ar afla marinarii forţelor maritime, cei care au continuat tradiţia victoriei de la Trafalgar şi au înfrânt Invincibila Armadă. Aceştia ar fi urmaţi de cei mai buni oameni ai Marii Britanii, piloţii Forţei Regale Aeriene care au învins forţele aeriene germane. În spatele lor ar fi soldaţii care au luptat la Dunkirk.

Ultimii ar fi oamenii murdari de cărbune îmbrăcaţi în uniforme de miner. Iar Churchill a atras atenţia că cineva din mulţime ar putea să întrebe: „Dar voi unde aţi fost în zilele cumplite de război?" Iar vocile celor zece mii de bărbaţi ar răspunde: „Am fost în subteran, la mari adâncimi, cu faţa îndreptată către cărbune".

Se spune că în ochii acelor bărbaţi căliţi în muncă au apărut lacrimi. Şi s-au întors cu toţii la munca lor umilă cu o hotărâre de neclintit, după ce li s-a amintit că joacă un rol important în împlinirea scopului nobil al ţării lor: păstrarea libertăţii lumii occidentale.

Acesta este genul de mentalitate care trebuie adoptat atunci când se construieşte o echipă. Este nevoie de curaj şi hotărâre pentru a recunoaşte că *scopul este mai important decât rolul.* Nu e deloc uşor să faci, ca individ, ceea ce e mai bine pentru echipă. Deseori acest lucru presupune sacrificarea satisfacţiei profesionale, a planurilor individuale sau a succesului personal. Dar după cum spunea Earvin „Magic" Johnson, starul NBA devenit prosper om de afaceri „Nu toţi membrii unei echipe campioane se bucură de aprecierile publicului, însă fiecare dintre ei poate spune că este campion."

CE SE ÎNTÂMPLĂ CU ECHIPELE CARE ADOPTĂ IMAGINEA DE ANSAMBLU?

De ce totuşi oamenii încep să devină o echipă mai unită? Cum se face trecerea de la oameni independenţi la jucători de echipă care exemplifică Legea Imaginii de Ansamblu? Nu e ceva care să se întâmple peste noapte. E nevoie de timp. Iată cele mai bune sfaturi pe care vi le pot da cu privire la modul în care puteţi începe acest proces.

1. Priviţi imaginea de ansamblu

Totul începe cu o viziune. Trebuie să aveţi un scop. Dacă nu aveţi un scop nu puteţi avea o echipă adevărată. Jucătorul de baseball din Hall of Fame, Yogi Berra, spunea în glumă: „Dacă nu ştii încotro te îndrepţi, vei sfârşi în cu totul altă parte". Un individ fără scop poate sfârşi oriunde. Un grup de indivizi fără scop nu se pot îndrepta nicăieri. Pe de altă parte, dacă toţi membrii unui anumit grup îmbrăţişează viziunea necesară pentru a realiza imaginea de ansamblu, atunci acei oameni au potenţialul de a deveni o echipă eficientă.

De obicei liderii au rolul de a percepe şi de a comunica viziunea. Trebuie mai întâi să o vadă, apoi să îi ajute şi pe alţii să o vadă.

Este ceea ce a făcut Winston Churchill atunci când s-a adresat minerilor în timpul războiului. Este ceea ce a făcut Dr. Martin Luther King Jr. atunci când a vorbit oamenilor despre visul său de pe treptele Monumentului Lincoln din Washington D.C. Este ceea ce a făcut directorul general al General Electric, Jack Welch, atunci când i-a anunţat pe oamenii săi că o divizie a GE care nu putea fi prima sau a doua pe piaţa sa nu putea face parte din GE. Oamenii care fac parte dintr-o echipă se sacrifică şi lucrează împreună *doar* dacă pot vedea către ce se îndreaptă.

Dacă sunteţi liderul echipei dvs., rolul dvs. este să faceţi numai ceea ce puteţi face: Pictaţi imaginea de ansamblu pentru oamenii dvs. Fără viziune nu vor găsi dorinţa de a atinge scopul.

2. *Evaluaţi situaţia*

Unul dintre uriaşele avantaje ale imaginii de ansamblu este că vă ajută să recunoaşteţi cât de departe vă aflaţi de realizarea ei. Pentru cineva hotărât să facă ceva singur, este deseori înspăimântător să observe prăpastia care există între realitate şi ceea ce ar putea fi. Cei care trăiesc pentru a construi echipe nu sunt deloc îngrijoraţi de dimensiunea sarcinii pe care o au de îndeplinit. Nu dau înapoi în faţa provocării, ci savurează ocazia care le este oferită. Aşteaptă cu nerăbdare să întemeieze o echipă şi să pună la punct un plan pentru îndeplinirea viziunii lor.

La o întrunire a celor trei divizii ale Trustului INJOY, directorul general Dave Sutherland a expus în faţa oamenilor noştri câteva dintre obiectivele pentru anul următor. (Unele dintre aceste obiective erau imense.) Dave a afirmat, „Unii înţeleg dimensiunea obiectivului şi se sperie. Ceea ce nu mă deranjează absolut deloc. Avem deja o echipă nemaipomenită. Pentru a o duce către nivelul următor, mai avem nevoie doar de câţiva oameni ca cei pe care îi avem deja." Aceasta este mentalitatea fondatorului unei echipe.

3. *Strângeţi resursele necesare*

Hawley R. Everhart consideră: „Este cât se poate de bine să ţinteşti sus, atâta timp cât ai multă muniţie." Iată ceea ce sunt de fapt resursele: muniţia necesară pentru a vă ajuta să vă atingeţi scopul. Nu contează din ce fel de echipă faceţi parte. Nu puteţi face progrese fără a avea la dispoziţie echipamentele, facilităţile, fondurile necesare – oricare ar fi scopul dvs: să escaladaţi un munte, să cuceriţi o piaţă, sau să creaţi o parohie. Cu cât echipa dvs. este mai dotată, cu atât membrii ei vor avea mai puţine probleme care le pot încetini drumul către atingerea scopului.

4. Alegeţi jucătorii potriviţi

Pentru construirea unei echipe de succes, membrii înseamnă totul. Puteţi avea o viziune distinctă, un plan exact, foarte multe resurse, şi o conducere extrem de competentă, însă dacă nu dispuneţi de oamenii potriviţi, nu veţi ajunge nicăieri. (Voi vorbi mai detaliat despre acest subiect în celelalte legi). Puteţi pierde chiar dacă aveţi jucători potriviţi, însă nu puteţi niciodată câştiga cu jucători slabi.

5. Renunţaţi la programele personale

Echipele care câştigă au jucători care se întreabă în permanenţă: „Ce este mai bine pentru restul echipei?" Întotdeauna renunţă la programele personale pentru binele echipei. Motto-ul lor poate fi exprimat foarte bine de cuvintele lui Ray Kroc, cel care a înfiinţat compania McDonald's: „Nici unul dintre noi nu este mai important decât ceilalţi".

O poveste celebră din lumea sportului de acum câţiva ani a fost succesul Echipei de Fotbal Feminin a Statelor Unite. Echipa a câştigat aurul olimpic şi cupa mondială la un interval de câţiva ani. O jucătoare de bază a acelei echipe era Mia Hamm. În cartea sa *Go for the Goal*, autoarea îşi expune părerea asupra sportului pe care îl practică şi asupra atitudinii pe care un jucător trebuie să o adopte într-un meci pentru a atinge obiectivul de a deveni campion.

> *„Nici unul dintre noi nu este mai important decât ceilalţi".*
>
> – RAY KROC

Fotbalul nu este un sport individual. Nu eu sunt cea care înscriu toate golurile, însă cele pe care le înscriu sunt de obicei rezultatul unui efort de echipă. Nu eu ţin mingea în afara porţii la capătul celălalt al terenului. Nu eu concep strategiile de joc. Nu eu spăl echipamentul (deşi câteodată îl mai spăl şi eu), şi nu eu fac rezervările la avion. Sunt membrul unei echipe şi contez pe echipă. Mă supun echipei şi mă sacrific pentru ea, pentru că echipa, nu individul, este de fapt campionul suprem.

Mia Hamm a înţeles Legea Imaginii de Ansamblu. Şi fiind dispusă să facă absolut orice pentru a-şi ajuta echipa – inclusiv să spele echipamentul – a arătat că scopul este mai important decât rolul.

6. *Îndreptaţi-vă către un nivel superior*

Echipele se pot îndrepta către un nivel superior de-abia atunci când jucătorii muncesc împreună şi renunţă la programele personale. Este genul de sacrificiu pe care munca în echipă îl impune. Din păcate unii preferă să nu renunţe la programele personale şi să urmeze drumul eului lor infatuat în loc să se dedice în totalitate pentru a realiza ceva extraordinar.

După cum spunea filozoful Friedrich Nietzsche: „Mulţi sunt cei care se încăpăţânează să urmeze calea pe care au ales-o, puţini cei care se încăpăţânează să urmeze calea către îndeplinirea scopului". Lucru foarte trist atâta timp cât cei care nu se gândesc decât la ei înşişi nu reuşesc să vadă imaginea de ansamblu. Prin urmare potenţialul lor rămâne intact, iar cei care depind de acest tip de persoane vor fi fără îndoială dezamăgiţi.

ROLUL SUBORDONATULUI PENTRU SUCCESUL ECHIPEI

Preşedintele Abraham Lincoln a remarcat odată: „Aproape toţi oamenii pot să suporte adversitatea, însă dacă doriţi să testaţi caracterul unui om, daţi-i putere." Puţini oameni au mai multă putere decât un preşedinte american. Să fii aşa-zisul conducător al lumii libere ţi se poate urca uşor la cap. Însă nu şi în cazul lui Jimmy Carter. Dacă privim retrospectiv cariera sa – de când era membru în consiliul administrativ al unei şcoli şi până la mandatul său la Casa Albă şi chiar mai târziu – putem observa că era dispus să preia aproape orice rol pentru a realiza un obiectiv în care credea. A îmbrăţişat întotdeauna Imaginea de Ansamblu.

Cel mai elocvent exemplu al Legii Imaginii de Ansamblu din cariera lui Carter este munca sa la Habitatul pentru Umanitate. Habitatul a fost înfiinţat oficial de Millard şi Linda Fuller în 1976, deşi cei doi încercau de mulţi ani să aplice această idee, mai întâi în Statele Unite apoi în alte ţări. Scopul organizaţiei este imens – eradicarea lipsei unui număr suficient de locuinţe şi a adăposturilor improprii în întreaga lume.

Şi-au început acţiunea curajoasă la sfârşitul anilor '70 şi începutul anilor '80. După şase luni construiseră case în Mexic, Zair şi Guatemala. În Statele Unite, asociaţii lor construiau case în San Antonio, Texas; Americus, Georgia; Johns Island, Carolina de Sud; şi alte locaţii din Florida şi Appalachia. S-au pus deja bazele pentru a construi locuinţe în multe alte oraşe, însă întregul proces era o adevărată luptă. Găsiseră o formulă de succes pentru îndeplinirea scopului: să ofere case celor mai nevoiaşi oameni, să construiască locuinţe la preţuri scăzute folosind mână de lucru voluntară, să îl implice pe viitorul proprietar al casei în procesul de construcţie, şi să creeze împrumuturi fără dobândă pentru finanţarea caselor. A fost o idee inspirată, care dădea rezultate. Pentru a aplica această idee în întreaga lume, aşa cum doreau ei, cei doi Fuller ştiau că va fi necesar să ducă Habitatul la cu totul alt nivel.

Din sediul lor din Americus, oraş situat în sudul statului Georgia, au întrezărit o idee. La o distanţă de 16 km, în orăşelul Plains, trăia un bărbat care ar fi putut să-i ajute: acesta era Jimmy Carter. Fostul preşedinte al Statelor Unite luase cuvântul la două întruniri ale Habitatului. După discursul lui Carter din 1983, Millard Fuller a avut ideea de a-i propune lui Carter să contribuie la dezvoltarea proiectului. S-au întâlnit la începutul anului 1984. Când Carter a mărturisit că este foarte interesat de Habitatul pentru Umanitate, Fuller s-a hotărât să îi propună deschis o listă cu cincisprezece roluri pe care fostul preşedinte le-ar putea prelua, sperând că va fi de acord cu unul sau două dintre acestea. Pe lista sa erau incluse următoarele roluri: să ocupe un loc în consiliul administrativ al Habitatului, să stabilească numeroase contacte cu mijloacele media, să contribuie la strângerea de fonduri, să realizeze un clip publicitar de treizeci de minute, să muncească timp de o zi cu o echipă de constructori.

Spre surprinderea lui Fuller, Carter nu a fost de acord să preia unul sau două dintre rolurile incluse pe listă. A fost de acord să le preia pe *toate*. Sarcina care în mod ironic a atras cel mai mult atenţia publicului a fost disponibilitatea lui Carter de a lucra cu o echipă de constructori şi de munci cu ciocanul pentru a ajuta la construirea unei case. La început oamenii au crezut că adoptând acest rol Carter nu intenţiona decât să se fotografieze în scop publicitar. Însă fostul preşedinte a format o echipă de lucru, a călătorit cu aceasta cu autobuzul Trailways până pe şantierele din Brooklyn şi New York, a muncit zilnic cu tenacitate, timp de o săptămână, şi a dormit în subsolul unei biserici împreună cu toţi ceilalţi muncitori. Totul s-a întâmplat în 1984. După această dată Carter a organizat anual o echipă şi a lucrat în acelaşi mod. Iar munca sa plină de devotament a atras oameni din toate straturile sociale care au fost dornici să fie de ajutor îndeplinind roluri similare.[1]

UN SCOP ÎMPĂRTĂŞIT

Habitatul pentru Umanitate este creaţia celor doi soţi Fuller, iar succesul său este rezultatul eforturilor a sute de mii de oameni din întreaga lume. Însă Jimmy Carter este cel care a stat la baza acestui succes. Munca sa lipsită de egoism i-a stimulat deopotrivă pe cei bogaţi şi pe cei săraci, pe cei celebri şi pe cei de rând, pe cei puternici şi pe cei mai puţin puternici să vadă imensitatea scopului de a-i ajuta pe oamenii care se află la nivelul cel mai de jos al societăţii, oferindu-le un loc decent în care să trăiască. Şi i-a stimulat să se implice.

Până acum Habitatul şi voluntarii săi au construit mai bine de 100.000 de case care adăpostesc peste jumătate de milion de oameni din întreaga lume[2]. De ce? Pentru că aceşti oameni, ca şi Carter, au dorit să ia parte la ceva mai mare decât ei înşişi. Au înţeles că scopul este mai important decât rolul lor. Au îmbrăţişat adevărul Legii Imaginii de ansamblu.

CUGETARE CU PRIVIRE LA MUNCA ÎN ECHIPĂ

Când vezi imaginea de ansamblu aşa cum trebuie, reuşeşti să fii de folos echipei mai repede.

CUM SĂ DEVENIŢI UN MEMBRU MAI BUN AL UNEI ECHIPE

Există vreun scop în viaţa dvs. care vă depăşeşte? Participaţi în prezent la ceva mai important decât propria persoană? Dacă nu, rezervaţi-vă puţin timp pentru a reflecta asupra scopurilor şi priorităţilor dvs. Dacă încercaţi să realizaţi ceva măreţ, întrebaţi-vă ce sunteţi dispus să faceţi în acest sens. Sunteţi dispus să îndepliniţi un rol secundar pentru binele echipei, aşa cum a făcut Preşedintele Carter? Dacă nu, s-ar putea să deveniţi o piedică în calea succesului echipei.

CUM SĂ DEVENIŢI UN LIDER DE ECHIPĂ MAI BUN

Gândiţi-vă la echipa din care faceţi parte în prezent (preferabil una care are un scop ieşit din comun). Ce tip de atitudine adoptă membrii echipei când este vorba de imaginea de ansamblu? Sunt jucători în echipă care încearcă să facă absolut orice e necesar pentru succesul echipei? Sau doresc să obţină doar avantaje personale?

Începeţi să formaţi mentalitatea de echipă şi la ceilalţi exemplificând dvs. înşivă disponibilitatea de a munci în folosul imaginii de ansamblu şi nu în folosul dvs. Apoi gândiţi-vă la unele mijloace prin care aţi putea să-i ajutaţi pe colegii dvs. de echipă să îmbrăţişeze Legea Imaginii de Ansamblu. Motivaţi-i pe oameni pictând această imagine. Lăudaţi jocul echipei în mod public. Şi recompensaţi-i pe cei care se sacrifică pentru binele echipei.

3

LEGEA NIŞEI

Toţi jucătorii au un loc al lor căruia îi adaugă cea mai mare valoare

Pe 26 ianuarie 2001, Statele Unite au asistat la o premieră istorică: un afro-american a fost numit secretar de stat, cea mai înaltă funcţie din guvernul Statelor Unite. Cel care a ocupat această poziţie a fost Colin Powell. În legătură cu această numire, ziaristul Carl Rowan a făcut următoarea remarcă: „Pentru a înţelege semnificaţia promovării lui Colin Powell în această funcţie extrem de dificilă şi solicitantă, trebuie să ne dăm seama că în urmă cu numai o generaţie exista o regulă nescrisă potrivit căreia în domeniul afacerilor externe singura funcţie pe care o puteau ocupa persoanele de culoare era cea de ambasador în Liberia sau ministru în Insulele Canare."

Numirea lui Powell a fost remarcabilă, însă nu numai pentru că reprezenta o premieră. Ci pentru că, să o spunem deschis, Colin Powell era cea mai potrivită persoană de pe întreg teritoriul Statelor Unite pentru poziţia de secretar de stat. George W. Bush, preşedintele care l-a numit, a afirmat, „Pentru această cauză, nu cunosc nici o persoană mai potrivită decât Colin Powell care să reprezinte imaginea şi vocea diplomaţiei americane, „citând în acest sens „modul său direct de a se exprima, integritatea sa de neclintit, respectul său profund pentru democraţia noastră, şi simţul datoriei propriu unui soldat"[1]. George Bush recunoaşte că *Toţi jucătorii au un loc al lor căruia îi adaugă cea mai mare valoare.* Powell se află la conducerea Departamentului de Stat. Aceasta este Legea Nişei.

UN LOC PENTRU EL

Simţul datoriei propriu unui adevărat soldat a fost o trăsătură esenţială a lui Colin Powell încă de la vârsta de 20 de ani. Maturizându-se oarecum târziu, Powell a intrat la colegiu fără a şti cu siguranţă ce vrea să facă în viaţă. Însă nu i-a luat mult timp până şi-a găsit identitatea: într-o frăţie militară numită Pershing Rifles din cadrul Colegiului de Stat din New York. Aici a descoperit pentru prima dată adevărata muncă în echipă. În *My American Journey*, Powell scria:

> Experienţa mea din liceu, în echipele de baschet şi de atletism şi în organizaţia de cercetaşi Boy Scouting, nu mi-a dat un sentiment al apartenenţei la ceva şi nici nu m-a făcut să leg multe prietenii de durată. Însă Pershing Rifles a reuşit să facă acest lucru. Pentru prima dată în viaţă eram membrul unei frăţii... Disciplina, ordinea, camaraderia, sentimentul apartenenţei la ceva au fost ceea ce îmi doream cu ardoare. Aproape imediat am devenit lider. La toate rangurile am descoperit un altruism care mi-a amintit de atmosfera plină de afecţiune din sânul familiei. Rasa, culoarea, pregătirea profesională, venitul nu însemnau absolut nimic. Membrii PR [Pershing Rifles] ar fi fost în stare să-şi sacrifice viaţa unii pentru alţii sau pentru grup. Dacă într-adevăr asta însemna să fii soldat, atunci îmi doream să fiu soldat[2].

Pe măsură ce se apropia data de absolvire a colegiului, nu mai avea nici o îndoială. A ales bucuros serviciul militar.

O CĂLĂTORIE CU TOTUL NEOBIŞNUITĂ

În armată Powell îşi îndeplinea sarcinile cu succes oriunde ar fi mers şi a fost ridicat în rang destul de repede. Ceea ce îi plăcea cel mai mult era să comande trupele, iar când primea anumite responsabilităţi în acest sens, le ducea la capăt cu succes. Totuşi era în permanenţă solicitat pentru sarcini şi responsabilităţi speciale. Când acest lucru începuse să se întâmple din ce în ce mai des, împiedicându-l să se afle la conducerea soldaţilor pe câmpul de luptă, începuse să se simtă frustrat. Însă unul dintre mentorii săi, generalul John Wickham, i-a spus cu înţelepciune: „Nu vei avea o carieră de armată obişnuită. Unii ofiţeri pur şi simplu nu sunt făcuţi pentru acest lucru."

Wickham avea dreptate. Cariera lui Powell s-a dovedit a fi cu totul neobişnuită. Iar în cele din urmă l-a pregătit pentru guvernul american, ascuţindu-i aptitudinile şi oferindu-i o experienţă mai largă. Ca ofiţer de infanterie care a avut misiuni în întreaga lume (inclusiv de două ori în Vietnam), Powell a învăţat să fie comandant militar şi lider. Munca sa cu soldaţii l-a educat să comunice şi să stabilească legături cu oamenii. Ca membru al Casei Albe, a intrat pentru prima dată în contact cu politica americană şi guvernele din întreaga lume. Pe lângă interacţiunea sa cu cei mai înalţi oficiali americani, s-a întâlnit cu lideri din Japonia, Uniunea Sovietică, China, Polonia, Bulgaria şi Germania de Vest.

În timpul administraţiilor Carter şi Reagan, Powell a trecut la un alt nivel al postului său de la Pentagon. Aici a învăţat cum să lucreze cu funcţionarii de stat şi a cunoscut mai bine guvernul şi politica militară. Ca adjunct al Secretarului Apărării Caspar Weinberger, Powell a călătorit în întreaga lume şi a înţeles pe deplin şi în profunzime relaţiile complexe dintre Statele Unite şi puterile străine.

Însă, din poziţia sa de consilier pentru probleme de securitate naţională, Powell a pătruns în marile cercuri. În calitate de asistent al preşedintelui pentru probleme de securitate naţională, a câştigat experienţă preţioasă în politica externă. De fapt era atât de versat, încât atunci când şefului său, Frank Caarlucci, i s-a oferit funcţia de secretar al apărării, Powell a ocupat fosta poziţie a acestuia –

consilier pentru probleme de securitate naţională. A fost nu numai consilierul Preşedintelui Reagan, însă a lucrat cot la cot cu Secretarul de Stat George Schultz atunci când acesta negocia cu URSS-ul tratatele legate de armele nucleare, organiza întâlniri la nivel înalt între şefii de stat şi lucra împreună cu preşedintele sovietic pentru a pune capăt Războiului Rece.

ABILITATEA DE A CONDUCE

Cum poate cineva precum Colin Powell să încheie un mandat de succes ca primul consilier pentru probleme de securitate naţională de naţionalitate afro-americană? Obţinând cel mai înalt rang militar de patru stele şi devenind ulterior cel mai tânăr preşedinte al organizaţiei militare Joint Chiefs of Staff din istoria Statelor Unite. (A fost de asemenea primul afro-american care a ocupat o asemenea funcţie şi primul absolvent al cursurilor de ofiţeri ROTC.) Încă o dată Powell a strălucit în poziţia sa. Les Aspin, fost secretar al apărării, după o reuniune la Casa Albă din timpul administraţiei Clinton, a afirmat despre Colin Powell: „Era atât de evident pentru noi toţi că putea să ocupe orice scaun din acea sală, inclusiv cel de preşedinte.[3]"

Atunci când George Bush, preşedintele nou ales, l-a abordat în legătură cu o viitoare funcţie în cabinet, nu exista decât un singur loc care în mod evident îi era cel mai potrivit, locul căruia el îi acorda cea mai mare valoare. La o reuniune organizată la primărie, pe 25 ianuarie, 2001, Powell a remarcat:

Când m-am retras din armată acum şapte ani şi am devenit civil, nu ştiam că urma să mă întorc în guvern… Însă când guvernatorul Bush mi-a cerut să mă gândesc la propunerea sa, am fost pregătit să accept postul. Eram nerăbdător să văd dacă sunt capabil să îmi îndeplinesc rolul din nou. Cred totuşi că voi face mai mult decât atât. Iar atunci când m-a întrebat clar dacă vreau să lucrez în Departamentul de Stat, era ca şi cum m-aş fi pregătit pentru această funcţie într-un fel sau altul de foarte mulţi ani. Munca mea la Pentagon, munca mea în calitate de consilier în probleme de securitate naţională, preşedinte al Joint Chiefs of

Staff, şi cei şapte ani ca civil în care am asistat la schimbarea lumii, toate acestea mi-au arătat că e un post pe care ar trebui să-l accept."

Preşedintele Bush, cabinetul acestuia şi toată ţara nu aveau decât de câştigat de pe urma lui Powell. Nu numai că este cea mai potrivită persoană pentru acest post, dar a oferit preşedintelui nou ales şi echipei acestuia o credibilitate mai mare, în ciuda unor alegători care păreau că nu au prea multă încredere în ei. Numirea lui Powell este dovada tangibilă a dorinţei lui Bush de a avea un cabinet „consensual". Însă aceasta este puterea Legii Nişei. Atunci când membrul potrivit al unei echipe se află la locul potrivit, toată lumea nu are decât de câştigat.

Pentru o echipă se întâmplă lucruri bune atunci când un jucător ocupă locul căruia îi conferă cea mai mare valoare. Lucrurile extraordinare se întâmplă atunci când toţi jucătorii din echipă îndeplinesc rolul care le creşte la maximum punctele forte – talentul, abilităţile, experienţa. Aceasta este puterea Legii Nişei.

ATUNCI CÂND OAMENII NU SE AFLĂ LA LOCUL POTRIVIT

Aproape fiecare dintre noi s-a aflat la un moment dat într-o echipă în care oamenii erau obligaţi să îşi asume roluri care nu li se potriveau: un contabil obligat să lucreze cu oameni toată ziua, un baschetbalist obligat să joace fotbal, un chitarist obligat să lucreze la un tablou de comandă, un profesor obligat să facă muncă birocratică, o soţie care urăşte să gătească obligată să preia rolul de bucătăreasă.

Ce se întâmplă cu o echipă atunci când unul sau mai mulţi membri ocupă în permanenţă un loc care nu li se potriveşte? Mai întâi, moralul scade deoarece echipa nu lucrează la adevăratul său potenţial. Apoi oamenii devin nemulţumiţi. Oamenii care nu lucrează în zona lor de competenţă sunt iritaţi de faptul că potenţialul lor nu este exploatat. Iar ceilalţi membri ai echipei care ştiu că ar putea avea un randament mult mai bun într-o funcţie greşit atribuită altcuiva sunt iritaţi de faptul că abilităţile lor sunt ignorate. Nu peste mult timp, oamenii refuză să mai lucreze ca echipă. Apoi încrederea tuturor începe să scadă. Iar situaţia se înrăutăţeşte din ce în ce mai tare. Echipa nu mai progresează, concurenţa profită de punctele slabe evidente ale acesteia. Prin urmare echipa nu îşi atinge niciodată potenţialul. Când oamenii nu se află în locul în care şi-ar îndeplini sarcinile cu succes, lucrurile nu ies niciodată bine. Aceasta este Legea Nişei.

Esenţial pentru construirea unei echipe este ca oamenii potriviţi să se afle la locul potrivit. Dinamica unei echipe se schimbă în funcţie de locul care este atribuit fiecăruia:

Persoană nepotrivită la locul nepotrivit	=	regres
Persoană nepotrivită la locul potrivit	=	frustrare
Persoană potrivită la locul nepotrivit	=	confuzie
Persoană potrivită la locul potrivit	=	progres
Persoane potrivite în locurile potrivite	=	multiplicare

Indiferent de echipa cu care aveţi de-a face, principiile sunt aceleaşi. David Ogilvy afirma pe bună dreptate: „Un restaurant bine administrat este ca o echipă de baseball câştigătoare. Valorifică la maximum talentul fiecărui membru al echipei şi profită de fiecare oportunitate de o fracţiune de secundă pentru a grăbi serviciul."

Mi-am amintit de Legea Nişei acum câţiva ani. Mi s-a cerut să scriu un capitol pentru o carte intitulată *Destiny and Deliverance*, care se referea la filmul produs de DreamWorks, *Prinţul Egiptului*. A fost o experienţă minunată, încântătoare. În perioada în care scriam, am fost invitat să merg în California şi să vizionez anumite fragmente ale filmului în timp ce era realizat. Ceea ce m-a determinat să-mi doresc ceva ce nu mai făcusem până atunci: să particip la o premieră cinematografică la Hollywood.

Editorul meu a reuşit să facă rost de două bilete pentru premieră, iar atunci când a sosit momentul mult aşteptat, soţia mea, Margaret, şi cu mine am zburat în capitala filmului. La acest eveniment incandescent au participat staruri din lumea cinematografiei, producători de film şi mulţi alţi oameni din industria cinematografică. Atât lui Margaret cât şi mie ne-a plăcut enorm filmul – precum şi întreaga experienţă. Pe scurt, am trăit ceva cu totul şi cu totul deosebit.

Oricine mă însoţeşte la un film, la un spectacol sau la un eveniment sportiv îmi cunoaşte obiceiul. De îndată ce sunt aproape convins de rezultatul unui meci, mă îndrept fulgerător către ieşire pentru a ajunge acolo înaintea mulţimii. Când spectatorii de pe Broadway aplaudă, eu sunt deja plecat. Iar când apare al doilea generic la sfârşitul filmului, mă ridic de pe scaun. Pe măsură ce *Prinţul Egiptului* se apropia de final, am început să mă ridic, însă nici o persoană din sală nu se mişca. Apoi s-a întâmplat ceva cu totul surprinzător. Când a fost prezentat genericul de final, oamenii au început să aplaude numele persoanelor cel mai puţin cunoscute: creatorul de costume, directorul de lumini, maşinistul... A fost un moment pe care nu îl voi uita niciodată – şi care îmi va aminti întotdeauna de Legea Nişei: *Toţi jucătorii au un loc al lor căruia îi adaugă cea mai mare valoare.* Atunci când fiecare persoană face ceea ce i se potriveşte cel mai bine, toată lumea câştigă.

PUNEŢI FIECARE PERSOANĂ LA LOCUL POTRIVIT

Antrenorul echipei NFL Vince Lombardi a remarcat: „Realizările unei organizaţii sunt rezultatele efortului combinat al fiecărui individ". Este foarte adevărat, însă nu este suficient să dispui de oamenii potriviţi pentru a crea o echipă. Deşi dispuneţi de un grup de oameni talentaţi, dacă fiecare persoană nu acordă cea mai mare valoare echipei, nu veţi atinge potenţialul ca echipă. Aceasta este arta conducerii unei echipe. Trebuie să puneţi fiecare persoană la locul potrivit – într-un mod pozitiv!

Pentru a putea acorda fiecărui membru al echipei locul unde îşi poate folosi talentele şi creşte la maximum potenţialul echipei, este nevoie de trei lucruri:

Trebuie să cunoaşteţi echipa

Nu puteţi construi o echipă câştigătoare sau o organizaţie dacă nu îi cunoaşteţi viziunea, scopul, cultura sau istoria. Dacă nu ştiţi ce încearcă să facă echipa dvs. – şi de ce încearcă să ajungă acolo – nu o puteţi ridica la înălţimea potenţialului său. Trebuie să începeţi de unde se află echipa în realitate: de-abia atunci puteţi să o duceţi undeva.

Trebuie să cunoaşteţi situaţia

Chiar dacă viziunea sau scopul unei organizaţii pot fi destul de constante, situaţia se schimbă în permanenţă. Cei care construiesc echipe bune ştiu unde se află echipa şi ce cere situaţia. De exemplu, atunci când o echipă este tânără şi se află la începutul drumului, principala prioritate este să adune oameni capabili. Însă pe măsură ce echipa se maturizează şi nivelul talentului creşte, remodelarea echipei devine lucrul cel mai important. În acel moment liderul trebuie să petreacă mai mult timp punând fiecare persoană la locul potrivit.

Trebuie să cunoaşteţi jucătorul

Deşi pare banal, trebuie să cunoaşteţi foarte bine persoana pe care încercaţi să o plasaţi în nişa potrivită. Menţionez acest lucru deoarece liderii au tendinţa de a-i face pe toţi ceilalţi să acţioneze întotdeauna conform imaginii lor, să-şi exercite munca folosind aceleaşi abilităţi şi metode de rezolvare a problemelor. Însă construirea unei echipe nu se realizează pe o linie de montaj.

Atunci când lucraţi la construirea unei echipe, evaluaţi experienţa fiecărei persoane, aptitudinile acesteia, temperamentul, atitudinea, pasiunile, abilităţile de comunicare cu oamenii, disciplina, puterea emoţională, potenţialul. Abia atunci veţi fi pregătit să ajutaţi un membru al echipei să îşi găsească locul potrivit.

ÎNCEPEŢI PRIN A GĂSI LOCUL POTRIVIT PENTRU DVS.

În acest moment s-ar putea să nu vă aflaţi într-o poziţie care să vă permită să găsiţi locul altora în echipa dvs. De fapt s-ar putea chiar să vă întrebaţi *Oare cum îmi găsesc propria nişă?* Dacă acesta este cazul, aplicaţi următoarele instrucţiuni:

- *Fiţi sigur pe propriile puteri.* Prietenul meu Wayne Schmidt spune: „Nici o competenţă personală, oricât de mare ar fi aceasta, nu compensează nesiguranţa personală." Dacă permiteţi ca sentimentele de nesiguranţă să pună stăpânire pe părţile dvs. cele mai bune, veţi deveni inflexibil şi nu veţi fi deschis la schimbări. Iar pentru a vă perfecţiona, trebuie să fiţi dispus să vă schimbaţi.

> *Atunci când vă descoperiţi locul, veţi spune: „Nicăieri în apropiere nu există un loc ca acesta, deci acesta trebuie să fie locul!"*

- *Cunoaşteţi-vă.* Nu veţi putea găsi nişa dvs. dacă nu vă cunoaşteţi punctele forte şi punctele slabe. Petreceţi mai mult timp reflectând asupra talentelor dvs. şi explorându-le. Cereţi-le celorlalţi să vă stimuleze reacţiile. Faceţi tot ce este necesar pentru a elimina propriile slăbiciuni.

- *Aveţi încredere în liderul dvs.* Un lider bun vă va ajuta să vă îndreptaţi în direcţia potrivită. Dacă nu aveţi încredere în liderul dvs., cereţi ajutorul altui mentor. Sau plecaţi într-o altă echipă.

- *Vedeţi imaginea de ansamblu.* Locul dvs. în echipă are un sens doar în contextul acestei imagini. Dacă singura dvs. motivaţie de a găsi nişa este câştigul personal, motivele slabe s-ar putea să vă împiedice să descoperiţi ceea ce doriţi cu adevărat.

- *Bazaţi-vă pe experienţa dvs.* Atunci când sunteţi pus în faţa faptului împlinit, singurul mod de a şti dacă aţi descoperit nişa dvs. este să încercaţi să faceţi ceea ce pare a fi corect şi să învăţaţi din succesele şi eşecurile dvs. Când descoperiţi care este rostul dvs., inima vă va tresări de bucurie. Se spune că *„Nicăieri în apropiere nu există un loc ca acesta, deci acesta trebuie să fie locul!"*

UN LOC PENTRU TOATĂ LUMEA ŞI TOATĂ LUMEA LA LOCUL EI

O organizaţie care se străduieşte să plaseze fiecare persoană la locul potrivit este armata Statelor Unite. Acest lucru este vizibil îndeosebi atunci când angajează voluntari. Dacă un departament nu lucrează la eficienţa maximă (şi nu interacţionează bine cu toate celelalte departamente), se produc accidente majore, câteodată mortale.

Nimeni nu îşi dă mai bine seama de acest lucru decât un pilot de război. Să dăm exemplul lui Charlie Plumb, care a ieşit la pensie cu funcţia de căpitan al Marinei S.U.A. Absolvent al universităţii din Annapolis, Plumb a luptat în Vietnam la mijlocul anilor '60, îndeplinind 75 de misiuni la bordul portavionului USS *Kitty Hawk*.

Un portavion este un loc de unde poţi observa cu uşurinţă cum toate piesele unui puzzle militar se pun cap la cap pentru a se sprijini una pe cealaltă. Un portavion este deseori descris ca un oraş zburător cu un echipaj de 5.500 de oameni, o populaţie mai mare decât aceea a oraşelor în care au crescut membrii echipajului. Trebuie să se menţină singur în funcţiune, iar fiecare dintre cele şaptesprezece departamente trebuie să funcţioneze ca o echipă care îşi îndeplineşte misiunea.

Fiecare pilot cunoaşte efortul de echipă necesar pentru a conduce un avion cu reacţie. Este nevoie de sute de oameni care să folosească zeci de dispozitive tehnice pentru lansarea, monitorizarea, aterizarea şi întreţinerea unui avion. Dacă avionul este prevăzut cu dispozitive pentru o luptă militară, este nevoie de mai mulţi oameni. Charlie Plumb a recunoscut deschis că mulţi oameni au lucrat zi şi noapte pentru a-l menţine în zbor. Însă în ciuda eforturilor celui mai bine pregătit echipaj aerian din lume, Plumb a fost închis într-o închisoare vietnameză ca prizonier de război după ce avionul său cu reacţie F-4 Phantom a fost doborât pe 19 mai, 1967, în timpul celei de-a 75-a misiuni.

Plumb a fost ţinut prizonier şase ani, iar pentru o perioadă a fost captiv în celebra închisoare Hanoi Hilton. În timpul acestor ani, el şi colegii săi prizonieri au fost umiliţi, înfometaţi, torturaţi, şi obligaţi să muncească în condiţii mizerabile. Totuşi nu s-a lăsat doborât de această experienţă. Iar acum spune: „Unitatea noastră, prin credinţa în Dumnezeu şi în dragostea de ţară, a fost forţa care ne-a ţinut în viaţă în acele momente foarte dificile".

MOMENT DE RĂSCRUCE

Plumb a fost eliberat pe 18 februarie 1973 şi şi-a continuat cariera în marină. Însă după ce s-a întors în Statele Unite, a trăit un incident care i-a marcat viaţa la fel de mult ca anii de închisoare. Într-o zi, el şi soţia sa, Cathy, luau masa într-un restaurant când un bărbat a venit la masa lor şi a spus: „Dvs. sunteţi dl. Plumb. Aţi pilotat avioane cu reacţie în Vietnam". „Exact", răspunse Plumb. „Era escadronul de luptă 114 de pe *Kitty Hawk.* Aţi fost doborât. V-aţi paraşutat în mâinile duşmanilor", continuă bărbatul. „Aţi petrecut şase ani ca prizonier de război".

Fostul pilot era uimit. Se uita la bărbat, încercând să-l identifice, însă nu putea să îşi dea seama cine e. „De unde ştiţi cine sunt?", întrebă Plumb în cele din urmă.

„Eu am fost cel care v-a împachetat paraşuta."

Plumb era stupefiat. Tot ceea ce putea să facă era să se ridice în picioare şi să strângă mâna bărbatului. „Trebuie să vă mărturisesc", spuse în cele din urmă Plumb, „că am spus o mulţime de rugăciuni de mulţumire pentru degetele dvs. îndemânatice, însă nu mi-am dat seama că voi avea ocazia să vă mulţumesc personal."

Ce s-ar fi întâmplat în cazul în care nu ar fi fost pusă persoana potrivită în acel post, de montare a paraşutelor, o meserie anonimă şi rareori apreciată, pe care acel bărbat a practicat-o în timpul războiului din Vietnam? Charlie Plumb şi-ar fi dat seama de acest lucru când ar fi fost prea târziu. Iar noi nu am fi ştiut unde s-a produs defecţiunea pentru că Plumb nu ar fi trăit să ne povestească.

Astăzi, Charlie Plumb este un orator motivaţional pentru cele mai prospere 500 de companii, pentru agenţiile guvernamentale, şi alte organizaţii. Deseori spune povestea bărbatului care i-a împachetat paraşuta şi o foloseşte pentru a transmite un mesaj asupra muncii în echipă. „Într-o lume în care reducerea forţei de muncă ne obligă să facem mai mult cu mai puţin, trebuie să oferim putere echipei. Împachetarea paraşutelor care vor fi folosite de alţii poate fi cheia supravieţuirii. A dvs. şi a echipei dvs.!"

Aceasta nu este decât altă modalitate de a comunica Legea Nişei. Împachetaţi paraşute pentru colegii dvs.? Sau funcţionaţi la un potenţial mai mic de 100%? *Toţi jucătorii au un loc căruia îi adaugă cea mai mare valoare.* Dorinţa mea este să vă încurajez să vă asiguraţi că v-aţi găsit propriul dvs. loc.

CUGETARE CU PRIVIRE LA MUNCA ÎN ECHIPĂ

Eşti mai valoros acolo unde adaugi mai multă valoare.

CUM SĂ DEVENIŢI UN MEMBRU MAI BUN AL UNEI ECHIPE

V-aţi găsit nişa? Pe măsură ce vă îndepliniţi responsabilităţile, gândiţi-vă deseori la ceva de genul *Nicăieri în apropiere nu există un loc ca acesta, deci acesta trebuie să fie locul.* Dacă e într-adevăr aşa, rămâneţi unde sunteţi, promovaţi şi perfecţionaţi-vă în zona dvs. de abilitate. Dacă nu, faceţi în aşa fel încât lucrurile să se schimbe.

Dacă ştiţi care este nişa dvs., dar dacă nu lucraţi în ea, începeţi să puneţi la cale o schimbare. Ar putea fi la fel de simplă ca o schimbare a sarcinilor sau la fel de complexă ca o schimbare a carierei. Indiferent dacă va dura şase săptămâni sau şase ani, veţi avea nevoie dc un plan de transfer şi de un orar pentru realizarea acestuia. De îndată ce sunteţi sigur de drumul pe care îl veţi urma, trebuie să aveţi curajul să faceţi primul pas.

Dacă nu aveţi nici o idee despre ceea ce ar trebui să faceţi, trebuie să începeţi anumite cercetări. Vorbiţi cu soţia sau soţul dvs., cu prietenii apropiaţi despre punctele dvs. forte şi punctele dvs. slabe. Cereţi evaluarea liderului dvs.. Faceţi teste de personalitate sau de temperament. Căutaţi temele recurente din viaţa dvs. Încercaţi să formulaţi scopul vieţii dvs. Faceţi tot ce trebuie pentru a găsi soluţii în legătură cu locul în care ar trebui să vă aflaţi. Apoi încercaţi lucruri noi legate de descoperirile dvs. Singurul mod de a găsi nişa dvs. este să câştigaţi experienţă.

CUM SĂ DEVENIŢI UN LIDER DE ECHIPĂ MAI BUN

Un semn care arată că sunteţi un lider de echipă extraordinar este plasarea potrivită a oamenilor. Folosiţi indicaţiile din acest capitol – cunoaşteţi echipa, situaţia şi jucătorii – pentru a începe să vă îmbunătăţiţi abilităţile de plasare. Şi nu uitaţi următorul lucru: pentru a-i ajuta pe oameni să îşi atingă potenţialul şi pentru a creşte la maximum eficienţa lor, îndepărtaţi-i din zona lor de confort, însă niciodată din zona lor de talent. Îndepărtarea oamenilor din zonele de talent duce la frustrare, însă motivarea oamenilor pentru a părăsi zonele lor de confort duce la împlinire.

> *Un semn care arată că sunteţi un lider de echipă nemaipomenit este plasarea corespunzătoare a oamenilor.*

4

LEGEA MUNTELUI EVEREST

Pe măsură ce provocarea devine din ce în ce mai mare, munca în echipă devine din ce în ce mai necesară

În 1935, Tenzing Norgay, în vârstă de 21 de ani, a făcut prima expediţie pe muntele Everest. El lucra ca hamal pentru o echipă britanică de alpinişti. Şerpaş născut în înălţimile Nepalului, Tenzing a fost atras de munte încă de pe vremea când vesticii începuseră să exploreze zona având intenţia de a urca pe vârful muntelui. Primul grup a venit în 1920. Cincisprezece ani mai târziu, alpiniştii încă mai încercau să descopere o cale de a cuceri muntele.

Expediţia nu a ajuns mai departe de Pasul de Nord, care se afla la altitudinea de 6.700 de metri (pasul este o depresiune între două vârfuri muntoase). Chiar sub acest pas echipa de alpinişti a făcut o descoperire cumplită. Au găsit un cort sfâşiat de vânt. Iar în acel cort se afla un schelet acoperit cu puţină piele. Stătea într-o poziţie destul de ciudată, era încălţat doar cu un bocanc, şireturile celuilalt aflându-se între degetele scheletice.

CEL MAI ASPRU LOC DE PE PĂMÂNT

Alpinismul nu este pentru cei slabi de inimă deoarece cele mai înalte vârfuri din lume sunt unele dintre locurile cel mai puţin ospitaliere de pe pământ. Evident, acest lucru nu i-a împiedicat pe oameni să încerce să cucerească munţii. În 1786, primii alpinişti au urcat pe vârful celui mai înalt munte din Europa, Mont Blanc din Franţa. A fost o dovadă clară de curaj. Însă nu este acelaşi lucru să escaladezi cel mai înalt vârf din Alpi situat la o altitudine de 4.800 m. Şi să urci pe Everest, cel mai înalt vârf situat la 8.850 m, în special pe vremea când nu existau încă echipamente foarte performante. Everest este un munte izolat, altitudinea sa nu permite decât accesul alpiniştilor celor mai curajoşi şi experimentaţi, iar vremea este pur şi simplu cumplită. Experţii consideră că şi astăzi se mai află pe munte corpurile a 120 de alpinişti care au căzut în timpul escaladării.

Cadavrul pe care Tenzing şi ceilalţi alpinişti l-au descoperit în 1935 era al lui Maurice Wilson, un englez care a ajuns pe ascuns în Tibet şi a încercat să escaladeze muntele în secret, fără permisiunea guvernului tibetan. Deoarece dorea ca ascensiunea sa să nu fie cunoscută, a angajat doar trei hamali pentru a urca pe munte împreună cu el. Când s-au apropiat de Pasul de Nord, bărbaţii au refuzat să îl însoţească mai departe. Wilson s-a hotărât să continue escaladarea singur. Această decizie i-a fost fatală.

MĂSURAŢI COSTUL

Numai cineva care a urcat pe un munte extrem de înalt ştie ce înseamnă să ajungi în vârf. Timp de 32 de ani, între 1920 şi 1952, s-au organizat şapte expediţii pentru a ajunge pe vârful muntelui Everest. Nici una nu a avut succes. Tenzing Norgay a participat la şase asemenea expediţii, precum şi la alte ascensiuni pe diverşi munţi cu altitudine ridicată. Colegii glumeau pe seama lui, spunând că are un al treilea plămân, datorită capacităţii sale de a urca fără a obosi cărând greutăţi destul de mari. A devenit un om respectat şi a învăţat foarte multe lucruri. Cea mai importantă lecţie pe care a învăţat-o a fost că nimeni nu trebuie să subestimeze gradul de dificultate al unei ascensiuni. A văzut mulţi oameni făcând această greşeală cu preţul suprem al vieţii.

Într-o ascensiune, de exemplu, atunci când condiţiile au devenit extrem de dificile, Tenzing şi ceilalţi colegi ai săi şerpaşi şi-au pus colţarii (ţinte de metal care se ataşează de bocancii pentru alpinism). Însă George Frey, un alpinist experimentat, nu a vrut să poarte crampoane deoarece credea că nu are nevoie de ele. A alunecat şi a căzut mortal la o distanţă de 300 de metri. Tenzing a regretat moartea şerpaşului, însă punctul său de vedere a fost unul foarte realist. Despre alpiniştii nesăbuiţi, el a scris: „Ca atâţia alţi bărbaţi dinaintea sa – a crezut că poate urca un munte uriaş cu prea multă uşurinţă, şi a plătit pentru aceasta".

O CĂLĂTORIE CU TOTUL NEOBIŞNUITĂ

În 1953, Tenzing a pornit în cea de-a şaptea expediţie pe Muntele Everest împreună cu un grup de britanici condus de colonelul John Hunt. Până în acel moment, devenise un om respectat nu numai ca hamal care căra greutăţi foarte mari la altitudini ridicate, ci şi ca alpinist şi membru cu drepturi depline al expediţiei, o onoare rară la acea vreme pentru un şerpaş. Cu un an înainte urcase la o altitudine de 5.500 de metri cu o echipă din Elveţia. Până atunci, acesta era recordul în materie de altitudine la care ajunsese cineva vreodată.

Tenzing a fost numit liderul grupului britanic, un şef şerpaş care trebuia să angajeze, organizeze şi să conducă hamalii pentru acea călătorie. Nu era deloc o sarcină uşoară. Pentru a spera că vor aduce doar doi oameni din tabăra de la bază până în vârf, echipa a angajat zece alpinişti de mare altitudine, printre care şi un neo-zeelandez pe nume Edmund Hillary. Cu toţii au cerut echipamente şi hrană cântărind în totalitate două tone şi jumătate. Aceste provizii nu puteau fi remorcate sau urcate cu avionul. Trebuiau transportate la Kathmandu şi cărate în spate de bărbaţi şi femei pe o distanţă de 5.000 de metri, până în tabăra de bază, de-a lungul culmilor Himalayei şi a râurilor traversate de poduri improvizate. Tenzing trebuia să angajeze între două sute şi trei sute de oameni care să care proviziile în apropierea muntelui.

Proviziile de care avea nevoie echipajul de deasupra taberei de bază urmau să fie cărate pe munte de alţi patruzeci de hamali, toţi fiind şerpaşi cu o vastă experienţă în escaladarea munţilor. O treime din echipaj, formată din cei mai buni membri, urma să continue escaladarea muntelui, cărând echipamentul necesar care cântărea 290 kg, această cantitate fiind împărţită în cantităţi a câte 14 kg. Doar Tenzing şi alţi trei hamali aveau puterea să transporte această încărcătură la bazele de lângă vârf.

ESTE NEVOIE DE O ECHIPĂ

La fiecare nivel la care ajungeau alpiniştii, se impunea din ce în ce mai mult munca de echipă. Un singur grup de oameni ar fi fost epuizat doar cărând echipamentul pe munte pentru următorul grup. Echipe a câte doi oameni escaladau muntele, găsind cărări, construind trepte în pereţii muntelui şi fixând frânghii. De-abia apoi îşi terminau treaba, după ce munciseră până la epuizare pentru a face posibilă ascensiunea următoarei echipe. În legătură cu munca de echipă necesară în această situaţie, Tenzing a remarcat:

> Nu urci pe un munte ca Everestul încercând să înaintezi rapid de unul singur, sau concurând cu camarazii tăi. O faci încet şi cu atenţie, printr-o muncă de echipă lipsită de egoism. Evident că eu îmi doream să ajung pe vârf. Visasem la acest lucru toată viaţa. Însă dacă altcineva ar fi avut acest noroc, aş fi acceptat situaţia ca un bărbat adevărat, nu ca un copil. Pentru că aceasta este singura cale a muntelui.

Echipa de alpinişti, folosind „calea muntelui", a făcut posibil ca două grupuri de alpinişti să ajungă în vârf. Primul grup era format din Tom Bourdillon şi Charles Evans. Încercarea lor a eşuat, iar şansa de a ajunge în vârf a revenit celuilalt grup. Din acesta făceau parte Tenzing şi Edmund Hillary. Despre prima echipă, Tenzing scria:

> Erau istoviţi, bolnavi chiar de atâta oboseală, şi bineînţeles extrem de dezamăgiţi că nu au reuşit să ajungă ei pe munte. Totuşi...au făcut tot ce le-a stat în putinţă pentru a ne da sfaturi şi a ne ajuta. Am stat şi m-am gândit... Într-adevăr numai aşa se procedează când te afli pe munte. În acest fel muntele îi face pe oameni să fie extraordinari. Căci unde am fi ajuns eu şi Hillary fără ajutorul celorlalţi? Fără alpiniştii care au marcat traseul şi fără şerpaşii care au cărat proviziile? Fără Bourdillon şi Evans, Hunt şi Da Namgyal, care au escaladat muntele înaintea noastră? Fără Lowe şi Gregory, Ang Hyima, Ang Tempra, şi Penba, care erau acolo doar ca să ne ajute? Doar datorită muncii şi sacrificiului tuturor aveam acum şansa de a ne afla în vârf.[4]

Cei doi şi-au valorificat cât mai bine şansa. În data de 19 mai 1953, Tenzing Norgay şi Edmund Hillary au reuşit să facă ceea ce nici o altă fiinţă omenească nu reuşise până atunci: Au stat pe vârful Muntelui Everest, cel mai înalt vârf din lume!

Ar fi putut Tenzing şi Hillary să reuşească singuri? Răspunsul este nu. Ar fi putut ei să se descurce fără ajutorul unei echipe nemaipomenite? Din nou, răspunsul este nu. De ce? Pentru că *pe măsură ce provocarea devine din ce în ce mai mare, munca în echipă devine din ce în ce mai necesară.* Aceasta este Legea Muntelui Everest.

CARE ESTE EVERESTUL DVS.?

Poate că nu sunteţi alpinist, poate că nu vă doriţi absolut deloc să ajungeţi pe vârful Everestului. Însă pot să pariez că aveţi un vis. Şi spun acest lucru cu convingere deoarece fiecare dintre noi are un vis – chiar şi cei care nu îşi dau încă seama care este visul lor. Dacă aveţi un vis, aveţi nevoie de o echipă pentru a-l îndeplini.

1. „Care este visul meu?"

Totul începe cu această întrebare deoarece răspunsul dvs. arată *care ar putea fi visul.* Robert Greenleaf a făcut următoarea remarcă: „Nimic nu e posibil fără un vis. Pentru ca ceva extraordinar să se întâmple, este nevoie de un vis cu adevărat extraordinar".

Ce se ascunde în sufletul dvs.? Ce consideraţi a fi o posibilitate pentru viaţa dvs.? Ce aţi dori să realizaţi în timpul vieţii pe această planetă? Numai un vis vă poate răspunde la aceste întrebări. După cum scria poetul renascentist Langston Hughes:

Urmează-ţi repede visurile căci dacă ele mor,
Viaţa va fi o pasăre oprită din zbor.
Urmează-ţi repede visurile căci dacă ele dispar,
Viaţa va fi un câmp pustiu şi rece ca un gheţar.

Dacă vreţi să realizaţi ceva extraordinar, trebuie să aveţi un vis. Însă visul dvs. nu este suficient. Vă puteţi îndeplini visul numai dacă faceţi parte dintr-o echipă.

2. „Cine face parte din echipa mea?"

Această a doua întrebare vă spune exact *care este visul*. Ea evaluează situaţia actuală. Potenţialul dvs. este la fel de bun ca echipa pe care o aveţi în prezent. De aceea trebuie să analizaţi cu atenţie cine vi se alătură în călătorie. Un alpinist precum Maurice Wilson, care avea doar trei însoţitori lipsiţi de entuziasm, nu a reuşit să îşi îndeplinească visul de a urca pe munte. Totuşi, cineva precum Tenzing Norgay, care a escaladat întotdeauna Everestul cu cei mai buni alpinişti din lume, a putut să ajungă în vârf. Un vis minunat poate oricând deveni un coşmar dacă în încercarea de a-l realiza sunteţi însoţit de o echipă proastă.

3. „Cum ar trebui să arate echipa cu care îmi voi realiza visul?

Echipa trebuie să fie la înălţimea visului.

Adevărul este că echipa trebuie să fie la înălţimea visului. În caz contrar, nu îl veţi realiza niciodată. Nu veţi reuşi niciodată să realizaţi un vis de nota zece cu o echipă de nota patru. Este pur şi simplu imposibil. Dacă vreţi să urcaţi pe Everest, aveţi nevoie de o echipă la înălţimea Everestului. Nu există nici o altă cale. Este preferabil să aveţi o echipă nemaipomenită pentru realizarea unui vis mărunt decât o echipă slabă şi un vis măreţ.

CONCENTRAŢI-VĂ ASUPRA ECHIPEI, NU ASUPRA VISULUI

O greşeală pe care am observat-o deseori la oameni constă în faptul că acordă prea multă atenţie visului, şi prea puţină atenţie echipei. Însă adevărul este că dacă reuşiţi să construiţi echipa potrivită, îndeplinirea visului va veni aproape de la sine.

Mulţi oameni acordă prea multă atenţie visului şi prea puţină atenţie echipei.

Fiecare vis aduce provocările sale. Tipul de provocare determină tipul de echipă pe care trebuie să îl construiţi. Să analizăm câteva exemple:

Tipul de provocare	***Tipul de echipă necesar***
Provocare nouă	Echipă creativă
Provocare controversată	Echipă unită
Provocare variabilă	Echipă flexibilă şi rapidă
Provocare neplăcută	Echipă incomodă
Provocare diversificată	Echipă complementară
Provocare pe termen lung	Echipă hotărâtă
Provocare de tipul Everest	Echipă experimentată

Dacă vreţi să vă realizaţi visul – vreau să spun cu adevărat, nu doar să vă imaginaţi cum ar fi dacă l-aţi realiza – atunci construiţi-vă propria echipă. Însă pe măsură ce faceţi acest lucru, asiguraţi-vă că motivele dvs. sunt întemeiate. Unii construiesc o echipă doar pentru a obţine avantaje personale. Alţii pentru că le place acest gen de experienţă şi doresc să creeze un sentiment al comuniunii. Totuşi alţii fac acest lucru deoarece doresc să înfiinţeze o organizaţie. Ceea ce e amuzant la aceste aspecte e că în cazul în care toate vă motivează, atunci dorinţa dvs. de a construi o echipă provine din dorinţa de a adăuga valoare fiecărui membru al echipei. Dacă dorinţa dvs. este rezultatul doar al unuia dintre aceste aspecte, atunci va trebui să vă examinaţi motivele.

CUM SĂ DEZVOLTAŢI O ECHIPĂ

Atunci când echipa dvs. nu corespunde echipei necesare pentru îndeplinirea visului dvs., nu aveţi decât două alternative: renunţaţi la vis sau dezvoltaţi-vă echipa.

Atunci când echipa dvs. nu corespunde echipei necesare pentru îndeplinirea visului dvs., nu aveţi decât două alternative: renunţaţi la vis sau dezvoltaţi-vă echipa. Iată recomandarea mea cu privire la cea de-a doua opţiune:

1. Dezvoltaţi membrii echipei

Primul pas pe care trebuie să îl faceţi atunci când aveţi o echipă care nu îşi realizează potenţialul este să ajutaţi membrii acesteia să se dezvolte. Dacă dvs. vă aflaţi la conducerea echipei, una dintre cele mai importante responsabilităţi este să observaţi potenţialul pe care oamenii nu îl observă la ei şi să îl fructificaţi. Atunci când veţi realiza acest lucru, vă veţi îndeplini cu adevărat sarcina de lider.

Gândiţi-vă la oamenii din echipa dvs., şi identificaţi nevoile lor pe baza următoarelor categorii:

- Începător entuziast – are nevoie de direcţie
- Debutant deziluzionat – are nevoie de instruire

- Întreprinzător prudent – are nevoie de sprijin
- Expert încrezător în sine – are nevoie de responsabilitate

Acordaţi întotdeauna oamenilor din echipa dvs. şansa de a se dezvolta şi perfecţiona. Este ceea ce a făcut exploratorul britanic Eric Shipton cu un copil neexperimentat pe nume Tenzing în anul 1935, iar ţara sa a fost răsplătită optsprezece ani mai târziu cu o escaladare reuşită a celui mai înalt vârf din lume.

2. *Adăugaţi membri cheie*

Chiar dacă acordaţi fiecărui membru al echipei dvs. şansa de a învăţa şi de a se dezvolta, iar toţi membrii valorifică la maximum ocaziile oferite, s-ar putea să descoperiţi că vă lipseşte talentul necesar pentru a vă realiza visul. Acum este momentul să recrutaţi acest talent. Câteodată întreaga echipă are nevoie de o persoană cheie cu un talent într-un anumit domeniu pentru a distinge succesul de eşec. (Voi vorbi mai detaliat despre acest aspect în Legea Băncii de Rezervă.)

3. *Schimbaţi conducerea*

Dacă o echipă are talentul potrivit, dar încă nu se dezvoltă, cel mai bun lucru pe care îl puteţi face este să cereţi unui membru al echipei care a fost anterior subaltern, să preia rolul de lider. Această tranziţie poate avea loc pentru o perioadă scurtă, sau poate fi permanentă.

> *Diferitele provocări cu care se confruntă echipa necesită diferite tipuri de conducere.*

Deseori provocarea momentului determină liderul potrivit pentru această provocare. De ce? Pentru că fiecare persoană din echipă are puncte forte şi puncte slabe care intră în joc. Acesta a fost şi cazul echipei care a urcat Everestul pe măsură ce se confrunta cu fiecare etapă a călătoriei. Colonelul Hunt a ales alpiniştii şi a condus expediţia, creând o viziune, oferind el însuşi exemplul muncii lipsite de egoism, şi luând decizii cruciale cu privire la distribuirea fiecărui rol. Tenzing a ales hamalii, i-a condus, i-a organizat şi i-a motivat să construiască baze la fiecare nivel al muntelui. Iar echipele de alpinişti conduceau pe rând şi marcau drumul pe munte pentru ca Hillary şi Tenzing să poată face ascensiunea finală până în vârf. Iar când apărea o provocare, liderul făcea tot posibilul pentru a o depăşi. Au lucrat cu toţii, uniţi, fiecare îndeplinindu-şi rolul său.

Dacă echipa dvs. se confruntă cu o provocare majoră, şi pare că nu face nici un progres în „escaladarea muntelui", ar fi momentul să schimbaţi liderii. Cu siguranţă că există cineva mai capabil în echipa dvs. care să vă conducă în acest sezon. (Aflaţi mai multe despre acest subiect citind mitul mesei centrale şi al mesei rotunde din Legea Avantajului.)

4. Îndepărtaţi membrii ineficienţi

Câteodată un membru al echipei poate transforma o echipă câştigătoare într-o echipă învinsă, fie din cauza lipsei aptitudinilor necesare fie din cauza unei atitudini inadecvate. În aceste cazuri trebuie să puneţi echipa pe primul plan şi să faceţi schimbările necesare spre binele tuturor.

Tenzing s-a confruntat cu această situaţie în timpul expediţiei pe muntele Everest din 1953. În primele zile ale călătoriei, erau certuri permanente între hamali şi echipa britanică de alpinişti, iar ca lider era întotdeauna prins la mijloc încercând să rezolve situaţia. După ce în repetate rânduri a negociat pacea între cele două părţi, Tenzing a descoperit că sursa problemei erau cei doi şerpaşi care dădeau naştere la disensiuni. I-a concediat imediat şi i-a trimis acasă. Pacea a fost imediat restabilită. Dacă echipa dvs. nu mai răspunde aşteptărilor şi dă impresia că se destramă, s-ar putea să fie necesar să faceţi anumite schimbări în echipă.

Dezvoltarea unei echipe este o sarcină solicitantă care consumă foarte mult timp. Dacă doriţi să vă realizaţi visul, nu aveţi altă opţiune. Cu cât visul este mai mare, cu atât echipa este mai competentă. *Pe măsură ce provocarea devine din ce în ce mai mare, munca în echipă devine din ce în ce mai necesară.* Aceasta este Legea Muntelui Everest.

NU FIECARE PROVOCARE ESTE UN VIS

Provocările cu care se confruntă echipele noastre nu sunt întotdeauna cele pe care le alegem noi. Câteodată ele ne sunt impuse şi nu avem altă alternativă decât să facem tot ce ne stă în putinţă cu echipa pe care o avem, sau să renunţăm şi să suferim consecinţele. Acesta a fost evident cazul echipajului şi echipei de sprijin pentru zborul în spaţiu Apollo 13.

Dacă aţi văzut filmul *Apollo 13* cu Tom Hanks în rolul principal (sau dacă vă amintiţi ca şi mine reportajele de la televizor din timpul zborului real), atunci ştiţi în linii mari despre ce e vorba. Pe 13 aprilie 1970, la 10:07 p.m., un tub de oxigen din modulul de serviciu al navei cosmice *Odyssey* a explodat, echipajul rămânând fără rezerva de oxigen şi energia necesară. În plus, principalul motor al navei devenise nefuncţional. Deoarece se afla la o distanţă de peste 300.000 de km de Pământ şi pe un traseu care o situa pe o orbită permanentă în jurul Lunii, echipa se afla în faţa unei provocări ce putea deveni dezastruoasă – chiar fatală.

Astronauţii de pe nava *Odyssey*, James Lovell, John Swigart Jr. şi Fred Haise nu puteau să se întoarcă singuri pe Pământ. Supravieţuirea lor depindea de munca în echipă la un nivel care nu fusese niciodată folosit în programul spaţial – şi prin care oamenii erau obligaţi să lucreze împreună ca o maşină bine pusă la punct.

MUNCA ÎN ECHIPĂ LA UN NOU NIVEL

Echipa de control a zborului situată pe Pământ a dat imediat instrucţiuni echipajului de comandă să închidă capsula de comandă stricată şi să treacă în modulul lunar *Aquarius* din motive de siguranţă. Pentru moment echipa se afla în afara oricărui pericol. Însă urmau să se confrunte cu două provocări majore:

1. Îndreptarea modulului de comandă, *Odyssey*, şi a modulului lunar, *Aquarius*, pe cel mai rapid traseu către casă.

2. Conservarea „consumabilelor" care îi ţineau pe astronauţi în viaţă: energie, oxigen şi apă.

Rezolvarea cu succes a ambelor situaţii punea serios la încercare abilităţile şi priceperea fiecăruia.

În timpul misiunii Apollo, centrul de control din Houston a angajat patru echipe de controlori, fiecare fiind marcată cu o culoare distinctă: alb, negru, auriu şi castaniu. Fiecare echipă avea tehnicieni responsabili de diferite zone specifice necesare pentru a menţine nava pe traseu. Procedura obişnuită era ca echipele să lucreze în schimburi a câte şase ore sub îndrumarea unuia dintre cei trei directori de zbor. Dat fiind însă faptul că vieţile celor trei astronauţi se aflau în pericol, fiecare membru al fiecărei echipe a sărit în ajutor. O echipă a fost scoasă din circuitul obişnuit de Gene Kranz, directorul principal de zbor, devenind Echipa Tigru. Cei cincisprezece oameni au lucrat ca o echipă de gestiune a crizei.

Când i-a adunat pe toţi, Kranz le-a spus:

> Pe voi, pentru restul misiunii, vă scot de la pupitrul de comandă. Cei din afara acestei încăperi [celelalte echipe] vor conduce zborul din clipă în clipă, însă cei care se află în această încăpere vor veni cu comenzile pe care ceilalţi urmează să le execute... În următoarele zile vom aplica tehnici şi manevre pe care nu le-am mai încercat până acum. Vreau să mă asigur că ştim ceea ce facem.[5]

În plus, NASA a anunţat imediat reprezentanţii antreprenorului, pe cei de la Grumman Aerospace, care au construit modulul lunar. (Când au aflat că erau probleme cu Apollo 13, *fiecare* membru al organizaţiei s-a prezentat în mijlocul nopţii la bază fiind gata să se apuce de treabă.) De asemenea au fost chemaţi cei mai mari specialişti şi cei mai experimentaţi astronauţi, care au pus rapid la punct o reţea interoperabilă de simulatori, computere şi experţi. În rapoartele NASA se menţionează:

Astronauţii Alan Shepard şi Ed Mitchell au acţionat unul din simulatorii LM situat în Sediul Spaţial din Houston, iar Gene Cernan şi David Scott au lucrat la celălalt simulator. La Cape

Kennedy, astronautul Dick Gordon a simulat procedurile de urgenţă într-un al treilea Modul Lunar. O echipă de specialişti în operarea simulatoarelor a lucrat fără întrerupere douăzeci şi patru de ore din douăzeci şi patru. Nici o procedură, nici o instrucţie de manevră, nici o tabelă de control nu a fost transmisă echipajului fără o verificare amănunţită.[6]

SIMPLU CA BUNĂ ZIUA

Prima sarcină a echipei a fost să găsească o modalitate de a face ca modulul lunar, proiectat pentru a susţine doi oameni timp de 49,5 de ore, să susţină trei oameni timp de 84 de ore. Au realizat acest lucru calculând cum ar putea funcţiona nava folosind un număr minim de sisteme, care ar consuma mai puţin de un sfert din energia sa normală.

Apoi, trebuiau să conducă nava pe o traiectorie care să o aducă pe pământ. Nu era deloc o sarcină uşoară deoarece echipa ar fi trebuit să folosească motorul slab al modulului lunar, iar sistemele de teleghidaj erau deconectate. Însă datorită eforturilor echipajului, cunoştinţelor tehnice ale fabricantului modulului lunar şi calculelor Echipei Tigru, au reuşit să realizeze acest lucru. De asemenea au mărit viteza aeronavei pentru a reduce timpul de zbor. Astfel se economisea o cantitate preţioasă de apă şi energie.

Cea de-a treia provocare majoră cu care s-a confruntat echipa a fost să facă în aşa fel încât aerul pe care îl respira echipajul să nu fie periculos. Oxigenul nu reprezenta o problemă deoarece modulul lunar, fiind mic, era bine aprovizionat. Însă dioxidul de carbon urca la niveluri periculoase deoarece aeronava proiectată să aterizeze pe lună nu a fost făcută pentru a îndepărta o cantitate atât de mare de dioxid de carbon. Echipajul de pe pământ a găsit o modalitate inteligentă de a adapta filtrele de hidroxid de litiu de la modulul de comandă în aşa fel încât să poată funcţiona cu sistemul incompatibil al modulului lunar.

De fiecare dată când echipa NASA se afla în faţa unui obstacol care ameninţa cu blocarea echipajului în spaţiu, ingenuitatea lor comună, tenacitatea intrinsecă şi cooperarea incredibilă dintre ei le-a permis să depăşească toate obstacolele. Prin urmare, pe 17 aprilie 1970, echipajul navetei spaţiale *Odyssey* a ajuns teafăr acasă. NASA preferă să numească această misiune „un eşec reuşit”. Eu aş numi-o o lecţie a Legii Muntelui Everest. *Pe măsură ce provocarea devine din ce în ce mai mare, munca în echipă devine din ce în ce mai necesară.*

Să trimiţi oameni pe lună este o provocare incredibilă. Însă să îi faci să se întoarcă acasă atunci când lucrurile nu merg deloc bine la o distanţă de 300.000 de km de Pământ este o provocare şi mai mare. Din fericire pentru acei oameni, echipa de vis era deja întemeiată atunci când au avut probleme. Aceasta este una dintre lecţiile misiunii Apollo 13. Momentul potrivit pentru a vă construi echipa nu este în mijlocul unei provocări pe viaţă şi pe moarte, ci cu mult înainte ca o asemenea situaţie să apară. Dacă nu o aveţi deja, începeţi chiar astăzi să o construiţi în aşa fel încât atunci când apare o provocare majoră, dvs. Şi echipa dvs. să fiţi pregătiţi.

CUGETARE CU PRIVIRE LA MUNCA ÎN ECHIPĂ

Dimensiunea visului trebuie să determine dimensiunea echipei.

CUM SĂ DEVENIŢI UN MEMBRU MAI BUN AL UNEI ECHIPE

Care este prima dvs. reacţie firească atunci când o provocare devine mai dificilă? Vă retrageţi să reflectaţi? Încercaţi să rezolvaţi problema singur? Staţi departe de ceilalţi oameni pentru a evita presiunea? Sau vă bazaţi pe colegii dvs. de echipă şi îi lăsaţi şi pe ei să se bazeze pe dvs.?

Dacă nu faceţi acest lucru, învăţaţi să vă aliaţi cu colegii dvs. de echipă. Nu puteţi face singur faţă unei provocări majore. După cum afirma Tenzing, „Pe un munte imens, nu poţi să îţi părăseşti camarazii şi să te îndrepţi singur către vârf”.

CUM SĂ DEVENIŢI UN LIDER DE ECHIPĂ MAI BUN

Ce tipuri de schimbări trebuie să faceţi pentru a vă crea echipa de vis, cea care să poată înfrunta toate provocările care îi vor ieşi în cale? Aveţi nevoie de mai mult timp pentru a dezvolta oamenii dvs.? Trebuie să adăugaţi membri-cheie în echipă? Sau trebuie să faceţi unele schimbări în conducere? Şi nu uitaţi că şi dvs. trebuie să vă dezvoltaţi în permanenţă. Ceea ce este valabil pentru un membru al echipei este valabil şi pentru lider: Dacă nu îţi dezvolţi potenţialul, trebuie să te retragi.

5

LEGEA LANŢULUI

Puterea unei echipe este influenţată de veriga cea mai slabă

Pe 24 martie, 1989, s-a anunţat producerea unei catastrofe ecologice în regiunea Prince William Sound din Alaska. Petrolierul *Exxon Valdez* a eşuat pe stânca Bligh Reef, provocând avarierea carenei navei şi fisurarea a opt din cele unsprezece rezervoare de marfă ale vasului. Prin urmare, 10,8 milioane din cele aproximativ 53 de milioane de galoane de petrol s-au deversat în mare.

Impactul negativ asupra zonei a fost imens. Pescuitul şi turismul au stagnat, ceea ce a avut un impact negativ asupra economiei locale. Mediul înconjurător a fost grav afectat. Experţii au estimat pagubele ecologice la 250.000 de păsări de mare, 2.800 de lutri marini, 300 de foci, 250 de vulturi pleşuvi, 22 de balene ucigaşe, şi miliarde de icre ale diferitor specii de peşte comestibil cum ar fi somonul şi heringul. Deşi nu era cea mai mare deversare care a avut vreodată loc, experţii o consideră cea mai mare deversare din istorie din punct de vedere al pagubelor aduse mediului înconjurător.[1]

Exxon, compania care deţine vasul, a avut şi ea de plătit unele sume. Reprezentanţii companiei consideră că incidentul a costat compania Exxon 3,5 miliarde de dolari:

- 2,2 miliarde pentru costuri de curăţare
- 300 milioane pentru despăgubiri
- 1 miliard de dolari a fost cheltuit pentru taxe către stat[2].

Însă asta nu e totul. Pe lângă ceea ce compania a plătit deja, Exxon riscă să mai piardă alte 5 miliarde pentru despăgubiri, o decizie judecătorească a cărei anulare se mai încearcă încă a fi obţinută printr-un apel la mai bine de un deceniu de la producerea incidentului. Care a fost cauza unui accident atât de costisitor şi care a afectat o regiune atât de vastă? Răspunsul poate fi găsit în Legea Lanţului.

LANŢUL RUPT

Când *Exxon Valdez* a plecat de la Terminalul Alyeska Pipeline în seara de 23 martie, călătoria a început conform procedurii obişnuite. Un cârmaci expert în manevrarea vaselor a condus nava prin strâmtorile Valdez, apoi a înmânat comanda căpitanului navei, Joe Hazelwood. Acesta a ordonat ca vasul să fie orientat pe o direcţie obişnuită, a predat controlul celui de-al treilea ofiţer de punte Gregory Cousins şi a părăsit puntea. 35 de minute mai târziu, *Exxon Valdez* a eşuat pe o stâncă şi mii de tone de petrol au început să se deverseze în mare.

Investigaţiile care au urmat au scos la iveală o imagine nu tocmai plăcută: neglijarea normelor de siguranţă, indiferenţă faţă de politica companiei, şi luarea pripită de decizii. Căpitanul vasului băuse înainte de a prelua comanda navei. În cabina timonierului, pe măsură ce nava se deplasa prin strâmtorile Valdez şi după ce pilotul a părăsit vasul, a rămas un singur ofiţer, nu doi, aşa cum era prevăzut. (Iar acel ofiţer, pe nume Cousins, era atât de solicitat încât se crede că oboseala a contribuit la greşeala de navigaţie care a urmat.) În plus, nici un matelot de observaţie nu s-a aflat pe punte în timp ce vasul se deplasa.

De asemenea, au existat anumite discrepanţe între ceea ce a comunicat Căpitanul Hazelwood Centrului de Trafic al Navelor cu privire la ce se întâmplă şi ordinele pe care le-a dat de fapt pe vas. La 11:30 p.m., căpitanul a transmis prin radio că urmează să ia o direcţie de 200 de grade şi să reducă viteza pentru a vira printre aisbergurile care plutesc câteodată în calea navei. Totuşi vitezometrele arătau că viteza navei continua să crească. Nouă minute mai târziu, căpitanul a ordonat ca vasul să ia o direcţie de 180 de grade şi să fie pusă pe pilotul automat, însă nu a informat niciodată centrul de trafic asupra acestei modificări. La 11:53, a părăsit puntea.

Patru minute după miezul nopţii, vasul se afla pe stâncă. Timp de aproape două ore, mai întâi Cousins, apoi Hazelwood au încercat să îndrepte vasul, iar în tot acest timp petrolul se deversa în mare. În primele trei ore, se consideră că 5,8 milioane de galoane s-au scurs din tancul petrolier avariat. Până atunci, răul deja s-a produs, iar veriga slabă a fost cea care a cauzat ruperea „lanţului". Ţărmul Alaskăi se afla într-o stare jalnică, cariera de căpitan de vas a lui Hazelwood luase sfârşit, iar firma Exxon se afla în faţa unui coşmar al relaţiilor cu publicul şi al unor masive obligaţii financiare.

În aceeaşi măsură în care oricărei echipe îi place să fie evaluată în funcţie de cei mai buni oameni ai săi, este adevărat că *puterea unei echipe este influenţată de veriga cea mai slabă*. Oricât de mult ar încerca oamenii să o elimine, să o îndrepte sau să o ascundă, veriga slabă va ieşi până la urmă la lumină. Aceasta este Legea Lanţului.

ECHIPA DVS. NU ESTE PENTRU TOATĂ LUMEA

Una dintre greşelile pe care le-am făcut adesea la începutul carierei mele ca lider de echipă s-a datorat ideii mele conform căreia fiecare membru al echipei trebuie să rămână în echipă. Acest lucru era adevărat din mai multe motive. În primul rând, văd la oameni ceea ce au ei mai bun. Când mă uit la un individ cu potenţial, văd ce poate el deveni – chiar dacă el însuşi nu poate să vadă acest lucru. Şi încerc să îl încurajez şi să îl dotez cu ceea ce are nevoie pentru a deveni mai bun. În al doilea rând, îmi plac oamenii cu adevărat. Consider că dacă suntem mai mulţi într-o călătorie, distracţia va fi cu atât mai mare. În al treilea rând, deoarece am o viziune şi consider că obiectivele mele sunt utile şi profitabile, presupun cu destulă naivitate că toată lumea va dori să pornească la drum alături de mine.

Însă simplul fapt că doresc să iau pe toată lumea cu mine nu înseamnă că lucrurile vor funcţiona cum trebuie. Prima mea experienţă memorabilă în această privinţă a avut loc în 1980 când mi s-a oferit un post de conducere la Wesleyan World Headquarters în Marion, Indiana. Când am acceptat acest post, mi-am invitat asistenta să vină cu mine pentru a face parte din noua echipă pe care urma să o construiesc. Ea şi soţul ei au analizat oferta şi au venit la Marion să vadă cum stau lucrurile. Nu voi uita niciodată momentul în care s-au întors. Pe măsură ce le vorbeam cu ardoare despre provocările viitoare şi despre cum am putea să le abordăm, am început să-mi dau seama după expresia feţei lor că ceva era în neregulă. Atunci mi-au spus. Nu vroiau să vină.

Această atitudine m-a luat cu totul prin surprindere. De fapt, eram sigur că făceau o greşeală şi le-am spus acest lucru, încercând din răsputeri să îi conving să-şi schimbe părerea. Însă soţia mea, Margaret, mi-a dat câteva sfaturi foarte bune. Ea mi-a spus: „John, problema ta este că vrei să iei pe toată lumea cu tine. Însă nu toată lumea va merge în această călătorie. Ia lucrurile aşa cum sunt." Mi-a fost destul de greu să învăţ această lecţie. Chiar şi acum îmi este câteodată greu.

Din această experienţă şi din altele ce au urmat, am descoperit că atunci când este vorba despre munca în echipă...

1. Nu toată lumea acceptă să plece în călătorie

Unii oameni pur şi simplu nu vor să plece în călătorie. Asistenta mea şi soţul ei au vrut să rămână în Lancaster, Ohio, unde îşi creaseră relaţii de foarte mulţi ani. Pentru alţii problema este atitudinea lor. Nu doresc să se schimbe, să se dezvolte sau să cucerească un nou teritoriu. Rămân ataşaţi de status quo. Tot ce puteţi face în privinţa acestor oameni din grup este să le mulţumiţi pentru contribuţiile lor trecute şi să mergeţi mai departe.

2. Nu toată lumea ar trebui să plece în călătorie

Alţii nu ar trebui să se alăture unei echipe pentru că nu le permite agenda. Au alte planuri, iar acolo unde dvs. mergeţi nu este locul potrivit pentru ei. Cel mai bun lucru pe care îl puteţi face cu privire la oamenii din această categorie este să le uraţi succes şi în măsura în care vă stă în putere să îi ajutaţi pentru a reuşi în acţiunea lor.

3. Nu toată lumea poate pleca în călătorie

Pentru a treia categorie de oameni, problema este abilitatea. E posibil ca ei să nu fie capabili să ţină pasul cu colegii de echipă sau să ajute grupul să ajungă acolo unde vrea să ajungă. Cum recunoaşteţi oamenii care intră în această categorie? Nu sunt foarte greu de identificat:

- Nu pot ţine pasul cu ceilalţi membri ai echipei.
- Nu se dezvoltă în zona lor de responsabilitate.
- Nu văd imaginea de ansamblu.
- Nu vor să lucreze pentru a-şi îndrepta propriile puncte slabe.
- Nu vor să colaboreze cu restul echipei.
- Nu pot îndeplini aşteptările pentru zona lor.

Dacă în echipa dvs. există persoane care prezintă una sau mai multe dintre aceste caracteristici, trebuie să recunoaşteţi că aceste persoane sunt verigile slabe.

Ceea ce nu înseamnă neapărat că sunt oameni răi. De fapt, rolul unor echipe este de a lucra pentru verigile slabe şi de a le ajuta să devină mai puternice. Depinde de obiectivele echipei. De exemplu, când eram pastor executiv, am dat o mână de ajutor oamenilor din cadrul comunităţii, oferindu-le alimente şi asistenţă. I-am ajutat să renunţe la vicii, să îşi revină în urma divorţurilor şi să depăşească multe alte dificultăţi. Scopul nostru era să lucrăm pentru ei. Este un lucru cât se poate de lăudabil să îi ajuţi pe oamenii care se găsesc în astfel de situaţii. Însă să-i faci membri ai unei echipe atâta timp cât ei sunt încă demoralizaţi şi slabi nu îi ajută cu nimic, ci afectează negativ şi echipa – într-o asemenea măsură încât devine incapabilă de a-şi atinge obiectivul.

Ce puteţi face cu oamenii din echipa dvs. care sunt verigi slabe? Nu aveţi decât două opţiuni: Trebuie să îi instruiţi sau să îi schimbaţi. Evident, prima prioritate trebuie să fie întotdeauna să încercaţi să îi instruiţi pe oamenii care nu reuşesc să ţină pasul. Ajutorul poate îmbrăca mai multe forme: să le daţi cărţi de citit, să îi trimiteţi la conferinţe, să îi puneţi în faţa unor provocări noi, să le aduceţi mentori cu care să lucreze. Cred că oamenii se ridică deseori la nivelul aşteptărilor dvs. Oferă-le speranţă şi instruirea necesară, şi de obicei rezultatul va fi o îmbunătăţire a potenţialului lor.

Însă ce ar trebui să faceţi dacă un membru al echipei dvs. nu reuşeşte niciodată să ajungă la nivelul aşteptărilor dvs., chiar după ce a fost instruit, încurajat, şi după ce i s-au oferit oportunităţi de a-şi dezvolta potenţialul? Tatăl meu avea o vorbă: „Apa îşi caută singură nivelul". Cineva care este veriga slabă în echipa dvs. ar putea deveni un star în altă echipă. Trebuie să oferiţi acelei persoane ocazia de a-şi găsi propriul nivel în altă parte.

IMPACTUL UNEI VERIGI SLABE

Dacă sunteţi lider de echipă, aveţi în mod inevitabil de-a face cu verigi slabe. Membrii echipei care nu îşi duc singuri povara în cadrul echipei au un efect negativ asupra activităţii dvs. de conducere. Atunci când în echipă rămâne o verigă slabă, este posibil să se întâmple mai multe lucruri, şi anume:

1. Membrii mai puternici îl identifică pe cel slab

O verigă slabă nu se poate ascunde (cu excepţia cazului în care întreaga echipă este formată din oameni slabi). Dacă aveţi oameni puternici în echipă, ştiţi întotdeauna cine nu lucrează la nivelul celorlalţi.

2. Membrii mai puternici îl ajută pe cel slab

Dacă oamenii dvs. trebuie să lucreze împreună ca o echipă pentru a-şi face treaba, nu au decât două opţiuni atunci când este vorba despre un coleg de echipă slab. Pot ignora persoana şi permit ca echipa să sufere, sau o pot ajuta şi contribui la succesul echipei. Dacă sunt jucători adevăraţi în acea echipă, vor ajuta persoana slabă.

3. Membrii mai puternici ajung să îl deteste pe cel slab

Fie că membrii echipei ajută sau nu veriga slabă, rezultatul este întotdeauna acelaşi: resentimentul. Nimănui nu îi place să piardă sau să rămână în urmă în mod constant din cauza aceleiaşi persoane.

4. Membrii mai puternici devin mai puţin eficienţi

Să duceţi şi povara altcuiva, pe lângă a dvs., vă compromite randamentul. Dacă faceţi acest lucru pe o perioadă îndelungată, întreaga echipă va avea de suferit.

5. Membrii mai puternici pun sub semnul întrebării abilitatea liderului

Ori de câte ori un lider permite unei verigi slabe să rămână o parte a echipei, membrii echipei obligaţi să compenseze lipsa de competenţă a persoanei slabe încep să pună la îndoială curajul şi puterea de discernământ a liderului. Atunci când nu trataţi corespunzător partea proastă a echipei, veţi pierde respectul celei mai bune părţi.

> *Atunci când nu trataţi corespunzător partea proastă a echipei, veţi pierde respectul celei mai bune părţi.*

E posibil ca mulţi membri ai echipei să poată evita decizia dificilă de a rezolva situaţia membrilor mai puţin competenţi, însă liderii nu pot face acest lucru. De fapt, una dintre diferenţele dintre lideri şi subalterni este obligaţia celor din urmă de a acţiona. Subalternii ştiu deseori ce trebuie să facă, însă nu pot sau nu vor să meargă până la capăt. Însă ţineţi minte următorul lucru: dacă alţi oameni din echipa dvs. iau decizii în locul dvs. deoarece nu sunteţi capabil sau nu vreţi să luaţi aceste decizii, atunci puterea dvs. de conducere este compromisă şi nu mai lucraţi în interesul echipei aşa cum trebuie.

ÎNTĂRIREA LANŢULUI

Membrii slabi dintr-o echipă consumă mai mult din timpul unei echipe decât cei puternici. Un motiv este faptul că oamenii mai competenţi trebuie să îşi pună la dispoziţie timpul pentru a compensa incompetenţa celor care nu îşi poartă singuri povara. Cu cât diferenţa din punct de vedere al competenţei între întreprinzătorii cei mai realizaţi şi cei mai puţin realizaţi este mai mare, cu atât mai mare va fi paguba provocată echipei. De exemplu, pe o scară de la 1 la 10 (10 fiind nivelul cel mai mare), o persoană care se situează la nivelul 5 între mai multe persoane situate la nivelul 10 afectează negativ echipa, în timp ce o persoană situată la nivelul 8 între mai multe persoane situate la nivelul 10 nu poate afecta echipa.

Să vă arăt cum funcţionează acest mecanism. Atunci când adunaţi un grup de oameni, talentele lor se îmbină ca într-o adunare. O situaţie în care o persoană situată la nivelul 5 se află printre mai multe persoane situate la nivelul 10 va arăta în felul următor:

$$10 + 10 + 10 + 10 + 5 = 45$$

Diferenţa dintre această echipă şi echipele excepţionale care au cinci persoane situate la nivelul 10 este ca şi diferenţa dintre 50 şi 45. Procentual este o diferenţă de 10%. Însă de îndată ce se formează o echipă, iar între membrii ei se încheagă o relaţie strânsă de colaborare, sinergie şi avânt, situaţia este analogă cu înmulţirea. În acest moment o verigă slabă începe să afecteze negativ echipa. Diferenţa poate fi exprimată astfel:

$$10 \times 10 \times 10 \times 10 \times 10 = 100.000$$

şi

$$10 \times 10 \times 10 \times 10 \times 5 = 50.000$$

Este o diferenţă de 50%! Puterea şi avântul echipei pot compensa veriga slabă pentru o perioadă de timp, însă nu pentru totdeauna. În cele din urmă veriga slabă va priva echipa de avânt şi potenţial.

În mod ironic, verigile slabe sunt mult mai puţin conştiente decât cele puternice de punctele lor slabe şi de defectele lor. De asemenea, petrec mai mult timp păzindu-şi teritoriul, salvându-şi poziţiile şi agăţându-se de ceea ce au. Ţineţi minte următorul lucru: când este vorba de interacţiunea dintre oameni, persoana mai slabă este cea care controlează de obicei relaţia. De exemplu, cineva cu o imagine de sine foarte bună este mai flexibilă decât o persoană care nu are o imagine de sine bună. Un individ cu o viziune clară acţionează mai prompt decât o persoană fără o astfel de viziune. O persoană cu abilitate excelentă şi cu energie ridicată realizează mai multe şi lucrează mai mult timp decât un individ care are mai puţine talente. Dacă cei doi oameni călătoresc împreună, membrul cel mai puternic trebuie să colaboreze în permanenţă şi să îl servească pe cel mai slab. Astfel se poate controla ceea ce se întâmplă în timpul călătoriei.

Dacă echipa dvs. are o verigă slabă care nu poate sau nu vrea să se ridice la nivelul echipei – iar dvs. aţi făcut tot ce v-a stat în putinţă pentru a ajuta persoana respectivă să îşi îmbunătăţească potenţialul – atunci trebuie să luaţi atitudine. Când faceţi acest lucru, luaţi în considerare sfatul autorilor Danny Cox şi John Hoover. Dacă trebuie să îndepărtaţi pe cineva din echipă, fiţi discret, deschis, sincer şi concis. De îndată ce persoana respectivă a plecat, fiţi deschis cu restul echipei în legătură cu această persoană, manifestând în acelaşi tip respect faţă de persoana pe care aţi eliminat-o din echipă[3]. Iar dacă înainte sau după acest moment începeţi să aveţi remuşcări, ţineţi minte următorul lucru: atâta timp cât o verigă slabă face parte din echipa dvs., fiecare membru al echipei va avea de suferit.

FĂRĂ VERIGI SLABE!

Nimeni nu îşi doreşte în mod deosebit să aibă o verigă slabă în echipă, cineva care să împiedice echipa să îşi îndeplinească obiectivele. Şi totuşi cu toţii am fost nevoiţi să lucrăm cu membri mai slabi. Iar câteodată experienţele au fost pozitive. Obţii o răsplată personală foarte mare ajutând un coleg de echipă să se transforme dintr-o verigă slabă într-un membru foarte puternic – iar câteodată să devină chiar un actor esenţial. Fie că rezultatele sunt bune sau rele, să ai de-a face cu actori mai puţin competenţi este o parte inevitabilă a muncii în echipă. Nu există echipă fără verigi slabe, nu-i aşa?

După cum am menţionat deja, scopul echipei determină cât de bine se rezolvă problema reprezentată de veriga slabă. Câteodată mizele pentru o echipă sunt atât de mari, încât membrii săi nu îşi pot permite să aibă o verigă slabă. Acesta este şi cazul forţelor maritime U.S. Navy SEAL. Sarcinile pe care le au de îndeplinit sunt atât de solicitante, încât prezenţa în echipă a unei singure persoane slabe va distruge întreaga echipă.

În ultimii ani membrii SEAL au generat un intens interes public. Au fost subiectul a numeroase romane şi filme. Au stimulat imaginaţia oamenilor deoarece sunt consideraţi a fi cei mai buni dintre cei mai buni. După cum a remarcat un fost membru SEAL: „Nici un alt grup de bărbaţi nu se află mai aproape de perfecţiune în domeniul său."

Forţele maritime SEAL au fost înfiinţate de preşedintele John F. Kennedy în 1962. Ele au fost formate din echipele de demolare subacvatică create în timpul celui de-al doilea Război Mondial pentru a curăţa obstacolele din zonele de debarcare amfibii în locaţii precum Omaha şi Plajele Utah din Normandia şi mai târziu din insulele Pacificului. Ca în toate forţele de operaţiuni speciale din diverse ramuri ale armatei Statelor Unite, există experţi în arme, lupte corp-la-corp, demolări, care au fost antrenaţi să se paraşuteze din avioane. Însă cea mai mare competenţă o au în domeniul operaţiunilor desfăşurate atât pe apă cât şi în apă. De aici provine numele lor: SEALs arată că sunt capabili să desfăşoare operaţiuni în mare (**SE**a), în aer (**A**ir) şi pe pământ (**L**and).

CREAREA LANŢULUI

Cheia succesului echipei SEAL este pregătirea membrilor – care nu se bazează pe studierea armelor şi deprinderea unor aptitudini tehnice, ci pe fortificarea oamenilor şi dezvoltarea muncii în echipă. Armele se schimbă, ca şi metodele de comandă a operaţiunilor, însă enorma pregătire mentală şi fizică a rămas în mare parte aceeaşi. Peter J. Schoomaker, comandantul şef al U.S. Special Operations Command, afirmă: „Totul, cu excepţia valorilor noastre profunde, se află la vedere; suntem gata să schimbăm orice cu excepţia acelor valori care ne permit să ne facem treaba. Valoarea profundă a unei echipe SEAL sunt oamenii săi."[4]

Construirea unei echipe cu oamenii potriviţi începe prin procesul de selecţie. Numai un anumit tip de persoane îşi va depune candidatura pentru a beneficia de o pregătire SEAL. Iar dintre toţi candidaţii, doar unul din zece este acceptat. (Marina recomandă ca toţi candidaţii să alerge cel puţin 40 de km pe săptămână şi să înoate pe distanţe lungi *înainte* de a candida.) Cei care sunt acceptaţi în cadrul programului sunt supuşi la 26 de săptămâni de intens efort fizic, psihologic şi mental. Rigorile fizice şi emoţionale ale antrenamentului fac ca tabăra să arate ca un picnic. John Roat, care a beneficiat de această pregătire, a fost unul dintre primii membri ai echipelor SEAL înfiinţate în 1962. El a afirmat că peste 1.300 de bărbaţi au fost testaţi pentru acest program de pregătire, însă numai 134 au fost acceptaţi. Pragul pentru pregătirea fizică era atât de ridicat, încât oamenii au început să renunţe din prima zi. John Roat a considerat acest lucru pozitiv. El a explicat:

> Mai erau 130 de candidaţi atunci când instructorii ne-au împărţit în echipaje a câte 10 oameni şi ne-au dat bărcile. Bărbaţii fiecărui echipaj au cărat barca pe cap, şi fiecare suferea intens până când echipajul reuşea să se alinieze. Echipajul unei bărci nu putea să înveţe cum să lucreze ca echipă până când nu scăpa de cei care nu făceau faţă antrenamentului. Atâta timp cât erau prezenţi, constituiau un factor suplimentar de stres. Pare destul de dur, însă asta e viaţa.

În primele săptămâni, antrenamentul este extrem de dur, iar solicitarea fizică incredibil de intensă. Apoi urmează Hell Week (Săptămâna Iadului), cinci zile de provocări fizice şi mentale în timpul cărora candidaţii sunt ţinuţi treji şi se antrenează toată ziua, făcând doar o pauză de patru sau cinci ore. Aceasta este provocarea care elimină verigile slabe şi în acelaşi timp transformă clasa într-o adevărată echipă. Roat a descris impactul acestei părţi a antrenamentului:

> Fiecare clasă învaţă aceleaşi lucruri în timpul Săptămânii Iadului: Poţi merge mai departe decât ţi-ai imaginat vreodată, însă nu poţi face acest lucru singur, iar toţi cei care fac faţă aparţin acestui loc. Săptămâna Iadului a suferit cele mai puţine schimbări comparativ cu celelalte etape ale antrenamentului, dintr-un motiv foarte simplu: instructorii nu pot găsi o modalitate mai bună de a-şi selecta candidaţii. Nu îi poţi alege pe cei care fac impresie bună prin simpla lor înfăţişare. Nici un test scris nu va arăta dacă persoana respectivă este un adevărat jucător de echipă. Dacă ar fi posibilă selectarea unor operatori buni de către psihologi stagiari care să ia interviuri şi să spună da sau nu, marina ar fi încântată. Problema majoră este că psihologii nu pot prezice cine va supravieţui cinci zile sau chiar mai mult fără să doarmă, în condiţii de epuizare constantă şi de solicitări fizice imposibile cărora trebuie să le faci faţă. Testul rămâne în continuare acesta.[6]

Antrenamentul SEAL este atât de intens, încât au existat clase în care *nimeni* nu a reuşit să meargă până la capăt. În final, 49 din cei 134 de oameni care au început antrenamentul cu Roat au promovat. Sentimentele celor care au trecut prin stres şi durere pot fi reprezentate prin cuvintele unuia dintre colegii lui Roat. „Nu puteam să mă dau bătut. Mi-aş fi dezamăgit colegii. Pur şi simplu nu puteam."

Mulţi consideră că Navy SEALs este elita companiei maritime – deja elită a forţelor de operaţiuni speciale din cadrul armatei Statelor Unite. Interacţiunea dintre aceste forţe maritime este de fapt definiţia muncii în echipă, iar ele depind una de cealaltă la un nivel pe care majoritatea oamenilor nu îl pot înţelege şi pe care nu îl vor trăi niciodată. Supravieţuirea lor depinde de munca în echipă. Iar din acest motiv, nu îşi pot permite să aibă verigi slabe.

Deşi s-ar putea să nu vă confruntaţi niciodată cu presiunile impuse de SEALs, puteţi fi sigur de următorul lucru: *Puterea echipei este afectată de veriga cea mai slabă.* Indiferent din ce fel de echipă faceţi parte, această lege este întotdeauna valabilă. Este Legea Lanţului.

CUGETARE CU PRIVIRE LA MUNCA ÎN ECHIPĂ

Echipa nu poate să acopere în permanenţă punctele slabe.

CUM SĂ DEVENIŢI UN MEMBRU MAI BUN AL UNEI ECHIPE

Înclinaţia naturală a majorităţii oamenilor este să se evalueze în funcţie de cele mai bune calităţi în timp ce pe ceilalţi îi evaluează în funcţie de cele mai slabe calităţi. Prin urmare, ei reuşesc să indice zonele în care colegii lor de echipă trebuie să se dezvolte. Însă adevărul este că fiecare persoană este responsabilă în primul rând de propria dezvoltare.

Priviţi-vă cu severitate. Pe baza criteriilor enumerate în acest capitol, examinaţi-vă pentru a vedea unde constituiţi o piedică pentru echipă. Marcaţi caseta din dreptul cuvintelor *evaluare personală* pentru orice aspect care vă caracterizează. Iar dacă aveţi cu adevărat curaj, cereţi-i soţiei (soţului) dvs. sau unui prieten apropiat să vă evalueze marcând casetele din dreptul cuvintelor *evaluare a unui prieten*.

Evaluare Personală	*a unui prieten*	*Aspecte posibile*
❑	❑	*Nu reuşiţi să ţineţi pasul cu ceilalţi membri ai echipei.*
❑	❑	*Nu lucraţi în zona dvs. de responsabilitate.*
❑	❑	*Vă este greu să vedeţi imaginea de ansamblu.*
❑	❑	*Vă este greu să vă vedeţi punctele slabe.*
❑	❑	*Întâmpinaţi dificultăţi atunci când lucraţi cu restul echipei.*
❑	❑	*Nu reuşiţi niciodată să răspundeţi aşteptărilor din zona de responsabilitate.*

Dacă dvs. (sau altă persoană care v-a evaluat) aţi marcat mai mult de o casetă, trebuie să întocmiţi un plan de dezvoltare pe care să îl respectaţi pentru a nu fi o piedică pentru echipa dvs. Discutaţi cu liderul echipei dvs. sau cu un mentor de încredere despre modul în care aţi putea să vă dezvoltaţi potenţialul în orice zonă slabă.

CUM SĂ DEVENIŢI UN LIDER DE ECHIPĂ MAI BUN

Dacă sunteţi liderul unei echipe, nu puteţi ignora problemele create de o verigă slabă. Pentru diferite tipuri de echipe, se impun soluţii diferite. Dacă echipa este o familie, atunci nu „faceţi troc” cu oamenii slabi. Îi instruiţi cu afecţiune şi încercaţi să îi ajutaţi să se dezvolte, însă faceţi eforturi să reduceţi la minimum prejudiciile pe care le pot aduce celorlalţi membri ai familiei. Dacă echipa este o companie, atunci aveţi responsabilităţi faţă de patron sau de acţionari. Dacă aţi oferit instruire, însă fără succes, „trocul" ar putea fi soluţia. Dacă echipa este o parohie iar instruirea nu a avut nici un impact, ar fi potrivit să le cereţi celor slabi să stea pe margine pentru o perioadă. Sau s-ar putea să aveţi nevoie de un timp departe de echipa dvs. pentru a lucra la problemele emoţionale sau spirituale.

Indiferent de tipul situaţiei cu care vă confruntaţi, nu uitaţi că responsabilităţile dvs. faţă de oameni vin în ordinea următoare: responsabilitate faţă de organizaţie, faţă de echipă, apoi faţă de individ. Pe ultimul plan urmează interesele proprii şi propria bunăstare.

6

LEGEA CATALIZATORULUI

Echipele câştigătoare au jucători care pun lucrurile în mişcare

Majoritatea echipelor nu îşi îmbunătăţesc potenţialul singure. Dacă nu sunt ajutate, nu se dezvoltă, nu devin mai bune şi nu ating calibrul unui campion. În schimb, au tendinţa de a stagna. Drumul către nivelul următor este întotdeauna obositor, iar dacă o echipă nu luptă din toate puterile să progreseze, în mod inevitabil va regresa. Echipa va pierde punctul de concentrare, îşi va ieşi din ritm, îşi va pierde energia şi avântul, iar în cele din urmă se va dezmembra. Într-un anumit punct, va pierde şi jucătorii cheie. Este doar o chestiune de timp înainte de a se aplatiza şi de a se complace în mediocritate. Din acest motiv o echipă care îşi atinge potenţialul are întotdeauna un catalizator.

> *Catalizatorii sunt oameni care pun acţiunea pe primul plan.*

DEFINIŢIA CATALIZATORULUI

Catalizatorii sunt ceea ce eu numesc oameni care pun acţiunea pe primul plan. Cea mai remarcabilă persoană de acest gen pe care am reuşit să o văd în acţiune este Michael Jordan. Mulţi (inclusiv eu) consideră că este cel mai mare jucător de baschet nu numai datorită talentului, constituţiei sale atletice şi puterii de înţelegere a jocului, ci şi datorită capacităţii sale de a juca rolul de catalizator. Biografia sa ca jucător amator şi ca jucător profesionist la Chicago Bulls confirmă această abilitate a sa:

- A câştigat Divizia I a Campionatului NCAA (1982)
- A fost numit de două ori Jucătorul Anului al Colegiului *Sporting News* (1983, 1984)
- A primit premiile Naismith şi Wooden (1984)
- A câştigat două medalii olimpice de aur (1984, 1992)
- A câştigat 6 campionate mondiale NBA (1991, 1992, 1993, 1996, 1997, 1998)
- A fost ales Debutantul NBA al Anului (1985)
- A fost ales în echipa de debutanţi din NBA (1985)
- A fost selectat pentru echipa de debutanţi din NBA de un număr record de 10 ori (1987, 1988, 1989, 1990, 1991, 1992, 1993, 1996, 1997, 1998)
- Deţine recordul NBA pentru cea mai mare medie de puncte înscrise în întreaga carieră (31,5 puncte pe meci)
- Deţine recordul NBA pentru cele mai multe sezoane în care s-a plasat în fruntea ligii ca număr de puncte marcate
- Deţine recordul NBA pentru cele mai multe sezoane în care s-a aflat în fruntea ligii din punct de vedere al coşurilor din acţiune marcate (10)
- Se află pe locul trei în istoria NBA din punct de vedere al punctelor marcate (29.277), pe locul trei din punct de vedere al interceptărilor şi pe locul patru din punct de vedere al coşurilor marcate din acţiune.
- A fost votat cel mai bun jucător în apărare NBA al Anului (1985, după ce a fost criticat pentru că era „doar" un jucător de atac).

- A fost ales de 8 ori în cadrul Primei Echipe a Tuturor Apărătorilor NBA (1988, 1989, 1990, 1991, 1992, 1993, 1997, 1998)
- A fost numit de 5 ori Cel Mai Valoros Jucător din NBA (1988, 1991, 1992, 1996, 1998)
- A fost numit de 6 ori cel Mai Valoros Jucător al Finalelor din NBA (1991, 1992, 1993, 1996, 1997, 1998)
- A fost numit unul dintre cei mai buni 50 de jucători din istoria NBA-ului

Statisticile îl prezintă pe Jordan într-o postură favorabilă, însă ele nu arată totul. Pentru aceasta ar fi trebuit să îl vedeţi în acţiune. Atunci când echipa trebuia să marcheze pentru a se redresa, mingea se îndrepta direct către Jordan. Atunci când un jucător trebuia să înscrie ultimul coş pentru a câştiga meciul, mingea mergea direct la Jordan. Chiar dacă echipa trebuia să rezolve situaţii dificile, mingea se îndrepta către Jordan. Indiferent care era situaţia pe terenul de joc, Jordan putea să aducă echipa în poziţia care îi permitea câştigarea meciului. Acesta este întotdeauna cazul echipelor campioane. *Echipele câştigătoare au jucători care pun lucrurile în mişcare.* Aceasta este Legea Catalizatorului.

CONTINUÂND SĂ PUNĂ LUCRURILE ÎN MIŞCARE

După cum ştiţi, Michael Jordan s-a retras din baschet ca jucător profesionist. Însă continuă să joace. La începutul anului 2000, Jordan a devenit co-proprietar şi preşedinte al clubului de baschet Washington Wizards. La o săptămână după ce a devenit membru al clubului, Jordan a îmbrăcat tricoul Wizards cu numărul 23 şi s-a alăturat echipei pentru a se antrena.

Înaintaşul echipei Wizards, Tracy Murray, care se apăra la Jordan în timpul unor antrenamente, a remarcat ulterior, „Se mişcă în continuare în acelaşi mod.... sare şi dă mingea de sus, aruncă din săritură, apoi se retrage. Are acelaşi joc ca în tinereţe, nu şi-a pierdut talentul."

Nimeni nu se aştepta ca talentul lui să îşi piardă intensitatea, mai ales la doi ani după ce s-a retras. Însă nici abilitatea sa ca şi catalizator nu a scăzut. Murray a adăugat: „De îndată ce pune piciorul în acea sală de gimnastică, începe să vorbească urât, iar intensitatea creşte, fără îndoială".

Fiecare catalizator aduce intensitate în mijlocul jocului. Cu privire la vizita lui Jordan pe terenul de joc, un comentator remarca: „Fiind el însuşi, a transformat antrenamentul echipei Wizard în ceea ce nu mai fusese de mult timp – o sursă de energie şi amuzament."

„Lucru la care ar trebui să ne aşteptăm zi de zi", a fost reacţia lui Jordan. „De fapt, le-am spus că nu trebuie să mă aştepte pe mine ca să scot la iveală energia pe care au avut-o astăzi. Eu nu am făcut decât să încerc să-i menţin concentraţi asupra jocului, să-i provoc, să spun orice am de spus. Dacă pot juca dur împotriva mea, pot juca dur împotriva oricui. A fost distractiv".[1]

Aşa funcţionează întotdeauna lucrurile pentru un catalizator. Totul este o distracţie. Îi place să stimuleze echipa, să pună lucrurile în mişcare, să facă tot ceea ce e necesar pentru a duce echipa către nivelul următor. Atunci când un catalizator face acest lucru în mod constant, echipa devine plină de speranţă, încrezătoare, exaltată şi în cele din urmă uimită. Aceasta este Legea Catalizatorului. *Echipele câştigătoare au jucători care pun lucrurile în mişcare!*

TREI TIPURI DE JUCĂTORI

În momente extrem de dificile, rolul catalizatorului devine esenţial, fie că este vorba despre un comerciant care atinge o ţintă imposibilă, fie despre un jucător care are rolul principal într-un meci, fie că este vorba despre un părinte care îl face pe copil să creadă în propriile forţe într-un moment critic al vieţii. O echipă nu poate atinge un scop măreţ sau chiar să o ia de la început dacă nu are un catalizator.

Experienţa mea în domeniul muncii în echipă m-a învăţat că ceea ce e valabil pentru sport se aplică şi pentru companii, parohii şi relaţii familiale. Atunci când timpul aproape a expirat, iar meciul este în plină desfăşurare, există trei tipuri de oameni într-o echipă:

1. Oameni care nu doresc mingea

Unii oameni nu au capacitatea de a lupta pentru echipa lor în situaţii foarte stresante, şi ştiu foarte bine acest lucru. Prin urmare, nu îşi doresc să aibă responsabilitatea de a conduce echipa către victorie. Iar această responsabilitate nici nu ar trebui să le fie atribuită. Ar trebui să li se permită să joace în zona lor de competenţă.

2. Oameni care doresc mingea, dar care nu ar trebui să o aibă

În a doua categorie se încadrează oamenii care nu pot duce echipa către victorie. Problema este că *ei nu ştiu* că nu pot. Deseori cauza constă în faptul că eul jucătorilor este mai mare decât talentul lor. Aceşti oameni pot fi periculoşi pentru o echipă.

3. Oameni care doresc mingea şi care trebuie să o aibă

Ultimul grup, care este de departe cel mai restrâns, este format din oameni care doresc să „devină" jucători în momentele critice şi care chiar îşi îndeplinesc acest rol. Ei sunt capabili să împingă, să tragă sau să ducă echipa către noi niveluri când lucrurile merg ca pe roate. Ei sunt catalizatorii.

Fiecare echipă are nevoie de catalizatori dacă speră să câştige cu adevărat. Fără aceşti catalizatori, chiar şi o echipă cu foarte mult talent nu poate să se ridice la cel mai înalt nivel. Am asistat la o ilustrare a acestui aspect la sfârşitul anilor '90 şi din nou în 2000 cu echipa Atlanta Brave. Echipa avea cei mai buni aruncători la coş şi cei mai puternici atacanţi. Avea membri care fuseseră numiţi Cei mai Valoroşi Jucători din ligă sau debutanţii anului. Însă le lipseau jucătorii catalizatori de care aveau nevoie pentru a deveni campioni World Series.

TRĂSĂTURILE UNUI CATALIZATOR

Este foarte uşor să indici care este catalizatorul unei echipe după ce acesta a avut un impact asupra grupului şi i-a condus pe membrii echipei către victorie, în special în lumea sportului. Puteţi indica momente speciale atunci când persoana a trecut la un nivel cu totul nou şi a dus şi echipa la acel nivel. Însă cum puteţi recunoaşte un catalizator *înainte* ca acesta să îşi arate valoarea? Cum căutăm catalizatorii pentru echipa actuală?

Indiferent de tipul „meciului" pe care îl jucaţi, sau de tipul echipei din care faceţi parte, puteţi fi sigur că toţi catalizatorii au anumite trăsături care îi disting de colegii lor. Am observat că următoarele nouă trăsături îi caracterizează deseori pe catalizatorii cu care am intrat în contact. Acestea sunt....

1. Intuiţia

Catalizatorii simt anumite lucruri pe care ceilalţi nu le simt. Pot recunoaşte un punct slab la un rival. Pot fi capabili să facă un pas intuitiv care transformă un dezavantaj într-un avantaj. Pot fi capabili să folosească tot ce consideră necesar pentru a ajuta echipa să reuşească.

Pentru diferite tipuri de echipe, intuiţia generează anumite schimbări. Lucru absolut firesc deoarece scopul echipei determină valoarea ei. Un alt motiv este că oamenii sunt mai intuitivi în zonele lor de competenţă naturală. Prin urmare, pentru o companie mică, catalizatorul poate fi un întreprinzător care simte o ocazie de care nimeni altcineva nu îşi dă seama. Pentru o parohie sau alte organizaţii non-profit, catalizatorul poate fi o persoană care recunoaşte intuitiv conducerea şi poate recruta voluntari talentaţi. Pentru o echipă de fotbal, ar putea fi un mijlocaş care simte că un jucător din apărare nu se descurcă bine şi cheamă jucătorul care determină câştigarea meciului. În fiecare caz situaţia e diferită, însă rezultatul este acelaşi: Un catalizator simte o anumită ocazie şi, prin urmare, echipa nu are decât de câştigat.

2. Capacitatea de comunicare

Catalizatorii spun anumite lucruri pe care ceilalţi membri ai echipei nu le spun pentru a pune echipa în mişcare. Câteodată fac acest lucru pentru a împărtăşi cu colegii lor de echipă ceea ce au simţit intuitiv în aşa fel încât să fie mai bine pregătiţi pentru a face faţă provocării. Alteori scopul lor este să inspire sau să stimuleze alţi membri ai echipei. Iar de obicei ştiu care este diferenţa între situaţia în care un coleg de echipă are nevoie de o mână de ajutor şi situaţia în care are nevoie de un picior în spate.

Ori de câtre ori vedeţi o echipă de oameni care dintr-o dată se redresează sau se îndreaptă vertiginos către un alt nivel, veţi vedea pe cineva în acea echipă discutând, îndrumându-i şi inspirându-i pe ceilalţi. Acest lucru poate fi observat şi la marii lideri politici. Oameni precum Churchill, Roosevelt şi Kennedy au schimbat lumea cu cuvintele lor. Ei au fost catalizatori, iar catalizatorii comunică.

3. Pasiunea

Catalizatorii simt anumite lucruri pe care ceilalţi nu le simt. Sunt pasionaţi de ceea ce fac, şi vor să împartă această pasiune cu colegii lor de echipă. Câteodată pasiunea izbucneşte ca o furie controlată îndreptată spre îndeplinirea unor scopuri în zona de pasiune. Alteori se manifestă ca un entuziasm contagios. Însă oricare ar fi forma sub care apare, această pasiune poate conduce echipa către succes.

Legendarul jucător de baseball Pete Rose din echipa Cincinnati Reds s-a confruntat cu anumite probleme, însă fără îndoială a fost unul dintre cei mai mari catalizatori ai sportului său din secolul douăzeci. Odată a fost întrebat ce e mai important la un jucător de baschet: ochii, picioarele, sau braţul. Răspunsul lui Rose a fost elocvent: „Nici unul dintre aceste lucruri. De-abia dispariţia entuziasmului pune capăt carierei de jucător." Dar şi rolului de catalizator.

4. Talentul

Catalizatorii sunt capabili să facă ceea ce alţii nu pot face deoarece talentul lor este la fel de puternic ca şi pasiunea lor. Rareori oamenii pot deveni catalizatori în afara domeniului de competenţă şi talent. Acest lucru se întâmplă din două motive principale. În primul rând, dacă ai talent, ştii de ce ai nevoie pentru a câştiga. Nu poţi duce echipa la următorul nivel dacă nu stăpâneşti tehnicile necesare pentru a reuşi pe plan personal. Acest lucru pur şi simplu nu se poate întâmpla.

Cel de-al doilea motiv pentru care oamenii trebuie să aibă talent în domeniul în care doresc să devină catalizatori constă în faptul că parţial rolul de catalizator îi influenţează şi pe ceilalţi membri ai echipei. Nu poţi face acest lucru dacă nu ai credibilitate în faţa lor din cauza randamentului scăzut. O parte a muncii de catalizator înseamnă să îţi împarţi talentul cu ceilalţi pentru a-i face mai buni. Nu poţi da ceea ce nu ai.

5. Creativitatea

O altă calitate deseori întâlnită la catalizatori este creativitatea. Catalizatorii se gândesc la lucruri la care alţii nu se gândesc. În timp ce majoritatea membrilor echipei fac lucrurile mecanic (sau din obişnuinţă), catalizatorii gândesc diferit faţă de colegii lor de echipă. Sunt în permanenţă în căutarea unor moduri noi şi inovatoare de a face lucrurile.

Carl May, consultantul pentru echipele din domeniul sportului şi afacerilor, afirmă: „Creativitatea înseamnă să valorificăm la maximum resursele de care dispunem şi locul în care ne aflăm." Câteodată catalizatorii pot veni cu ceva care va schimba ritmul meciului. Alteori abilitatea lor de a rescrie regulile poate schimba modul în care partida se joacă."

6. Iniţiativa

Îmi plac oamenii creatori, şi am lucrat cu foarte mulţi oameni de acest fel de-a lungul anilor. De fapt, eu însumi mă consider un om creator, în special în domenii precum scrisul şi predatul. Însă experienţa mea cu oamenii creatori m-a învăţat ceva despre ei: în timp ce toţi oamenii creatori au idei mai mult decât suficiente, nu toţi se pricep să pună în practică aceste idei creatoare.

Catalizatorii nu se confruntă cu această problemă. Fac lucruri pe care ceilalţi nu pot să le facă. Nu numai că sunt creatori din punct de vedere al modului de gândire, însă sunt disciplinaţi în acţiunile lor. Pentru ei este o deosebită plăcere să pună lucrurile în mişcare. Această iniţiativă poate lua diferite forme: directorul unei echipe de baseball care pune la punct împreună cu un antrenor o metodă de a-i stimula pe jucători, un părinte care îşi schimbă serviciul sau face sacrificii pe plan familial pentru a ajuta un copil luptător, sau proprietarul unei companii care măreşte stimulentele financiare pentru angajaţi pentru a sparge barierele. Astfel iau iniţiativă. Prin urmare pun în mişcare echipa pe măsură ce se pun ei înşişi în mişcare.

7. Responsabilitate

Catalizatorii îşi asumă responsabilităţi pe care alţii nu şi le-ar asuma. Prietenul meu Truett Cathy, fondatorul organizaţiei Chick-Fil-A, are o vorbă: „Dacă cineva trebuie să ia atitudine, atunci acest cineva sunt eu".

Nu cu mult timp în urmă a fost difuzată la televizor o reclamă în care apăreau doi consultanţi ce ofereau sfaturi de specialitate directorului general al unei companii asupra modului în care şi-ar putea duce afacerile către nivelul superior. Au explicat cum sistemul informatic al companiei ar trebui reparat, cum sistemul de distribuţie ar trebui îmbunătăţit şi cum canalele de marketing ar trebui schimbate pentru a eficientiza compania şi a o face mai profitabilă.

Directorul companiei a ascultat cu atenţie tot ceea ce i s-a spus, iar în cele din urmă a zâmbit şi a afirmat: „Îmi place. Bine, să o facem."

Consultanţii au părut confuzi pentru un moment, iar unul dintre ei a răspuns tremurat: „De fapt noi nu *facem* chiar ceea ce recomandăm".

Catalizatorii nu sunt consultanţi. Nu recomandă o direcţie de acţiune. Îşi asumă responsabilitatea pentru lucrurile pe care le pun în mişcare.

8. *Generozitate*

Catalizatorii oferă lucruri pe care ceilalţi nu le oferă. O dovadă a faptului că aceşti oameni îşi asumă responsabilitatea este dorinţa lor de a se sacrifica pentru a duce ceva până la capăt. Catalizatorii dau dovadă de această calitate. Sunt pregătiţi să-şi folosească resursele pentru a-şi îmbunătăţi echipa, chiar dacă acest lucru înseamnă să pui la dispoziţie mai mult timp, să cheltuieşti bani sau să-ţi sacrifici câştigul personal.

> *Catalizatorii nu sunt consultanţi. Nu recomandă o direcţie de acţiune. Îşi asumă responsabilitatea pentru lucrurile pe care le pun în mişcare.*

Un exemplu concludent al unei astfel de persoane care se sacrifică pentru binele echipei poate fi omul de afaceri new-yorkez Eugene Lang. Pe 25 iunie 1981, Lang se afla în faţa a 61 de elevi care absolviseră anul 6 de studiu la o şcoală elementară din East Harlem pe care el însuşi o absolvise în urmă cu câteva decenii. Statisticile arătau că 75% dintre copiii care ar fi renunţat la şcoală în următorii şase ani nu ar fi absolvit niciodată liceul. Şi vroia să facă ceva pentru a-i ajuta.

Începuse prin a-i încuraja să muncească din greu, spunându-le că dacă ar face acest lucru, ar reuşi fără îndoială. Sub impulsul momentului, Lang s-a transformat din consultant în catalizator. A promis acelor copii că dacă ascultă acest sfat şi termină liceul, va oferi fiecăruia dintre ei bani pentru a merge la colegiu. Această promisiune a fost doar începutul a ceea ce a devenit programul „Am un Vis".

Patru ani mai târziu, toţi cei 61 de elevi se aflau încă la şcoală. Şase ani mai târziu, 90% dintre cei 54 de copii care au păstrat legătura cu Lang au absolvit liceul, iar două treimi dintre ei au urmat colegiul. Astăzi programul „Am un Vis" sponsorizează 160 de proiecte din 57 de oraşe, şi influenţează vieţile a 10.000 de copii – totul datorită faptului că Lang s-a hotărât să devină catalizator[2].

9. *Influenţa*

Catalizatorii sunt capabili să conducă echipele într-un mod în care alţii nu sunt capabili să o facă. Membrii unei echipe se vor supune întotdeauna unui catalizator atunci când nu vor să răspundă în faţa altcuiva. Un membru foarte talentat al unei echipe, care nu are abilităţile necesare pentru a ocupa un post de conducere, ar putea fi un catalizator în zona sa de competenţă. Însă oamenii cu abilităţi naturale de conducere au o influenţă care se va face resimţită nu numai la nivelul echipei, ci şi mai departe.

Michael Jordan este din nou un exemplu extraordinar. A avut evident o anumită influenţă asupra colegilor săi de la Chicago Bulls. Însă influenţa sa nu s-a oprit doar la echipă, ci a fost resimţită mult mai departe. Am putut observa acest lucru în direct la All-Star Game-ul NBA din 2001. Am avut plăcerea să vorbesc la vestiarele pentru jucători şi arbitri înainte de meci, iar mai târziu am putut petrece puţin timp cu arbitrii care au fost selectaţi pentru acel meci. În timpul conversaţiei mele cu ei, i-am întrebat care este jucătorul pe care îl respectă cel mai mult din punct de vedere al sincerităţii de care a dat dovadă. Răspunsul lor a fost Michael Jordan.

Un arbitru a povestit că într-un meci strâns, Danny Ainge, a cărui echipă juca împotriva celor de la Bulls, a aruncat aproape de linia de trei puncte. Arbitrii i-au acordat lui Ainge doar două puncte pentru coş deoarece nu erau siguri dacă se afla în afara liniei de 3 puncte. Imediat după aruncare, în time-out, unul dintre arbitri l-a întrebat pe Jordan dacă aruncarea adversarului a fost de 3 puncte. Jordan a răspuns că da. I-au dat lui Ainge cele trei puncte. Integritatea şi influenţa lui Jordan i-au făcut să îşi schimbe hotărârea.

Atunci când vedeţi că cineva din echipa dvs. posedă mai multe dintre aceste nouă calităţi, puteţi privi lucrurile cu curaj. În momente de criză, această persoană se va îndrepta către un nou nivel de randament şi va încerca să ducă acolo şi echipa.

PROPRIUL MEU CATALIZATOR

În compania mea, trustul INJOY, există un număr de membri de echipă care sunt catalizatori în cadrul organizaţiei. Însă nici unul dintre aceştia nu este mai puternic decât Dave Sutherland, directorul general.

Dave a devenit membru al consiliului de administraţie în 1994 ca preşedinte la ISS, divizia trustului INJOY care se ocupă de organizarea unor campanii de strângere a fondurilor pentru biserici. Înaintea de sosirea sa în consiliul de administraţie, m-am gândit foarte serios să închid această ramură a organizaţiei. ISS nu se putea susţine singură din punct de vedere financiar, consuma timpul şi resursele altor ramuri mai productive ale companiei, şi nu avea influenţa pozitivă la care am visat. Însă am crezut întotdeauna că Dave Sutherland va schimba cu totul această situaţie. Şi nu cu mult timp după ce l-am angajat, am început să văd progrese reale la ISS.

În al doilea an după sosirea lui Dave, compania avea anumite obiective destul de agresive. Obiectivul din acel an al companiei era să se asocieze cu optzeci de biserici, de două ori mai multe decât numărul celor cu care se asociase în anul anterior. Iar fiecare parteneriat era încheiat doar după ce el se prezenta în persoană în faţa consiliului de administraţie al bisericii şi după ce se declara dispus să primească ajutorul nostru.

În timpul primei săptămâni a lunii decembrie, m-am oprit la biroul lui Dave şi am vorbit cu soţia sa, Roxine, care lucrează cu Dave ca asistenta sa. Nu îl văzusem pe Dave de foarte mult timp şi am întrebat-o unde este.

„E în deplasare. Face prezentări", spuse ea.

Mi s-a părut destul de ciudat deoarece compania avea anumite persoane cheie a căror sarcină era să facă prezentări la biserici.

„În deplasare? Şi când se întoarce?", am întrebat.

„Ei bine", spuse Roxine, „A plecat luni, după Ziua Recunoştinţei şi mai aveam nevoie de 24 de biserici pentru a ne atinge obiectivul. Dave a spus că nu se întoarce până când nu realizează acest lucru."

Şi într-adevăr l-a realizat. Dave a fost în deplasare până pe 19 decembrie. Însă aceasta nu a fost surpriza cea mare. Secretarul meu, Charlie Wetzel, mi-a spus că Dave, în întreaga sa carieră în domeniul marketingului şi vânzărilor care se întinde pe o perioadă de trei decenii, nu a ratat niciodată nici un obiectiv. Nici măcar o dată.

Tenacitatea şi abilitatea îl ajută foarte mult pe Dave. Însă ajută în acelaşi timp şi echipa. Atingându-şi scopul, Dave a făcut ca fiecare persoană din echipă să fie un câştigător în acel an. Şi fiecare persoană din companie a folosit avântul pe care el l-a impus pentru a duce echipa ISS la un nou nivel. Un an mai târziu, ISS a devenit a doua companie din lume de acest tip. Iar până la sfârşitul anului 2000, ajutase peste o mie de biserici din întreaga ţară să strângă mai bine de 1 miliard de dolari.

Atunci când aveţi în echipă un Michael Jordan, un Eugene Lang sau un Dave Sutherland, echipa dvs. are întotdeauna şanse să câştige. Ele sunt persoane care pun acţiunea pe primul plan. De ce este acest lucru atât de important? Deoarece *echipele câştigătoare au jucători care pun lucrurile în mişcare*. Fără ei, o echipă nu îşi va atinge niciodată potenţialul. Acesta este adevărul care stă la baza Legii Catalizatorului.

CUGETARE CU PRIVIRE LA MUNCA ÎN ECHIPĂ

Meciurile sunt câştigate de persoane care pun acţiunea pe primul plan.

CUM SĂ DEVENIŢI UN MEMBRU MAI BUN AL UNEI ECHIPE

Cum reacţionaţi atunci când echipa dvs. se află într-o perioadă de criză? Doriţi să preluaţi mingea, sau preferaţi ca aceasta să se afle în mâinile altcuiva? Dacă există mai mulţi catalizatori talentaţi şi eficienţi în echipa dvs., atunci nu ar trebui să vă doriţi să fiţi jucătorul esenţial dintr-o organizaţie. În aceste cazuri, cel mai bun lucru pe care îl puteţi face este să aveţi rolul de „asistent", ajutându-i pe acei oameni să ocupe poziţia de care să poată beneficia întreaga echipă. Însă dacă evitaţi „lumina reflectorului" deoarece vă este frică sau pentru că nu aţi muncit atât cât ar fi trebuit pentru a vă perfecţiona, atunci trebuie să vă schimbaţi mentalitatea.

Începeţi să vă perfecţionaţi făcând următoarele lucruri:

1. *Găsiţi un mentor*. Jucătorii devin catalizatori doar cu ajutorul celor care sunt mai buni decât ei. Găseşte pe cineva care să

pună lucrurile în mişcare pentru a vă ajuta să realizaţi ce v-aţi propus.
2. *Începeţi* prin a întocmi un plan de dezvoltare. Urmaţi un program care vă va ajuta să vă dezvoltaţi abilităţile şi talentele. Nu puteţi duce echipa la un nivel superior dacă dvs. înşivă nu aţi ajuns acolo.
3. *Ieşiţi din zona de confort*. Nu veţi şti de ce sunteţi în stare până când nu încercaţi să faceţi mai mult decât aţi făcut până acum.

Dacă urmaţi aceste instrucţiuni, e foarte probabil să nu deveniţi un catalizator, însă fără îndoială veţi deveni ceea ce puteţi dvs. fi mai bine – şi asta e tot ce poate cineva să vă ceară.

CUM SĂ DEVENIŢI UN LIDER DE ECHIPĂ MAI BUN

În cazul în care conduceţi o echipă, aveţi nevoie de catalizatori care să ajute echipa să îşi atingă potenţialul maxim. Folosiţi lista de calităţi din acest capitol pentru a începe identificarea şi angajarea oamenilor care pun acţiunea pe primul plan. Dacă vedeţi acest potenţial la unii dintre colegii dvs. de echipă actuali, încurajaţi-i să ia iniţiativă şi să devină persoane cu influenţă pozitivă asupra echipei dvs.. Dacă oamenii din echipă nu pot sau nu vor să facă pasul către următorul nivel, începeţi să recrutaţi oameni dinafara echipei. Nici o echipă nu poate ajunge la cel mai înalt nivel fără un catalizator. *Echipele câştigătoare au jucători care pun lucrurile în mişcare.*

7

LEGEA BUSOLEI

Viziunea oferă membrilor echipei direcție și încredere

De aproape o sută de ani, IBM a fost gigantul lumii comerciale americane, rezistând în faţa unui val de concurenţi acerbi. Chiar şi în timpul Marii Crize Economice din anii 1930, în timp ce mii de companii deveneau falimentare, IBM continua să se dezvolte. Sursa puterii sale era inovaţia comercială şi tehnologică.

INTRODUCEREA TEHNOLOGIEI

Timp de jumătate de secol, IBM a inovat în zona calculatoarelor, începând cu al său Mark I din anii 1940. În 1950 şi 1960, firma a adus inovaţie după inovaţie. În 1971, IBM avea un profit de 8 miliarde de dolari din venituri anuale şi 270.000 de angajaţi. Atunci când oamenii se gândeau la companiile mari şi prospere, IBM era aproape întotdeauna prima care le venea în minte.

În ciuda istoriei sale pline de progrese, la sfârşitul anilor 1980 şi la începutul anilor 1990, compania se afla în dificultăţi financiare. Timp de un deceniu IBM a reacţionat cu greu la schimbările tehnologice. Prin urmare până în 1991 suferise pierderi de 8 miliarde de dolari anual. Şi chiar dacă IBM s-a luptat să recâştige teren din punct de vedere tehnologic, percepţiile consumatorilor – odinioară favorabile – scăzuseră considerabil. Dacă IBM fusese privită ca o companie dominantă, oamenii o considerau acum depăşită – un dinozaur care se mişca lent printre companiile noi – adevăraţi leoparzi. Dacă nu se producea nici o schimbare, IBM urma să se confrunte cu dificultăţi financiare foarte mari.

În 1993, IBM a avut un nou director general, Lou Gerstner. Repede acesta a început să recruteze noi membri cheie pentru echipa sa, comitetul executiv al IBM. Probabil cea mai importantă achiziţie era Abby Kohnstamm, pe care a invitat-o să fie vicepreşedinte executiv al departamentului de marketing.

INTRODUCEREA... UNEI BUSOLE

Kohnstamm era nerăbdătoare să înceapă treaba. Considera că produsele companiei erau destul de puternice, însă marketingul era slab. Atunci când a ajuns la IBM, a descoperit că lucrurile stăteau mult mai prost decât se aştepta. Nu numai că IBM nu reuşea să servească în mod eficient clienţii; la departamentul de marketing, descoperi că angajaţii nu ştiau nici cine a făcut un anumit lucru, nici de ce. De exemplu, atunci când Kohnstamm a întrebat câţi angajaţi avea departamentul de marketing, nu putea să obţină acelaşi răspuns de la doi angajaţi. Greg Farrell de la *USA Today* a descris această situaţie în felul următor: „Compania era o organizaţie fragmentată, descentralizată cu peste doisprezece întreprinderi cvasi-autonome, şi 70 de agenţii de publicitate partenere în întreaga lume."[1]

Kohnstamm a eliminat imediat toate acele agenţii şi a înfiinţat una nouă pentru a le înlocui: Ogilvy & Mather Worldwide. Dorinţa ei era să ofere echipei IBM o singură temă unificatoare pentru hardware, software şi serviciile pe care trebuia să le furnizeze. În scurt timp a găsit această temă. Compania a adoptat conceptul de e-business (afaceri electronice). Kohnstamm susţine: „E-business este singurul punct focal pentru companie, şi reprezintă cel mai mare efort de marketing realizat vreodată de IBM.”[2]

Viziunea pare că funcţionează. Steve Gardner, proprietarul unei agenţii de publicitate care a promovat odinioară produsul Compaq, consideră: „Cel mai uimitor lucru la e-business a constat în faptul că a transformat compania IBM dintr-un codaş în lider al Internetului fără a face o modificare reală în liniile de produse sau servicii. Este o realizare uimitoare.”[3]

Acolo unde IBM se afla odinioară pe linia de plutire, a adus acum o nouă direcţie şi încredere. Bill Etherington, vice-preşedinte executiv şi director de vânzări şi distribuţie, consideră că noua orientare a marketingului a avut un efect incredibil de pozitiv asupra angajaţilor IBM. Nimeni nu ştie acest lucru mai bine ca el. A lucrat la IBM timp de 37 de ani. El afirmă: „Cu toţii am manifestat entuziasm faţă de această campanie minunată. Ne-a stimulat şi a pus compania într-o lumină mult mai modernă.”[4] Maureen McGuire, vice-preşedinte al departamentului de comunicaţii în domeniul marketingului, consideră: „Campania a stimulat angajaţii. Încercăm să îi facem pe toţi acei oameni să cânte acelaşi cântec, să citească aceeaşi carte.” Pentru o companie care nu a cântat de mult timp, este o realizare monumentală. Care demonstrează că *viziunea oferă membrilor echipei direcţie şi încredere.* Aceasta este puterea Legii Busolei.

NU VĂ RĂTĂCIŢI

Aţi făcut vreodată parte dintr-o echipă care părea că nu face nici un progres? Poate că acel grup avea talent, avea multe resurse şi oportunităţi, iar membrii echipei se înţelegeau foarte bine, însă nu a *ajuns* niciodată nicăieri! Dacă aţi făcut parte dintr-o astfel de echipă, este foarte posibil ca situaţia să fi fost cauzată de lipsa unei viziuni.

Viziunea extraordinară precede întotdeauna realizările extraordinare. Fiecare echipă are nevoie de o viziune temeinică ce să-i ofere direcţie. În cel mai rău caz o echipă fără viziune nu

Viziunea extraordinară precede întotdeauna realizările extraordinare.

are nici un scop. În cel mai bun caz, se supune programelor personale (şi câteodată egoiste) ale diferitor colegi de echipă. Pe măsură ce programele sunt îndeplinite, fiecare fiind îndreptat în direcţii diferite, energia şi puterea echipei se epuizează. Pe de altă parte, o echipă care îmbrăţişează o anumită viziune devine motivată, plină de vitalitate şi încredere. Ştie în ce direcţie se îndreaptă şi de ce se îndreaptă în acea direcţie.

Mareşalul Bernard Montgomery, un conducător de trupe militare în timpul celui de-al doilea război mondial care a fost numit „generalul soldatului" a scris că „fiecare soldat, înainte de a pleca în luptă, trebuie să ştie cum bătălia măruntă pe care urmează să o poarte se încadrează în imaginea de ansamblu, şi cum succesul luptei sale va influenţa bătălia ca întreg." Oamenii din echipă trebuie să ştie motivul pentru care se luptă. În caz contrar, echipa va avea probleme.

RESPONSABILITATEA LIDERULUI

Mareşalul Montgomery a ales întotdeauna să comunice cu soldaţii din echipa sa şi să le ofere o viziune pentru bătăliile la care participau. Această abilitate a adus succes, atât lui cât şi soldaţilor săi. El a înţeles că liderii trebuie să aibă rolul de a crea viziuni. Autorul Ezra Eral Jones arată:

> Liderii nu trebuie să fie neapărat creatori de viziuni. Viziunea poate veni de la orice alt membru al echipei. Totuşi liderii trebuie să enunţe această viziune. În acelaşi timp trebuie să prezinte viziunea în faţa oamenilor şi să le amintească progresul care se face în vederea realizării acelei viziuni. În caz contrar, oamenii ar putea presupune că nu vor reuşi să realizeze viziunea şi prin urmare ar putea renunţa.

Dacă sunteţi liderul echipei dvs., atunci aveţi responsabilitatea de a identifica o viziune valoroasă şi captivantă şi să o expuneţi în faţa membrilor echipei dvs. Totuşi, chiar dacă nu sunteţi lider, identificarea unei viziuni captivante este totuşi importantă. Dacă nu cunoaşteţi viziunea echipei, nu puteţi acţiona cu încredere, nu puteţi fi sigur că dvs. şi colegii dvs. vă îndreptaţi în direcţia potrivită. Nu puteţi fi sigur dacă echipa în care vă aflaţi este cea potrivită pentru dvs. dacă nu aţi examinat viziunea în lumina punctelor dvs. forte, convingerilor şi obiectivului dvs. Viziunea trebuie să fie captivantă pentru fiecare membru al echipei.

VERIFICAŢI-VĂ BUSOLA!

Cum măsuraţi o viziune? Cum ştiţi dacă este valoroasă şi captivantă? Verificându-vă busola. Fiecare echipă are nevoie de o busolă. De fapt fiecare echipă are nevoie de mai multe busole. O echipă ar trebui să examineze următoarele „şase" busole înainte de a porni la drum.

Viziunea unei echipe trebuie să fie în conformitate cu:

1. Busola morală (Priviţi în sus)

Filantropistul milionar Andrew Carnegie a exclamat: „Nu se poate construi niciodată o afacere extraordinară altfel decât în condiţiile celei mai stricte integrităţi." Acest lucru este valabil pentru orice tip de efort. Nordul nu este decât unul. Dacă busola dvs. indică altă direcţie, echipa urmează un drum greşit.

O busolă morală aduce integritate viziunii. Ajută toţi membrii echipei să îşi verifice motivele şi să se asigure că muncesc pentru motivele potrivite. De asemenea aduce credibilitate liderilor care creează viziunea – însă numai dacă ei exemplifică valorile pe care echipa doreşte să le îmbrăţişeze. Când fac acest lucru, aduc energie viziunii şi o îndreaptă către realizare.

2. O busolă intuitivă (Priviţi în interior)

Dacă integritatea aduce energie viziunii, pasiunea aduce flacăra necesară realizării ei. Iar adevărata flacără a pasiunii şi convingerii nu vine decât din interior.

> *O mare afacere este rareori – ba chiar niciodată – construită pe altceva decât pe direcţiile celei mai stricte integrităţi.*
>
> – ANDREW CARNEGIE

În cartea sa *The Leadership Challenge*, James Kouzes şi Barry Posner arată că „intuiţia noastră dă naştere viziunilor. Dacă necesitatea este mama invenţiei, intuiţia este mama viziunii. Experienţa ne hrăneşte intuiţia şi ne dezvoltă puterea de introspecţie." O viziune trebuie să aibă ecou înlăuntrul liderului echipei. Apoi trebuie să aibă ecou înlăuntrul membrilor echipei, cărora li se va cere să muncească din greu pentru a materializa viziunea. Aceasta este valoarea pasiunii intuitive. Aduce energia care îi aprinde pe cei angajaţi – şi îi îngheaţă pe cei care nu dau dovadă de angajamentul necesar.

3. O busolă istorică (Priviţi în urmă)

Există o zicală veche pe care am învăţat-o când am locuit în Indiana. „Nu da la o parte gardul înainte de a afla ce se ascunde în spatele lui." Nu se ştie niciodată: s-ar putea să fie un taur în partea cealaltă! O viziune captivantă ar trebui să aibă ca bază trecutul, nu să îl pună în umbră. Ar trebui să folosească în mod pozitiv toate contribuţiile echipelor anterioare ale organizaţiei.

> *Oamenii nu se vor îndrepta către viitor până când nu vor fi cunoscut trecutul.*

Ori de câte ori creaţi o viziune, trebuie să creaţi şi o legătură între trecut, prezent şi viitor. Trebuie să le împletiţi. Oamenii nu se vor îndrepta către viitor până când nu vor fi cunoscut trecutul. Atunci când includeţi istoria echipei, oamenii care au fost în organizaţie timp îndelungat simt că sunt preţuiţi (chiar dacă nu mai sunt staruri). În acelaşi timp, oamenii nou angajaţi vor căpăta un sentiment de siguranţă, ştiind că viziunea actuală se bazează pe trecut şi se îndreaptă către viitor.

Care este cel mai bun mod de a face acest lucru? Spuneţi poveşti. Principiile s-ar putea să dispară din minţile oamenilor, însă poveştile rezistă. Se leagă în mod firesc de viziune. Spuneţi poveşti din trecut care oferă un sentiment al istoriei. Spuneţi poveşti despre lucrurile extraordinare care se întâmplă acum membrilor echipei. Şi povestiţi-le cum va fi în ziua în care echipa îşi îndeplineşte viziunea. Poveştile sunt ca pionezele care contribuie la fixarea unei viziuni în faţa oamenilor.

4. O busolă direcţională (Priviţi înainte)

Poetul Henry David Thoreau a scris: „Dacă cineva se îndreaptă cu încredere în direcţia visurilor lui, şi se străduieşte să trăiască viaţa pe care şi-a imaginat-o, îi va ieşi în cale succesul la care nu se aştepta în zilele obişnuite". După cum am menţionat deja, viziunea oferă direcţie echipei. O parte din această direcţie provine din sentimentul că ai un scop către care te îndrepţi. O altă parte provine din faptul că ai obiective, ceea ce aduce anumite ţinte viziunii.

Un obiectiv motivează echipa. Arbitrul NFL Jim Tunney a comentat asupra acestui aspect, afirmând „Linia de marcaj, de ce o numim astfel? Deoarece unsprezece oameni din echipa atacantă se luptă pentru un singur scop – să ducă mingea în dreptul acestei linii. Fiecare are o sarcină specifică: fundaşul, mijlocaşul, cel care primeşte mingea, fiecare jucător ştie exact ce are de făcut. Chiar şi echipa apărătoare ştie ce scop are: să împiedice echipa atacantă să îşi atingă scopul."

5. O busolă strategică (Priviţi în jur)

Un obiectiv nu va fi foarte folositor pentru echipă fără a parcurge paşii pentru atingerea acestuia. Viziunea fără strategie nu înseamnă mai mult decât un vis de o zi. După cum remarca Vince Abner, „Viziunea nu este suficientă – trebuie combinată cu acţiunea. Nu este suficient să creezi treptele – trebuie să şi păşeşti pe aceste trepte."

Valoarea unei strategii constă în faptul că aduce viziunii procesul prin care poate fi realizată. Identifică resursele şi mobilizează membrii echipei. Oamenii nu au nevoie doar de informaţie şi inspiraţie. Au nevoie de indicaţii pentru a face ca viziunea să devină realitate şi de o modalitate de a ajunge aici. O strategie asigură toate aceste lucruri.

6. O busolă vizionară (Priviţi dincolo)

Viziunea unei echipe trebuie să meargă dincolo de împrejurările actuale şi de orice defecte evidente ale colegilor de echipă actuali pentru a vedea potenţialul echipei. O viziune cu adevărat extraordinară arată ce pot deveni membrii echipei dacă trăiesc la nivelul valorilor lor şi muncesc conform celor mai înalte standarde.

> *„Trebuie să ai o viziune de lungă durată pentru a nu deveni frustrat din cauza eşecurilor de scurtă durată.”*
>
> – CHARLES NOBLE

Dacă sunteţi liderul unei echipe, să-i faceţi pe oameni să-şi atingă potenţialul înseamnă să-i provocaţi. După cum se ştie, una e să aduni membrii unei echipe, alta e să-i faci să se dezvolte. Unul dintre aspectele unei viziuni cuprinzătoare constă în faptul că oferă echipei o anumită „extindere”.

Fără o provocare mulţi oameni au tendinţa de a eşua sau de a se retrage. Charles Noble a remarcat: „Trebuie să ai o viziune de lungă durată pentru a nu deveni frustrat din cauza eşecurilor pe scurtă durată.” Este întru totul adevărat. Viziunea îi ajută pe oameni să fie motivaţi. Acest lucru poate fi extrem de important pentru oamenii foarte talentaţi. Câteodată se confruntă cu lipsa dorinţei de a realiza mai mult. De aceea un artist desăvârşit precum Michelangelo s-a rugat în felul următor la Dumnezeu: „Dă-mi Doamne dorinţa de a realiza mai mult decât pot.” O busolă vizionară îndeplineşte această rugăciune.

Cineva a spus că numai oamenii care pot vedea invizibilul pot face imposibilul. Acest lucru arată valoarea viziunii. Însă arată în acelaşi timp că viziunea poate fi o calitate înşelătoare. Dacă puteţi măsura cu încredere viziunea echipei dvs. ghidându-vă după aceste şase „busole” şi îndreptându-le în direcţia potrivită, atunci echipa dvs. are o şansă extrem de mare de a reuşi. Însă nu trebuie să faceţi nici o greşeală. Fără a avea o viziune, o echipă nu numai că nu poate progresa, dar nu poate nici măcar supravieţui. Cuvintele Regelui Solomon, cunoscut drept cel mai înţelept om care a trăit vreodată, sunt adevărate: „Acolo unde nu există viziune, oamenii mor"[5]. *Viziunea oferă membrilor echipei direcţie şi încredere*, două lucruri fără de care nu pot supravieţui. Aceasta este ideea de bază a Legii Busolei.

UNA DINTRE CELE MAI BUNE ECHIPE DIN LUME

Oamenii se gândesc deseori la o viziune ca la ceva care îi direcţionează către realizarea unui obiectiv specific. Deşi acest lucru este deseori adevărat, viziunea nu trebuie să fie întotdeauna atât de îngustă. Câteodată viziunea oferă direcţie şi valori puternice, însă realizările posibile care pot fi atinse rămân deschise. În acest caz, viziunea, deşi pune la dispoziţie o orientare clară, poate crea o atmosferă de echipă în care membrii acesteia cred că limita este tocmai cerul.

Este ceea ce s-a întâmplat la Enron. În ultimii câţiva ani, compania mondială de energie a cunoscut o adevărată înflorire şi a primit o recunoaştere deosebită pentru eforturile sale. Iată de exemplu câteva distincţii pe care le-a primit:

- nr. 25 pe lista revistei *Fortune* a celor mai admirate companii mondiale (2000)
- nr. 29 pe lista revistei *Fortune* a companiilor cu cea mai rapidă dezvoltare (2000)
- inclusă de cinci ori pe lista revistei *Fortune* a celor mai inovatoare companii (1996 – 2000)
- inclusă de două ori pe lista revistei *Fortune* a celor mai bune o sută de companii în care se poate lucra în America (1999, 2000)
- inclusă pe lista revistei *Global Finance* a celor mai bune companii din lume
- numită cea mai importantă companie de energie de către *Forbes Global Business* (1999)

- desemnată drept cea mai mare forţă comercială din America de studiul de piaţă anual întocmit de revista *Sales Marketing Management* (1999)
- inclusă pe lista revistei *Wire* a celor patruzeci de companii prospere recent înfiinţate (1999)

Dacă nu citiţi publicaţiile financiare şi dacă nu lucraţi în sectorul energetic, s-ar putea să nu fiţi familiarizat cu numele Enron (cu excepţia cazului în care sunteţi un admirator al companiei Houston Astros, deoarece noua denumire a acesteia este Enron Field). Compania a fost înfiinţată în 1985 când Houston Natural Gas (HNG) şi Interborth, Inc., din Omaha, au fuzionat pentru a forma o nouă companie. Au făcut acest lucru datorită introducerii unor regulamente guvernamentale mai puţin severe în domeniul energetic, ceea a făcut ca afacerea să se extindă de la comercializarea gazului natural la asigurarea transportului de combustibil. Din acest motiv companiile din domeniul gazului natural aveau nevoie de acces la rezerve. Fuziunea dintre cele două companii se prezenta, conform purtătorului de cuvânt Don Wright, astfel: „Graniţele noastre sunt vecine, la fel şi ţărmurile noastre. Putem aduce gaz natural în orice loc din Statele Unite chiar în acest moment. Nu se poate realiza acest lucru printr-o companie regională sau multinaţională."

O SINGURĂ COMPANIE... ÎNSĂ O SINGURĂ ECHIPĂ?

Când cele două companii au fuzionat, tranziţia pe care au suferit-o angajaţii lor nu a fost deloc uşoară. Era ca şi cum ai amesteca ulei cu apă. Aveau sediul în două oraşe: Houston şi Omaha. Aveau politici de conducere diferite: conducerea companiei HNG era centralizată, în timp ce conducerea companiei Internorth era descentralizată. Iar directorii executivi ai companiilor nu se potriveau foarte bine: liderii de la HNG erau persoane inovatoare în jurul vârstei de 40 de ani, în timp ce cei de la Internorth erau tradiţionalişti în jur de 50 şi 60 de ani. Erau o singură companie, însă se punea problema dacă puteau deveni o echipă unificată.

Lui Ken Lay de la HNG, care avea atunci 42 de ani, i s-a oferit repede sarcina de a conduce compania şi de a unifica cele două echipe. După ce a lucrat la acest lucru timp de aproape un an, Lay a recunoscut că „fuziunea companiilor este mai grea decât am crezut". Pentru a-şi îndeplini sarcina cum trebuie, a dorit să aibă o autoritate mai mare pentru a face schimbări şi pentru a grupa echipa. Consiliul director i-a spus că e liber să facă acest lucru dacă e dispus să renunţe la contractul de muncă (în care era inclusă o „paraşută de aur" – n.t. clauză specială care garantează plata unei despăgubiri substanţiale în cazul desfacerii contractului de muncă). Lay a renunţat bucuros la contract.

DIRECŢIE PRECISĂ CĂTRE INOVAŢIA VIITOARE

Cu puţin timp în urmă, viziunea companiei Enron era să devină prima reţea de distribuţie a gazului natural din America de Nord. Compania a realizat acest obiectiv. Un deceniu mai târziu dorinţa sa era să devină cea mai mare companie de energie din lume. Putem susţine că şi-a realizat şi acest obiectiv. Însă de-a lungul anilor toate acestea s-au transformat într-o viziune şi mai largă. Această viziune provenea din valorile companiei: Cele mai mari valori ale companiei sunt oamenii din echipă, iar cea mai apreciată calitate este inovaţia. După cum afirmă Jeff Skilling, preşedinte, director general şi director de exploatare al companiei Enron, „Capacitatea de mişcare şi schimbare ar trebui întotdeauna preţuită, deoarece creează opţiuni, iar opţiunile sunt valoroase...Prefer o persoană deşteaptă în locul unei valori materiale."[7]

Faptul că în cadrul companiei a existat o viziune îndreptată către inovaţie şi către preţuirea oamenilor a constituit cheia succesului pentru Enron. În 2000, veniturile companiei erau de 101 miliarde de dolari, iar activele se ridicau la 53 de miliarde de dolari. Peste 40% din valoarea de piaţă provenea din activităţi comerciale derulate de mai puţin de trei ani.[8] Iar cifra de utilizare a salariaţilor voluntari este un remarcabil 6%.[9]

Probabil că exemplul cel mai frapant al materializării viziunii Enron este povestea pătrunderii pe piaţa comercializării on-line a gazului natural şi electricităţii, numită EnronOnline, care a avut loc în 1999. A fost invenţia fericită a lui Luoise Kitchen, care era la acea perioadă şefa departamentului de vânzări din Europa. Colabora cu Greg Whalley de la Enron, America de Nord şi John Sherriff, şef la Enron Europa. Timp de şapte luni au lucrat împreună la această iniţiativă în valoare de 15 milioane de dolari pentru a transforma Enron într-un comerciant de materii prime on-line. Cel mai uimitor lucru a fost următorul: Jeff Skilling nu a ştiut nimic despre imensa acţiune comercială în valoare de milioane de dolari până cu două luni înainte de lansarea acesteia. Rezultatul? A transformat Enron în cea mai mare companie de comerţ electronic din lume.

În ce tip de companie au angajaţii încrederea şi capacitatea de a face asemenea lucruri? Într-o companie care practică Legea Busolei. Siguranţa şi încrederea provin din tipul de viziune comunicat de către Enron. *Viziunea oferă membrilor echipei direcţie şi încredere.* Iar atunci când are direcţie şi încredere, echipa este capabilă să îşi dezvolte potenţialul şi să treacă la un nivel cu totul nou.

CUGETARE CU PRIVIRE LA MUNCA ÎN ECHIPĂ

Când vezi o ocazie, nu o rata.

CUM SĂ DEVENIŢI UN MEMBRU MAI BUN AL UNEI ECHIPE

Care este viziunea echipei dvs.? Aţi fi surprins să aflaţi cât de mulţi indivizi fac parte dintr-un grup şi lucrează împreună, dar nu ştiu exact de ce. De exemplu, acesta a fost cazul când am devenit directorul Bisericii Skyline din San Diego. Consiliul administrativ al bisericii era format din doisprezece oameni. Când, la prima noastră întâlnire, i-am cerut fiecărui membru să prezinte viziunea bisericii, am primit opt răspunsuri diferite. O echipă nu poate înainta cu încredere dacă nu are o busolă!

Ca membru al echipei, aveţi nevoie de o înţelegere clară a viziunii. Dacă echipa nu are o asemenea viziune, atunci ajutaţi-o să şi-o creeze. Dacă echipa şi-a găsit deja busola şi direcţia, atunci trebuie să vă examinaţi pe dvs. în lumina acestora pentru a vă asigura că vi se potrivesc. Dacă lucrurile nu stau aşa, dvs. Şi colegii dvs. vă veţi simţi frustraţi. Iar o schimbare va fi în folosul tuturor.

CUM SĂ DEVENIŢI UN LIDER DE ECHIPĂ MAI BUN

Dacă sunteţi liderul echipei dvs., atunci aveţi responsabilitatea de a comunica viziunea echipei şi de a o prezenta în permanenţă oamenilor. Nu e un lucru tocmai uşor. Jack Welch, director general al General Electric, a observat: „Fără îndoială, comunicarea viziunii şi atmosfera din jurul viziunii au fost şi continuă să fie pe departe cea mai grea sarcină cu care ne confruntăm."

Am observat că este necesar să le arătaţi oamenilor care este busola echipei în mod clar, creator, şi în permanenţă. Ori de câte ori mă străduiesc să creez o viziune împreună cu membrii echipei mele, folosesc următoarea listă de verificare. Încerc să mă asigur că fiecare mesaj prin care transmit viziunea are…

- ❑ *Claritate:* aduce o perfectă înţelegere a viziunii (transmite ceea ce oamenii trebuie să ştie şi ceea ce vreau eu ca ei să facă)
- ❑ *Coerenţă:* alătură trecutul, prezentul şi viitorul
- ❑ *Scop:* aduce o direcţie viziunii
- ❑ *Obiective:* aduce ţinte viziunii
- ❑ *Sinceritate:* oferă integritate viziunii şi credibilitate celui care a creat viziunea
- ❑ *Povestiri:* integrează viziunea şi creează legături
- ❑ *Provocare:* aduce extindere viziunii
- ❑ *Pasiune:* aduce energie viziunii
- ❑ *Exemplificare:* aduce răspundere viziunii
- ❑ *Strategie:* aduce proces viziunii

Următoarea dată când vă pregătiţi să comunicaţi viziunea oamenilor dvs., folosiţi această listă de verificare. Asiguraţi-vă că includeţi fiecare element, şi eu cred că membrii echipei dvs. vor considera viziunea mai accesibilă şi o vor accepta mai repede. Dacă fac acest lucru, veţi vedea că au o direcţie şi o încredere mai mare.

8

LEGEA MĂRULUI STRICAT

Atitudinile greşite ruinează echipa

Când am crescut, mi-a plăcut foarte mult baschetul. Totul a început pentru mine în clasa a 4-a de gimnaziu când am asistat pentru prima dată la un meci de baschet la nivel de liceu. Eram captivat. Puţin după aceea, tatăl meu a turnat ciment în faţa casei noastre şi a montat pentru mine un coş de baschet deasupra garajului. Din acea zi până când am intrat la colegiu, puteam fi găsit mai tot timpul exersându-mi aruncările la coş şi practicând diverse jocuri de acest fel în curtea casei.

Până când am intrat la liceu, devenisem deja un jucător destul de bun. Fiind boboc, am început în echipa de juniori a universităţii, apoi când eram în anul doi, echipa noastră de juniori deţinea un record de 15-3, mult mai mare decât cel al echipei de seniori a universităţii. Eram foarte mândri – puţin prea mândri poate. Şi spun acest lucru din cauza unui lucru care mi s-a întâmplat în anul 2.

Una dintre tradiţiile echipei era ca antrenorul nostru, Don Neff, să ofere dreptul de a juca într-un meci desfăşurat în Statul Ohio unora dintre jucătorii care s-au descurcat cel mai bine în timpul sezonului. Acei jucători erau aproape întotdeauna seniori şi făceau parte din echipa universităţii. Însă în acel an eu am fost unul dintre jucătorii căruia i s-a oferit acest drept. Care a fost răspunsul meu? Am fost recunoscător şi umil în faţa recunoaşterii antrenorului Neff? Nicidecum. I-am spus că după părerea mea toţi juniorii ar trebui să beneficieze de acest drept. Evident, a anulat meciul.

Anul următor, criticii care au urmărit meciurile de baschet din Ohio considerau că echipa noastră avea şansa de a câştiga campionatul de stat din divizie. Cred că s-au referit la jucătorii care fuseseră juniori cu un an înainte, iar acum urmau să devină seniori şi să dea dovadă de acelaşi talent. Prin urmare şi-au închipuit că am putea fi o sursă inepuizabilă de energie. Şi într-adevăr aveam foarte mult talent. Câte echipe de liceu de la sfârşitul anilor '60 se puteau lăuda că toţi jucătorii, cu excepţia câtorva, pot da mingea de sus? Însă sezonul s-a încheiat cu un rezultat cu mult sub aşteptările tuturor.

DIN CE ÎN CE MAI RĂU

Încă de la începutul sezonului, echipa a avut mai multe probleme. Doi dintre noi, juniorii, aveam cu adevărat talent pentru a pune pe picioare echipa: John Thomas, cel mai bun recuperator, şi eu – cea mai bună extremă. Am considerat că jocul nostru ar trebui să se bazeze strict pe abilitate, însă ne-am imaginat că ne merităm locul în echipă. Seniorii, care nu erau atât de curajoşi ca seniorii din anul precedent, erau de părere că ar fi mai bine să ne „achităm datoria" şi să mai aşteptăm.

Ceea ce a început ca o rivalitate între echipa de juniori şi cea de seniori cu un an înainte s-a transformat într-un adevărat război. Când se ataca, juniorii jucau împotriva seniorilor. În meciuri seniorii nu doreau să paseze juniorilor şi vice-versa.

Ne măsuram succesul nu în funcţie de victoria sau înfrângerea echipei, ci de măsura în care rezultatele juniorilor erau mai bune decât cele ale seniorilor. Dacă îi întreceam pe seniori la aruncări, la pase sau dacă recuperam mai multe mingi decât ei, consideram că am „câştigat" meciul, indiferent de rezultatul în faţa adversarului.

Lupta dintre noi devenise atât de dură, încât nu după mult timp, juniorii şi seniorii nici nu mai colaborau pe teren în timpul meciurilor. Antrenorul Neff trebuia să ne grupeze. Seniorii începeau, iar când o înlocuire devenea necesară, introducea nu unul, ci *cinci* jucători pe teren. Devenisem două echipe într-una singură.

Nu-mi amintesc exact cine a început rivalitatea care ne-a dezmembrat echipa, însă îmi amintesc că John Thomas şi cu mine am acceptat-o bucuroşi. Am fost întotdeauna un lider, şi aveam cota mea de influenţă asupra celorlalţi membri ai echipei. Din păcate, trebuie să mărturisesc că am condus juniorii în direcţia greşită.

Ceea ce a început ca o atitudine greşită adoptată de unul sau doi jucători a ajuns să încurce situaţia pentru întreaga echipă. Până când am ajuns la mijlocul programului de meciuri, chiar şi jucătorii care nu luau parte la această rivalitate au fost afectaţi. Sezonul a fost un dezastru. Până la urmă, am terminat cu un rezultat mediocru şi nu am fost niciodată aproape de a ne atinge potenţialul. Ceea ce confirmă că *atitudinile greşite ruinează echipa*. Aceasta este Legea Mărului Stricat.

TALENTUL NU ESTE SUFICIENT

Din această experienţă am învăţat că talentul nu este suficient pentru a aduce succes unei echipe. Evident, ai nevoie de talent. Prietenul meu Lou Holtz, excelent antrenor de fotbal la nivel de colegiu, a remarcat: „Pentru a câştiga este nevoie de jucători extraordinari. Nu poţi câştiga fără jucători extraordinari, însă poţi pierde chiar şi cu ei”. Însă pentru a câştiga, este nevoie de oameni mai mult decât talentaţi.

> *Atitudinile bune la jucători nu garantează victoria unei echipe, însă atitudinile greşite garantează înfrângerea acesteia.*

Colegii mei din liceu aveau foarte mult talent, iar dacă acest lucru ar fi fost suficient, am fi putut deveni campioni. Însă aveam şi foarte multe atitudini greşite. Ştiţi prea bine cine a câştigat până la urmă lupta între talent şi atitudine. Probabil că acesta este motivul pentru care chiar şi în ziua de astăzi înţeleg importanţa unei atitudini pozitive şi pentru care am pus atât de mult accent pe această importanţă pentru mine, pentru copiii mei pe măsură ce cresc, şi pentru echipele pe care le conduc.

Cu mulţi ani în urmă am scris cîteva rânduri despre atitudine pentru *Atitudinea Învingătorului.* Aş vrea să vi le împărtăşesc şi dvs.

Atitudinea....
Este „reprezentantul” sinelui nostru.
Rădăcinile sale sunt interioare, însă rezultatul său este exterior.
Este cel mai bun prieten al nostru şi cel mai crâncen duşman.
Este mai sinceră şi mai consecventă decât cuvintele noastre.
Este o privire din exterior pe baza experienţelor noastre trecute.
Este un lucru care îi apropie pe oameni de noi sau îi respinge.
Nu este niciodată mulţumită până când nu se exprimă.
Este biblioteca trecutului nostru.
Este purtătorul de cuvânt al prezentului nostru.
Este profetul viitorului nostru.[1]

Atitudinile bune la jucători nu garantează succesul unei echipe, însă atitudinile greşite garantează eşecul acesteia.

Următoarele cinci adevăruri despre atitudini clarifică modul în care atitudinile afectează echipa şi munca în echipă.

1. Atitudinile au puterea de a ridica sau de a doborî o echipă

În *The Winner's Edge,* Denis Waitley a afirmat: „Adevăraţii lideri din companii, şcoli, universităţi, guverne, sau chiar de acasă, par a deţine anumite avantaje care îi separă de restul societăţii.” Avantajul câştigătorului nu este un dar înnăscut, un nivel de inteligenţă ridicat sau un talent. Avantajul câştigătorului constă în atitudinile sale, nu în aptitudini.

Din păcate, cred că prea mulţi oameni refuză cu obstinaţie să creadă în această valoare. Ei consideră că experienţa (sau talentul şi experienţa) sunt suficiente. Însă multe echipe talentate nu reuşesc să realizeze nimic din cauza atitudinilor jucătorilor lor.

Diferite atitudini ar putea avea un impact asupra unei echipe alcătuite din jucători foarte talentaţi:

Abilităţi	+ Atitudini	= Rezultat
Talent extraordinar	+ Atitudini foarte greşite	= Echipă slabă
Talent extraordinar	+ Atitudini relativ greşite	= Echipă medie
Talent extraordinar	+ Atitudini medii	= Echipă bună
Talent extraordinar	+ Atitudini corecte	= Echipă extraordinară

Dacă doriţi să obţineţi rezultate deosebite, aveţi nevoie de oameni cu un talent extraordinar şi cu atitudini remarcabile. Dacă atitudinile vor devin mai bune, va creşte şi potenţialul echipei. Dacă ele scad, potenţialul echipei va scădea şi el.

2. *O atitudine se multiplică atunci când este expusă altor oameni*

Există anumite lucruri într-o echipă care nu sunt contagioase. Talentul. Experienţa. Dorinţa de a munci. Însă puteţi fi sigur de un lucru: Atitudinea este molipsitoare. Atunci când cineva din echipă este ascultător şi dornic să înveţe, iar modestia sa este răsplătită prin îmbunătăţirea potenţialului, este mai probabil ca şi ceilalţi să manifeste aceleaşi trăsături. Atunci când un lider este încrezător în faţa unor circumstanţe descurajante, ceilalţi admiră această calitate şi vor să o aibă şi ei. Atunci când un membru dintr-o echipă dă dovadă de o etică de muncă viguroasă şi începe să aibă un impact pozitiv, ceilalţi membri îl imită. Oamenii devin inspiraţi de semenii lor. Ei au tendinţa de a adopta atitudinile celor în compania cărora îşi petrec timpul – pentru a deprinde mentalitatea, convingerile lor, precum şi metodele de abordare a provocărilor.

Povestea lui Roger Bannister este un exemplu concludent al modului în care atitudinile „se multiplică". În prima jumătate a secolului douăzeci, mulţi experţi din domeniul sportului considerau că nici un alergător nu poate alerga pe o distanţă de o milă în mai puţin de patru minute. Mult timp s-a dovedit că au dreptate. Însă pe 6 mai 1954, alergătorul britanic Roger Bannister, student la universitate, a alergat pe o distanţă de o milă în 3 minute şi 59,4 de secunde în cadrul unei competiţii desfăşurate la Oxford. Peste mai puţin de două luni, un alt alergător, australianul John Landy, a depăşit recordul de patru minute. Apoi zeci şi sute de alergători au depăşit acest record. De ce? Pentru că atitudinile celor mai buni alergători s-au schimbat. Au început să adopte mentalitatea şi convingerile colegilor lor de breaslă.

Atitudinea şi acţiunile lui Bannister s-au multiplicat atunci când au fost expuse altor oameni. Atitudinea s-a răspândit. Astăzi, fiecare alergător de calibru mondial care concurează pe acea distanţă poate alerga pe distanţa de o milă în mai puţin de patru minute. Atitudinile sunt contagioase.

3. Atitudinile greşite se înmulţesc mai repede decât cele corecte

Din anumite motive mulţi oameni consideră că este foarte şic să ai o atitudine negativă. Bănuiesc că se gândesc că astfel par mai deştepţi sau mai importanţi. Însă adevărul este că o atitudine negativă nu are un efect benefic asupra persoanei care o adoptă, ci dimpotrivă, îi este dăunătoare. Este dăunătoare şi pentru cei din jurul acestei persoane.

Directorul unei echipe de baseball, un om foarte înţelept, a mărturisit că nu permite niciodată jucătorilor cu atitudine pozitivă să stea în aceeaşi cameră cu cei cu atitudine negativă atunci când se află în turneu. Atunci când a făcut distribuţia pe camere a echipei, a pus întotdeauna jucătorii cu atitudine negativă în aceeaşi cameră, pentru a nu „otrăvi" pe nimeni.

> *Un singur lucru este mai contagios decât o atitudine corectă – şi anume o atitudine greşită.*

Pentru a vedea cât de repede şi de uşor se răspândeşte o atitudine sau o mentalitate, să ne gândim la următoarea poveste spusă de Norman

Cousins. În timpul unui meci de fotbal, un doctor de la staţia de prim ajutor a tratat cinci oameni pe care îi suspecta de toxiinfecţie alimentară. Deoarece simptomele erau similare, a încercat să depisteze ce aveau în comun. A descoperit că toţi cei cinci oameni consumaseră băuturi cumpărate de la acelaşi chioşc din stadion.

Doctorul a vrut să dea dovadă de responsabilitate şi a cerut celui care anunţa începerea meciului să îi avertizeze pe oamenii de pe stadion să nu mai consume băuturi de la chioşcul respectiv din cauza riscului de a se îmbolnăvi de toxiinfecţie alimentară. Nu după mult timp, peste două sute de oameni au început să acuze simptome care indicau o toxiinfecţie alimentară. Aproape jumătate dintre simptome erau atât de severe, încât bolnavii au necesitat internare imediată.

Povestea nu se sfârşeşte aici. După mai multe investigaţii, s-a descoperit că primele cinci victime consumaseră salată de cartofi alterată dintr-un restaurant situat în drumul către stadion. Când ceilalţi „suferinzi" au aflat că băuturile de pe stadion nu au prezentat nici un pericol, s-au însănătoşit în mod miraculos. Ceea ce arată că o atitudine „se ia" foarte repede.

4. *Atitudinile sunt subiective, prin urmare identificarea unei atitudini greşite poate fi foarte dificilă*

Vi s-a întâmplat vreodată să intraţi în contact cu cineva pentru prima dată şi să bănuiţi că atitudinea sa este foarte greşită şi totuşi să nu fiţi capabil să indicaţi cu exactitate ce anume nu este în regulă? Cred că mulţi oameni au trăit această experienţă.

Motivul pentru care oamenii se îndoiesc de observaţiile lor asupra atitudinilor celorlalţi constă în faptul că atitudinile sunt subiective. E posibil ca cineva cu o atitudine greşită să nu fi făcut nimic ilegal sau împotriva eticii. Cu toate acestea atitudinea sa ar putea să ruineze echipa.

Oamenii proiectează întotdeauna în exterior ceea ce simt în interior. Atitudinea se referă la modul de a fi al unei persoane. Se revarsă asupra modului în care acţionează. Permiteţi-mi să vă împărtăşesc anumite atitudini greşite care ruinează o echipă în aşa fel încât să le puteţi recunoaşte cu uşurinţă atunci când le vedeţi.

Incapacitatea de a recunoaşte greşelile. V-aţi petrecut vreodată timpul cu oameni care nu recunosc *niciodată* că greşesc? Este dureros. Nimeni nu este perfect, deci cineva care crede că e perfect nu va fi niciodată colegul ideal de echipă. Atitudinea sa greşită va genera întotdeauna conflicte.

Imposibilitatea de a ierta. Se spune că Clara Barton, fondatoarea serviciilor de infirmerie moderne, a fost odată încurajată să dea în vileag un act de cruzime a cărui victimă a fost în tinereţe, însă Barton nu a vrut sub nici o formă:

„Nu îţi aminteşti răul care ţi-a fost făcut?" o întărâta prietena ei.

„Nu" a răspuns Barton. „Însă îmi amintesc cu exactitate că am iertat totul".

Să porţi pică cuiva nu e niciodată o atitudine potrivită sau pozitivă. Iar când între colegii de echipă apare imposibilitatea de a se ierta unul pe celălalt, fără îndoială că şi echipa va avea de suferit.

Gelozia măruntă. O atitudine îndreptată împotriva oamenilor este dorinţa de egalitate care hrăneşte gelozia măruntă. Din anumite motive omenii care manifestă acest tip de atitudine consideră că fiecare persoană merită un tratament egal, indiferent de talent, randament sau impact. Totuşi nimic nu poate fi mai departe de adevăr. Fiecare dintre noi este unic şi se poartă în mod diferit, deci trebuie să fim trataţi în consecinţă.

Boala eului. În cartea sa *The Winner Within*, faimosul antrenor din NBA Pat Riley scrie despre „boala eului". Iată cum prezintă membrii unei echipe care manifestă această boală: „Dezvoltă o încredere de neînfrânt în propria lor importanţă. Prin acţiunile lor par a susţine că „Eu sunt cel mai tare". Riley afirmă că boala are întotdeauna acelaşi rezultat inevitabil: „Înfrângerea noastră".[2]

Un *spirit critic.* Fred şi Marta se îndreptau către casă după ce au asistat la o slujbă religioasă. „Fred", întrebă Martha „ai observat că predica pastorului a fost oarecum slabă astăzi?"

„Nu, nu chiar", răspunse Fred.

„Ei bine, ai auzit că tonalitatea corului era destul de monotonă?"

„Nu, n-am auzit", răspunse el.

„Ei bine, atunci fără îndoială ai remarcat cuplul acela tânăr din faţa noastră şi copiii lor care s-au agitat şi au făcut o gălăgie îngrozitoare în timpul slujbei?"

„Îmi pare rău, draga mea, nu am remarcat nimic."

> *Majoritatea atitudinilor greşite sunt rezultatul egoismului.*

Dezgustată, Martha răspunse „Sincer, Fred, nu înţeleg de ce te mai oboseşti să vii la biserică."

Atunci când cineva din echipă are un spirit critic, toată lumea ştie că nimeni din echipă nu poate face nimic bun.

Dorinţa de a primi toate laudele. O altă atitudine care are o influenţă negativă asupra echipei este similară „bolii eului". Însă dacă o persoană cu o asemenea boală stă în plan secund şi generează disensiuni, cel care doreşte să primească toate laudele ajunge în permanenţă în prim-plan pentru a i se adresa întreaga recunoştinţă – fie că o merită sau nu. Această atitudine este opusă celei adoptate de centraşul Bill Russel de la echipa Hall of Fame din NBA care a afirmat în legătură cu timpul petrecut pe terenul de joc că „cea mai importantă modalitate de a măsura cât de bine am jucat într-un anumit meci era să văd cât de bine i-am făcut pe coechipierii mei să joace."

Există fără îndoială şi alte atitudini greşite pe care nu le-am numit aici, însă intenţia mea nu este să enumăr fiecare atitudine greşită – ci doar câteva dintre cele mai des întâlnite. Într-un cuvânt, majoritatea atitudinilor greşite sunt rezultatul egoismului. Dacă unul dintre colegii dvs. de echipă îi reduce la tăcere pe ceilalţi, sabotează munca în echipă, sau se remarcă drept fiind mai important decât echipa, atunci puteţi fi siguri că aţi încurajat pe cineva cu o atitudine greşită.

5. *Atitudinile greşite, dacă sunt ignorate, ruinează totul*

Atitudinile greşite trebuie corectate. Puteţi fi sigur că vor genera întotdeauna disensiuni, resentimente, conflicte, şi dezmembrarea echipei. Şi nu vor dispărea de la sine dacă nu sunt corectate. Pur şi simplu macină şi ruinează o echipă – împreună cu şansele ei de a-şi atinge potenţialul maxim.

Deoarece este atât de greu să îi îndreptaţi pe cei care au atitudini greşite dat fiind faptul că atitudinile sunt atât de subiective, s-ar putea să puneţi sub semnul îndoielii reacţia dvs. internă atunci când întâlniţi un măr stricat. La urma urmei, dacă numai dvs. *credeţi* că persoana respectivă are o atitudine greşită, atunci nu aveţi nici un drept să încercaţi să o rezolvaţi, nu? Nu şi dacă vă pasă de echipă. *Atitudinile greşite ruinează o echipă.* Acest lucru este întotdeauna adevărat. Dacă lăsaţi un măr stricat într-un butoi cu mere bune, atunci veţi sfârşi prin a avea un butoi cu mere stricate.

Preşedintele Thomas Jefferson a remarcat: „Nimic nu poate opri o persoană cu o atitudine mentală corectă să îşi atingă scopul; însă nimic nu poate ajuta o persoană cu o atitudine mentală greşită." Dacă vă pasă de echipa dvs., şi dacă v-aţi angajat să ajutaţi toţi jucătorii, nu puteţi ignora o atitudine greşită. Dacă faceţi acest lucru, veţi descoperi cât de greu va fi să aplicaţi Legea Mărului Stricat.

CEL MAI BUN PRIETEN SAU CEL MAI CRÂNCEN DUŞMAN

Atitudinea colorează tot ceea ce facem. Determină modul în care o persoană vede lumea şi interacţionează cu alţi oameni. Atitudinea unei persoane are asupra randamentului acesteia un impact pozitiv, dacă atitudinea este corectă, sau negativ, dacă atitudinea nu este corectă, indiferent de talentul ei, de rezultatele pe care le-a avut în trecut sau de circumstanţe.

Una dintre cele mai remarcabile poveşti pe care le-am citit şi care ilustrează Legea Mărului Stricat se referă la o întâmplare care a avut loc într-o zonă din San Francisco. Directorul unei şcoli a chemat trei profesori pentru a-i informa asupra unui experiment pe care conducerea urma să îl efectueze.

„Deoarece sunteţi cei mai buni profesori din şcoală", spuse el, „vă vom da nouăzeci de elevi care au fost selectaţi că au cel mai ridicat coeficient de inteligenţă. Vă vom lăsa să îi instruiţi pe aceşti elevi anul următor, în ritmul lor, şi vom vedea cât de mult pot învăţa."

Atât profesorii cât şi elevii au fost încântaţi. Anul următor, au avut o experienţă nemaipomenită. Până la sfârşitul ultimului semestru, elevii reuşiseră să acumuleze cu 20%-30% mai mult decât orice alt grup de elevi din şcoală.

La sfârşitul anului, directorul i-a chemat pe profesori şi le-a spus: „Trebuie să vă mărturisesc ceva. Trebuie să vă mărturisesc că nu aţi predat celor mai inteligenţi 90 de elevi din şcoală. Erau elevi obişnuiţi. Am luat la întâmplare nouăzeci de elevi din şcoală şi vi i-am dat dumneavoastră".

Profesorii au fost plăcut surprinşi. Dacă elevii erau doar de nivel mediu, acest lucru arăta că ei dăduseră dovadă de o pricepere şi o competenţă ieşite din comun.

„Mai am o mărturisire de făcut.", continuă directorul. „Nici dvs. nu vă aflaţi printre cei mai buni profesori din şcoală. Numele dvs. au fost primele nume extrase prin tragere la sorţi."

Dacă elevii şi profesorii au fost selectaţi la întâmplare, atunci ce i-a determinat să facă progrese mai mari decât orice alt grup din şcoală? Atitudinile oamenilor au făcut posibil acest lucru. Deoarece profesorii şi elevii se aşteptau să reuşească, potenţialul lor de a reuşi a crescut. Atitudinea a schimbat totul.

Dacă doriţi să daţi echipei dvs. cea mai bună şansă de reuşită, atunci practicaţi Legea Mărului Stricat. Schimbaţi merele stricate cu cele bune şi veţi reuşi acest lucru, deoarece *merele stricate ruinează echipa.*

CUGETARE CU PRIVIRE LA MUNCA ÎN ECHIPĂ

Atitudinea dvs. determină atitudinea echipei.

CUM SĂ DEVENIŢI UN MEMBRU MAI BUN AL UNEI ECHIPE

Primul lucru de la care porniţi atunci când este vorba despre atitudine este propria dvs. persoană. Ce faceţi? De exemplu...

- ❑ Vă gândiţi că echipa nu s-ar putea descurca fără dvs?
- ❑ Credeţi în secret (sau nu chiar în secret) că succesele recente ale echipei dvs. se datorează cu adevărat eforturilor dvs. personale, nu muncii întregii echipe?

- ❑ Ţineţi evidenţa laudelor şi beneficiilor adresate altor colegi de echipă?
- ❑ V-a fost greu să recunoaşteţi când aţi făcut o greşeală? (În cazul în care consideraţi că dvs. nu faceţi greşeli, va trebui să verificaţi acest lucru!)
- ❑ Aduceţi în discuţie greşelile din trecut ale colegilor dvs. din echipă?
- ❑ Consideraţi că sunteţi plătit cu mult sub nivelul celorlalţi?

Dacă răspunsul la oricare dintre aceste întrebări este da, atunci trebuie să vă revizuiţi atitudinea.

Vorbiţi cu colegii dvs. de echipă, şi descoperiţi dacă atitudinea dvs. dăunează echipei. Vorbiţi cu liderul dvs. În cazul în care consideraţi cu adevărat că nu sunteţi plătit echitabil, trebuie să vorbiţi deschis cu angajatorul dvs. Şi să aflaţi care este poziţia dvs. în companie. Ori de câte ori o relaţie este inechitabilă, nu poate să dureze – ori daţi mai mult decât primiţi ori primiţi mai mult decât meritaţi. Oricare ar fi cazul, relaţia se va destrăma.

Atenţie! Vă dau doar un avertisment: Dacă vă părăsiţi postul deoarece consideraţi că sunteţi subestimat, şi nu reuşiţi nici în noua funcţie, atunci fără îndoială v-aţi supraestimat valoarea şi aţi subestimat ceea ce organizaţia făcea pentru a vă ajuta să reuşiţi.

CUM SĂ DEVENIŢI UN LIDER DE ECHIPĂ MAI BUN

În cazul în care consideraţi că aveţi un măr stricat în echipa dvs., trebuie să luaţi acea persoană deoparte şi să discutaţi împreună asupra situaţiei. Este important să faceţi acest lucru cum trebuie. Urmaţi calea cea mai sigură: Pe măsură ce discutaţi, mărturisiţi-i ce aţi observat, însă arătaţi-i că aveţi îndoieli. Presupuneţi că percepţia dvs. ar putea fi greşită şi că aveţi nevoie de lămuriri (dacă aveţi mai mulţi oameni cu atitudini greşite, începeţi cu cel mai vinovat). Dacă aceasta este doar percepţia dvs., iar echipa nu este afectată, nu aţi făcut nici un rău, şi aţi „descongestionat" relaţia dintre dvs. şi cealaltă persoană.

Totuşi, dacă se dovedeşte că percepţia dvs. a fost corectă, iar problema este atitudinea celeilalte persoane, atunci spuneţi-i cu exactitate ce aşteptări aveţi de la ea, şi oferiţi-i ocazia de a se schimba. Apoi manifestaţi încredere în ea. Dacă se schimbă, va fi un câştig pentru echipă. Dacă nu, îndepărtaţi-o din echipă. Nu puteţi să-i permiteţi să rămână deoarece puteţi fi sigur că *atitudinile greşite ruinează echipa.*

9

LEGEA ÎNCREDERII RECIPROCE

Colegii de echipă trebuie să poată conta unul pe celălalt atunci când este nevoie

Unul dintre punctele de atracţie ale oraşului Atlanta, din statul Georgia, unde m-am mutat cu familia şi companiile în anul 1997, constă în faptul că e un oraş al sportului. Nu am ocazia de a merge la foarte multe meciuri, însă puţine lucruri îmi plac mai mult decât să asist la un eveniment sportiv cu toată energia şi entuziasmul specifice unui astfel de eveniment. Să urmăresc un meci cu unul sau doi prieteni este o adevărată bucurie, fie că este vorba despre echipa Brave (baseball), Hawk (baschet), Falcon (fotbal), sau Thrasher (hochei).

Atunci când s-a anunţat că Atlanta va avea o echipă de hochei, s-au pus la punct planuri de a construi o arenă nouă pentru echipă. Vechiul stadion Omni, unde echipa Hawks jucase încă de la începutul anilor 70 urma să fie demolat şi înlocuit în aceeaşi locaţie de Philips Arena. Acest stadion urma să fie un complex sportiv extrem de modern, cu 18.000 de locuri printre care şi locuri la lojă, şi putea găzdui nu numai meciuri de hochei şi baschet, dar şi concerte şi alte tipuri de evenimente.

Distrugerea stadionului Omni nu era un lucru foarte simplu. În primul rând, demolarea trebuia făcută foarte repede pentru a se putea începe construcţia la noua arenă. În al doilea rând, deoarece vechea structură avea un acoperiş în consolă, dărâmarea părţilor componente în ordine inversă faţă de ordinea în care au fost construite era în afara discuţiei. Ar fi fost mult prea periculos pentru membrii echipei de demolare. Nu mai rămânea decât o posibilitate: demolarea prin explozie.

O AFACERE DE FAMILIE EXPLOZIVĂ

Atunci când echipajele de demolare trebuie să ajute la demolarea prin explozie a unei clădiri – sau mai bine zis printr-o explozie din interior a clădirii – se gândesc fără îndoială la familia Loizeaux, cea care a pus bazele tehnicilor de demolare a clădirilor în condiţii de siguranţă folosind material explozibil. Ei sunt proprietarii şi fondatorii companiei Controlled Demolition Incorporated (CDI). Compania a fost înfiinţată de Jack Loizeaux care a început această afacere în anii 1940 distrugând trei buturugi cu dinamită. În 1957, a dinamitat prima clădire. Iar în 1960, a început să pună pe picioare compania. De la prima demolare – un bloc de apartamente din Washington DC compania sa a demolat peste şapte mii de structuri din întreaga lume.

CDI este o afacere de familie. La început afacerea a fost condusă de Jack şi soţia sa, Freddie. Nu după mult timp, li s-au alăturat şi fiii lor, Mark şi Doug. Când Jack s-a retras în 1976, fiii săi au preluat afacerea. Astăzi li s-au alăturat mulţi dintre copiii lui Mark, printre care şi fiica sa Stacey, în vârstă de treizeci de ani, care a lucrat în domeniu de la cincisprezece ani şi este deja un expert în adevăratul sens al cuvântului.

O MUNCĂ MINUŢIOASĂ

Atunci când familia Loizeaux a fost contactată pentru lucrare, şi-au dat seama repede că demolarea nu va fi uşoară din cauza locaţiei şantierului în apropierea altor clădiri. Pe o parte se afla World Congress Center, folosit pentru găzduirea convenţiilor. Pe cealaltă parte se afla o staţie a reţelei de transport MARTA (sistemul de transport în comun al oraşului Atlanta). A treia latură se învecina cu Centrul CNN ale cărui programe prin cablu şi radio erau difuzate douăzeci şi patru de ore pe zi. Iar CNN Plaza se afla la o distanţă de 1 km. de Omni. O greşeală ar fi putut duce la avarierea reţelei MARTA şi la închiderea acesteia într-una dintre staţiile cele mai aglomerate. Sau ar fi putut scoate temporar din funcţiune canalul de ştiri CNN. Şi evident, în cel mai înspăimântător scenariu, Omni ar fi putut să se răstoarne în direcţia greşită şi ar fi dărâmat sediul CNN-ului. Era nevoie de întreaga competenţă a familiei Loizeaux şi de cincizeci de ani de experienţă pentru a duce la capăt această sarcină cum trebuie.

Folosirea explozibilului la demolarea unei clădiri este întotdeauna o acţiune periculoasă. Fiecare proiect este diferit şi necesită o strategie specială. În anumite părţi ale structurii, cum ar fi în stâlpi, se forează găuri care sunt umplute cu material explozibil. Apoi în jurul acestor găuri umplute cu exploziv se instalează un material de împrejmuire, izolator (pentru a prinde bucăţile mari care cad în urma detonării), toate acestea fiind învelite într-un alt material special care împiedică răspândirea bucăţilor aruncate în aer. „Acest material permite mişcarea betonului, însă nu îl lasă să zboare.", afirmă Stacey Loizeaux. „Câteodată punem o reţea de protecţie în jurul întregului nivel, care să capteze materialele care trec prin primele două straturi. Aici avem responsabilitatea cea mai mare."[1] Deseori, se construiesc berme din pământ în jurul clădirilor pentru a proteja oamenii şi structurile din apropiere.

Există evident un risc atunci când cineva lucrează cu explozibil. Însă cel mai mare pericol este determinat de modul în care explozibilul este instalat pentru a determina căderea clădirii. Pentru ca aceasta să cadă pe locul pe care se află, familia Loizeaux şi echipa sa trebuie să stabilească cu exactitate succesiunea încărcăturilor de exploziv, folosind deseori intervale care diferă unul de celălalt cu câteva fracţiuni de secundă. Acesta a fost şi cazul stadionului Omni, unde mai întâi acoperişul trebuia să se prăbuşească, apoi trei pereţi trebuiau să cadă în interior, iar apoi cel de-al patrulea perete trebuia să cadă în exterior. Este exact ceea ce s-a întâmplat pe 26 iulie, 1997, la ora 6:53 a.m. Demolarea nu a durat decât zece secunde.

Când este vorba despre demolarea unei clădiri aşa cum o execută specialiştii Loizeaux, totul trebuie să funcţioneze perfect – de la analiza clădirii, la planificarea demolării, transportul materialului explozibil, montarea echipamentelor şi pregătirea clădirii în aşa fel încât zona din jur să nu fie expusă nici unui pericol. Dacă cineva din echipă nu îşi îndeplineşte sarcina corect şi deserveşte echipa, CDI nu numai că nu va reuşi să îşi realizeze obiectivul, însă va pune în pericol viaţa unui număr imens de oameni şi proprietăţi. *Colegii de echipă trebuie să conteze unul pe celălalt atunci când este nevoie.* Aceasta este Legea Încrederii Reciproce.

ÎNCREDEREA RECIPROCĂ

Importanţa Legii Încrederii Reciproce este mai clară atunci când mizele sunt mari. Însă nu trebuie să vă aflaţi într-o situaţie „explozivă" pentru a aplica această lege. Persoana care conduce o afacere şi încearcă să livreze un produs conform planificării depinde de modul în care vânzătorii lui reuşesc să îşi realizeze sarcinile în perioade de criză. Chelnerul care încearcă să îşi satisfacă clientul contează pe faptul că personalul din bucătărie va pregăti mâncarea aşa cum trebuie. Mama care se pregăteşte pentru un interviu în vederea angajării trebuie să ştie că baby-sitterul va veni la ora stabilită. Dacă încrederea reciprocă nu mai funcţionează, atunci nimeni nu mai poate conta pe nimeni, iar clientul va pleca nemulţumit şi sarcina va fi înmânată altcuiva. *Colegii de echipă trebuie să conteze unul pe celălalt atunci când este nevoie.*

> *„Nu lucrăm unul pentru altul; lucrăm unul cu altul".*
>
> – STANLEY C. GAULT

Mi s-a amintit cât de des întâlnim situaţii în care se aplică Legea Încrederii Reciproce, chiar şi când este vorba despre lucruri mărunte, atunci când am fost într-o călătorie în Africa de Sud. Am fost acolo pentru a preda în cadrul unei conferinţe sponsorizate de EQUIP, organizaţia mea non-profit. Aşteptam în holul hotelului pentru a pleca la conferinţă, însă la un moment dat am început să tuşesc. De obicei nu este mare lucru, însă atunci când te pregăteşti să vorbeşti cinci sau şase ore în şir, nu e tocmai un mod plăcut de a începe ziua. Echipa de participanţi la conferinţă şi cu mine am plecat către sediul unde urma să se desfăşoare conferinţa, iar Erick Moon, un membru al echipei, a scos din buzunar o bomboană Ricola contra tusei (marca mea preferată) şi mi-a întins-o. Când a văzut cât de surprins eram, a spus simplu: „Avem cu toţii această bomboană la noi, pentru orice eventualitate."

Stanley C. Gault a afirmat: „Nu lucrăm unul pentru altul, lucrăm unul cu altul". Aceasta este esenţa încrederii reciproce – este posibilitatea şi dorinţa colegilor de a lucra împreună pentru realizarea unor scopuri comune. Însă acest lucru nu se întâmplă de la sine. Nici încrederea reciprocă nu apare ca atare. Trebuie câştigată. Membrii unei echipe care pot depinde unul de celălalt doar în perioadele fără probleme nu au încă sentimentul încrederii reciproce.

FORMULA PENTRU ÎNCREDEREA RECIPROCĂ

Cred că există o formulă pentru încrederea reciprocă. Nu este complicată, însă are un impact puternic. Iat-o:

Caracter + Competenţă + Angajament + Consecvenţă + Coeziune = Încredere reciprocă

Atunci când fiecare membru al echipei îmbrăţişează fiecare din aceste cinci calităţi atât în ceea ce îl priveşte pe el cât şi în relaţiile cu alţii, echipa poate fi caracterizată prin încredere reciprocă, calitate atât de necesară pentru a reuşi.

1. Caracterul

În *Cele 21 de Legi Supreme ale Liderului*, am vorbit despre Legea Bazei Solide, care susţine că încrederea stă la baza ştiinţei conducerii. Legea se referă întru totul la caracter. În această carte am afirmat: „Caracterul bun al unui lider creează încredere printre oamenii săi. Când un lider le înşeală încrederea, el îşi distruge abilitatea de a conduce. Aceasta este Legea Bazei Solide."[2]

> *„Nu există un substitut pentru caracter. Poţi cumpăra creiere, însă nu poţi cumpăra caractere."*
>
> – ROBERT A. COOK

În mod similar, caracterul este punctul de plecare al încrederii reciproce, deoarece se bazează pe încredere, care constituie fundamentul oricărei interacţiuni dintre oameni. Dacă nu aveţi încredere în cineva, ne puteţi conta pe această persoană. După cum remarca Robert A. Cook, „Nu există un substitut pentru caracter. Poţi cumpăra creiere, însă nu poţi cumpăra caractere."

Ori de câte ori doriţi să construiţi o echipă, trebuie să începeţi prin a construi caracterul la persoanele care alcătuiesc echipa. De exemplu, prietenul meu Lou Holtz, care este antrenor de fotbal la Universitatea din Carolina de Sud, prezintă jucătorilor din echipa sa, la începutul fiecărui sezon, o listă cu doisprezece anagajamente care îi ajută să înţeleagă cultura echipei pe care el încearcă să o creeze. Iată cele 12 angajamente:

12 ANGAJAMENTE

1. Vom realiza totul împreună. Împărţim succesul, însă nu lăsăm pe nici unul dintre noi să sufere singur o înfrângere.
2. Suntem cu toţii adulţi în adevăratul sens al cuvântului. Ne purtăm ca atare, şi aşteptăm acelaşi lucru şi de la cei din jurul nostru.
3. Nu vom avea secrete. Informaţiile care ne afectează pe toţi vor fi împărtăşite de toţi, şi vom lucra repede şi deschis pentru a distinge realitatea de ficţiune.
4. Nu ne vom minţi pe noi înşine şi nici pe ceilalţi. Nici unul dintre noi nu va tolera ca oricare membru al echipei să facă

acest lucru. Vom depinde unul de celălalt pentru a nu trăi în minciună.

5. Ne vom onora promisiunile. Vom spune ceea ce credem şi vom face ceea ce spunem. Vom avea încredere şi ceilalţi îşi vor onora promisiunile.
6. Ne vom păstra calmul. Nu vom intra în panică în perioadele dificile. Vom alege întotdeauna să ne suflecăm mânecile şi nu să ne frângem mâinile.
7. Ne vom dezvolta abilităţile şi vom fi mândri de ele. Ne vom fixa standardele mai sus decât cel mai bun adversar al nostru şi ne vom încânta suporterii încântându-ne pe noi înşine.
8. Vom considera vestiarul casa noastră, iar colegii de echipă prietenii noştri. Petrecem prea mult timp împreună pentru a permite ca toate aceste lucruri să meargă prost.
9. Nu vom fi egoişti şi ne vom aştepta ca toţi ceilalţi să dea dovadă de aceeaşi calitate. Vom ţine unul la celălalt necondiţionat.
10. Vom avea grijă unul de celălalt. Credem cu adevărat că trebuie să ne purtăm ca şi cum am avea rolul de supraveghetor pentru un frate de-al nostru.
11. Suntem studenţi la *Universitatea Carolinei de Sud,* prin urmare ne vom strădui să absolvim. Ne mândrim cu rezultatele noastre şi sperăm ca şi colegii noştri să facă la fel.
12. Înfrângerea nu va fi tolerată în orice am face. Pentru noi înfrângerea înseamnă ruşine, jenă, umilinţă. Nu există nici o scuză pentru pierderea unui meci de fotbal la *Universitatea Carolinei de Sud.*

Când aţi parcurs aceste doisprezece puncte, nu aţi observat nimic? Majoritatea ating aspecte legate de caracter. Holtz ştie că dacă nu construieşte o bază solidă din punct de vedere al caracterului la fiecare dintre tinerii din echipa sa, nu va putea realiza nimic valoros.

Barry Gibbons, în cartea sa *This Indecision Is Final* afirmă: „Puteţi scrie şi publica orice doriţi, însă numai misiunea, valorile şi etica care au importanţă în compania dvs. sunt cele care se manifestă în permanenţă în comportamentul tuturor oamenilor."

2. Competenţa

> *„Puteţi scrie şi publica orice doriţi, însă numai misiunea, valorile şi eticile care au importanţă în compania dvs. sunt cele care se manifestă în permanenţă în comportamentul tuturor oamenilor”.*
>
> –BARRY GIBBONS

Am petrecut peste douăzeci şi cinci de ani ca pastor, prin urmare cunosc lumea bisericii foarte bine, şi am văzut oameni din diverse comunităţi religioase care acţionează ca şi cum caracterul ar fi singurul lucru care contează. Nu cred că este adevărat. Ceea ce facem este de asemenea important, iar Scriptura arată în mod clar acest lucru[4]. Caracterul este cel mai important lucru, însă nu singurul lucru important.

Dacă aveţi îndoieli în această privinţă, gândiţi-vă la următorul aspect. Dacă ar trebui să suferiţi o operaţie din cauza unei boli care vă pune viaţa în pericol, veţi prefera să vă opereze un chirurg bun care a fost o persoană rea sau o persoană bună care a fost un chirurg slab? O întrebare care pune punctul pe i, nu-i aşa? Competenţa contează. Iar dacă persoana se va afla în aceeaşi echipă cu dvs., veţi dori să dea dovadă atât de competenţă, cât *şi* caracter.

3. Angajament

Dacă membrii echipei sunt oameni care se oferă să vă ajute doar atunci când lucrurile merg bine, nu va fi o experienţă tocmai plăcută pentru echipă. Când timpurile sunt dificile, vreţi să ştiţi că puteţi conta pe colegii dvs. de echipă. Nu vă doriţi să ajungeţi să vă întrebaţi dacă vor fi întotdeauna alături de dvs.

Dan Reiland, vice-preşedinte al trustului INJOY, mi-a dat tabelul de pe pagina următoare care arată angajamentul diferitor membri ai echipei.

Echipele reuşesc sau nu în funcţie de angajamentul membrilor lor unul faţă de altul şi faţă de echipă. Prietenul meu Randy Watts, care este pastor la o biserică din Virginia, mi-a trimis o notă după o conferinţă în cadrul căreia am predat Legea Încrederii Reciproce. A scris următoarele:

Cu mulţi ani în urmă, un prieten de-al meu urma Institutul Militar din Virginia, renumit pentru instruirea fizică, intelectuală şi emoţională deosebit de dură. Mi-a spus că toţi bobocii erau grupaţi în companii. Unul dintre obstacolele pe care trebuiau să le depăşească în cadrul antrenamentului era să se ia la întrecere pe House Mountain, un munte foarte abrupt, ceea ce reprezenta mai mult decât o provocare. Motivaţia ascensiunii: dacă terminai ultimul, alergai din nou. Nu doar tu, ci întreaga companie! Acest lucru testează angajamentul echipei. Dacă o persoană din compania din care faci parte suferă o entorsă la gleznă sau îşi fracturează un picior, ceilalţi membri ai companiei au obligaţia de a o duce în spate. Nu este suficient să fii primul om care ajunge pe vârful muntelui; fiecare membru al echipei trebuie să realizeze acest lucru.

Adevărata muncă în echipă impune un astfel de angajament. Atunci când membrii echipei nu sunt capabili să îl ofere, trebuie să îi duceţi în spate tot restul drumului de dragul echipei.

Nivel	**Tipul colegului de echipă**	**Descriere**
1. Colonel în trupele de comando	Lider de echipă angajat	*Dedicat cauzei. Se concentrează pe imaginea de ansamblu. Are o atitudine de tipul sunt dispus să fac orice, cu orice preţ.*
2. Locotenent	Întreprinzător în cadrul echipei	*Se integrează în spiritul şi cultura organizaţiei. Este auto-motivat şi productiv.*
3. Absolvent al OCS	Veritabil jucător în echipă	*Dă dovadă de pasiune şi entuziasm. Soseşte devreme şi pleacă târziu. Nu este încă un lider autentic.*
4. Soldat	Membru obişnuit al unei echipe	*Îi place să facă parte din echipă. Doreşte să rămână în echipă. Îşi realizează sarcinile dintr-un sentiment al datoriei. Nu este încă un întreprinzător desăvârşit.*
5. Recrut din tabăra noilor veniţi	Subaltern cu sila	*Munceşte doar dacă este împins de la spate.*
6. Dezertor	Nu este subaltern	*Nu vrea să facă nimic. Trebuie adus în faţa curţii marţiale.*
7. Lunetist	Subaltern periculos	*Munceşte, însă face viaţa echipei foarte dificilă. Îşi va împuşca colegii dacă i se va oferi ocazia.*

4. Consecvenţă

Din când în când apare cineva care defineşte consecvenţa pentru restul echipei. În cazul echipei Atlanta Brave, cred că această persoană este Greg Maddux. Dacă urmăriţi meciurile de baseball, probabil că aţi auzit de el. Maddux este un aruncător de mâna întâi, iar atât premiile, cât şi statisticile dovedesc din plin acest lucru. A câştigat peste 200 de meciuri, dintre care 176 de meciuri în anii 1990, cele mai multe meciuri câştigate vreodată de un aruncător din prima ligă. Este singurul aruncător în afară de Cy Young şi Gaylord Perry care a câştigat 15 sau chiar mai multe meciuri în 13 sezoane consecutive. Este singurul aruncător din istoria baseball-ului care a câştigat premiul Cy Young patru ani consecutiv (1992-1995).

Dintre toate premiile câştigate de Maddux pentru aruncări şi rezultate remarcabile, ştiţi care a fost cea mai mare distincţie? A fost recunoscut ca cel mai bun „fielder" (N.T. în baseball, jucător care are rolul de a stopa sau de a prinde mingile lovite) acordându-i-se timp de *10 ani consecutivi* Mănuşa de Aur.

Mulţi aruncători foarte buni nu sunt renumiţi pentru abilitatea de a stopa şi de a prinde mingea. Când o minge dificilă este îndreptată către un aruncător, sau când aruncătorul trebuie să acopere prima bază într-un joc extrem de dificil pe partea dreaptă a terenului, de multe ori ceilalţi jucători din echipă aşteaptă cu înfrigurare sfârşitul acestei manevre. Dacă cineva de pe teren este expus unei greşeli de aruncare şi prindere, acesta este aruncătorul. Însă nu şi Maddux. Lucrează la tehnica sa de stopare şi aruncare cu aceeaşi etică de lucru fantastică ce l-a făcut un aruncător excelent. Rezultatul este o carieră care nu a văzut decât patruzeci de greşeli în cincisprezece ani (cu două sezoane de aruncări şi stopări fără nici o greşeală).

Dacă doriţi ca toţi colegii dvs. de echipă să aibă încredere în dvs., să ştie că pot conta pe dvs. în fiecare zi, folosiţi ca exemplu pe cineva precum Maddux. Consecvenţa este cheia.

5. Coeziune

Colegii de echipă trebuie să dea dovadă de coeziune. Aceasta este abilitatea de a rămâne uniţi, indiferent de cât de dificile devin împrejurările. John Roat, din cadrul forţelor maritime SEAL descrie coeziunea în felul următor:

> Coeziunea este unul dintre acei termeni pe care toată lumea crede că îi înţelege. În realitate însă majoritatea oamenilor nu au nici o idee asupra sensului său. Fără îndoială nu se referă la faptul că îţi place de cel de lângă tine sau eşti amabil cu el. Înseamnă să te mândreşti cu abilitatea grupului tău de a funcţiona la un nivel mai ridicat decât este posibil pentru un individ. Unitatea nu iese în evidenţă prin faptul că tu eşti membru, ci tu ieşi în evidenţă prin faptul că eşti suficient de bun pentru a fi membru.[5]

Există o vorbă veche despre echipe: Fie colaborăm cum se cuvine, fie ne dezmembrăm. Fără coeziune oamenii nu sunt cu adevărat o echipă deoarece nu colaborează. Nu sunt decât un grup de indivizi care lucrează pentru aceeaşi organizaţie.

> *Există o vorbă veche despre echipe: Fie colaborăm cum se cuvine, fie ne dezmembrăm.*

James Baldwin, romancier şi luptător pentru drepturile civile, afirma: „În momentul în care încrederea unul în celălalt se năruie, marea ne înghite pe toţi, iar lumina dispare pentru totdeauna". În esenţă, încrederea reciprocă este capacitatea de a avea încredere în colegii de echipă, indiferent ce se întâmplă. La nevoie, poţi apela la oamenii din echipa ta. Să o spunem deschis: Nu putem face nimic cu adevărat important dacă nu există încredere reciprocă. *Colegii de echipă trebuie să poată conta unul pe celălalt atunci când este nevoie.*

ÎNCREDEREA TRĂDATĂ

Atunci când vedeţi un exemplu de încredere trădată care ruinează sentimentul de încredere reciprocă din cadrul unei echipe, trebuie să-l recunoaşteţi imediat. Atunci când părinţii îşi abandonează copiii, soţul sau soţia se fac vinovaţi de infidelitate, iar copiii îşi mint părinţii cu neruşinare, avem de-a face cu violarea Legii

Încrederii Reciproce în familie. Atunci când angajaţii deturnează fonduri, iar liderii fac abuz de puterea care le-a fost încredinţată de oamenii din organizaţia lor, putem spune că încrederea reciprocă este subminată. Iar când un funcţionar dintr-o agenţie guvernamentală este vinovat de spionaj, nu numai că îşi afectează negativ colegii de echipă, însă distruge sentimentul de încredere al cetăţenilor unei întregi naţiuni.

Când la începutul anului 2001 s-a anunţat că un agent FBI a fost prins furnizând informaţii de securitate naţională strict secrete Rusiei şi fostei Uniuni Sovietice, primul lucru la care m-am gândit a fost Legea Încrederii Reciproce. Bărbatul implicat în acest caz era Robert Philip Hanssen, un agent de contraspionaj care făcuse o adevărată carieră la FBI.

Hanssen este bănuit de a fi transmis KGB-ului (şi organizaţiei care a înlocuit KGB-ul, şi anume SVR-ul) informaţii cheie de cel puţin douăzeci de ori. Aceste informaţii erau cuprinse în mai bine de şase mii de pagini de material, prin care se aflau tehnici de investigaţie, surse, metode şi operaţiuni de contraspionaj[6]. Ca şi în cazul lui Aldridge Ames, agentul de contraspionaj al CIA condamnat pentru spionaj în 1994, se presupune că informaţiile transmise ilegal de Hanssen ar fi accelerat moartea agenţilor de teren care lucrau pentru guvernul Statelor Unite.[7]

Toată lumea detestă trădătorii. De fapt, în America, numele Benedict Arnold este încă asociat cu înşelătorie şi trădare, chiar dacă faptele sale au fost comise mai bine de două sute de ani în urmă. (Şi puţini îşi mai amintesc că Arnold a fost un lider militar extraordinar.) Însă cazul lui Hanssen este atât de dezaprobant tocmai pentru că trădătorul era membru al unei echipe care are standarde ridicate de conduită datorită încrederii care i-a fost acordată de către oameni. FBI-ul îşi defineşte valorile de bază ca fiind „respectarea deplină a Constituţiei Statelor Unite; respectarea demnităţii tuturor celor pe care îi protejăm; compasiune; dreptate; integritate personală şi instituţională deplină".[8] Directorul FBI, Luois J. Freeh, a afirmat despre Hanssen:

> O trădare a încrederii comisă de către un agent FBI, care a depus jurământ nu numai pentru a aplica legea, dar în mod special pentru

a contribui la protejarea securităţii noastre naţionale, este un act îngrozitor. Acest tip de comportament criminal reprezintă cea mai mare dovadă de trădare imaginabilă... Loveşte în tot ceea ce reprezintă FBI-ul – angajamentul a peste 28.000 de bărbaţi şi femei oneşti şi devotaţi care muncesc cu ardoare pentru a câştiga încrederea poporului american în fiecare zi.[9]

Cu alte cuvinte, *colegii de echipă trebuie să aibă încredere unul în celălalt atunci când este nevoie.* Robert Hanssen a distrus elementul esenţial care face încrederea reciprocă posibilă. Şi s-ar putea să treacă decenii până vom descoperi cât de mult rău a făcut ţării. Perspectivă cu adevărat cumplită, însă acesta este preţul care trebuie plătit atunci când cineva încalcă Legea Încrederii Reciproce.

CUGETARE CU PRIVIRE LA MUNCA ÎN ECHIPĂ

Cel mai mare compliment pe care îl poţi primi este să se poată conta pe tine.

CUM SĂ DEVENIŢI UN MEMBRU MAI BUN AL UNEI ECHIPE

Deseori oamenii spun că imitaţia este un compliment. În ceea ce priveşte munca în echipă, complimentul suprem este încrederea pe care o au în dvs. colegii de echipă atunci când este nevoie.

Ce părere au colegii de echipă despre dvs.? În capitolul 6 am vorbit despre modul în care catalizatorii trec la un nivel mai ridicat al meciului în momente de criză. Poate sunteţi sau nu tipul de jucător care poate pune lucrurile în mişcare atunci când meciul riscă să fie pierdut. Nu e nici o problemă. Însă se poate conta pe dvs. că vă îndepliniţi rolul *dvs.*, oricare ar fi acesta, atunci când colegii de echipă au nevoie de dvs.? Vă duceţi până la capăt sarcinile în aşa fel încât colegii dvs. de echipă să poată considera că sunteţi cineva pe care se poate conta? Cum v-aţi caracteriza în fiecare dintre zonele analizate în acest capitol?

- Integritatea dvs. este desăvârşită? (caracter)
- Vă îndepliniţi sarcinile în mod ireproşabil? (competenţă)
- Vă dedicaţi succesului echipei? (angajament)
- Se poate conta pe dvs. de fiecare dată când este nevoie? (consecvenţă)
- Acţiunile dvs. întăresc unitatea echipei? (coeziune)

Dacă simţiţi că aveţi puncte slabe în unele dintre aceste zone, adresaţi-vă unui mentor sau unui prieten de încredere pentru a primi sugestii cu privire la modul în care aţi putea să deveniţi mai bun în zona respectivă.

CUM SĂ DEVENIŢI UN LIDER DE ECHIPĂ MAI BUN

Dezvoltarea încrederii reciproce şi a coeziunii la membrii unei echipei nu este întotdeauna o sarcină uşoară. Şi ia destul de mult timp. Dacă sunteţi responsabil de conducerea echipei, folosiţi sugestiile lui Wiliam A. Cohen din *The Art of the Leader* pentru construirea unei echipe care poate să conteze pe fiecare membru atunci când este nevoie.

1. Dezvoltaţi un sentiment de mândrie în rândul membrilor grupului.
2. Convingeţi-vă membrii grupului că ei sunt cei mai buni.
3. Recunoaşteţi-le meritele ori de câte ori este posibil.
4. Încurajaţi folosirea moto-urilor, a numelor, simbolurilor şi sloganelor organizaţionale.
5. Stabiliţi valoarea grupului dvs. examinând şi promovând istoria şi valorile sale.
6. Concentraţi-vă asupra obiectivului comun.
7. Încurajaţi-vă oamenii să participe la activităţi comune în afara serviciului[10].

Cu cât aplicaţi mai multe dintre aceste activităţi, cu atât mai durabilă va fi încrederea reciprocă pe care o veţi dezvolta.

10

LEGEA PREŢULUI

Echipa nu reuşeşte să îşi atingă potenţialul

atunci când refuză să plătească preţul necesar

Pe 28 decembrie 2000, una dintre cele mai vechi companii de vânzare cu amănuntul din ţară, Montgomery Wrad and Company, a anunţat că este în situaţie de faliment şi îşi închide porţile pentru totdeauna. Anunţul i-a întristat pe toţi locuitorii oraşului Chicago, deoarece Ward a fost o instituţie importantă în oraş timp de mai bine de un secol. Mai trist este că eşecul acestei companii ar fi putut fi evitat dacă liderii săi ar fi învăţat şi aplicat Legea Preţului înainte de a fi fost prea târziu.

Istoria începuturilor companiei este remarcabilă. A fost înfiinţată în 1872 când Aaron Montgomery Ward, un vânzător care muncise pentru diferiţi comercianţi de mărfuri uscate în Vestul Mijlociu şi în Sud, în timp ce lucra în zone rurale departe de marile oraşe, a descoperit că mulţi consumatori din zonele izolate sunt la cheremul comercianţilor locali care impun un preţ exagerat pentru marfa pe care o vând. Acest lucru i-a dat o idee. Transportul pe calea ferată şi serviciile poştale se aflau în plină modernizare la acea dată. Ce-ar fi dacă ar cumpăra mărfuri uscate direct de la fabricanţi cu plata pe loc şi le-ar vinde tot cu plata pe loc prin comandă poştală consumatorilor rurali, eliminând astfel intermediarii care îi înşelau pe clienţi.

PLATA CELUI DINTÂI PREŢ

În 1871, Ward a economisit suficienţi bani din munca sa ca negustor pentru a cumpăra unele mărfuri şi pentru a tipări o listă de preţuri de o pagină pe care intenţiona să o trimită unui grup de fermieri care făceau parte dintr-o organizaţie. Însă înainte a-şi duce la capăt planul, incendiul din 1871 care a devastat oraşul Chicago i-a distrus stocul şi listele de preţuri. Acest impediment nu l-a oprit pe Ward. A convins doi colegi vânzători să i se alăture ca parteneri, a început să îşi refacă stocul şi a tipărit din nou lista de preţuri care urma să devină primul catalog din lume de mărfuri generale comandate prin poştă. Iar în 1872, la 28 de ani, Ward şi-a început afacerea.

Mai întâi succesul lui Ward a fost destul de moderat. De fapt, după un an, cei doi parteneri ai săi au început să privească cu oarecare frică această afacere şi au vrut să îşi vândă acţiunile. Ward le-a cumpărat şi l-a luat pe prietenul său George Thorne în această afacere ca partener cu drepturi depline. Au muncit din greu împreună, preluând comenzi şi livrând marfa cu trenul. Între timp, în 1875, Ward şi Thorne au venit cu o idee inedită. S-au hotărât să includă un nou slogan în catalogul lor. „Satisfacţie Garantată sau Banii Înapoi." Iar afacerea a luat avânt.

Tenacitatea lui Ward şi dorinţa sa de a plăti preţul de două ori pentru a pune pe picioare afacerea au dat rezultat peste mai puţin de un deceniu. Compania care începuse cu un capital de 1.600 de dolari în 1872 avea în 1878 vânzări în valoare de 300.000 de dolari. Nouă ani mai târziu, vânzările companiei au crescut la 1 milion de dolari. La sfârşitul secolului, catalogul Montgomery Ward and Company, care devenise cunoscut sub numele de „Cartea Dorinţelor", a ajuns la cinci sute de pagini şi era trimis prin poştă anual la peste un milion de oameni. Iar sediul companiei era o nouă clădire de pe Michigan Avenue din Chicago – cel mai mare zgârie-nori din vestul oraşului New York[1].

ÎNCETAREA PLĂŢII

În 1901, Montgomery Ward s-a retras pentru a-şi petrece ultimii ani ai vieţii încercând să transforme oraşul Chicago într-un loc mai bun. În primele două decenii ale secolului, compania era în continuare prosperă. Însă la sfârşitul anului 1910 lucrurile începuseră să se schimbe. Succesul lui Ward a stimulat înfiinţarea în 1886 a unei alte companii cu sediul în Chicago: Sears, Roebuck, and Co. Ca şi Montgomery Wars and Company, aceasta se ocupa cu vânzarea mărfurilor pe bază de catalog şi se adresa clienţilor rurali. Atunci când ambele companii au început această afacere, majoritatea populaţiei Statelor Unite locuia în zone rurale. Însă ţara suferea unele transformări. Oraşele deveneau din ce în ce mai populate. Recensământul din 1920 arăta că pentru prima dată în istoria Statelor Unite, majoritatea populaţiei locuia la oraş – în consecinţă, obiceiurile legate de cumpărături sufereau şi ele o schimbare destul de semnificativă.

Robert E. Wood, fost general intendent în armată, a fost adus în 1919 pentru a prelua conducerea companiei Montgomery Ward, şi a prevăzut o înflorire a vânzărilor cu amănuntul. A vrut să deschidă mai întâi magazine în oraşele în care oamenii puteau face cumpărături personal, însă proprietarii au respins această idee.[2] Pur şi simplu nu vroiau să plătească preţul necesar pentru a face această schimbare.

DEPĂŞIŢI

Ştiind ce viitor va avea compania în acest context, Wood a plecat de la Ward. În 1924, a fost numit vice-preşedinte la Sears. I-a convins pe cei care conduceau compania să îşi încerce norocul cu magazinele de vânzare cu amănuntul. Au fost de acord să deschidă un magazin în Chicago anul următor, de probă. Succesul a fost imediat. Doi ani mai târziu, Sears deschiseseră 27 de magazine. Până în 1929, compania construise peste 300 de magazine. Chiar şi în timpul Marii Crize Economice, Sears a continuat să se extindă, iar în 1931, vânzările cu amănuntul le-au depăşit pe cele prin catalog.[3] Wood devenise preşedintele companiei, poziţie pe care a ocupat-o până în 1954, iar Sears a devenit cel mai prosper lanţ de magazine universale din ţară.

Montgomery Ward and Company nu şi-au revenit niciodată cu adevărat în urma primei greşeli. Au deschis câteva magazine de vânzare cu amănuntul, însă nu erau suficient de agresive pentru a întrece concurenţa reprezentată de Sears. *O echipă nu reuşeşte să îşi atingă potenţialul atunci când refuză să plătească preţul necesar.* De fiecare dată, Ward a refuzat să plătească preţul necesar. În timpul Marii Crize Economice, compania a strâns capital şi a încetat să se extindă, în timp ce Sears a câştigat mai mult teren. După cel de-al doilea război mondial, când celelalte magazine se mutau în suburbii, Wars nu a reuşit să profite de ocazia de a ajunge din nou în vârf. De fiecare dată când piaţa se schimba, liderii companiei nu plăteau preţul necesar pentru a o câştiga. În ultimii douăzeci şi cinci de ani, s-au luptat să lase porţile deschise. În cele din urmă, după 128 de ani în această afacere, Montmogery Ward şi-a închis porţile. Iată ce se întâmplă atunci când oamenii încalcă Legea Preţului.

ASPECTE ESENŢIALE LEGATE DE PREŢ

Dacă o echipă nu îşi atinge potenţialul, de cele mai multe ori, nu abilitatea acesteia este problema. Nu este nici măcar o chestiune de resurse. Este o chestiune de plată. Montgomery Ward and Company avea foarte multe resurse, avea talentul necesar, chiar şi liderul care ar fi putut conduce echipa înainte. Problema o reprezenta proprietarii companiei care nu au vrut să părăsească zona lor de confort, să îşi asume un risc şi să încerce să exploreze teren nou.

Unul dintre motivele pentru care echipele nu reuşesc să plătească preţul necesar pentru a-şi atinge potenţialul constă în faptul că ele înţeleg greşit Legea Preţului. Nu ştiu cum funcţionează această lege de fapt. Permiteţi-mi să vă prezint patru adevăruri despre această lege care vă vor ajuta să o înţelegeţi mai bine.

1. Preţul trebuie plătit de toată lumea

În *Straight Talk for Monday Morning*, Allan Cox observa:

> Pentru a fi membrul unei echipe, trebuie să renunţi la ceva. Acest ceva poate fi un rol neînsemnat pe care ţi l-ai impus singur, cum ar fi tipul vorbăreţ, femeia veşnic tăcută, cel care ştie-tot, cel care nu ştie nimic, cel care adună subordonaţii talentaţi, cel care nu împarte anumite resurse cum ar fi sistemele de informaţie managerială, sau orice alt rol. Renunţi la ceva, cum ar fi un mic colţ cald şi privilegiat, însă câştigi în schimb autenticitate. Echipa nu suprimă realizările individuale, ci dimpotrivă, creează loc pentru contribuţii personale.[4]

> *Dacă fiecare nu plăteşte preţul pentru a ajunge la succes atunci fiecare va plăti acest preţ printr-o înfrângere.*

Oamenii care nu s-au aflat niciodată într-o echipă de succes nu reuşesc să îşi dea seama că *fiecare* echipă trebuie să plătească un preţ. Cred că unii dintre ei consideră că dacă alţii muncesc din greu, ei pot să ajungă fără nici cel mai mic efort la potenţialul acestora. Însă acest lucru nu este niciodată adevărat. Dacă fiecare nu plăteşte preţul pentru a ajunge la succes atunci fiecare va plăti acest preţ printr-o înfrângere.

2. Preţul trebuie plătit în permanenţă

Mulţi oameni suferă de ceea ce eu numesc boala destinaţiei. Am descris-o în cartea mea *Cele 21 de calităţi ale liderului*:

> „Unii oameni cred în mod greşit că, dacă şi-au putut atinge un anume scop, nu trebuie să mai înveţe. Acest lucru se poate

întâmpla în aproape orice situaţie: obţinerea unei diplome, a unei poziţii dorite, primirea unui premiu, sau atingerea unui scop financiar.

Liderii eficienţi nu îşi pot permite să gândească astfel. Din clipa în care încetează să se perfecţioneze prin învăţare, ei pierd din potenţialul lor şi cel al organizaţiei. Amintiţi-vă de cuvintele lui Ray Kroc: „Cât timp eşti tânăr, creşti, iar când ai ajuns la maturitate, începi să te usuci."[5]

Boala destinaţiei este la fel de periculoasă atât pentru echipă cât şi pentru orice individ. Ne face să credem că putem să nu mai lucrăm, să nu mai luptăm pentru a ne atinge scopul, să nu mai plătim preţul – şi totuşi să ne atingem potenţialul. Însă după cum a observat Earl Blaik, fost antrenor de fotbal la Academia Militară a Statelor Unite, „Nu există substitut pentru muncă. Munca este preţul succesului". Acest adevăr rămâne veşnic valabil. De aceea preşedintele Dwight Eisenhower a remarcat „Nu există victorii la preţuri de sold." Dacă vreţi să vă atingeţi potenţialul, nu puteţi renunţa niciodată.

> *Nu există victorii la preţuri de sold.*
>
> – DWIGHT D. EISENHOWER

3. *Preţul creşte dacă echipa doreşte să îşi îmbunătăţească potenţialul, să se schimbe sau să câştige în continuare*

După cum am afirmat în introducerea acestei cărţi, există puţini campioni consecutivi în sport. Şi puţine companii se află în fruntea listei revistei *Forbes* timp de un deceniu. Preţul pe care trebuie să-l plăteşti pentru a deveni campion este foarte mare. Însă preţul pe care îl plăteşti pentru a rămâne în vârf este şi mai mare. Pentru a deveni şi mai bun atunci când eşti deja foarte bun trebuie să plăteşti şi mai mult. Cu cât te afli la un nivel mai înalt, cu atât va trebui să plăteşti mai mult pentru a face progrese mici. Cicliştii campioni mondiali îşi îmbunătăţesc timpul nu cu secunde, ci cu sutimi de secundă.

Nimeni nu poate să se apropie prea mult de realizarea potenţialului fără a plăti într-un fel sau altul preţul pentru a ajunge acolo. Dacă doriţi să vă schimbaţi profesia, va trebui să faceţi mai multe studii, să aveţi o experienţă mai mare, sau chiar amândouă. Dacă vreţi să parcurgeţi o cursă într-un ritm mai rapid, preţul pe care îl veţi plăti va fi un antrenament mai riguros şi mai dificil. Dacă vreţi să obţineţi mai multe venituri din investiţii, investiţi mai mulţi bani sau asumaţi-vă riscuri mai mari. Acelaşi principiu se aplică şi pentru echipe. Pentru a-şi îmbunătăţi potenţialul, pentru a se schimba sau a câştiga în permanenţă, ca şi grup, echipa trebuie să plătească un preţ, la fel şi fiecare membru al ei.

4. *Preţul nu scade niciodată*

Majoritatea oamenilor care se dau bătuţi nu renunţă în vârful muntelui; se opresc la jumătatea drumului. Nimeni nu porneşte la drum cu scopul de a pierde. Problema este deseori o concepţie greşită conform căreia va veni fără îndoială clipa în care succesul va putea fi obţinut mai ieftin. Însă lucrurile funcţionează rareori astfel.

> *Majoritatea oamenilor care se dau bătuţi nu renunţă în vârful muntelui; se opresc la jumătatea drumului.*

Poate că acest mod de gândire a fost problema firmei Montgomery Ward and Company. În 1919, atunci când factorii de decizie au avut ocazia să transforme Ward într-una dintre cele mai mari companii deschizând un lanţ de magazine cu amănuntul, probabil că au evaluat cât de mult i-ar fi costat – din punct de vedere al timpului, banilor, efortului, schimbării – şi s-au gândit că era un preţ mult prea mare. Prin urmare au ratat ocazia.

Câţiva ani mai târziu când Sears a început să obţină profituri mult mai mari decât Ward, costul care trebuia plătit pentru a intra în competiţie era şi mai mare. Compania a plătit preţul necesar pentru a intra în comerţul cu amănuntul, însă se afla totuşi cu mult în urmă. Acest preţ devenea în fiecare an din ce în ce mai mare, mai ales pentru că Sears reuşea mai bine decât Ward să îşi procure cele mai bune locaţii. Chiar şi în anii '70 şi '80 Ward a plătit din ce în ce mai mult pentru a se dezvolta, însă a rămas din ce în ce mai mult în urmă. Compania a pătruns în diferite nişe, încercând să concureze cu WalMart, Target şi Circuit City, însă s-a ruinat din ce în ce mai mult. Liderii au crezut că preţul va fi mai mic în viitor – însă acesta a crescut din ce în ce mai mult.

Când este vorba despre Legea Preţului, cred că există doar două tipuri de echipe care o încalcă: cele care nu îşi dau seama care este preţul succesului, şi cele care cunosc acest preţ, dar nu vor să îl plătească. Nimeni nu poate obliga o echipă să îşi dorească succesul. Fiecare persoană trebuie să hotărască în sinea sa dacă obiectivul merită preţul care trebuie plătit. Însă fiecare persoană ar trebui să ştie ce preţ va trebui să plătească pentru ca echipa să reuşească.

Când este vorba despre Legea Preţului, cred că există doar două tipuri de echipe care o încalcă: cele care nu îşi dau seama care este preţul succesului, şi cele care cunosc acest preţ, dar nu vor să îl plătească.

PREŢUL MUNCII ÎN ECHIPĂ

Din acest motiv, voi face în continuare câteva observaţii cu privire la costul plătit pentru a face parte dintr-o echipă câştigătoare. Pentru a deveni jucători într-o echipă, dvs. şi colegilor dvs. vi se va cere să daţi dovadă de cel puţin următoarele calităţi:

Sacrificiu

Nu există succes fără sacrificiu. James Allen a remarcat: „Cel care îşi doreşte realizări mici va face sacrificii mici. Cel care îşi doreşte realizări mari va face sacrificii mari." Când faceţi parte dintr-o echipă s-ar putea să vă daţi seama de anumite lucruri la care va trebui să renunţaţi. Însă indiferent cât de mult vă aşteptaţi să oferiţi echipei, la un anumit punct vi se va cere să oferiţi şi mai mult. Echipa nu va ajunge în vârf fără sudoare, sânge şi sacrificiul tuturor membrilor.

Angajament din punct de vedere al timpului

Munca în echipă nu este deloc ieftină. Vă costă timp – ceea ce înseamnă că trebuie să vă sacrificaţi viaţa. Cunoaşterea oamenilor, construirea relaţiilor cu aceştia, învăţarea modului în care munciţi împreună, toate acestea iau timp. Munca în echipă nu poate apărea într-o clipă. Echipele devin mai puternice într-un mediu în care lucrurile se cimentează încetul cu încetul.

Dezvoltare personală

Echipa dvs. îşi va atinge potenţialul doar dacă dvs. vă atingeţi potenţialul. Ceea ce înseamnă că abilitatea de care daţi dovadă acum nu este suficientă. Sau după cum spunea expertul în ştiinţa conducerii Max DePree: „Nu putem deveni ceea ce trebuie să fim rămânând acolo unde suntem." Dorinţa de a lupta în permanenţă, de a vă perfecţiona în permanenţă este cheia abilităţii dvs. şi este un lucru esenţial pentru progresul echipei. De aceea John Wooden de la UCLA, un excelent lider de echipă şi cel mai mare antrenor de baschet la nivel de colegiu al tuturor timpurilor, spunea: „Ceea ce contează este ceea ce înveţi după ce ştii totul."

Echipa dvs. îşi va atinge potenţialul doar dacă dvs. vă atingeţi potenţialul.

Altruism

Stă în natura umană să avem în primul rând grijă de noi. Întrebarea „Eu cu ce mă aleg?" apare frecvent în mintea noastră. Însă dacă o echipă doreşte să îşi atingă potenţialul, jucătorii săi trebuie să pună programul echipei înaintea propriului program. Unii oameni văd imaginea de ansamblu mai uşor decât alţii şi îşi dau seama că vor primi mai mult dacă vor da mai mult. Pentru alţii, acest lucru este mai dificil – în special dacă au deja la activ câteva realizări mari. Însă teoria bumerangului a lui Jackson Brown este adevărată: „Atunci când dai lumii ceea ce ai mai bun, lumea îţi întoarce serviciul". Iar dacă daţi ce aveţi mai bun echipei, ea vă va da înapoi mai mult decât aţi dat dvs., iar împreună veţi realiza mai mult decât puteţi realiza singur.

„Atunci când dai lumii ceea ce ai mai bun, lumea îţi întoarce serviciul".

– H. JACKSON BROWN

Există evident şi alte preţuri pe care trebuie să le plătim pentru a face parte dintr-o echipă. Fără îndoială că puteţi enumera câteva preţuri specifice pe care le-aţi plătit deja pentru a face parte dintr-o echipă. Important este că oamenii pot alege să stea la periferia vieţii şi să încerce să facă totul singuri. Sau pot intra în joc făcând parte dintr-o echipă. Este de fapt o alegere între independenţă şi interdependenţă. Beneficiile muncii în echipă pot fi imense, însă au întotdeauna un preţ. Pentru a avansa, trebuie întotdeauna să renunţaţi la ceva.

Acum o lună predam cele 17 legi ale muncii în echipă unui grup de oameni de afaceri din Atlanta, iar după ce am predat Legea Preţului, Virgil Berry a venit la mine şi mi-a strecurat un bileţel. Pe acesta scria: „John, preţul eşecului este mai mare decât preţul succesului. Preţul pentru acceptarea eşecului înseamnă sărăcie, criză, depresie, şi un spirit călcat în picioare." Cei de la Montgomery Ward ştiu acest lucru foarte bine. *Echipa nu reuşeşte să îşi atingă potenţialul atunci când refuză să plătească preţul necesar.*

CE PREŢ TREBUIE SĂ PLĂTEASCĂ O NAŢIUNE?

Victoria nu este garantată plătind un preţ mare. Multe echipe se sacrifică cu dăruire, doar pentru a nu reuşi să îşi atingă obiectivele. Acesta a fost şi cazul Armatei Revoluţionare a Statelor Unite nou constituite şi a comandantului acestora George

Washington, în timpul iernii lui 1977, când a ajuns în Valley Forge, Pennsylvania.

Anul 1977 nu a fost un an deosebit de bun pentru Generalul Washington şi trupele sale. În urma înfrângerilor din Brandywine, Paoli şi Germantown şi pierderii Philadelphiei în faţa britanicilor, Washington şi unsprezece mii de soldaţi au ajuns în Valley Forge în ziua de 19 decembrie a acelui an. Trupele erau demoralizate, având perspectiva de a petrece o iarnă cumplită fără adăpostul şi facilităţile de care ar fi avut nevoie pentru a rezista.

Ceea ce îşi doreau probabil cel mai mult era să se întoarcă acasă şi să uite de războiul pentru libertate. Dacă ar fi făcut acest lucru, costul ar fi fost foarte mare. Din poziţia în care se aflau, puteau urmări trupele britanice conduse de generalul Howe în Philadelphia. Un lucru şi mai important era că se aflau într-un loc de unde puteau apăra oraşul York, Pennsylvania, unde fugise Congresul Continental atunci când capitala a căzut în mâinile englezilor. Dacă bărbaţii din Valley Forge nu ar fi plătit preţul necesar, guvernul ar fi căzut, armata ar fi fost desfiinţată, iar războiul revoluţionar ar fi fost pierdut.

Condiţiile erau oribile. Bărbaţii erau prost echipaţi şi aprovizionaţi. La câteva zile după sosirea lor, Washington a scris Congresului Continental: „2.898 de bărbaţi nu erau apţi pentru a-şi face datoria deoarece erau desculţi sau chiar dezbrăcaţi (insuficient îmbrăcaţi pentru vremea aspră). Lucrurile erau într-o stare atât de cumplită încât santinelele trebuia să stea pe căciuli pentru a nu le degera picioarele. Pe 1 februarie, 1778, doar 5000 de soldaţi erau disponibili pentru misiunea militară."[6]

MAI ÎNTÂI PLATA PREŢULUI – APOI RECOMPENSA

Într-un mod cu totul miraculos, trupele nu s-au dat bătute. Au suportat iarna aspră. Însă au făcut mai mult decât să reziste şi să supravieţuiască. Au profitat de această ocazie pentru a deveni soldaţi mai buni. Înainte de oprirea lor în Valley Forge, erau dezorganizaţi şi slab pregătiţi. Pentru a remedia acest lucru, generalul Washington a folosit aptitudinile unui fost ofiţer din armata prusacă, Baron von Steuben.

Mai întâi, Steuben a impus o mai bună organizare a taberei militare şi a introdus sisteme sanitare îmbunătăţite. La ordinul lui, o companie de bărbaţi a fost transformată într-o echipă de soldaţi de elită. Aceştia la rândul lor au instruit şi alte companii de bărbaţi. Von Steuben a standardizat manevrele militare în întreaga armată în aşa fel încât bărbaţii să poată lucra mai bine ca echipă, indiferent de ofiţerii care îi comandau. Până la mobilizarea armatei în luna iunie a anului 1778, pregătirea a fost considerată o ocazie de perfecţionare pentru orice grup de soldaţi, chiar şi pentru cei britanici, care erau consideraţi cei mai buni soldaţi din lume.

Armata lui Washington a câştigat bătălii împotriva armatei britanice cu mult superioară numeric. Iar soldaţii săi au luptat în bătălia de la Yorktown, lupta decisivă care a întors cursul războiului în favoarea ţării nou formate. Aceia dintre noi care locuiesc în Statele Unite le sunt recunoscători deoarece preţul pe care l-au plătit cu mai bine de două sute de ani în urmă a construit drumul pentru a trăi într-o ţară liberă cu oportunităţi extraordinare. Dacă este adevărat că *echipa nu reuşeşte să îşi atingă potenţialul atunci când refuză să plătească preţul necesar*, este de asemenea adevărat că atunci când preţul *este* plătit, recompensele pot fi extrem de mari. Aceasta este binecuvântarea Legii Preţului.

CUGETARE CU PRIVIRE LA MUNCA ÎN ECHIPĂ

Rareori obţii mai mult decât dai.

CUM SĂ DEVENIŢI UN MEMBRU MAI BUN AL UNEI ECHIPE

Dacă sunteţi un întreprinzător, probabil că aveţi foarte multe visuri şi obiective. Notaţi câteva dintre lucrurile pe care doriţi să le realizaţi în următorii cinci ani:

1. ______________________________
2. ______________________________
3. ______________________________
4. ______________________________
5. ______________________________
6. ______________________________
7. ______________________________
8. ______________________________
9. ______________________________
10. ______________________________

În acest moment, la câte dintre ele doriţi să renunţaţi? Trebuie să fiţi întotdeauna pregătit să vă puneţi această întrebare atunci când faceţi parte dintr-o echipă. Atunci când scopurile dvs. personale intră în contradicţie cu obiectivele mai mari ale echipei dvs., aveţi trei opţiuni.

1. *Renunţaţi la obiectivul dvs.* (pentru că echipa este mai importantă).
2. *Amânaţi îndeplinirea obiectivului dvs.* (pentru că nu este momentul potrivit).
3. *Despărţiţi-vă de echipă* (pentru că este mai bine pentru toată lumea).

Singurul lucru pe care nu aveţi dreptul să îl faceţi este să aşteptaţi ca echipa să îşi sacrifice obiectivele colective în favoarea obiectivului dvs.

CUM SĂ DEVENIŢI UN LIDER DE ECHIPĂ MAI BUN

Dacă vă aflaţi la conducerea unei echipe, trebuie să vă convingeţi colegii să se sacrifice pentru binele echipei. Cu cât membrii echipei sunt mai talentaţi, cu atât mai greu ar putea să fie să îi convingeţi să pună echipa pe primul plan.

Începeţi prin a da dvs. exemplu de sacrificiu. Arătaţi echipei că sunteţi…

- dispus să faceţi sacrificii financiare spre binele echipei.
- dispus să vă perfecţionaţi de dragul echipei.
- dispus să oferiţi autoritate şi altora în folosul echipei.
- dispus să luaţi decizii dificile în folosul echipei.

După ce aţi exemplificat dorinţa de a plăti preţul pentru creşterea potenţialului echipei, aveţi credibilitatea de a le cere şi altora să facă acelaşi lucru. Apoi, când înfăţişaţi sacrificiile pe care membrii echipei trebuie să le facă pentru echipă, arătaţi-le motivul şi modul în care trebuie să facă acest lucru. Apoi lăudaţi-le sacrificiile în faţa colegilor de echipă.

11

LEGEA TABELEI DE MARCAJ

Echipa poate face schimbări atunci când ştie cu exactitate unde se află

În capitolul anterior, aţi citit despre Montgomery Ward and Company, o iniţiativă americană care a trecut prin momente foarte dificile deoarece nu a reuşit să respecte Legea Preţului. Timp de două decenii, se părea că o altă instituţie se îndrepta către un dezastru similar: Walt Disney Productions.

ŞOARECELE CARE S-A FĂCUT AUZIT

Compania a fost înfiinţată de Walt Disney şi fratele acestuia, Roy, în anii 1920. Au început să facă filme de animaţie mute, de scurt metraj, şi au transformat compania într-una dintre cele mai iubite şi respectate companii de divertisment din lume. Câştigau în permanenţă teren nou. Au produs primul desen animat sonor şi primul desen animat în culori, ambele avându-l ca personaj principal pe Mickey Mouse, care a devenit de atunci un simbol american. *Albă ca zăpada*, primul film animat de lung metraj realizat vreodată a fost o idee cu totul inovatoare. În timpul turnării, mulţi au numit filmul „nebunia lui Disney". Când a fost difuzat în premieră în 1937, a avut cel mai mare succes de care s-a bucurat vreodată vreun film (unii spun că a fost cel mai de succes film al tuturor timpurilor!).

În următoarele două decenii, Walt Disney Productions au realizat filme nemaipomenite care ulterior au devenit filme clasice ale cinematografiei. S-au extins şi către producţia de televiziune. Şi au deschis primul parc de distracţii din lume. Numele Disney devenise sinonim cu creativitatea unei familii, manifestată în domeniul divertismentului.

COMPANIA CARE A ÎNCEPUT SĂ SE SCUFUNDE

Însă după moartea lui Walt, în 1966, compania a început să urmeze un drum plin de obstacole. Acolo unde Walt Disney Productions se remarcase odinioară prin inovaţie, ajunsese să poarte marca imitaţiei – imitaţia propriilor succese din trecut. Don Bluth, care a părăsit compania în 1979, a comentat în legătură cu această situaţie: „Ne simţeam ca şi cum am fi pus în animaţie acelaşi desen, doar figurile erau puţin schimbate.[1]"

În loc să încerce să privească spre viitor şi să câştige teren nou, Card Walker, care supraveghea producţia de filme, se întreba în permanenţă: „Ce ar fi făcut Walt?" Oamenii care lucrau cu el începuseră să facă glume morbide, de genul „Muncim pentru un mort"[2]. Compania a turnat mai multe tipuri de film care nu au adus nici un profit, iar veniturile continuau să scadă vertiginos. În 1981 departamentul de film avea un venit de 34,6 milioane de dolari. În 1982 venitul său scăzuse la 19,6 milioane. În 1983 a suferit o pierdere de 33,3 milioane. Iar valoarea acţiunilor Disney scădea de asemenea vertiginos.

În acea perioadă multe corporaţii americane deveneau victime ale preluărilor ostile. Brokerii de pe Wall Street câştigau controlul asupra companiei, o tăiau în bucăţi, şi vindeau aceste părţi în aşa fel încât să obţină profit pentru ei şi susţinătorii lor. Deoarece valoarea acţiunilor companiei Disney era foarte scăzută, iar datoriile acesteia erau destul de reduse, devenise o pradă apetisantă pentru o preluare ostilă.

În 1984, Disney a evitat cu greu o tentativă de preluare şi se confrunta cu ameninţarea unei alte preluări atunci când consiliul de administraţie a privit în sfârşit realist situaţia în care se afla compania. Membrii consiliului au hotărât că în cazul în care compania urmează să supravieţuiască, sunt necesare schimbări radicale, inclusiv unele schimbări care nu au mai fost niciodată făcute în istoria sa – precum aducerea unei persoane din afară pentru a conduce compania.

REINTRAREA ÎN JOC

Oamenii care au ales să preia conducerea companiei Disney au fost Michael Eisner – preşedinte şi director general, şi Frank Wells – preşedinte şi director de exploatare. Cu privire la sarcina dificilă care le-a fost încredinţată, Eisner a remarcat,

> Datoria noastră era să creăm ceva nou, însă să readucem în acelaşi timp magia din trecut, să îmbrăcăm compania Disney în haine mai stilate, să îi extindem aria şi să le amintim oamenilor de ce au iubit compania la început .... O firmă este ca o entitate vie care în timp devine mai bogată sau mai săracă, este produsul a mii de gesturi mărunte[3].

Eisner s-a referit la munca sa la Disney, însă remarcile sale descriu metoda pe care el şi Wells au adoptat-o pentru a revigora întreaga companie. Această metodă era compusă dintr-o varietate de strategii.

În primul rând, a schimbat denumirea organizaţiei din Walt Disney Productions în Walt Disney Company, pentru a reflecta diversitatea zonelor de interes ale companiei. Săptămânal, convoca toţi directorii executivi ai organizaţiei şi şefii de departament la prânz, pentru a promova coeziunea şi pentru ca departamentele să îşi împărtăşească ideile. De asemenea a angajat lideri cheie, precum Jeffrey Katzenberg, pentru a conduce activităţile legate de film şi televiziune.

GOL!

În doar câţiva ani, Disney a devenit din nou un actor esenţial în industria de divertisment. Sectorul de producţie de televiziune care era aproape mort a început să producă spectacole de mare succes cum ar fi *The Golden Girls* şi *Home Improvement.* Sectorul de producţie cinematografică, care nu cu mult timp în urmă producea prea puţine filme şi pierdea prea mulţi bani, a produs mai multe filme într-un volum mai mare, 27 dintre primele 33 de filme aducând un profit considerabil. Nu după mult timp, compania avea patru sectoare de producţie cinematografică: Disney, Touchstone, Hollywood Pictures şi Miramax. La sfârşitul anului 1987, Disney, pentru prima dată în istoria sa, a devenit numărul unu la box office. Iar sectorul de animaţie a dat din nou tonul acestei industrii producând filme precum *Mica Sirenă, Frumoasa şi Bestia, Aladin* şi *Regele Leu.*

Eisner şi Wells au extins eforturile companiei către zone noi. Au achiziţionat mai multe terenuri şi au construit numeroase hoteluri la Walt Disney World. În 1987 au deschis pentru prima dată magazine de vânzare cu amănuntul în mall-uri. Patru ani mai târziu, Disney deţinea 125 de magazine, care aduceau un venit anual de 300 de milioane de dolari. Evident, au îmbunătăţit şi parcurile de distracţie prin extindere, inovaţie şi parteneriat strategic cu oameni precum George Lucas şi Steven Spielberg. Când au preluat compania în 1984, parcurile aduceau un venit de 250 de milioane de dolari. Până în 1990, veniturile au ajuns la 800 de milioane de dolari.

În 2000, compania Walt Disney avea venituri totale de 25,4 miliarde de dolari dintre care 2,9 miliarde reprezentau venituri nete (mai mult decât dublu faţă de 1984)[4]. Disney nu numai că s-a întors la 180 de grade. A devenit gigantul industriei de divertisment şi una dintre cele mai puternice corporaţii din întreaga lume. În timpul numeroşilor ani în care compania se lupta să supravieţuiască, membrii echipei Disney priveau către istoria companiei şi către memoria fondatorului lor trecut în nefiinţă pentru a găsi o soluţie. Ceea ce trebuiau să facă era să privească tabela de marcaj. *Echipa poate face schimbări atunci când ştie cu exactitate unde se află.* Eisner şi Wells au fost cei care au oferit această abilitate companiei. Au înţeles şi au aplicat Legea Tabelei de Marcaj.

SUBESTIMAREA TABELEI DE MARCAJ

Fiecare „meci" are propriile sale reguli şi propria definiţie a ceea ce înseamnă să câştigi. Unele echipe îşi măsoară succesul în funcţie de punctajul înregistrat; altele în funcţie de profiturile obţinute. Altele se uită la numărul de oameni în folosul cărora muncesc. Însă indiferent care ar fi meciul, există întotdeauna o tabelă de marcaj. Dacă o echipă doreşte să îşi îndeplinească obiectivele, trebuie să ştie cu exactitate unde se află. Trebuie să se privească în lumina tabelei de marcaj.

> *Dacă o echipă doreşte să îşi atingă obiectivele, trebuie să ştie cu exactitate unde se află.*

De ce acest lucru este atât de important? Deoarece echipele care reuşesc fac schimbări pentru a îmbunătăţi în permanenţă potenţialul lor şi situaţiile în care se află. De exemplu, gândiţi-vă la modul în care o echipă de fotbal se pregăteşte pentru un meci. Înaintea începerii competiţiei, echipa petrece o mare parte a timpului planificându-şi timpul. Jucătorii studiază ore îndelungate filmul meciului. Îşi petrec zile întregi încercând să îşi imagineze ce tactică poate adopta adversarul lor, şi hotărăsc cea mai potrivită strategie prin care pot câştiga. Apoi vin cu un plan detaliat al meciului.

Atunci când începe meciul, planul de joc este foarte important, iar tabela de marcaj nu înseamnă nimic. Însă pe măsură ce meciul continuă, planul de joc devine din ce în ce mai important. De ce? Pentru că jocul se schimbă în permanenţă. Vedeţi dvs., planul de joc ne spune ce *vrem* să se întâmple. Însă tabela de marcaj ne spune ce *se întâmplă* de fapt.

DE CE TABELA DE MARCAJ?

Nici o echipă nu poate câştiga ignorând situaţia reală în care se află. Mulţi ani, Disney s-a agăţat cu tenacitate de un plan de joc învechit în timp ce industria de divertisment se afla într-o continuă schimbare. Echipa Disney nu a privit niciodată cu seriozitate tabela de marcaj. Prin urmare a pierdut în repetate rânduri. Iată ce se întâmplă atunci se ignoră Legea Tabelei de Marcaj.

Pentru orice tip de echipă, tabela de marcaj este esenţială în următoarele moduri:

1. Tabela de marcaj este esenţială pentru a înţelege situaţia reală

În sport, jucătorii, antrenorii şi suporterii înţeleg importanţa tabelei de marcaj. De aceea pe stadioane, arene şi terenuri de fotbal este instalată într-un loc atât de vizibil. Tabela de marcaj oferă o imagine a meciului în orice moment dat. Chiar dacă ajungeţi la jumătatea unui meci, priviţi tabela de marcaj şi înţelegeţi situaţia foarte bine.

> *Tabela de marcaj oferă o imagine a meciului în orice moment.*

Deseori sunt surprins de numărul extrem de mare de persoane din afara lumii sportului care încearcă să reuşească fără a avea o tabelă de marcaj. Unele familii îşi gestionează gospodăriile fără a avea un buget prevăzut, şi totuşi se întreabă de ce au datorii. Unii întreprinzători mici îşi continuă afacerile an de an fără a înregistra vânzările şi a întocmi bilanţul şi se întreabă de ce nu îşi pot dezvolta afacerea. Unii pastori îşi petrec timpul făcând acţiuni merituoase, însă nu se opresc niciodată pentru a vedea dacă mesajul acţiunilor lor ajunge la oameni sau dacă îşi fac meseria conform principiilor biblice.

2. Tabela de marcaj este esenţială pentru evaluare

Consider că perfecţionarea este o cheie a succesului. De aceea de peste douăzeci de ani abordez subiectul perfecţionării la conferinţele în cadrul cărora predau şi în cărţile pe care le scriu. Principiul cheie pe care îl predau este:

Perfecţionare = Schimbare

Sună extrem de simplu, nu-i aşa? Însă câteodată oamenii nu ţin cont de faptul că nu pot să se perfecţioneze şi să rămână aceiaşi în acelaşi timp. Majoritatea oamenilor se află într-o poziţie care ar putea fi descrisă prin cuvintele antrenorului Lou Holtz: „Nu suntem acolo unde vrem să fim, ci acolo unde ar trebui să fim; însă slavă Domnului că nu suntem acolo unde am fost până acum."

Când este vorba de perfecţionare, doar schimbarea nu este suficientă. Dacă vreţi să deveniţi mai bun, trebuie să vă schimbaţi în direcţia bună. Puteţi face acest lucru doar dacă sunteţi capabil să vă autoevaluaţi şi să-i evaluaţi şi pe colegii dvs. Există un alt motiv care justifică necesitatea tabelei de marcaj. Vă oferă o reacţie continuă. Să concuraţi fără o tabelă de marcaj este ca şi cum aţi juca bowling fără popice. Nu e suficient să munciţi din greu, trebuie să ştiţi cum vă descurcaţi.

3. Tabela de marcaj este esenţială pentru luarea deciziilor

Imediat după ce v-aţi evaluat situaţia, sunteţi gata să luaţi decizii. În fotbal, mijlocaşul foloseşte informaţiile de pe tabela de marcaj pentru a hotărî ce joc trebuie să adopte. În baseball, tabela de marcaj îl ajută pe antrenor să îşi dea seama când trebuie să aducă un aruncător suplimentar. În baschet, tabela poate fi folosită pentru a determina dacă este necesar să ceri timeout.

Acesta a fost şi cazul la Disney. Mai întâi Eisner a analizat şi a încercat să înţeleagă situaţia globală a companiei. Apoi a evaluat eficienţa domeniilor individuale. Abia atunci a fost capabil să ia decizii corecte referitoare la modul în care Disney ar putea reintra în joc.

4. Tabela de marcaj este esenţială pentru efectuarea unei schimbări

Cu cât nivelul la care dvs. şi echipa dvs. concuraţi este mai mare, cu atât schimbările necesare pentru a atinge cele mai bune performanţe sunt mai mici. Însă schimbările cheie constituie secretul succesului, iar tabela de marcaj vă ajută să vedeţi unde trebuie să efectuaţi schimbări.

Unul dintre angajaţii mei foloseşte o tabelă de marcaj unică care îl ajută să facă schimbările necesare pentru a trece la nivelul superior. Această persoană este Kevin Small, preşedintele trustului INJOY. Kevin este o persoană extrem de întreprinzătoare cu foarte multă energie şi entuziasm. Fiind un lider tânăr, are zone slabe asupra cărora trebuie să mai lucreze. Pentru a fi ajutat să facă acest lucru, a angajat un instructor personal care să-i ofere consiliere, să îl ajute să citească tabelele de marcaj din viaţa sa şi pe care să se bazeze în procesul de perfecţionare. Şi într-adevăr îi este de mare ajutor. Micile schimbări care pot fi observate la Kevin îl ajută să treacă la un alt nivel şi să se apropie tot mai mult de realizarea potenţialului său deja uriaş.

5. Tabela de marcaj este esenţială pentru succes

În cele din urmă, nimeni nu poate câştiga fără tabela de marcaj. Cum ştii că meciul e strâns fără o tabelă de marcaj? Cum ştiţi că meciul se apropie de sfârşit dacă nu priviţi tabela de marcaj? Cum ştiţi dacă e sau nu un moment de criză fără o tabelă de marcaj ca instrument de măsură? Dacă doriţi să faceţi o plimbare cu maşina împreună cu prietenii, nu trebuie să vă faceţi nici o grijă. Însă dacă doriţi să câştigaţi raliul Indianapolis 500, dvs. Şi echipa dvs. va trebui să ştiţi ce aveţi de făcut!

Unele organizaţii consideră tabela de marcaj un rău necesar. Altele încearcă să o ignore – ceea ce nu vor putea face pentru o perioadă îndelungată dacă vor să se descurce bine în profesia lor. Iar pentru alte organizaţii verificarea tabelei de marcaj este o parte atât de integrantă a culturii lor încât sunt în permanenţă dispuse să recunoască şi să profite de ocaziile care conduc către succese imense.

INOVAŢIE ÎNTR-O LUME A MARII TEHNOLOGII

Acesta este fără îndoială şi cazul companiei eBay. Nu sunt o persoană care se pricepe prea bine la tehnică. Nu am un computer – nici măcar nu ştiu cum să-l folosesc – deci nu am folosit serviciile companiei eBay. Am auzit pentru prima dată de aceste servicii de la nişte prieteni care sunt colecţionari. Îmi vorbeau despre posibilitatea de a găsi lucrurile pe care le doreau de mult timp prin licitaţii organizate pe Internet. Păreau că le place foarte mult să folosească aceste servicii, dar sincer să fiu, nu le-am dat prea multă atenţie. Apoi am început să găsesc articole despre eBay în paginile financiare ale revistelor, şi am citit despre preşedinta şi directoarea generală a companiei, Meg Whitman.

Ebay este o companie de comerţ electronic specializată în conectarea cumpărătorilor şi vânzătorilor de mărfuri on-line. A fost înfiinţată de Pierre Omidyar în oraşul său San Jose, din California în luna septembrie a anului 1995 când a venit cu ideea de a-i ajuta pe oameni să găsească obiecte vechi, rare, sau de colecţie. Ideea a avut un succes atât de mare încât nu după mult timp Omidyar a recunoscut că era implicat peste măsură în această afacere şi nu putea face faţă. Atunci a angajat-o pe Meg Whitman, care absolvise un MBA la Harvard şi avea o experienţă uriaşă în domeniul conducerii, ocupând până atunci funcţiile de director general la Hasbro, preşedinte şi director general la FTD, şi vice preşedinte executiv la Walt Disney Company.

Un articol din *Time* explică succesul companiei eBay în modul următor:

> Ca intermediar online între cumpărători şi vânzători, eBay construieşte un adevărat imperiu care nu ar fi putut fi construit cu cărămizi sau mortar. „Dacă Buy.com[a] se prăbuşeşte, puteţi apela la Circuit City[b], spune Meg Whitman… director general la eBay. Însă dacă eBay se prăbuşeşte, nu aveţi unde să mergeţi. Şi pentru că scopul companiei eBay este crearea unei conexiuni între oameni – nu vânzarea de mărfuri – nu este dotată cu o structură de costuri tradiţională pentru vânzarea cu amănuntul … ”Ebay este singura companie de comerţ electronic care îndeplineşte cu adevărat

promisiunea Web-ului." afirmă Faye Landes, analist în domeniul comerţului electronic la Sanford C. Bernstein & Co[5].

Adevăratul geniu al companiei eBay este cunoaşterea şi aplicarea perfectă a Legii Tabelei de Marcaj. Compania face în permanenţă schimbări deoarece ştie foarte bine unde se află, şi ce anume o face să realizeze progrese. În cazul companiei eBay, tabela de marcaj constă de fapt în dorinţele şi interesele clienţilor săi – şi a clienţilor potenţiali. Înţelegând că mulţi oameni simt un oarecare disconfort atunci când trebuie să realizeze tranzacţii monetare pe Internet, eBay a făcut ca mărcile companiei să fie încrederea, siguranţa şi confidenţialitatea. Văzând că mulţi oameni doreau să obţină o anumită reacţie de la persoanele care vindeau diverse produse pe site, eBay a creat un sistem unic de clasare care permite abonaţilor să schimbe informaţii. Compania a creat chiar şi o filială specială numită Consumer Insights Group pentru a înregistra dorinţele clienţilor.

ÎNVĂŢÂND DE LA CLIENŢI

În ultimii trei ani, eBay a învăţat tot ce se putea învăţa despre utilizatorii săi şi despre ceea ce doresc ei concentrându-se în permanenţă asupra tendinţelor consumatorilor. Compania s-a extins dintr-un loc de unde puteai cumpăra sau vinde jucării de pluş într-un serviciu de licitaţie extins, care oferă printre altele:

- comercializare specială pentru produsele greu de expediat
- serviciu global de licitaţie care acoperă 150 de ţări (bucurându-se şi de o prezenţă puternică în Europa)
- un schimb business-to-business[c] pentru produse şi servicii
- un site pentru licitaţia de automobile
- servicii imobiliare.

Iar în 2000, atunci când e-Bay a văzut că o altă companie nou înfiinţată numită Half.com încerca să vândă CD-uri, cărţi, filme, jocuri video folosite la preţuri fixe, eBay a cumpărat compania şi a adăugat-o proprietăţilor sale.[6]

Ca urmare, eBay a primit o recunoaştere extrem de favorabilă şi sute de premii, printre care şi premiul Antreprenorul Anului din partea revistei *Business Week*, premiul de Cel Mai Bun Comerciant On-line al Anului primit de la *E-Retailer*, precum şi un loc pe lista revistei *Forbes* a celor mai dinamice 100 companii din America. În 2000, avea 22,5 milioane de utilizatori înregistraţi, controla 80% din piaţa de licitaţii on-line, şi înregistra venituri de 430 milioane de dolari (cu 92% mai mult decât în 1999).

În timp ce companiile al căror domeniu de activitate îl constituie tranzacţiile pe Internet se luptă să supravieţuiască şi caută noi modalităţi de a înregistra profit, eBay pare a fi sigură că se va dezvolta şi va avea succes în continuare. De ce? Pentru că echipa eBay îşi îndreaptă în permanenţă atenţia către tabela de marcaj. Iar echipa *poate efectua schimbări atunci când ştie cu exactitate unde se află.* Aceasta este Legea Tabelei de Marcaj.

CUGETARE CU PRIVIRE LA MUNCA ÎN ECHIPĂ

Atunci când ştii ce să faci, poţi face ceea ce ştii.

CUM SĂ DEVENIŢI UN MEMBRU MAI BUN AL UNEI ECHIPE

Atunci când ştii ce să faci, poţi face ceea ce ştii.

Care este tabela de marcaj în domeniul sau afacerea dvs.? Cum vă măsuraţi progresul? Este cumva linia de sosire? Este numărul de persoane la care ajungeţi? Este nivelul de excelenţă sau de inovaţie cu care vă faceţi munca? Cum vă evaluaţi progresul?

Rezervaţi-vă puţin timp pentru a identifica modul în care echipa dvs. îşi evaluează progresul. Notaţi criteriile mai jos:

Acum gândiţi-vă la modul în care ar trebui să vă evaluaţi individual. Ce ar trebui să monitorizaţi pentru a fi sigur că faceţi tot ceea ce vă stă în putinţă? Notaţi criteriile mai jos:

____

____

____

CUM SĂ DEVENIŢI UN LIDER DE ECHIPĂ MAI BUN

Dacă vă aflaţi la conducerea echipei, principala dvs. responsabilitate este de a verifica tabela de marcaj şi de a comunica situaţia echipei membrilor acesteia. Acest lucru nu înseamnă neapărat că trebuie să faceţi totul singur. Însă trebuie să vă asiguraţi că membrii echipei fac în permanenţă evaluări, modificări, şi iau decizii cât mai repede. Aceasta este cheia succesului.

Aveţi un sistem prin care să vă asiguraţi că toate acestea se întâmplă într-adevăr? Sau vă bazaţi în general pe intuiţie? Folosirea intuiţiei este excelentă – atâta timp cât aveţi unele rezerve care garantează succesul şi vă oferă certitudinea că nu vă veţi dezamăgi echipa.

Evaluaţi consecvenţa şi eficienţa cu care consultaţi tabela de marcaj. Dacă nu faceţi acest lucru cum ar trebui, creaţi un sistem care să vă ajute sau care să permită liderilor din echipa dvs. să împartă această responsabilitate.

NOTE

[a] (n.t.) numit şi Internet Superstore, este un fel de supermarket on-line de unde se pot cumpăra produse de tipul computere, programe de calculator, aparate electronice, casete, cd-uri, dvd-uri, telefoane mobile etc.

[b] (n.t.) lanţ de magazine cu amănuntul, care se ocupă cu comercializarea aparatelor electronice de consum, computerelor personale, casetelor, cd-urilor cu muzică şi jocuri electronice.

[c] (în traducere) de la o firmă la alta: proces de marketing industrial, adică marketing către alte firme, mai degrabă decât către consumator. În cadrul acestui tip de marketing, mărcile sunt la fel de importante ca bunurile de consum.

12

LEGEA BĂNCII DE REZERVĂ

Echipele extraordinare au rezerve extraordinare

Aţi auzit expresia „Nu se termină până când nu cântă soprana cea grasă?" sau celebrele cuvinte ale lui Yogi Berra „Nu e gata până nu e gata"? Aţi fi surprins să aflaţi că se întâmplă uneori să fie gata înainte de a fi gata – şi puteţi şti exact când dacă aplicaţi Legea Băncii de Rezervă.

Să vă dau un exemplu. Într-o sâmbătă, în luna septembrie a anului 2000, am mers la un meci de fotbal cu câţiva prieteni: Kevin Small, preşedintele trustului INJOY; Chris Goede, care a fost fotbalist profesionist; şi Steve Miller, minunatul meu ginere. Aşteptam cu nerăbdare începutul meciului dintre Georgia Tech Yellow Jackets şi Florida State Seminoles, chiar dacă cea de-a doua echipă era marea favorită. Există o rivalitate adâncă între echipele de colegiu din Georgia şi din Florida, prin urmare lupta dintre cele două echipe poate deveni foarte acerbă. Iar în acea zi, nu am fost deloc dezamăgiţi. Echipele se luptau cu înverşunare, iar scorul era foarte strâns. Tech lupta din toate puterile.

DOAR O CHESTIUNE DE TIMP

Însă când cel de-al treilea sfert s-a apropiat de sfârşit am spus: „Haideţi, băieţi, meciul e gata”. Câteodată plec de la meciuri devreme deoarece nu-mi place să fiu blocat în trafic. Bineînţeles, dacă un meci este foarte strâns sau poate avea o semnificaţie istorică (cum ar fi o situaţie de no-hitter[a] în baseball), rămân până la sfârşit. În acea zi, colegii mei au fost surprinşi de dorinţa mea de a pleca, mai ales că meciul se apropia de sfârşit, iar Tech depăşise echipa adversă, scorul fiind de 15 la 12.

„Nu vrei să vezi sfârşitul meciului?” m-a întrebat Chris, puţin curios.

„Nu, meciul acesta s-a terminat”, am spus eu, „să mergem la maşină”.

O echipă are nevoie de rezerve pentru a atinge cel mai înalt nivel.

În drum spre casă am discutat despre meci. Este adevărat că Tech rezista în faţa echipei F.S.U, mai ales în ceea ce priveşte strategia de joc în apărare. Nu era deloc uşor ţinând cont de ofensiva puternică a echipei adverse. Însă de-a lungul meciului am observat că în timp ce jucătorii de la Tech puşi pe teren la începutul meciului se aflau încă pe teren, F.S.U a făcut multe schimbări cu jucătorii din banca de rezervă, iar nivelul jocului echipei nu a fost deloc afectat negativ. Din acest motiv, ştiam că nu e decât o chestiune de timp înainte ca jucătorii de la Tech să fie epuizaţi de puternica bancă de rezervă a F.S.U. Iar scorul final a fost de 26 la 21, în favoarea celor de la F.S.U. Acesta este impactul Legii Băncii de Rezervă. *Echipele extraordinare au rezerve extraordinare.*

ROLUL BĂNCII DE REZERVĂ

Nu este deloc dificil să observăm cât de important este ca o echipă să aibă jucători de rezervă bine antrenaţi şi capabili. În baseball-ul din prima ligă, echipele care câştigă campionatele îşi creează rezerve puternice deoarece au mai mult de un sistem de rotaţie a aruncătorilor. Echipele au o rezervă formată din jucători puternici care pot înlocui la aruncare – lovire pe cei din teren. În NBA, atât jucătorii cât şi suporterii au recunoscut rolul impactului băncii de rezervă, menţionând importanţa unui al şaselea om, persoana care are o contribuţie esenţială la succesul echipei şi care nu este unul din jucătorii care încep meciul pe teren. Iar antrenorii din fotbalul profesionist de astăzi îşi exprimă nevoia de a avea doi mijlocaşi extrem de competenţi capabili să câştige meciurile. Un jucător care începe meciul nu este suficient dacă o echipă vrea să ajungă la cel mai ridicat nivel.

Orice echipă care doreşte să exceleze trebuie să aibă atât înlocuitori buni cât şi jucători de teren buni. Acest lucru este valabil în orice domeniu, nu numai în sport. Puteţi face lucruri extraordinare cu foarte mulţi oameni de vârf, însă dacă doriţi ca echipa să aibă succes pe termen îndelungat, trebuie să vă construiţi banca de rezervă. O echipă nemaipomenită fără o bancă de rezervă sfârşeşte prin a se prăbuşi.

DEFINIŢIA BĂNCII DE REZERVĂ

În sport, este foarte simplu să defineşti care sunt jucătorii puşi pe teren la începutul unui meci şi care sunt cei de pe banca de rezervă. Însă cum îi definim pe cei din alte domenii? Aş vrea să vă sugerez următoarele definiţii:

> *Jucătorii puşi pe teren la începutul meciului* sunt oamenii din linia întâi care adaugă valoare organizaţiei sau care influenţează direct evoluţia acestuia.
> *Banca de rezervă* este formată din oamenii care adaugă valoare în mod indirect organizaţiei şi care îi susţin pe jucătorii puşi pe teren la începutul meciului.

Jucătorii de pe teren sunt cei care se află cel mai adesea în centrul atenţiei şi prin urmare ei primesc majoritatea laudelor, iar cei de pe banca de rezervă pot fi neglijaţi sau ignoraţi. De fapt, cei care au tendinţa de a subestima contribuţia băncii de rezervă sunt tocmai jucătorii de teren. Unor jucători cheie le face plăcere să le amintească înlocuitorilor că ei „sunt elementul cheie". Însă orice jucător care minimalizează contribuţia băncii de rezervă este egocentric, subestimează ceea ce e necesar pentru ca o echipă să aibă succes, şi nu înţelege că *echipele extraordinare au rezerve extraordinare.*

Un lider care a înţeles cu adevărat Legea Băncii de Rezervă a fost John Wooden de la UCLA, „Vrăjitorul din Westwood" ale cărui echipe au câştigat campionatele naţionale de baschet organizate la nivel de colegiu. Antrenorul Wooden a apreciat contribuţia fiecărei persoane din echipa sa. Nici un antrenor nu a reuşit mai bine decât Wooden să menţină jocul echipei la cel mai înalt nivel şi pe termen lung. Antrenorul a remarcat: „Altruismul este o trăsătură asupra căreia am insistat întotdeauna. Am considerat că fiecare echipă de baschet este o unitate, şi nu mi-am împărţit niciodată jucătorii în jucători de teren şi jucători pentru banca de rezervă. Am încercat să arăt în mod clar că fiecare are rolul său, inclusiv antrenorul, asistenţii, instructorul şi managerii."[1]

BANCA DE REZERVĂ ESTE INDISPENSABILĂ

Fiecare om are o valoare, iar fiecare jucător dintr-o echipă adaugă valoare echipei într-un fel sau altul. Aceste adevăruri ar trebui să fie suficiente pentru a-i determina pe membrii echipei să ia în considerare contribuţia jucătorilor de pe banca de rezervă. Însă există şi alte motive mai specifice pentru a valorifica jucătorii care nu sunt consideraţi jucători de teren. Iată câteva dintre acestea:

1. Jucătorii care se află astăzi pe banca de rezervă ar putea fi starurile de mâine

Puţini oameni îşi încep cariera ca staruri. Iar cei care fac acest lucru descoperă că succesul lor este asemănător succesului unor copii actori. După o scurtă pauză, nu sunt niciodată capabili să recâştige atenţia care li se acorda înainte.

Fiecare om are o valoare, iar fiecare jucător dintr-o echipă adaugă valoare echipei într-un fel sau altul.

Majoritatea oamenilor de succes trec printr-o perioadă de ucenicie. Iată de exemplu mijlocaşul Joe Montana, care a fost selectat în Hall of Fame în 2000. A petrecut doi ani pe banca de rezervă înainte de a deveni jucătorul cu numărul 49 în echipa San Francisco. Şi în timp ce dobora record după record şi conducea echipa către numeroase competiţii Super Bowl, persoana care stătea pe banca de rezervă ca rezervă pentru el era Steve Notch, un alt mijlocaş de primă mână.

Unii membri talentaţi ai echipelor sunt descoperiţi foarte repede datorită potenţialului lor pozitiv şi sunt predestinaţi succesului. Alţii muncesc în obscuritate mulţi ani, învăţând, dezvoltându-şi potenţialul şi câştigând experienţă. După o perioadă de muncă foarte grea, devin peste noapte „jucători de succes". Ţinând cont de modul în care în ziua de astăzi oamenilor le place să-şi schimbe serviciu după serviciu – şi chiar carieră după carieră – liderii buni ar trebui să acorde în permanenţă atenţie talentelor în devenire şi să nu se grăbească niciodată să claseze un membru al echipei drept jucător care va rămâne întotdeauna pe banca de rezervă. Dacă se bucură de încurajările, antrenamentul şi oportunităţile necesare, aproape orice jucător care îşi doreşte cu adevărat are potenţialul de a deveni într-o zi jucător eficient.

2. *Succesul unui jucător de rezervă poate multiplica succesul unui jucător din teren*

„Principalul ingredient al gloriei este restul echipei."

–JOHN WOODEN

Atunci când fiecare membru al echipei îndeplineşte rolul care se potriveşte cel mai bine cu talentele, aptitudinile şi experienţa sa, şi excelează în acest rol, echipa va avea succes. Realizările întregii echipe contribuie la creşterea potenţialului jucătorilor din teren, iar performanţa jucătorilor din teren contribuie la creşterea potenţialului echipei. Întreaga echipă este mai mare decât suma părţilor sale componente. Sau, după cum a spus John Wooden: „Principalul ingredient al gloriei este restul echipei."

Probabil că aţi văzut echipe conduse de oameni care nu înţeleg acest adevăr. De exemplu, angajaţii responsabili de vânzări pentru care compania plăteşte milioane de dolari îşi petrec timpul îngropaţi în muncă birocratică în loc să contacteze potenţialii clienţi. Dacă organizaţia ar angaja pe cineva căruia munca administrativă să îi facă plăcere, oamenii care se ocupă de vânzări ar fi mult mai fericiţi şi mai productivi, dar şi câştigurile obţinute din vânzări ar fi mult mai mari, acoperind cu mult costul plătit de companie pentru angajarea persoanei respective.

Această lege este respectată la ISS, compania mea care oferă bisericilor servicii de consultanţă pentru strângerea de fonduri. Angajăm consultaţi ale căror aptitudini şi pregătire le întâlneşti la o persoană dintr-un milion. Muncesc cu sute de biserici individuale în fiecare an, pe teren şi tocmai aici trebuie să îşi folosească toate punctele forte. Totuşi, fiecare lucrare de consultanţă necesită numeroase scrisori, manuale educative, şi alte materiale tipărite. Iar pentru a realiza acest lucru, ISS a angajat un întreg personal auxiliar, format din oameni extrem de talentaţi care fac o treabă nemaipomenită. Atunci când fiecărei persoane i se permite să lucreze în zona sa de competenţă, întreaga echipă câştigă.

3. *Există mai mulţi jucători de rezervă decât jucători de teren*

Dacă citiţi istoria oricărei echipe de succes, veţi vedea că jucătorii din teren sunt întotdeauna depăşiţi numeric de ceilalţi jucători din echipă. În baschetul profesionist, echipa are doisprezece oameni, însă numai cinci jucători sunt puşi pe teren la începutul meciului. Echipele de baseball din prima ligă au nouă jucători de teren, însă în total au 40 de jucători. În fotbalul profesionist, 22 de oameni încep în atac şi în apărare, însă fiecare echipă are dreptul la cincizeci şi trei de jucători. (Echipele de colegiu au peste o sută!)

În orice domeniu veţi găsi situaţii similare. În industria de divertisment, actorii sunt aproape întotdeauna celebri, însă sutele de angajaţi necesari pentru a realiza un film nu sunt deloc cunoscuţi. Într-o parohie, în timpul unui slujbe religioase, toată lumea îi recunoaşte pe cei din primul plan, însă în spatele acestei slujbe stă munca a nenumăraţi oameni. În spatele oricărui politician, director executiv sau creator de modă lucrează sute de oameni care muncesc din greu în spatele scenei pentru a face posibilă munca acestora. Nimeni nu poate să neglijeze marea parte a echipei, iar apoi să spere că va avea succes.

4. *Un jucător de rezervă plasat la locul potrivit va fi mai valoros decât un jucător de teren*

Cred că dacă i-aţi întreba pe majoritatea oamenilor cum ar clasifica asistenţii administrativi în cadrul unei echipe, vă vor răspunde că îi consideră jucători de rezervă întrucât principalul lor rol este să ofere sprijin. Sunt de acord cu acest lucru – deşi în unele cazuri oamenii din domeniul administrativ au o influenţă directă asupra organizaţiei.

Să luăm ca exemplu cazul asistentei mele, Linda Eggers. De-a lungul timpului, Linda a avut aproape toate funcţiile la INJOY. A fost contabila companiei, a organizat conferinţe, s-a ocupat de marketing şi de dezvoltarea produselor. Este o persoană foarte talentată. Cred că Linda este capabilă să facă aproape orice. Însă a ales să joace un rol de sprijin, fiind asistenta mea. Iar din această funcţie, are un impact foarte puternic. Astăzi compania mea are peste două sute de angajaţi. Îi respect şi îi apreciez pe toţi. Însă dacă mâine aş pierde totul şi aş putea să păstrez cinci sau şase oameni cu care să o iau de la zero, Linda ar fi una dintre persoanele pentru care m-aş lupta să le păstrez. Valoarea sa ca persoană de sprijin o face să fie un jucător de teren.

5. *O bancă de rezervă puternică oferă liderului mai multe opţiuni*

Atunci când o echipă nu are bancă de rezervă, singura opţiune este rotirea jucătorilor din teren pentru a le creşte la maximum

> *Atunci când o echipă are o bancă de rezervă extraordinară, opţiunile sunt aproape nesfârşite.*

eficienţa. Dacă un jucător din teren nu poate să joace bine, echipa nu are nici o şansă să câştige. Atunci când o echipă are o bancă de rezervă slabă, liderul are câteva opţiuni, încă deseori acestea nu sunt foarte bune. Dar când o echipă are o bancă de rezervă extraordinară, opţiunile sunt aproape nesfârşite.

Din acest motiv cineva precum Bobby Bowden, antrenor la F.S.U, a putut să înfrângă echipa Georgia Tec. Dacă unul dintre jucători se rănea, avea cu cine să îl înlocuiască. Dacă adversarul său schimba jucătorii din apărare, el avea atacanţi în rezervă pentru a face faţă acestei provocări. Indiferent de situaţia în care se afla, având o bancă de rezervă puternică, avea şi opţiuni care dădeau echipei şansa de a câştiga.

6. De obicei banca de rezervă este solicitată în momente critice pentru echipă

Atunci când o armată se află în pericol, ce face? Cheamă rezervele. Astfel se procedează în fiecare zonă a vieţii. Nu ai nevoie de banca de rezervă atunci când lucrurile merg bine, ai nevoie de ea atunci când lucrurile merg prost. Atunci când jucătorul din teren se răneşte, iar soarta meciului este pusă în pericol, se introduce un înlocuitor. Eficienţa acestei persoane este cea care determină deseori succesul echipei.

Dacă echipa dvs. trece prin momente foarte grele, ştiţi care este importanţa unei bănci de rezervă performante. Dacă treceţi printr-o perioadă foarte uşoară, atunci este timpul să vă îmbunătăţiţi jucătorii din banca de rezervă. Construiţi banca de rezervă astăzi pentru perioadele de criză cu care vă veţi confrunta mâine.

ACŢIUNILE DE ASTĂZI CONSTRUIESC ECHIPA DE MÂINE

Pe măsură ce vă gândiţi la jucătorii din teren şi la cei de pe banca de rezervă, veţi recunoaşte că viitorul echipei dvs. poate fi prezis de trei lucruri:

1. Recrutarea: Cine va face parte din echipă?

Adlai E. Stevenson a oferit următorul sfat: „Există doar trei reguli ale unei administraţii solide: Alegeţi oamenii buni, spuneţi-le să nu aleagă drumul cel mai scurt şi mai confortabil, şi oferiţi-le sprijinul maxim; însă alegerea oamenilor buni este aspectul cel mai important". Nu puteţi construi o echipă câştigătoare fără jucători buni.

Atunci când este vorba de recrutare, există două situaţii: găsiţi jucătorul potrivit pentru un anumit post, sau găsiţi postul pentru jucător. În prima situaţie, aveţi un post liber, şi căutaţi persoana potrivită pentru a-l ocupa. Acesta este modul tipic de recrutare. Însă câteodată, chiar dacă nu aveţi un post liber, găsiţi un jucător potenţial care este atât de bun, încât nu puteţi lăsa să vă scape ocazia de a-l aduce în echipa dvs.

M-am aflat într-o astfel de situaţie anul trecut. Când am descoperit că John Hull ar putea fi interesat să lucreze pentru trustul INJOY, nu aveam un post special pentru el. Însă este un jucător cu un impact atât de mare, încât l-am adus „la bord". Iar în câteva luni a devenit preşedinte al EQUIP, organizaţia mea non-profit, atunci când preşedintele iniţial al acesteia, Ron McManus, a dorit să preia conducerea altui departament. Dacă nu i-aş fi cerut lui John să ni se alăture atunci, echipa ar fi pierdut un lider nemaipomenit.

2. Instruirea: Vă ocupaţi de perfecţionarea echipei?

Nu puteţi rezolva problemele de mâine cu soluţiile de astăzi. Dacă doriţi ca echipa să reuşească pe măsură ce se confruntă cu noi provocări, trebuie să o pregătiţi. Ceea ce înseamnă să-i ajutaţi

> *Nu puteţi rezolva problemele de mâine cu soluţiile de astăzi.*

pe jucătorii din teren să-şi dezvolte la maximum potenţialul şi să-i instruiţi pe cei de pe banca de rezervă să devină jucători de teren atunci când va fi momentul.

Dacă aveţi o responsabilitate de conducere pentru echipa dvs., atunci luaţi iniţiativa pentru a vă asigura că fiecare membru al echipei se dezvoltă şi se perfecţionează.

3. Pierderi: Cine părăseşte echipa?

Singurul loc care nu pierde oameni este cimitirul! Pierderea membrilor echipei este absolut inevitabilă. Însă vestea bună este că puteţi alege membrii pe care îi pierdeţi. Dacă păstraţi oamenii neproductivi, cei productivi vor deveni frustraţi şi părăsesc echipa. Dacă îi îndepărtaţi pe cei care nu adaugă valoare echipei, atunci întreaga echipă devine mai bună. Este ca şi cum aţi curăţa un copac: dacă nu tăiaţi ramurile uscate, în final întregul copac va cădea. Însă dacă îndepărtaţi lemnele uscate, copacul devine mai sănătos, ramurile sănătoase produc mai mult, şi există loc şi pentru ramuri noi.

Cel mai bun mod de a descrie modul de dezvoltare şi perfecţionare al echipei şi al băncii de rezervă este ceea ce eu numesc principiul uşii turnante. Iată cum funcţionează: O echipă va avea întotdeauna câştiguri şi pierderi. Oamenii pătrund în permanenţă într-o organizaţie în timp ce alţii o părăsesc. Cheia succesului viitor este câştigarea unei persoane mai eficiente corespunzătoare fiecărei pierderi.

Să presupunem de exemplu că estimaţi eficienţa fiecărei persoane pe o scară de la 1 la 10, 10 fiind nivelul maxim. Pe măsură ce uşa turnantă se învârte, dacă echipa pierde persoane cotate cu 4, însă câştigă persoane cotate cu 8, viitorul pare luminos. Dacă pierdeţi persoane cotate cu 8 şi câştigaţi persoane cotate cu 4, viitorul este sumbru. Iar dacă pierdeţi persoane cotate cu 4 şi câştigaţi alte persoane cotate tot cu 4, vă epuizaţi echipa cu foarte multe activităţi, dar nu realizaţi nici un progres.

FAZELE UNEI ORGANIZAŢII ŞI UŞA TURNANTĂ

Orice echipă care evită stagnarea încercând să se perfecţioneze va suferi schimbări, iar pe măsură ce uşa turnantă se învârte, diferite tipuri de oameni vor veni şi vor pleca în diferite faze. De exemplu, atunci când o organizaţie este nouă şi se află de-abia la început de drum, face recrutări masive. Nu are pe cine să piardă şi este fericită să câştige pe oricine. Vestea bună este că pe măsură ce oamenii vin la bord, se formează o echipă. Vestea proastă este că oamenii pe care îi câştigă echipa nu sunt întotdeauna buni.

Atunci când o echipă cere angajamentul tuturor, unii membri părăsesc echipa. Însă acesta e un lucru bun. Angajamentul îi îndepărtează pe cei care nu sunt capabili să ia angajamente, însă îi face pe cei care rămân să fie capabili de un angajament şi mai puternic.

De îndată ce echipa are un personal angajat şi începe să se dezvolte, câştigă din nou oameni. Cei care se alătură echipei sunt deseori atraşi de ea din cauza nivelului de angajament pe care îl văd la jucătorii existenţi. Acest lucru contribuie la construirea abilităţii echipei şi o conduce către succes.

Totuşi, de îndată ce o echipă are succes, unii membri s-ar putea să-şi dorească să părăsească echipa pentru a încerca să găsească un succes şi mai mare pe cont propriu. Acesta este un moment critic pentru o echipă. Dacă le puteţi oferi oamenilor provocări extrem de interesante şi puteţi împărţi cu ei atât responsabilităţile cât şi recompensele, s-ar putea să-i convingeţi să rămână. (Dacă nu puteţi, probabil că va trebui să vă bazaţi pe jucătorii de rezervă, şi atunci vă veţi da seama ce fel de bancă de rezervă aţi construit!)

Dacă puteţi să vă dezvoltaţi şi să vă perfecţionaţi echipa chiar şi atunci când vă aflaţi în plin succes şi puteţi repeta acest proces construind în permanenţă banca de rezervă, veţi construi o echipă durabilă. Este ceea ce au făcut organizaţii precum General Electric, Disney şi Home Depot. Dezvoltarea susţinută şi succesul acestor companii continuă să atragă oameni.

Tipul echipei	Câştig sau pierdere	Natura pierderii sau câştigului
Echipă nouă	Mai multe câştiguri decât pierderi	Câştigurile nu sunt întotdeauna pozitive
Echipă angajată	Mai multe pierderi decât câştiguri	Pierderile sunt pozitive
Echipă în continuă dezvoltare	Mai multe câştiguri decât pierderi	Câştigurile sunt pozitive
Echipă de succes	Mai multe pierderi decât câştiguri	Pierderile nu sunt pozitive
Echipă durabilă	Mai multe câştiguri decât pierderi	Câştigurile sunt pozitive

CINE ESTE CEA MAI VALOROASĂ PERSOANĂ A DVS.?

Cheia unei aplicări cât mai corecte şi profitabile a Legii Băncii de Rezervă este perfecţionarea continuă a echipei. Pe măsură ce aduceţi jucători mai buni, perfecţionaţi-vă şi jucătorii de teren. Apoi construiţi-vă banca de rezervă. Faceţi acest lucru pe o perioadă destul de lungă şi veţi construi o echipă extraordinară deoarece *echipele extraordinare au rezerve extraordinare*. Aceasta este Legea Băncii de Rezervă.

Construirea unei echipe extraordinare este un proces care necesită un volum imens de muncă, şi cu cât organizaţia devine mai mare, cu atât sarcina devine mai dificilă. Îmi dau perfect seama de acest lucru deoarece în ultimii trei ani şi jumătate, trustul INJOY s-a dezvoltat de la cincizeci de oameni la peste două sute! Atunci când experimentaţi acest tip de creştere explozivă, persoana dvs. însărcinată cu probleme de resurse umane ar putea fi cea mai valoroasă persoană a dvs.

> *Cheia unei aplicări cât mai corecte şi profitabile a Legii Băncii de Rezervă este perfecţionarea continuă a echipei.*

Să vă vorbesc despre persoana din cadrul companiei mele care este responsabilă de rotirea uşii turnante în cea mai mare măsură. Numele ei este Stacy Buchanan. Acum doi ani şi jumătate, o cunoştinţă de-a ei care era fotoreporter a direcţionat-o către trustul INJOY. În acel moment, căutam un contabil cu experienţă, iar Stacy avea o pregătire temeinică în domeniul contabilităţii parcurgând deja etapele de bază pentru a deveni contabil autorizat. Timp de şase ani lucrase la o organizaţie internaţională non-profit şi a petrecut mai mulţi ani la catedră.

MIŞCARE CURAJOASĂ

Stacy credea din tot sufletul că aparţine Trustului INJOY şi îşi dorea cu adevărat să lucreze cu noi. Prin urmare a venit şi s-a prezentat la un interviu. Ultimul lucru din lume pe care dorea să îl facă era să se întoarcă la contabilitate. Christine Johnson, angajată de mult timp a Trustului INJOY care lucra ca director de resurse umane în acea vreme, a intervievat-o pe Stacy. Christine spunea că Stacy este o „comoară" şi nu vroia să o scape. Prin urmare a prezentat-o Directorului de exploatare, Dick Peterson. După ce au discutat, putea afirma şi el că Stacy este într-adevăr o pradă preţioasă. În cele din urmă a întrebat-o: „Ce doriţi să faceţi?" Stacy şi-a făcut curaj şi a răspuns: „Sinceră să fiu, munca lui Christine: recrutare de personal."

Pentru Christine a fost o adevărată încântare să audă acest lucru. Recruta cu profesionalism noi angajaţi, însă nu-i plăcea atât de mult această meserie care nu îi punea în valoare punctele forte. Ea şi Dick erau fericiţi să creeze un post pentru Stacy ca responsabil de recrutarea personalului, permiţându-i astfel lui Christine să se concentreze pe administraţie şi management. În următoarele treizeci de luni, Stacy a angajat aproape două sute de oameni pentru companie – atât jucători de teren cât şi jucători pentru banca de rezervă. Şi face o treabă extraordinară.

„Ştiu că ceea ce urmează să vă spun sună ca discursul unui pastor", spune Stacy, „însă ţin neapărat să vă prezint cei şase P care vă vor da o idee asupra modului în care plasez oamenii în cadrul companiei." Analizez următoarele zone:

1. *Personalitatea*: Folosesc testul DISC, un instrument de diagnosticare care arată dacă personalitatea cuiva are tendinţe către direcţionare, influenţă, suport sau reflexie.
2. *Pasiunea*: descopăr ce îi motivează – rezultate, relaţii, bani, recunoaştere, afirmare, impact sau siguranţă.
3. *Prototipul*: Caut prototipuri în succesele şi eşecurile lor. Îmi imaginez dacă lucrează mai bine singuri sau în echipă.
4. *Potenţialul*: Încerc să văd ce pot realiza dacă li se oferă direcţia bună, motivare, consiliere şi conducere. Evaluez în special dacă au tendinţa de a menţine o situaţie sau de a crea una nouă.
5. *Profilul*: Evaluez dacă se integrează în cultura noastră şi dacă sunt într-adevăr „material" INJOY.
6. *Plasarea*: În cele din urmă încerc să văd unde se integrează – ce echipă va avea de câştigat în urma colaborării cu ei, dar în acelaşi timp le va adăuga şi valoare.

Stacy a reuşit într-un mod minunat să ne construiască echipa prin recrutare. Iar acum şi-a extins rolul în domeniul instruirii. A jucat un rol cheie în înfiinţarea celor nouă grupuri de consiliere din cadrul trustului INJOY. Stacy rezună munca ei astfel: „Dorinţa mea este să-i văd pe oameni interpretând muzica dinlăuntrul sufletului lor."

Dacă doriţi ca echipa dvs. să devină cât mai bună, atunci va trebui să vă concentraţi asupra oamenilor pe care îi câştigaţi, asupra celor pe care îi pierdeţi şi asupra celor pe care îi perfecţionaţi. Acesta este singurul mod de a construi o echipă extraordinară. Faceţi în aşa fel încât să fie solidă la fiecare nivel. Şi nu pierdeţi din vedere Legea Băncii de Rezervă. Nu uitaţi niciodată că *echipele extraordinare au rezerve extraordinare.*

CUGETARE CU PRIVIRE LA MUNCA ÎN ECHIPĂ

Jucătorii mai buni te fac să fii tu însuţi un jucător mai bun.

CUM SĂ DEVENIŢI UN MEMBRU MAI BUN AL UNEI ECHIPE

Cum v-aţi autodefini: jucător de rezervă sau jucător de teren? Dacă vă aflaţi pe banca de rezervă, atunci sarcina dvs. constă în două lucruri: să îi ajutaţi pe jucătorii din teren să fie cât mai performanţi şi să vă pregătiţi să deveniţi un jucător de teren în viitor. Puteţi face acest lucru cultivând o atitudine deschisă către muncă şi instruire, şi făcând tot ce vă stă în putinţă pentru a învăţa şi a vă perfecţiona.

Dacă sunteţi un jucător de teren, ar trebui să fiţi cât mai competent de dragul echipei, şi ar trebui să faceţi onoare celor de pe banca de rezervă. Puteţi face acest lucru recunoscând valoarea contribuţiei lor şi ajutându-i să se pregătească pentru a juca pe teren într-o zi. Dacă nu sunteţi deja implicat în instruirea unui coleg de echipă de pe banca de rezervă, începeţi imediat să faceţi acest lucru.

CUM SĂ DEVENIŢI UN LIDER DE ECHIPĂ MAI BUN

Dacă vă aflaţi la conducerea echipei dvs., aveţi responsabilitatea de a face ca uşa turnantă să se învârtă în aşa fel încât jucătorii care intră în echipă să fie mai buni decât cei care pleacă. Puteţi face acest lucru preţuind într-o măsură foarte mare oamenii buni care se află deja în echipa dvs.

Fiecare echipă are trei grupuri de jucători. În acest capitol am descris *jucătorii de teren*, care adaugă în mod direct valoare organizaţiei sau influenţează direct cursul acesteia, precum şi *jucătorii de rezervă* care adaugă indirect valoare organizaţiei, sau care susţin jucătorii de teren. Cel de-al treilea grup este un grup central din cadrul grupului format din jucătorii de teren pe care îl numesc *membrii cercului intern*. Fără aceşti oameni echipa s-ar dezmembra. Sarcina dvs. este să vă asiguraţi că fiecare grup se perfecţionează în permanenţă în aşa fel încât jucătorii de pe banca de rezervă să fie capabili să treacă la un nivel superior devenind jucători de teren, iar jucătorii de teren să fie capabili să devină membri ai cercului intern.

Dacă nu sunteţi sigur care sunt membrii cercului intern din echipa dvs., încercaţi următorul exerciţiu: notaţi numele celor din echipa dvs. care sunt jucători din teren. Acum determinaţi care sunt oamenii de care vă puteţi lipsi cu uşurinţă. Unul câte unul, verificaţi numele oamenilor care ar afecta cel mai puţin echipa în cazul în care ar pleca. La un moment dat veţi avea un grup restrâns de oameni fără de care echipa nu ar supravieţui. Acesta este cercul dvs. intern (puteţi clasifica oamenii care rămân în ordinea importanţei).

Un exerciţiu foarte bun este să vă amintiţi în permanenţă valoarea oamenilor din echipă. Iar apropo, dacă modul în care îi trataţi pe aceşti oameni nu corespunde valorii lor, vă confruntaţi cu riscul de a-i pierde şi de a îndrepta uşa turnantă împotriva dvs.

NOTE

[a] (n.t.) situaţie în care aruncătorul nu-i lasă pe cei din echipa adversă să facă un base-hit (tehnică prin care trăgătorul loveşte mingea şi ajunge la bază fără să beneficieze de vreo eroare făcută de un jucător din echipa adversă).

13

LEGEA IDENTITĂŢII

Valorile împărtăşite definesc echipa

Cel puţin o zi pe an, încerc să reunesc întreg personalul organizaţiei mele. La începutul existenţei trustului INJOY, acest lucru era foarte simplu. În 1985, când am înfiinţat compania, Dick Peterson, care este acum directorul de exploatare al companiei, şi cu mine, aveam amândoi o întrevedere scurtă cu soacra sa, Erma (singura noastră angajată) şi patru sau cinci voluntari care ne ajutau (doi dintre aceştia erau soţiile noastre). Chiar şi zece ani mai târziu eram destul de restrânşi. Întreaga companie se întrunea în jurul unei mese de conferinţă.

Astăzi însă lucrurile stau diferit. Acum trebuie să închiriem o sală pentru a asigura suficient spaţiu pentru toţi angajaţii, însă facem tot posibilul să ne reunim. De fapt, este mai important pentru noi să facem acest lucru acum decât era în trecut. Datorită dimensiunii noastre şi diversităţii activităţilor, oamenii din echipă au tendinţa de a se izola unul de celălalt. Iar pentru liderii din cadrul organizaţiei este din ce în ce mai greu să întreţină o legătură personală cu fiecare angajat.

DEFINIREA ECHIPEI

Probabil că aţi asistat şi dvs. la izolarea care însoţeşte deseori dezvoltarea rapidă dintr-o organizaţie. Având puţin peste două sute de angajaţi, compania noastră nu este una mare, însă este suficient de mare pentru a se confrunta cu aspecte din ce în ce mai dureroase în acest sens. Dacă odinioară echipa era definită aproape exclusiv prin prisma relaţiilor, acum este nevoie de mai mult pentru a o menţine laolaltă. Aici intervine Legea Identităţii: *Valorile împărtăşite definesc echipa.* Chiar dacă unii membri ai echipei nu împărtăşesc experienţe comune sau nu au o relaţie personală unul cu celălalt, între ei poate exista o coeziune care defineşte dimensiunea echipei. Este nevoie doar de o viziune comună (Legea Busolei) şi de valori împărtăşite. Dacă toată lumea îmbrăţişează anumite valori, între membrii echipei se poate crea o legătură: atât unii cu alţii cât şi cu întreaga echipă.

> *Aşa cum valorile personale influenţează şi direcţionează comportamentul unui individ, valorile organizaţionale influenţează şi direcţionează comportamentul echipei.*

Am văzut cu toţii echipe care au un scop comun, dar cărora le lipsesc valorile comune. Toţi membrii echipei au idei diferite despre ceea ce este important. Rezultatul este haosul. În cele din urmă echipa se dezmembrează dacă toată lumea încearcă să facă lucrurile în felul său. Din acest motiv membrii echipei trebuie să se afle pe aceeaşi lungime de undă. Aşa cum valorile personale influenţează şi direcţionează comportamentul unui individ, valorile organizaţionale influenţează şi direcţionează comportamentul echipei.

VALOAREA VALORILOR

Valorile pot ajuta o echipă să devină mai unită şi mai eficientă. Valorile împărtăşite sunt asemenea...

Lipiciului

Când echipa se confruntă cu momente dificile – iar fiecare echipă se confruntă cu astfel de momente – valorile îi unesc pe oameni. Să ne uităm la o căsătorie, de exemplu. Este uşor pentru un cuplu să rămână împreună când simt văpaia dragostei şi când totul merge ca pe roate. Însă în cele din urmă pasiunea care i-a unit se risipeşte. Şi urmează adversitatea. Ce îi ţine totuşi pe oamenii căsătoriţi împreună? Valorile lor. Valorile lor sunt mai importante decât sentimentele. Îşi preţuiesc căsătoria atât de mult încât sunt dispuşi să lupte *pentru* relaţia lor. Dacă doi oameni nu au această mentalitate atunci când se căsătoresc, atunci şansele lor de a rămâne împreună sunt foarte slabe.

Acelaşi lucru este valabil pentru orice altă echipă. Dacă jucătorii nu ştiu care sunt valorile lor – şi nu le iau în calcul – şansele lor de a munci ca un întreg şi de a-şi atinge potenţialul sunt foarte mici.

Unei temelii

Toate echipele au nevoie de stabilitate pentru a funcţiona bine şi pentru a se dezvolta. Valorile asigură o temelie solidă care face aceste lucruri posibile. Este un adevăr valabil pentru dezvoltarea oricărui tip de relaţie. De exemplu, dacă încercaţi să construiţi o relaţie cu cineva din altă cultură, începeţi prin a căuta lucrurile pe care le aveţi în comun. Dacă încercaţi să faceţi vânzări unui client nou, căutaţi teren comun. Acelaşi lucru este valabil şi atunci când este vorba despre construirea echipelor. Echipele trebuie construite pe ceva, iar valorile constituie cea mai solidă temelie.

Unui conducător

> *Valorile contribuie la stabilirea standardului pentru randamentul unei echipe.*

Valorile contribuie la stabilirea standardului pentru randamentul unei echipe. În lumea corporaţiilor, valorile sunt deseori exprimate printr-o declaraţie de misiune sau un set de instrucţiuni pentru realizarea unei afaceri. Însă valorile pretinse ale unei companii nu se potrivesc întotdeauna cu valorile sale reale.

Expertul în management Ken Blanchard consideră: „Foarte multe companii pretind că au un set de valori esenţiale, însă se referă doar la o listă de concepte generice cu care oricine ar fi de acord, de tipul menţinerea integrităţii, obţinerea unui profit şi satisfacerea clienţilor. Aceste valori au un înţeles doar atunci când sunt definite în continuare în funcţie de modul în care oamenii se poartă şi în care sunt ierarhizaţi pentru a scoate în evidenţă ceea ce este cu adevărat prioritar". Iar valorile funcţionează ca instrument de măsurare a aşteptărilor şi randamentului atunci când sunt cu adevărat îmbrăţişate.

Unei busole

Vă amintiţi serialul de televiziune *Dallas* din anii 1980? Personajul principal era J.R.Ewing, un celebru om de afaceri lipsit de scrupule. Codul său de viaţă poate fi rezumat prin ceea ce a spus chiar el într-un episod al serialului: „O dată ce renunţi la etică, totul este floare la ureche." Pentru o persoană fără valori, totul este posibil.

Cred că în epoca noastră oamenii sunt în căutarea unor standarde după care să trăiască. Atunci când indivizii îmbrăţişează valori puternice, posedă o busolă morală care îi ajută să ia decizii. Acelaşi lucru este valabil şi pentru oamenii dintr-o organizaţie. Atunci când echipa identifică şi îmbrăţişează un set de valori, într-o lună, un an sau un deceniu, indiferent de numărul împrejurărilor care se schimbă sau de provocările care apar, oamenii din echipă ştiu că se îndreaptă în direcţia potrivită şi iau decizii bune.

Unui magnet

Valorile unei echipe atrag oameni cărora le place ca echipa să aibă valori. Gândiţi-vă la unele echipe pe care le-am examinat în capitolele anterioare. Ce tipuri de oameni sunt atraşi către Habitatul pentru Umanitate? Oamenii care doresc să vadă că au fost eliminate locuinţele improprii. Ce fel de oameni sunt atraşi către o companie precum Enron? Oameni care apreciază inovaţia şi flexibilitatea organizaţională.

În *Cele 21 de legi supreme ale liderului,* Legea Magnetismului afirmă că „Cine se aseamănă se adună". Această lege este adevărată atât pentru echipe cât şi pentru liderii lor. Oamenii atrag alţi oameni cu aceeaşi mentalitate.

Unei identităţi

Valorile definesc echipa şi oferă o identitate unică – membrilor echipei, potenţialilor nou-veniţi, clienţilor şi publicului. Ceea ce credeţi arată cine sunteţi.

VALORILE TRUSTULUI INJOY

Anul acesta, când am reunit toţi angajaţii Trustului INJOY în cadrul întâlnirii noastre anuale, am vrut să pun accentul pe valorile noastre. Cred că membrii echipelor le văd puse în aplicare în fiecare zi, însă am vrut să dau un limbaj comun valorilor pentru a-i ajuta să se ghideze după ele. Pentru a face acest lucru, am ţinut o prelegere despre aceste valori.

Aplicarea Legii Identităţii începe prin comunicarea valorilor echipei. O echipă nu poate împărtăşi valorile dacă întreaga echipă nu este familiarizată cu ele. Permiteţi-mi să vă familiarizez şi pe dvs. cu cele şase valori de bază pe care le-am împărtăşit cu echipa INJOY, pentru a înţelege la ce mă refer.

1. Dezvoltarea personală a fiecărui membru al echipei

Cred cu putere în potenţial. În fiecare zi muncesc pentru a-mi dezvolta propriul potenţial, şi încurajez pe fiecare membru din sfera mea de influenţă să facă acelaşi lucru. Cum muncesc oamenii pentru a-şi dezvolta potenţialul? Încep prin a face din dezvoltarea personală o prioritate.

Dezvoltarea personală a fost o temă majoră a vieţii mele. Când eram copil, tatăl meu obişnuia să mă plătească pe mine şi pe

> *O echipă nu poate împărtăşi valorile dacă întreaga echipă nu este familiarizată cu ele.*

fraţii mei pentru a citi cărţi care să ne ajute să ne perfecţionăm. Când am îmbătrânit, cititul cărţilor, ascultatul casetelor educaţionale, şi participarea la conferinţe au devenit lucruri obişnuite pentru mine. Mai târziu, când am căutat cheia dezvoltării organizaţionale, am descoperit un alt motiv pentru a promova dezvoltarea personală, dându-mi seama că pentru a dezvolta o organizaţie trebuie să dezvolţi oamenii din interiorul acesteia.

Pentru a promova dezvoltarea personală în organizaţie, încurajăm oamenii să devină membri ai unui grup de instruire. De asemenea îi trimitem la conferinţe şi la alte tipuri de perfecţionări. Le punem la dispoziţie cărţi, casete şi alte instrumente pentru dezvoltarea personală. Iar eu personal acord în fiecare lună un anumit timp pentru instruirea liderilor de vârf ai organizaţiei. Atunci când unul dintre noi descoperă că o anumită persoană ar avea un potenţial mai ridicat într-o altă poziţie sau alt departament al companiei, o încurajăm să exploreze noi posibilităţi şi să facă o schimbare. Nu puteţi sta în calea dezvoltării angajaţilor dvs. şi să speraţi să vă dezvoltaţi organizaţia.

2. Prioritatea de a adăuga valoare celorlalţi

Trustul INJOY există pentru a adăuga valoare oamenilor. Este principala noastră misiune. În primul rând, facem acest lucru cu oamenii din propria noastră organizaţie. Însă şi cu clienţii. Acesta este motivul pentru care ne dezvoltăm şi oferim consultanţă, training şi resurse organizaţiilor şi oamenilor din întreaga ţară şi din lume. Ziua în care nu vom mai putea adăuga valoare oamenilor va fi ziua în care ne închidem porţile.

3. Puterea parteneriatului

Unul din citatele mele preferate din Maica Tereza este: „Puteţi face ceea ce eu nu pot face. Eu pot face ceea ce tu nu poţi face.

> *„Puteţi face ceea ce eu nu pot face. Eu pot face ceea ce tu nu poţi face. Împreună putem face lucruri extraordinare.”*
>
> – MAICA TEREZA

Împreună putem face lucruri extraordinare”. Acesta este un mod foarte succint de a descrie parteneriatul.

Mi-au trebuit aproape patruzeci de ani să descopăr că nu pot face totul. (Dvs. aţi învăţat probabil acest lucru mai repede decât mine; dotat cu o energie debordantă, cu un coeficient de inteligenţă oarecum scăzut şi cu un optimism fără margini, am reuşit de ani de zile să scot la iveală ce este mai bun în mine!) Acum înţeleg puterea parteneriatului. De-a lungul anilor, organizaţia noastră a învăţat din ce în ce mai multe lucruri despre munca cu alţii. Acum parteneriatul este modul prin care alegem să ne îndeplinim misiunea. Lui Dave Sutherland, director general al trustului INJOY, îi place să amintească fiecărui angajat: „Parteneriatul începe în momentul în care un lider îşi dă seama că noi îi adăugăm lui valoare, şi se termină în momentul în care viziunea sa este îndeplinită.”

În ultimii ani, ne-am extins parteneriatul pentru a include alianţe strategice cu alte organizaţii. Aceste parteneriate au permis Trustului INJOY să instruiască mii de lideri din aproape doisprezece ţări şi să distribuie zeci de mii de cărţi în fiecare an în ţările în curs de dezvoltare.

Am compus un acronim care descrie ce înseamnă parteneriatul pentru mine. În calitate de partener al dvs., promitem să...

Punem nevoile dvs. pe primul plan, în orice situaţie.
Adăugăm valoare conducerii dvs. personale.
Recunoaştem că avem un scop comun.
Transformăm serviciile pe care le punem la dispoziţie, în aşa fel încât să satisfacă nevoile dvs.
Nu ne mulţumim doar cu încrederea care ne-a fost acordată.
Excelăm în tot ceea ce facem.
Respectăm unicitatea fiecăruia.

Ca indivizi şi ca organizaţie, putem fi parteneri buni dacă ne amintim în permanenţă fiecare element.

4. *Practica recunoaşterii şi a dezvoltării liderilor*

Totul oscilează în jurul conducerii. Din acest motiv mi-am dedicat ultimii douăzeci de ani ai vieţii predării ştiinţei conducerii. Din acest motiv am petrecut atât de mult timp încercând să descopăr şi să perfecţionez lideri. Singurul şi cel mai bun mod de a avea un impact asupra organizaţiei este concentrarea asupra dezvoltării conducerii. Potenţialul unei organizaţii care recrutează oameni buni nu are nici o limită, ridică aceşti oameni la nivelul de lideri şi îi dezvoltă în permanenţă.

> *Singurul şi cel mai bun mod de a avea un impact asupra organizaţiei este concentrarea asupra dezvoltării conducerii.*

5. *Gestiunea adecvată a organizaţiei*

Orice organizaţie care doreşte să continue să-şi îndeplinească misiunea trebuie să înveţe să fie un bun gestionar al resurselor sale. Există trei moduri principale pentru a face acest lucru în compania noastră: gestionarea capitalului astfel încât să fie cât mai bine valorificat, plasarea strategică a oamenilor în aşa fel încât să poată da şi primi cât mai mult posibil, şi dedicarea angajaţilor unor cauze nobile. Dacă puteţi face toate aceste lucruri, înseamnă că valorificaţi la maximum resursele de care dispuneţi.

6. *Scopul de a-l preamări pe Dumnezeu*

Trustul INJOY este o organizaţie din care fac parte în primul rând creştini, iar la începuturile noastre ajutam bisericile şi pastorii să îşi atingă potenţialul. Datorită acestei moşteniri şi convingerilor noastre puternice, credem că tot ceea ce facem ar trebui să îl preaslăvească pe Dumnezeu.

Fără îndoială valorile organizaţiei dvs. sunt diferite de ale noastre. Şi aşa trebuie să fie. Valorile dvs. ar trebui să reflecte oamenii din echipă şi liderul lor. Important este ca dvs. să parcurgeţi procesul de descoperire a valorilor şi să îmbrăţişaţi valorile echipei. De îndată ce faceţi acest lucru, veţi înţelege mai bine echipa, misiunea şi potenţialul său. Nu uitaţi niciodată că *valorile împărtăşite definesc echipa*. Aceasta este Legea Identităţii.

VALORILE ADAUGĂ VALOARE ECHIPEI DVS.

Dacă nu v-aţi gândit niciodată cu seriozitate la modul în care valorile echipei dvs. pot scoate la iveală identitatea acesteia şi îi pot creşte potenţialul, parcurgeţi următorul proces împreună cu echipa dvs.:

- *Formulaţi valorile.* Rezervaţi-vă puţin timp de gândire pentru acest lucru sau reuniţi membrii cheie ai echipei pentru a formula valorile echipei. Apoi notaţi-le.
- *Comparaţi valorile cu practicile.* Apoi priviţi echipa în acţiune. Dorinţa dvs. este să vă asiguraţi că valorile pe care le identificaţi se potrivesc cu cele conform cărora trăiţi. Alinierea valorilor pretinse cu comportamentul membrilor echipei duce la creşterea energiei şi eficienţei echipei. Însă dacă această aliniere nu există, echipa va avea de suferit.
- *Predaţi valorile.* După ce aţi stabilit valorile potrivite, va trebui să îi învăţaţi pe toţi membrii echipei care sunt aceste valori. Faceţi acest lucru în mod clar, cu creativitate şi în permanenţă.
- *Practicaţi valorile.* Valorile nu au valoare dacă nu le puneţi în practică. Dacă descoperiţi colegi de echipă ale căror acţiuni nu se potrivesc cu valorile echipei, ajutaţi-i să facă schimbările necesare pentru a se alinia cu restul echipei.
- *Instituţionalizaţi valorile.* Îmbinaţi valorile echipei cu felul de a fi al echipei. De exemplu, prietenul meu Bill Hybels, pastor executiv la Willow Creek Community Church identifică „comuniunea" ca una dintre valorile de bază ale

bisericii. Pentru a accentua această valoare, prima parte a fiecărei întruniri a conducerii – fie că este vorba de personal, de veteranii bisericii sau de consiliul administrativ – este consacrată construirii şi întreţinerii unor relaţii personale între membrii acelui grup.

- *Preţuiţi valorile în mod deschis.* Adevărul cel mai fundamental pe care l-am învăţat cu privire la management este că ceea ce primeşte o recompensă merită făcut. Dacă lăudaţi şi preţuiţi oamenii care reprezintă valorile echipei, acele valori vor fi îmbrăţişate şi susţinute de ceilalţi membri ai echipei. Nu există o cale mai bună de a consolida echipa.

Dacă sunteţi liderul echipei dvs., este extrem de important să conduceţi echipa de-a lungul acestui proces. Singuri, fără a beneficia de nici un ajutor pentru a îmbrăţişa valorile pe care le consideraţi fundamentale, membrii echipei vor crea o identitate la propria lor alegere. La bine şi la rău, valorile celor mai influenţi oameni din echipă vor deveni valorile echipei. Totuşi, prin parcurgerea fiecărei etape menţionate mai sus şi prin repetarea acestor etape în timp, veţi descoperi că încetul cu încetul cultura organizaţiei începe să se schimbe, iar oamenii vor îmbrăţişa o nouă identitate pe care dvs. îi veţi ajuta să o găsească. Iar după ce vor avea o identitate comună, vor munci împreună mai bine, chiar şi atunci când organizaţia se dezvoltă şi se schimbă.

Adevărul fundamental pe care l-am învăţat cu privire la management este că ceea ce primeşte o recompensă merită făcut.

NICĂIERI NU E CA ACASĂ

Când m-am mutat în Atlanta, am cunoscut o organizaţie care şi-a dezvoltat o identitate unică şi care cultivă un sentiment puternic al muncii în echipă în ciuda faptului că este o companie uriaşă. Această organizaţie este Home Depot.

Trebuie să recunosc că nu sunt un bărbat foarte priceput la reparaţii casnice. Care este antonimul lui îndemânatic? Neîndemânatic? Lipsit de aptitudini manuale? Oricare ar fi acest antonim, mă caracterizează foarte bine. Fiul meu, Joel Porter, este însă cu totul altfel. Nu a existat niciodată vreo unealtă care să nu-i placă, iar dacă ceva trebuia reparat, găsea repede o modalitate de a face acest lucru. Când avea treisprezece ani, l-am lăsat să-şi construiască un atelier într-o încăpere de lângă garaj. A adus o masă de tâmplărie, a instalat diverse dispozitive şi a cuplat camera la o sursă de energie electrică. Un prieten de-al nostru care fusese antreprenor în trecut spunea că energia cu care era alimentată încăperea aceea extrem de mică era suficientă pentru a lumina o casă întreagă!

După sosirea noastră în Altlanta, Joel şi-a găsit de lucru la Home Depot şi era extrem de fericit. În fiecare zi venea acasă şi ne povestea despre companie, despre ce a făcut în acea zi, şi despre valorile pe care le preţuia compania.

Intrigat, am făcut singur unele cercetări. Am descoperit că Home Depot a fost înfiinţată de Bernie Marcus şi Arthur Blank. Au deschis primul magazin în Atlanta în iunie 1979 după ce amândoi fuseseră concediaţi cu paisprezece luni înainte de la Handy Dan (n.t.: Dan cel îndemânatic), un lanţ de magazine cu produse pentru reparaţii casnice situat în vestul Statelor Unite. Marcus, care avea o experienţă considerabilă în comerţul cu amănuntul şi talent de lider, dorea de mulţi ani să înfiinţeze un lanţ naţional de magazine cu o gamă largă de produse pentru reparaţii casnice. Ideea lui era să ofere cea mai vastă gamă de produse la cele mai mici preţuri, acordând în acelaşi timp clienţilor cel mai bun service.

CONSTRUIREA COMPANIEI HOME DEPOT

Pentru a pune pe picioare compania, era necesar ca cei doi bărbaţi să muncească în continuare din greu, să îşi extindă afacerea încetul cu încetul, să deschidă mai multe magazine şi să atragă oameni de mâna întâi. Marcus spunea: „Suntem la fel de buni ca oamenii noştri – în special ca cei care muncesc în magazinele noastre în fiecare zi... De aceea considerăm că o cale sigură de a ne dezvolta compania este să ne afirmăm valorile în mod clar şi să le insuflăm asociaţilor noştri.[1]"

Liderii potriviţi cu valorile potrivite au atras oamenii potriviţi pentru a contribui la succesul imens al companiei. În 1979, au început cu patru magazine. În 1999, Home Depot avea 775 de magazine, 160.000 de angajaţi, şi un venit anual de 3,4 miliarde de dolari din vânzări[2].

Valorile sunt cele care stau la baza succesului companiei Home Depot. Marcus explica:

> De douăzeci de ani, un set de opt valori constituie piatra noastră de temelie. Deşi nu au fost trecute pe hârtie până în 1995, aceste valori – fundamentul modului nostru de administrare a companiei – ne-au permis să ne bucurăm de o extindere şi un succes exploziv în peisajul nord-american şi vor constitui vehiculul pentru atingerea obiectivelor ambiţioase pe piaţa internaţională.

- *Servirea excelentă a clienţilor.* Trebuie să facem tot ce este necesar pentru a construi fidelitatea clienţilor.
- *Grija purtată oamenilor noştri.* Cel mai important motiv care a stat la baza succesului companiei Home Depot.
- *Dezvoltarea unui spirit întreprinzător.* Ne gândim la structura noastră organizaţională ca la o piramidă răsturnată: magazinele şi clienţii se află în vârf, iar conducerea executivă se află la bază.
- *Respectarea tuturor oamenilor.* Oameni talentaţi şi buni sunt peste tot, deci nu ne putem permite să ignorăm orice sursă de astfel de oameni.
- *Construirea unor relaţii solide cu asociaţii, clienţii, vânzătorii.*
- *Realizarea lucrurilor corecte, nu doar realizarea corectă a lucrurilor.*
- *Recompensarea comunităţilor noastre ca parte integrantă a afacerilor.*
- *Recompensarea acţionarilor.* Cei care investesc în Home Depot îşi vor primi înapoi banii pe care ni i-au dat pentru a ne dezvolta afacerea.[3]

Aceste valori au făcut ca Home Depot să devină un loc minunat în care oamenilor le place să lucreze. De exemplu, din ziua în care HOME DEPOT şi-a deschis porţile, compania a oferit angajaţilor acţiuni şi nu prime. Acest mod de tratare a angajaţilor a făcut ca peste o mie de angajaţi să devină milionari!

Joel Porter şi-a părăsit postul de la Home Depot. Acum lucrează pentru trustul INJOY, într-un sector tehnic, ca directorul producţiei de studio. Însă va păstra întotdeauna în suflet compania Home Depot. De ce? Pentru că această companie are o identitate pe care o respectă. Are *valori împărtăşite, iar valorile definesc echipa*. Acesta este impactul pe care organizaţia l-a avut asupra lui, şi acesta este impactul pe care Legea Identităţii îl poate avea asupra dvs. şi asupra echipei dvs.

CUGETARE CU PRIVIRE LA MUNCA ÎN ECHIPĂ

Dacă valorile tale sunt aceleaşi cu cele ale echipei, devii mai valoros pentru echipă.

CUM SĂ DEVENIŢI UN MEMBRU MAI BUN AL UNEI ECHIPE

Dacă doriţi să adăugaţi valoare echipei dvs. şi să o ajutaţi să îşi atingă potenţialul, va trebui să adoptaţi valorile ei. Mai întâi, asiguraţi-vă că ştiţi care sunt aceste valori. Apoi, examinaţi valorile şi scopurile dvs. comparativ cu celelalte valori. Dacă sunteţi dispus din toată inima să acceptaţi valorile echipei, angajaţi-vă să vă aliniaţi cu acestea. Dacă nu puteţi să faceţi acest lucru, lipsa alinierii va fi o sursă constantă de frustrări pentru dvs. şi colegii dvs. de echipă. Şi s-ar putea să vă gândiţi să găsiţi o echipă diferită.

CUM SĂ DEVENIŢI UN LIDER DE ECHIPĂ MAI BUN

Ca lider al unei organizaţii, aveţi responsabilităţi în ceea ce priveşte valorile echipei. Vă recomand să parcurgeţi următoarele etape:

- Cunoaşteţi valorile pe care echipa ar trebui să le îmbrăţişeze
- Trăiţi conform acestor valori
- Comunicaţi echipei care sunt valorile.
- Acceptaţi aceste valori, aliniindu-vă comportamentul cu cel al colegilor de echipă.

Şi nu uitaţi, acest proces ia destul de mult timp. Cu cât sunteţi un lider mai bun, cu atât mai repede vă vor accepta membrii echipei. Şi cu cât vă vor accepta mai repede, cu atât mai repede vor accepta şi valorile pe care le comunicaţi. (Pentru a studia acest concept al conducerii mai în profunzime, citiţi Legea Acceptării din *Cele 21 de legi supreme ale liderului.*)

14

LEGEA COMUNICĂRII

Interacţiunea alimentează acţiunea

Atunci când Gordon Bethune a preluat Continental Airlines în 1994, compania se afla într-un haos total. În ultimii zece ani, conducerea fusese schimbată de 10 ori. De două ori a fost pe punctul de a da faliment. Valoarea acţiunilor era de 3,25 de dolari pe acţiune. De zece ani nu mai înregistrase nici un profit. Clienţii fugeau de serviciile companiei aeriene, iar cei care încă mai apelau la ele erau rareori mulţumiţi, deoarece, conform lui Bethune, „avioanele companiei decolau şi aterizau când aveau chef", fără a avea nici un fel de program de zbor. Însă cei care călătoresc în interes de afaceri sau cu scop turistic nu se aşteaptă la aşa ceva din partea unei companii aeriene!

TIMPURI DIFICILE PENTRU ECHIPĂ

În cartea sa, *From Worst to First,* Bethune a descris situaţia companiei Continental atunci când a sosit el:

În anii premergători lui 1994, Continental era pur şi simplu ultima dintre primele 10 linii aeriene naţionale... De exemplu, DOT (Departamentul de Transport) măsoară aceste 10 companii aeriene din punct de vedere al procentului de întârzieri... *Continental avea de departe cele mai multe întârzieri...* Măsoară numărul mediei de bagaje pierdute la 1.000 de călători. *Continental stătea cel mai prost la acest capitol.* Măsoară numărul de plângeri pe care le primeşte compania de la 1.000.000 de călători pe fiecare linie aeriană. Continental se afla din nou pe ultimul loc. Şi nu doar pe ultimul loc – în 1994, *numărul plângerilor primite de Continental a fost de trei ori mai mare decât media de plângeri primite de toate celelalte companii aeriene* şi cu 30% mai mare decât compania cotată ca fiind a noua, altfel spus a doua în ceea ce priveşte serviciile de proastă calitate. Aveam un adevărat „avans" pe ultimul loc la acea categorie. Nu eram doar cea mai proastă companie aeriană. Atingeam un record la cea mai slabă calitate a serviciilor aeriene.[1]

Când o companie se află într-o stare atât de jalnică, angajaţii sunt fără îndoială afectaţi. Moralul celor de la Continental era la pământ. Nu exista cooperare. Comunicarea era mai slabă ca niciodată. Angajaţii fuseseră minţiţi atât de des şi atât de direct, încât nu mai credeau nimic din ce li se spunea. După spusele lui Bethune, învăţaseră o strategie de supravieţuire: Să rămână pe linia de plutire. „Iată ce am găsit în 1994, când am ajuns aici", comenta Bethune, „o companie cu produse de slabă calitate, cu angajaţi nervoşi, cu salarii mici şi cu o istorie de management ineficient, şi, după cum am aflat nu peste mult timp, cu un început de faliment, o treime din valoarea companiei, ceea ce probabil ne-ar fi omorât".[2]

ÎNCERCAREA DE A ÎNTOARCE ECHIPA ÎN DIRECŢIA OPUSĂ

Scopul lui Bethune era să salveze compania Continental, dar ştia că pentru a face acest lucru, trebuia să schimbe cultura acesteia. Ştia că elementul cheie ar putea fi comunicarea. Dacă putea câştiga lupta comunicării, credea că ar putea să-i facă pe angajaţi să colaboreze din nou pentru binele echipei, al clienţilor, al tuturor factorilor implicaţi.

Primul pas a fost să deschidă birourile personalului de conducere şi să permită accesul întregii echipei. Când a început să lucreze pentru Continental, etajul al doisprezecelea ocupat de conducerea de vârf din Houston era ca o fortăreaţă. Uşile erau încuiate, zona era supravegheată de o mulţime de camere de luat vederi, şi nimeni nu putea pătrunde în zonă fără o legitimaţie de acces. Nu era tocmai un loc atrăgător. Bethune practic a deschis uşile şi a permis accesul tuturor angajaţilor pentru a distruge factorul de intimidare existent între lideri şi restul echipei.

Următorul lucru pe care l-a făcut a fost să elimine vechea birocraţie care se dezvoltase de-a lungul anilor. La Continental, regulile şi manualele luaseră locul comunicării şi folosirii raţiunii. Principalul simptom al acestei mentalităţi era cartea de reguli pentru angajaţi, cu o grosime de 20 de cm., care devenise cunoscută precum cartea despre „Ceea ce nu trebuie să faci". Conţinea atât de multe detalii, încât impunea chiar culoarea creionului cu care un agent trebuia să completeze o legitimaţie de călătorie. Într-un gest semnificativ, directorul general Bethune, împreună cu preşedintele companiei Greg Brenneman au adunat angajaţii în parcare, au aruncat manualul într-un coş de gunoi, l-au stropit cu benzină şi i-au dat foc![3] Mesajul era clar! Totul la Continental urma să se schimbe.

CULTURA COMUNICĂRII

Continental nu s-a schimbat peste noapte. De fapt, când Bethune şi Brenneman au expus „Planul pentru a merge înainte", angajaţii erau sceptici. Însă liderii au continuat să se întâlnească cu oamenii, le-au cerut să fie sinceri faţă de ei şi nu şi-au pierdut răbdarea. Dacă aveau veşti bune, le comunicau oamenilor. Dacă aveau veşti proaste, le comunicau de asemenea. În fiecare zonă în care lucrau angajaţii instalaseră panouri indicatoare care arătau două lucruri: (1) poziţia financiară a companiei în anul precedent conform estimărilor făcute de Departamentul de Transport; şi (2) informaţii la zi din interiorul companiei. Au creat un sistem de mesaje vocale pentru fiecare membru al echipei. De asemenea comunicarea în scris s-a dezvoltat prin editarea unui buletin informativ lunar adresat angajaţilor, numit *Continental Times and Continental Quarterly,* care era trimis fiecărui membru al companiei prin poştă. La fiecare automat de cafea şi băuturi răcoritoare au fost instalate afişaje tip LED prin cablu unde angajaţii puteau citi ultimele informaţii referitoare la companie. Au creat şi linii telefonice de urgenţă cu prefixul 800 pentru întrebări şi informaţii la care putea apela orice angajat, oriunde s-ar fi aflat acesta.

Politica de comunicare a lui Bethune era – şi este – foarte uşoară: „Împărtăşim orice fel de informaţie, cu excepţia cazului în care este periculos sau ilegal să facem acest lucru."

O companie care fusese caracterizată prin neîncredere şi lipsă de cooperare devenise locul în care comunicarea era prezentă pretutindeni. Politica de comunicare a lui Bethune era – şi este – foarte uşoară: „Împărtăşim orice fel de informaţie, cu excepţia cazului în care este periculos sau ilegal să facem acest lucru."[4] A fost un proces de durată, însă în cele din urmă compania a început să se întoarcă în direcţia potrivită. Angajaţii au început să aibă încredere în liderii lor. Au început să lucreze unii cu alţii şi să aibă încredere unii în alţii. Şi pentru prima dată după mai bine de un deceniu, angajaţii de la Continental lucrau ca o adevărată echipă.

Astăzi, serviciile puse la dispoziţie de Continental sunt printre cele mai bune din industria aviatică. Moralul angajaţilor este ridicat. Iar compania este profitabilă. În 1994, anul în care Bethune a preluat compania, aceasta a *pierdut* 204 de milioane de dolari. În 1995, a înregistrat un *profit* de 202 milioane de dolari. Anul următor această cifră s-a dublat. Începând cu luna aprilie 2001, Continental înregistrase 24 de trimestre consecutive de profit într-o industrie în care majoritatea concurenţilor se luptau să supravieţuiască. Acţiunile companiei au fost divizate în două, iar fiecare cotă-parte avea o valoare de zece ori mai mare decât în 1994.

CE ÎNSEAMNNĂ COMUNICARE ÎNTR-UN CUVÂNT?

Comunicarea nu a fost singurul motiv care a stat la baza succesului companiei Continental. Însă fără o comunicare bună, compania ar fi continuat să se îndrepte direct către al treilea faliment (şi cel din urmă). Pentru a face o schimbare pozitivă la o organizaţie este nevoie de comunicare. *Interacţiunea alimentează acţiunea.* Aceasta este puterea Legii Comunicării.

Echipele eficiente au membri care discută în permanenţă unul cu altul.

Numai printr-o comunicare bună o echipă poate să reuşească – indiferent dacă echipa este o familie, o companie, o parohie sau un club sportiv. Echipele eficiente au membri care discută în permanenţă unul cu altul. Comunicarea creşte angajamentul şi legătura dintre angajaţi; acestea la rândul lor alimentează acţiunea. Dacă doriţi ca echipa dvs. să *lucreze* la cel mai ridicat nivel, oamenii care formează echipa vor trebui să fie capabili să discute şi să se asculte unul pe altul.

PROBLEME DE COMUNICARE

Atunci când oamenii nu comunică în mod eficient, rezultatul poate fi deseori comic. Cu ani în urmă, am dat peste următorul exemplu care ilustrează ceea ce am vrut să spun. Exemplul constă într-o serie de note scrise, adunate dintr-un campus studenţesc.

Preşedintele către Vice-preşedinţii colegiului: Joia viitoare Cometa Halley va apărea deasupra acestei zone. Este un eveniment care are loc doar o dată la 75 de ani. Contactaţi şefii de departamente şi cereţi-le să îi adune pe profesori şi studenţi pe terenul de sport şi explicaţi-le fenomenul. Dacă plouă, anulaţi observaţia şi chemaţi clasele în sala de gimnastică pentru a vedea un film despre cometă.

Vice-preşedinţii colegiului către şefii de departament: Prin ordinul preşedintelui, joia viitoare cometa Halley va apărea deasupra terenului de sport. Dacă plouă, anulaţi orele de curs şi prezentaţi-vă în sala de gimnastică împreună cu profesorii şi studenţii unde vi se vor prezenta filme, un eveniment fenomenal care are loc o dată la 75 de ani.

Şeful de departament către profesori: Prin ordinul preşedintelui nostru fenomenal, joia viitoare cometa Halley va apărea în sala de gimnastică. În cazul în care plouă deasupra terenului de sport, Preşedintele va da un alt ordin, ceea ce se întâmplă o dată la 75 de ani.

Profesorul către studenţi: Joia viitoare preşedintele va apărea în sala de gimnastică cu Cometa Halley, ceea ce se întâmplă o dată la 75 de ani. Dacă plouă Preşedintele va anula cometa şi ne va cere să ieşim de pe fenomenalul teren de sport.

Studentul într-o scrisoare către părinţi: Când va ploua joia viitoare deasupra terenului de sport, fenomenalul nostru preşedinte în vârstă de 75 de ani va anula toate cursurile şi va apărea în faţa tuturor studenţilor şi profesorilor adunaţi în sala de gimnastică însoţit de Bill Haley şi Cometele.

Scott Adams, creatorul povestirii comice Dilbert, a descris extraordinar o organizaţie în care fiecare face tot ce îi stă în putinţă pentru a submina comunicarea. Şeful trimite un funcţionar să lucreze timp de un an la un proiect care a fost anulat, însă ulterior retrogradează acea persoană pentru că şi-a pierdut atât de mult timp lucrând la acel proiect. Membrii departamentului de marketing continuă să inventeze produse fără sens şi să le promoveze publicului; apoi le cer inginerilor să le producă conform unui orar imposibil. Angajaţii sunt cu atât mai nechibzuiţi cu cât se află mai sus în ierarhia unei organizaţii. Cei care gândesc sunt pedepsiţi, cei leneşi sunt răsplătiţi, iar fiecare decizie este arbitrară.

Povestirea de mai sus este hilară. Ceea ce e însă trist este că prea mulţi angajaţi din America se identifică cu ea.

Dacă v-aţi aflat vreodată într-o echipă ai cărei membri nu îi înştiinţează niciodată pe ceilalţi asupra a ceea ce se întâmplă, probabil că ştiţi cât de frustrantă poate deveni comunicarea defectuoasă. Echipa se împotmoleşte deoarece nimeni nu ştie care este programul adevărat. Sarcinile importante rămân neterminate deoarece unul din doi membri ai echipei consideră că celălalt se ocupă de ele – sau oamenii repetă ceea ce fac şi alţii. Departamentele din cadrul organizaţiei se află într-o continuă luptă deoarece fiecare consideră că este sabotat de celălalt.

În *Empowered Teams*, autorii Richard Wellins, William Byham şi Jeanne Wilson afirmă: „Comunicarea se referă la stilul şi dimensiunea interacţiunilor atât între membrii din interiorul echipei cât şi între aceşti membri şi cei din afara echipei. Se referă în acelaşi timp şi la modul în care membrii echipei gestionează conflictele, luarea deciziilor şi interacţiunile de zi cu zi."

O IMAGINE DIFERITĂ A COMUNICĂRII

Un excelent exemplu al complexităţii – şi importanţei – unei bune comunicări poate fi observat privind o echipă de fotbal profesionist în ultima jumătate de minut dinaintea meciului. Când se termină un meci, echipa atacantă are doar patruzeci de secunde pentru a se pregăti pentru următorul meci. În acest timp, mijlocaşul hotărăşte dacă echipa are suficient timp să se grupeze în jurul mingii. Dacă există suficient timp, cheamă membrii echipei şi o informează asupra strategiei. Dacă nu este suficient timp, transmite că va face acest lucru folosind un cod la linia de centru.

Pentru multe meciuri la nivel profesionist, echipa se aliniază într-o formaţie, iar apoi schimbă jucătorii între ei pentru a încerca să inducă în eroare apărarea. Dacă timpul este scurt, mijlocaşul va comunica jucătorilor că vor trebui să renunţe la paşii suplimentari şi să se alinieze în formaţia care va fi folosită pentru a conduce meciul.

Pe măsură ce cei unsprezece jucători din apărare se apropie de linie, fiecare face două lucruri: evaluează ce face apărarea şi este atent la colegii de echipă pentru a comunica mişcările. Înaintaşii care au rolul de a bloca sunt atenţi la tipurile de jucători pe care cealaltă echipă îi are în meci şi la locul în care aceştia sunt poziţionaţi. Centraşul care aruncă mingea către mijlocaş este de obicei responsabil de transmiterea planului de blocare colegilor săi de echipă.

Între timp, mijlocaşul evaluează apărarea. Dacă el consideră că strategia pe care a anunţat-o atunci când echipa s-a adunat în jurul mingii nu va rezista în faţa apărării, poate folosi câteva cuvinte pentru a anunţa un joc alternativ la linia de centru. Dacă apărarea este aliniată în aşa fel încât jocul original poate să funcţioneze, însă planul de blocare a fundaşilor din spatele lui poate să cadă, atunci schimbă sarcinile de blocare.

În acelaşi timp, mijlocaşul, fundaşii şi înaintaşii urmăresc apărarea pentru a vedea dacă cei care primesc mingea sunt pe cale să facă ceva neobişnuit, cum ar fi să trimită alţi jucători după mijlocaş pentru a-i pregăti un atac surpriză. Dacă atacanţii văd acest atac, înaintaşii şi fundaşii îşi schimbă strategia de joc, apelând la un plan B, şi speră că toată lumea din echipă va face acelaşi lucru.

Fotbalul este un sport extrem de complex. Observatorul obişnuit nici nu îşi imaginează ce comunicare intensă are loc înaintea fiecărui meci. Câteodată comunicarea este subtilă. Jucătorii apelează la coduri. Un jucător poate indica şi comunica foarte multe informaţii unui alt coleg de echipă. Iar câteodată un mijlocaş şi un înaintaş îşi transmit suficiente informaţii printr-o privire pentru a face posibil ca echipa să marcheze.

COMUNICAREA ÎN CADRUL ECHIPEI DVS.

Comunicarea din cadrul echipei dvs. s-ar putea să nu semene deloc cu ceea ce se întâmplă pe terenul de fotbal. Însă succesul echipei dvs. şi abilitatea membrilor echipei de a lucra împreună depind foarte mult de o comunicare bună. Permiteţi-mi să vă dau câteva sugestii care vor ajuta echipa dvs. să se perfecţioneze în această zonă. Fiecare echipă trebuie să înveţe cum să îşi dezvolte o comunicare bună în patru zone.

1. De la lider către colegii de echipă

John W. Gardner a observat: „Dacă ar trebui să numesc un singur instrument universal al conducerii, acesta ar fi comunicarea.” Probabil că sunteţi familiarizaţi cu cărţile mele despre ştiinţa conducerii; în acest caz ştiţi că totul oscilează în jurul conducerii. Ceea ce nu am menţionat până acum este că şi conducerea oscilează la rândul ei în jurul comunicării. Trebuie să fiţi capabili să comunicaţi pentru a-i conduce pe alţii în mod eficient.

> *„Dacă ar trebui să numesc un singur instrument universal al conducerii, acesta ar fi comunicarea.”*
>
> – JOHN W. GARDNER

Dacă vă aflaţi la conducerea echipei dvs., impuneţi-vă aceste norme pe care va trebui să le respectaţi pentru a comunica cu oamenii dvs.:

- ***Fiţi consecvent.*** Nimic nu este mai frustrant pentru membrii echipei decât să fie conduşi de lideri care nu reuşesc să se hotărască. Unul dintre lucrurile care au determinat succesul echipei conduse de Gordon Bethune a fost consecvenţa comunicării sale. Angajaţii săi ştiau că pot depinde întotdeauna de el şi de ceea ce spunea el.
- ***Fiţi clar.*** Echipa dvs. nu poate să lucreze dacă membrii săi nu ştiu ce doriţi dvs. Nu încercaţi să impresionaţi pe nimeni cu inteligenţa dvs.; impresionaţi oamenii prin modul dvs. direct de a comunica.
- ***Fiţi respectuos.*** Fiecare merită să i se arate respect, indiferent de poziţia pe care o ocupă şi de ceea ce a făcut în trecut. Fiind politicos cu oamenii dvs., impuneţi această manieră de comunicare întregii organizaţii.

Nu uitaţi niciodată că fiind lider, comunicarea dvs. dă tonul interacţiunii dintre oameni. Echipele sunt întotdeauna reflecţia liderilor lor. Şi nu uitaţi niciodată că o comunicare bună nu este niciodată unidirecţională. Nu trebuie să fie nici orientată de sus în jos, nici dictatorială. Cei mai buni lideri ascultă, invită, iar apoi încurajează participarea.

2. *De la colegi de echipă către lideri*

Liderii de echipă buni nu doresc niciodată persoane care spun întotdeauna da. Chiar şi magnatul autocratic al cinematografiei, Sam Goldwyn a remarcat: „Vreau ca oamenii mei să-şi exprime deschis părerea şi să fie sinceri chiar cu riscul de a fi concediaţi."

Am încurajat întotdeauna oamenii din echipă să vorbească deschis şi direct cu mine. Întrunirile noastre îmbracă deseori forma unor sesiuni de brainstorming în care cea mai bună idee câştigă. Deseori remarcile sau observaţiile unui membru al echipei ajută într-adevăr echipa. Câteodată avem opinii diferite. Şi este foarte bine deoarece între noi s-au format relaţii suficient de solide pentru a supravieţui conflictelor. Expunerea deschisă a tuturor problemelor îmbunătăţeşte potenţialul echipei. Nu vreau să aud niciodată un coleg de echipă spunând „Aş fi putut să-ţi spun că nu va funcţiona cum trebuie." Dacă ştiţi dinainte acest lucru, este timpul să îl spuneţi deschis.

În afara caracterului direct, cealaltă calitate de care trebuie să dea dovadă membrii echipei în comunicarea cu liderii este respectul. Nu este deloc uşor să conduci o echipă. Trebuie să munceşti din greu. Conducerea unei echipe presupune sacrificiu personal. Presupune luarea unor decizii dure şi câteodată nepopulare. Ar trebui să respectăm persoana care a fost de acord să preia acest rol şi să îi arătăm loialitate.

3. *Între membrii echipei*

Autorul Charlie Brower a remarcat: „Puţini oameni au succes dacă ceilalţi oameni nu doresc ca ei să aibă succes." Într-o echipă care doreşte să aibă succes, toţi membrii echipei trebuie să comunice pentru binele tuturor. Acest lucru înseamnă manifestarea următoarelor calităţi:

- ***Solidaritate.*** Fostul jucător în NBA Earvin „Magic" Johnson a rezumat solidaritatea parafrazându-l pe președintele John F. Kennedy: „Nu întrebaţi ce pot face colegii dvs. de echipă pentru dvs. Întrebaţi ce puteţi face dvs. pentru colegii dvs. de echipă.” Comunicarea care pune accentul pe a da, nu a primi, duce echipa către un nivel cu totul nou.

> *Nu întrebaţi ce pot face colegii dvs. de echipă pentru dvs. Întrebaţi ce puteţi face dvs. pentru colegii dvs. de echipă.*
>
> – EARVIN „MAGIC” JOHNSON

- ***Concentrarea asupra problemelor curente***. Colegii de echipă care readuc în discuţie probleme din trecut şi care deschid în permanenţă răni vechi nu pot colabora. Dacă nu muncesc împreună, nu pot supravieţui ca echipă. După cum remarca Babe Ruth, „Puteţi avea în echipă cele mai mari staruri din lume, dacă acestea nu colaborează, echipa dvs. nu valorează nici cât negru sub unghie.”
- ***Vulnerabilitate***. Echipele sunt precum comunităţile, şi se dezvoltă doar atunci când membrii lor nu au o atitudine arogantă unul faţă de celălalt. În cartea sa *The Different Drum*, psihiatrul M. Scott Peck observă: „Dacă trebuie să folosim cuvântul *comunitate* în adevăratul său înţeles, trebuie să ne limităm la un grup de oameni care au învăţat cum să comunice sincer unul cu celălalt şi ale căror relaţii sunt mai profunde decât masca de încredere şi seninătate pe care o afişează.”

Succesul sau înfrângerea unei echipe depinde de modul în care membrii echipei comunică unul cu celălalt. Martin Luther King Jr. declara: „Trebuie să învăţăm să trăim împreună ca fraţii sau vom muri cu toţii prosteşte.” Dacă interacţiunea este puternică, atunci echipele de acţiune pot fi puternice. *Interacţiunea alimentează acţiunea.* Aceasta este esenţa Legii Comunicării.

4. Între echipă şi public

Pentru majoritatea echipelor, comunicarea din interiorul echipei este singurul lucru care contează. Majoritatea echipelor interacţionează cu oamenii din afară într-un anumit fel, fie că aceştia sunt clienţi sau publicul implicat. Atunci când sunt abordaţi de oamenii din afara grupului, membrii echipei trebuie să-şi amintească cei trei R: *receptivitate*, *responsabilitate* şi *realism*. Dacă primesc comunicarea din partea celorlalţi cu naturaleţe, dacă răspund întotdeauna la timp, şi dacă sunt realişti în ceea ce priveşte stabilirea şi receptarea aşteptărilor, se vor descurca foarte bine. Cei din afară vor percepe că problemele lor sunt rezolvate cum trebuie.

Pe de altă parte, atunci când este vorba despre comunicarea adresată unor persoane care nu fac parte din echipă, cea mai importantă calitate pe care o poate arăta echipa este unitatea sa. Cu cât membrii echipei sunt mai independenţi, cu atât este mai dificil pentru ei; nu este deloc uşor să-i faci pe vulturi să zboare în stol. Totuşi puterea unităţii este incredibilă.

O poveste veche pe care am auzit-o când trăiam în Vestul Mijlociu era despre un concurs de tracţiune cu cai organizat la un târg. E un eveniment la care diferiţi cai concurează şi câştigă cel care tractează sania cu cea mai mare greutate. Într-un an, calul campion a tractat 2.000 de kg. Cel care a ieşit pe locul doi a tractat 1.900 de kg. Întrebându-se cât de mult ar putea tracta cei doi cai viguroşi, câţiva bărbaţi i-au legat unul de altul. Au tractat mai bine de 5.400 de kg – cu peste 33% mai mult decât cantităţile tractate individual.

Unitatea ascunde o putere uriaşă. Unul dintre principiile pe care îl aplic întotdeauna echipei mele la sesiunile de brainstorming şi planificare constă în expunerea deschisă a tuturor ideilor şi criticilor. Avem nevoie de o ocazie pentru a discuta toate lucrurile în detaliu. Însă după ce părăsim camera, trebuie să rămânem uniţi – chiar dacă întâmpinăm opoziţie sau critici. Rămânem o echipă puternică.

Cuvântul cooperare, rostit pe litere, apare astfel: „n-o-i". Să lucrăm împreună înseamnă să câştigăm împreună. Însă nici o echipă nu lucrează împreună dacă nu comunică. Este nevoie de interacţiune *pentru a alimenta acţiunea.* Astfel funcţionează lucrurile. Aceasta este Legea Comunicării.

> *Să lucrăm împreună înseamnă să câştigăm împreună.*

SĂ FIM ÎMPREUNĂ SAU SĂ FIM DESPĂRŢIŢI

Una dintre cele mai remarcabile poveşti ale comunicării şi muncii în echipă pe care am întâlnit-o vreodată este povestea prizonierilor de război ai Statelor Unite care au fost deţinuţi în Vietnam. Deoarece participarea Americii la războiul din Vietnam devenise mai intensă, a crescut şi numărul soldaţilor americani care au fost capturaţi. În cele din urmă 772 de soldaţi, majoritatea piloţi, au fost capturaţi şi închişi.

Majoritatea prizonierilor erau ţinuţi în închisoarea Hoa Lo, pe care bărbaţii o numeau Hanoi Hilton. Acolo erau supuşi unor torturi cumplite şi condiţii inumane. Majoritatea au murit. Deseori un soldat cu o înălţime de peste 2 metri cântărea 54 de kg. Însă cea mai dureroasă pedeapsă pentru majoritatea oamenilor era singurătatea forţată. Fostul prizonier de război Ron Bliss explică: „Te izolezi. Aici încep problemele. Simţi nevoia să comunici cu orice preţ. Chiar dacă eşti prins sau torturat pentru un timp, îţi asumi riscul."

Vietnamezii de la Hanoi Hilton încercau să îi distrugă pe prizonierii de război torturându-i fizic, nimicindu-le spiritul şi ţinându-i în permanenţă izolaţi. Dacă un bărbat se gândea la el ca la o persoană abandonată, atunci lăsa deoparte orice speranţă. Jerry Driscoll, un prizonier de război care iniţial a crezut că ar fi putut fi eliberat după câteva luni, a fost înştiinţat de un coleg prizonier că de fapt este vorba de doi ani. „Când în cele din urmă mi-am dat şi eu seama că, Dumnezeule, va trece atât de mult timp... a fost o lovitură cumplită pentru mine. Mi-am luat pătura, am făcut-o ghem şi am început să strig cu durere că va dura atât de mult. Doi ani. Iar când am terminat, mi-am spus: *Nu-i nimic. Pot să fac asta. Pot să rezist doi ani.* Bineînţeles, după cum s-a dovedit, nu a fost vorba de doi ani, ci de alţi doi ani după aceea, apoi de alţi doi ani, până când s-au împlinit şase ani în cazul meu."

CODURI DE COMUNICARE PENTRU PRIZONIERI

Comunicarea şi legătura cu ceilalţi prizonieri deveni necesară pentru ca bărbaţii să poată rezista şi supravieţui. Pentru a face comunicarea posibilă, prizonierii au inventat un sistem ingenios. Atunci când patru prizonieri – Carlyle Harris, Phillip Butler, Robert Peel şi Robert Schumaker – au fost ţinuţi în aceeaşi celulă pentru un timp, au inventat un cod de bătăi uşoare în perete pe care îl foloseau pentru a comunica, şi au transmis acest cod tuturor prizonierilor. În câteva luni, aproape toţi prizonierii ştiau codul şi îl foloseau. „Clădirea era ca un cuib de ciocănitori fugare", îşi amintea fostul prizonier Ron Bliss.

Prizonierii băteau uşor în peretele dintre celule sau introduceau o sârmă prin perete şi apoi o trăgeau într-un anumit fel, folosind codul. Măturau sau mâncau cu mişcări ritmice, transmiţându-şi unul altuia mesaje. Au inventat semnale cu mâna şi alte mijloace de comunicare. Fostul prizonier de război Thomas McNish a remarcat: „Am trăit de nenumărate ori o situaţie echivalentă cu cea din *Război şi Pace,* folosind diferite metode de comunicare."

Chiar dacă prizonierii erau izolaţi unul de celălalt – iar mulţi bărbaţi care „vorbeau" tot timpul nu au văzut niciodată chipurile celorlalţi până în ziua în care au fost eliberaţi – deveniseră o echipă. Munceau împreună. Împărtăşeau informaţii. Se sprijineau unul pe celălalt. Deveniseră o unitate atât de puternică încât nici unul dintre ei nu accepta să fie eliberat înaintea celorlalţi. Singura persoană care a părăsit închisoarea mai devreme a fost Seaman Douglas Hegdahl, el acceptând eliberarea doar pentru că a primit un ordin direct de la Locotenentul Comandant Al Stafford. Şi i s-a dat acest ordin dintr-un motiv: Hegdahl memorase cele 256 de nume ale colegilor săi prizonieri, pe care bărbaţii doreau să le comunice autorităţilor la întoarcerea acasă.

În ianuarie 1973, a fost semnat un armistiţiu la Paris care prevedea eliberarea prizonierilor de război americani. Au început să se întoarcă acasă pe 12 februarie, iar pe 29 martie ultimii prizonieri au părăsit închisoarea Hanoi Hilton. În total, au fost eliberaţi 462 de prizonieri. Acest număr ar fi putut fi mult mai mic dacă prizonierii nu ar fi descoperit – şi nu s-ar fi luptat pentru aceasta – o cale de a comunica între ei. Însă *interacţiunea alimentează acţiunea.* Iar legătura dintre ei a alimentat capacitatea lor de a rezista şi de a rămâne o echipă. Aceasta este valoarea Legii Comunicării.

CUGETARE CU PRIVIRE LA MUNCA ÎN ECHIPĂ

Comunicarea creşte legătura dintre oameni.

CUM SĂ DEVENIŢI UN MEMBRU MAI BUN AL UNEI ECHIPE

Cât de mult v-aţi angajat în comunicarea cu ceilalţi membri ai echipei dvs.? Îi sprijiniţi pe toţi membrii echipei, chiar şi pe cei care nu vă sunt prieteni? Sunteţi deschis şi vulnerabil, chiar dacă nu este deloc plăcut? Purtaţi pică cuiva din echipă? Dacă răspunsul este da, va trebui să clarificaţi această situaţie. Iar dacă există *bariere* în calea unei bune comunicări între dvs. şi ceilalţi membri ai echipei, va trebui să le îndepărtaţi. Aceasta este responsabilitatea dvs.

CUM SĂ DEVENIŢI UN LIDER DE ECHIPĂ MAI BUN

Ca lider al unei organizaţii, dvs. sunteţi cel care dă tonul comunicării. În acest capitol, am arătat că întreaga comunicare a unui lider trebuie să se caracterizeze prin consecvenţă, claritate şi politeţe. Însă liderii trebuie să ştie şi să asculte. Atunci când liderii nu ascultă...

- Nu mai dobândesc înţelepciune.
- Nu mai „aud" ceea ce nu se spune.
- Membrii echipei nu mai comunică.
- Indiferenţa lor se răspândeşte şi către alte zone.

În cele din urmă, deficienţa de a-i asculta pe ceilalţi conduce la ostilitate, comunicare slabă şi o destrămare a coeziunii echipei.

Supuneţi-vă unei examinări de 360 de grade. Cereţi o evaluare cu privire la abilitatea dvs. de a-i asculta pe ceilalţi de la şeful sau mentorul dvs., de la colegi şi subordonaţi. Dacă nu obţineţi punctaje mari de la toţi, atunci calmaţi-vă, ascultaţi şi lucraţi pentru a deveni o persoană cu calităţi de comunicare mai bune.

15

LEGEA AVANTAJULUI

Diferența dintre două echipe la fel de talentate este conducerea acestora

Echipele sunt în permanenţă în căutarea unui avantaj. Sunt sigur că aţi observat acest lucru. O echipă de fotbal recrutează noi talente şi elaborează noi strategii de joc pentru a înfrânge un adversar de temut – sau chiar pentru a reuşi să-şi revină după o perioadă plină de înfrângeri. Oamenii de afaceri investesc în tehnologii de ultimă oră, sperând să-şi îmbunătăţească productivitatea. Companiile îşi concediază agenţiile publicitare şi angajează altele noi pentru a lansa o campanie, dorind să realizeze profituri faţă de principalii concurenţi. Corporaţiile trec de la o nouă metodă managerială la alta cu aceeaşi uşurinţă cu care cei care navighează pe canalele TV trec de la un program la altul. Toată lumea este în căutarea formulei magice care îi va conduce către succes. Cu cât este mai competitiv un anumit domeniu, cu atât această căutare este mai necruţătoare.

Care este cheia succesului? Talentul? Munca? Tehnologia? Eficienţa? Pentru a avea succes, o echipă are nevoie de toate aceste lucruri, însă are de asemenea nevoie de ceva mai mult. Are nevoie de conducere.

- *Personalul* determină potenţialul echipei.
- *Viziunea* determină direcţia echipei.
- *Etica de lucru* determină pregătirea echipei.
- *Conducerea* determină succesul echipei.

Totul oscilează în jurul conducerii. Dacă o echipă are o conducere nemaipomenită, poate câştiga tot ce are nevoie pentru a trece la cel mai ridicat nivel.

GĂSIREA AVANTAJULUI

Priviţi orice echipă care a atins un succes foarte mare şi veţi descoperi că are o conducere puternică. Ce a făcut posibil ca General Electric să câştige respectul tuturor corporaţiilor? Avantajul de a-l avea la conducere pe Jack Welch. Ce a determinat victoria Statelor Unite în Războiul din Golf? Avantajul de a avea la conducere generalii Norman Schwarzkopf şi Colin Powell. Ce a oferit putere echipei Chicago Bulls să câştige şase campionate NBA? Avantajul de a-i avea la conducere pe Phil Jackson şi Michael Jordan. Din acest motiv sunt de părere că *diferenţa dintre două echipe la fel de talentate este conducerea*. Aceasta este Legea Avantajului.

> *Priviţi orice echipă care a atins un succes foarte mare şi veţi descoperi că are o conducere puternică.*

Pentru a avea o imagine mai clară asupra diferenţei generate de conducere, să ne gândim la aceiaşi jucători din aceeaşi echipă care au o conducere diferită. Los Angeles Lakers sunt un exemplu notabil. În timpul anilor 1990, s-au luptat din greu să câştige, deşi aveau un grup foarte talentat de jucători, printre care şi Kobe Bryant, despre care mulţi sperau să devină viitorul Michael Jordan, şi Shaquille O'Neil, cel mai bun pivot din joc. Ambii jucători au fost aduşi în 1996, şi totuşi echipa a continuat să aibă probleme şi nu a reuşit niciodată să dea lovitura ca echipă. În 1999, colegul de echipă Eddie Jones remarca: „Ceva nu e în regulă la această echipă. Ne luptăm cu toţii să o ţinem pe linia de plutire, iar cu o echipă care are atât de mult talent, acest lucru nu ar trebui să se întâmple."[1]

Anul următor, echipa l-a adus pe Phil Jackson, cel care a antrenat Chicago Bulls pentru şase campionate, pentru a-i antrena pe cei de la Lakers. A păstrat echipa intactă şi a făcut doar foarte puţine modificări, deoarece ştia că nu talentul este problema. Despre cei trei jucători, O'Neal, Bryant şi Glen Rice, Jackson a remarcat:

> Cred că deţinem trei dintre cei mai talentaţi jucători după Kareem, Worthy şi Magic. Totuşi, Baylor, West şi Chamberlain (care au făcut parte din Lakers între 1968 şi 1971) îi eclipsau chiar şi pe aceşti jucători. Erau trei dintre cei mai buni marcatori din ligă, şi totuşi nu puteau să câştige campionatul. Deci avem talent, avem tehnică, avem tot ce ne trebuie – dar cum facem să punem toate aceste elemente cap la cap? Aceasta este specialitatea mea ca antrenor, să încerc să fac posibil acest lucru. Iar echipa învaţă să facă şi ea la fel.[2]

Conducerea înseamnă a-i înţelege pe jucători, a-i strânge laolaltă, a-i face să muncească împreună ca o echipă pentru a-şi atinge potenţialul. Iar Jackson a reuşit. Într-un singur sezon, a pus echipa pe picioare. În 2000, cei de la Lakers au câştigat campionatul NBA pe care toată lumea considera că au potenţialul necesar pentru a-l câştiga. Au făcut acest lucru în acelaşi oraş lucrând în aceleaşi condiţii cu aceiaşi jucători pe care i-au avut în anii precedenţi. Doar conducerea se schimbase. Aceasta le-a dat un avantaj. *Diferenţa dintre două echipe la fel de talentate este conducerea lor*. Aceasta este legea Avantajului.

AVEŢI NEVOIE DE UN IMBOLD?

Cu o conducere bună, totul se îmbunătăţeşte. Liderii sunt cei care oferă un imbold. Duc gândirea colegilor de echipă dincolo de graniţele creativităţii. Sporesc randamentul celorlalţi, îi fac mai buni decât au fost vreodată. Ajung să aibă mai multă încredere în ei şi unii în alţii. Ridică aşteptările fiecărui membru al echipei. În timp ce managerii sunt deseori capabili să menţină echipa la nivelul ei actual, liderii sunt capabili să o aducă la un nivel mai ridicat la care nu se mai aflase niciodată până atunci. Cheia este să lucreze cu oamenii şi să scoată la iveală ce au mai bun în ei.

- *Liderii transferă responsabilitatea unei sarcini celor care execută această sarcină.* Pentru ca o echipă să reuşească, responsabilitatea trebuie să coboare la un nivel adânc al organizaţiei, la rădăcinile acesteia. Pentru a face posibil acest lucru un lider va transfera responsabilitatea şi autoritatea echipei. Stephen Covey remarca: „Oamenii şi organizaţiile nu pot să se dezvolte fără delegare şi o muncă desăvârşită a personalului, deoarece sunt limitate la capacităţile şefului şi reflectă atât punctele forte cât şi punctele sale slabe." Liderii buni impun rareori limite echipelor lor; le oferă libertate totală.
- *Liderii creează un mediu în care fiecare membru al echipei doreşte să fie responsabil.* Diferiţi oameni cer diferite tipuri de motivare pentru a avea cele mai bune performanţe. Un membru al echipei are nevoie de încurajări. Altul trebuie pedepsit. Altul se ridică la înălţimea unei mari provocări. Liderii buni ştiu să-i citească pe oameni şi să găsească cheia care îi va face responsabili de partea lor de echipă. De asemenea nu uită niciodată că sunt responsabili *în faţa* oamenilor lor, nu *pentru* oamenii lor.
- *Liderii urmăresc dezvoltarea capacităţilor personale.* Echipa poate să-şi atingă potenţialul doar dacă fiecare persoană din echipă poate să îşi atingă potenţialul. Liderii eficienţi pot ajuta fiecare jucător să facă acest lucru. De exemplu, Phil Jackson este foarte cunoscut prin faptul că le recomanda jucătorilor săi să citească anumite cărţi care îi făceau să devină mai buni nu numai ca jucători de baschet, dar şi ca oameni.
- *Liderii învaţă repede şi îi încurajează şi pe alţii să înveţe repede.* Liderii se ridică ei înşişi la cel mai înalt nivel. Apoi

îi ridică şi pe alţii la nivelul lor. Mai întâi exemplifică, apoi conduc. Dacă toată lumea face progrese, atunci şi echipa face progrese.

Dacă doriţi să oferiţi echipei un imbold, atunci puneţi-i la dispoziţie o conducere mai bună. Legea Avantajului funcţionează de fiecare dată.

LEGILE CONDUCERII AU IMPACT ASUPRA ECHIPEI

Conducerea poate perfecţiona o echipă şi poate să-i ofere un avantaj în mai multe feluri, iar cele 21 de legi din cartea mea despre ştiinţa conducerii oferă o privire de ansamblu foarte utilă. Liderii buni....

1. Nu limitează nivelul unei organizaţii aşa cum fac alţii (Legea Pragului Limitativ).
2. Au o influenţă mai mare decât alţii (Legea Influenţei).
3. Valorifică procesul de dezvoltare a potenţialului oamenilor mai mult decât alţii (Legea Procesului).
4. Pregătesc echipa pentru călătorie mai bine decât alţii (Legea Navigaţiei).
5. Comunică mai eficient decât alţii (Legea lui E.F. Hutton).
6. Creează avânt şi ridică echipa la un nivel mai ridicat decât alţii (Legea Marelui Av).
7. Se bazează pe încredere mai mult decât alţii (Legea Bazei Solide).
8. Impun un respect mai mare decât alţii (Legea Respectului).
9. Lucrează asupra problemelor legate de conducere mai devreme decât alţii (Legea Intuiţiei).
10. Atrag mai mulţi lideri decât alţii (Legea Magnetismului).
11. Stabilesc legături cu oamenii mai bine decât alţii (Legea Conectării).
12. Aduc în jurul lor oameni cheie mai puternici decât fac alţii. (Legea Cercului Intern).

13. Formează mai mulţi lideri decât alţii (Legea Multiplicării).
14. Dau putere membrilor echipei mai mult decât alţii (Legea Delegării).
15. Găsesc o cale de a câştiga cu echipa lor mai bine decât alţii (Legea Victoriei).
16. Au o viziune care este urmată într-un grad mai mare decât a altora (Legea Acceptării).
17. Stabilesc priorităţile mai eficient decât alţii (Legea Priorităţilor).
18. Înţeleg şi folosesc sincronizarea mai bine decât alţii (Legea Sincronizării).
19. Renunţă la planurile personale mai mult decât alţii. (Legea Sacrificiului).
20. Dezvoltă lideri şi organizaţii mai mult decât alţii (Legea Dezvoltării Explozive).
21. Lasă o moştenire care durează mai mult decât a altora (Legea Moştenirii).

Liderii buni fac lucrurile puţin mai bine decât alţii. Rezultatul este de obicei victoria. Aceasta este Legea Avantajului.

ROTIREA MESELOR

Conducerea este cheia Legii Avantajului, însă nu vreau să trăiesc cu ideea că responsabilitatea conducerii cade întotdeauna pe umerii unei singure persoane. Deşi majoritatea echipelor au un lider desemnat care este responsabil de supravegherea echipei, conducerea unei echipe este de fapt împărţită.

Consider că atunci când este vorba despre conducere, mulţi au tendinţa să o vadă în unul din două moduri. Primul mod îl numesc *mitul mesei centrale*. Ceea ce înseamnă că într-o anumită echipă, există întotdeauna cineva responsabil de fiecare situaţie. Această persoană ocupă în mod permanent „masa centrală" într-o organizaţie şi toţi ceilalţi îi sunt subordonaţi. De exemplu, iată o ilustrare care a fost probabil scrisă de cineva care este adeptul mitului mesei centrale.

După cum ştim cu toţii, un director nu are nimic altceva de făcut decât....
Să hotărască ce trebuie făcut;
Să spună cuiva să facă ce trebuie;
Să asculte motivele pentru care lucrul respectiv nu ar trebui făcut, pentru care ar trebui făcut de altcineva sau ar trebui făcut într-un mod diferit;
Să controleze îndeaproape să vadă dacă lucrul respectiv a fost făcut şi să descopere că nu a fost făcut;
Să cerceteze de ce;
Să asculte scuzele persoanei care ar fi trebuit să-l facă;
Să controleze din nou să vadă dacă lucrul a fost făcut, doar pentru a descoperi că a fost făcut greşit;
Să arate cum ar fi trebuit făcut;
Să tragă concluzia că atâta timp cât a fost făcut, nu ar fi rău să rămână aşa;
Să se întrebe dacă nu cumva e timpul să elimine persoana care nu poate face lucrurile cum trebuie;
Să se gândească că persoana respectivă are probabil o familie mare şi că orice persoană în locul ei ar fi la fel de rea – sau poate mai rea;
Să se gândească că lucrul respectiv ar fi fost făcut mult mai simplu şi mult mai bine dacă l-ar fi făcut cineva de la bun început;
Să se gândească cu tristeţe că cineva ar fi putut face acel lucru cum trebuie în douăzeci de minute, şi după cum se pare, cineva trebuie să petreacă două zile pentru a descoperi de ce a fost nevoie de trei săptămâni pentru ca cineva să facă acel lucru greşit.

Ideea că o singură persoană face toată munca de conducere este falsă. Aceeaşi persoană nu ar trebui să conducă echipa în fiecare situaţie. Provocarea momentului determină deseori liderul care ar trebui să preia acea provocare deoarece fiecare persoană din echipă are puncte forte care intră în joc. Să vă ilustrez acest lucru. Chiar dacă mă aflu la conducerea trustului INJOY şi sunt fondatorul său, nu conduc întotdeauna şi echipa. Alţi membri ai echipei au talente, abilităţi, pe care eu nu le posed. Când ne-am mutat birourile – şi angajaţii, echipamentele, materialele, calculatoarele, sistemele informatice şi comunicaţionale – această sarcină cerea abilităţi de gestiune şi planificare incredibile.

Persoana cea mai potrivită pentru a conduce echipa era în mod evident Frank Hartman, care avea o gândire logistică, capacităţi extraordinare de planificare şi abilităţi de gestiune. Frank a creat planul pentru această mişcare. Avea autoritatea şi responsabilitatea de a gestiona acest proces – şi de a conduce toţi oamenii, inclusiv directorul general şi alţi funcţionari de răspundere din organizaţie. A făcut un lucru nemaipomenit. Nu am avut nici măcar o singură zi lipsită de productivitate în timpul mutării. Nici o altă persoană din echipă nu ar fi putut să ducă lucrurile la bun sfârşit într-un mod atât de eficient. Am aruncat mingea lui Frank, care ne-a condus cu succes – şi a respectat Legea Avantajului.

Cealaltă concepţie greşită despre ştiinţa conducerii este de fapt extrema opusă. O numesc *mitul mesei rotunde*. Este concepţia conform căreia toţi membrii echipei sunt egali, toate opiniile au aceeaşi importanţă, iar o echipă poate funcţiona şi fără conducere. Nici acest lucru nu este adevărat. O echipă care încearcă să funcţioneze ca o democraţie nu reuşeşte să realizeze nimic.

> *Toată lumea este importantă, însă nu toată lumea este egală.*

Toată lumea este importantă, însă nu toată lumea este egală. O persoană cu mai multă experienţă, cu mai multe abilităţi şi o productivitate mai mare într-o anumită zonă este mai importantă pentru echipă în acea zonă. Opinia directorului general al companiei General Electric, Jack Welch, are mai multă greutate decât cea a persoanei care împachetează cutii pe o linie de montaj. Jucătorul Michael Jordan din NBA valorează mai mulţi bani decât jucătorul care stă pe banca de rezervă. Aşa stau lucrurile. Asta nu înseamnă că Jack şi Michael au mai multă valoare ca *oameni*. În ochii lui Dumnezeu, toţi suntem egali. Însă când este vorba despre conducerea unei echipe, cineva trebuie să facă un pas înainte.

CUM SĂ ÎI OFERIM ECHIPEI UN START ÎN AVANS

În esenţă, conducerea este ca un start în avans pentru echipă. Liderii văd mai departe decât colegii lor de echipă. Văd lucrurile mai repede decât colegii lor. Ştiu ce se va întâmpla şi pot anticipa acest lucru. Prin urmare, pun din timp echipa în mişcare în direcţia bună, iar din acest motiv echipa se află în poziţia de a câştiga. Chiar şi un alergător mediu poate câştiga o cursă de o sută de metri împotriva unui sprinter de talie mondială dacă are un start în avans de 50 de metri.

Cu cât provocarea este mai mare, cu atât este mai mare şi nevoia pentru nenumăratele avantaje puse la dispoziţie de conducere. Cu cât echipa dezvoltă mai mulţi lideri, cu atât este mai mare avantajul pus la dispoziţie de conducere. Dacă doriţi să aveţi succes o perioadă îndelungată, instruiţi-i pe jucătorii din echipa dvs. să devină lideri mai buni.

Avantajul câştigat de pe urma unei conduceri bune este evident în sport, însă puterea conducerii se face remarcată în fiecare domeniu. Compania care este condusă de un lider de mâna întâi găseşte deseori nişa sa pe piaţă şi îi întrece pe rivalii săi, chiar dacă rivalii au mai mult talent. Organizaţiile non-profit conduse de lideri puternici recrutează mai mulţi jucători, îi dotează cu ce au nevoie pentru a conduce, şi prin urmare servesc un număr mai mare de oameni. Chiar şi în domenii tehnice precum ingineria sau construcţiile, conducerea este esenţială pentru succesul echipei.

OCAZIE DE AUR

Legea Avantajului a fost aplicată pentru una dintre cele mai mari lucrări de inginerie din lume: Podul Golden Gate (Poarta de Aur). Terminat în 1937, podul avea cea mai mare deschidere pe care a avut-o vreodată un pod suspendat până la construirea Podului Verrazano Narrows din New York, în 1964. Dacă aţi fost la San Francisco, aţi văzut fără îndoială ce frumos şi impresionant este podul Golden Gate. Însă povestea construcţiei sale este şi mai impresionantă.

Ideea construirii unui pod care să traverseze Golden Gate – deschiderea către golful San Francisco – a fost propusă încă din 1872, deşi nimeni nu credea că acest lucru este într-adevăr posibil. Ideea nu a mai fost adusă în discuţie şi nici nu a fost luată în serios până în 1916. Motivul pentru care oamenii doreau un pod era foarte simplu: dezvoltarea şi extinderea oraşului San Francisco erau împiedicate de locaţia sa deoarece era înconjurat din trei părţi de apă. O porţiune de uscat se întindea la nord, însă era foarte greu să ajungi acolo. Chiar dacă ţinutul Marin se afla doar la o distanţă de câţiva kilometri nord de strâmtoare, pentru a ajunge acolo trebuia să faci, cu maşina, un ocol de 160 de km în jurul imensului golf. Singura alternativă era să iei feribotul însă la orele de vârf, şoferii erau nevoiţi să stea la coadă ore întregi.

Construirea unui pod deasupra strâmtorii Golden Gate părea imposibil de realizat. Provocările de natură fizică şi tehnologică ale proiectului erau copleşitoare. Intrarea în golf era traversată de curenţi oceanici puternici şi de vânturi foarte aspre. Adâncimea canalului, care avea peste 90 de metri la promontorii, făcea construcţia foarte dificilă. În plus, orice pod care ar fi fost construit trebuia să fie suficient de înalt pentru a permite vaselor mari să navigheze dedesubtul lui. Inginerii din întreaga ţară considerau că un pod ar costa 250 de milioane de dolari. (În acea perioadă, valoarea oricărei proprietăţi oriunde în San Francisco avea o valoare totală de 375 de milioane de dolari!)

APARIŢIA UNUI LIDER

Apoi a apărut Joseph B. Strauss. Era proprietarul unei firme de construcţii care executase peste patru sute de poduri. Însă mai importante decât experienţa sa erau viziunea sa uimitoare şi extraordinara putere de conducere. Era de părere că poate construi un pod deasupra strâmtorii Golden Gate pentru 25 de milioane de dolari. În 1921, Strauss a elaborat proiecte pentru pod şi a început să încerce să obţină sprijin material de la conducătorii localităţilor de lângă San Francisco. A promovat cu entuziasm proiectul. La început, influenţa sa nu era oficială. Însă cu timpul, după formarea Districtului Podul şi Autostrada Golden Gate, a fost numit inginer şef responsabil cu proiectul propus.

Dacă nu ar fi existat un lider precum Strauss, podul nu ar fi fost niciodată construit. Timp de 12 ani, s-a luptat din greu împotriva oricărui obstacol care îi ieşea în cale şi împotriva celor care se opuneau proiectului. Când maşinăria politică din San Francisco (inclusiv inginerul şef al oraşului, Michael O'Shaughnessy) s-a opus, s-a întâlnit cu lideri şi cetăţeni din fiecare district pentru a câştiga sprijinul maselor. Atunci când Corpul Armat al Inginerilor şi Departamentul de Război (care controla terenul de pe ambele părţi ale strâmtorii) ameninţau că-şi vor retrage aprobarea, Strauss a mers la Washington şi l-a convins pe secretarul de război să garanteze cooperarea guvernului. Atunci când Districtul Podul şi Autostrada Golden Gate s-au confruntat cu o severă lipsă de fonduri, Strauss s-a întâlnit cu Amadeo P. Giannini, fondatorul Băncii Americii. În câteva ore a reuşit să îl convingă pe Gianini să cumpere obligaţiuni pentru a permite continuarea proiectului şi să se angajeze că va cumpăra mai multe următoarea dată când i se va oferi. Strauss a făcut faţă grupurilor de interes, ecologiştilor, problemelor legate de forţa de muncă, ravagiilor Marii Crize Economice care s-a iscat în plină derulare a construcţiei. A avut o energie şi o influenţă uluitoare.

UN LIDER CARE NU FĂCEA LUCRURILE ÎN FELUL SĂU

Unul dintre cele mai importante puncte forte ale lui Strauss era abilitatea sa de a atrage lideri şi ingineri buni. Pentru a face ca proiectul să reuşească, a adus cei mai buni proiectanţi de poduri din lume. Când şi-a dat seama că proiectul său iniţial pentru pod nu este potrivit şi că ar putea pune în pericol întreaga lucrare, l-a abandonat şi s-a bazat pe liderii săi care puteau să creeze ceva mai bun. „Strauss avea o capacitate neobişnuită", remarca autorul John Van der Zee, „aceea de a repera şi de a atrage către el oameni cu capacităţi mai bune decât ale lui care erau dispuşi să îi accepte conducerea."

Strauss era liderul unui lider şi indiferent de dificultatea care îi ieşea în cale, putea să-i facă faţă. Era un lider înnăscut care înţelegea cum să-i influenţeze pe alţii. Van der Zee observa: „Strauss se pricepea mai bine să vândă şi să promoveze idei decât să le conceapă. Părea că ştie instinctiv la cine să apeleze, pe cine să convingă, şi cine erau factorii de luare a deciziilor, oamenii care contau în orice situaţie dată."[4]

REALIZAREA MULT AŞTEPTATĂ

În 1933, lucrările de construcţie au început în cele din urmă. Din nou, Strauss a angajat cei mai buni ingineri pentru a supraveghea construcţia. Nu era o sarcină uşoară. Echipa care a construit podul a acordat pentru această construcţie 25 de milioane de ore de muncă[5]. Însă construcţia efectivă a podului părea uşoară în comparaţie cu etapele premergătoare acesteia. După terminarea podului, Strauss a remarcat că a fost nevoie de două decenii pentru a-i convinge pe oameni că realizarea podului era posibilă, însă de numai patru ani pentru a-l construi! Iar podul a fost terminat la timp. A murit la şaizeci şi opt de ani – la un an după terminarea podului.

Dacă priviţi în spatele oricărei acţiuni majore, veţi descoperi întotdeauna un lider puternic. Dacă Joseph Strauss nu şi-ar fi asumat personal responsabilitatea pentru construirea podului Golden Gate – şi dacă nu s-ar fi dedicat acestei construcţii trup şi suflet – podul nu ar fi fost niciodată executat. Acesta este adevărul transmis de Legea Avantajului. Este nevoie de un lider dacă echipa doreşte să îşi atingă potenţialul şi să îşi realizeze scopurile. Din acest motiv consider că *diferenţa dintre două echipe la fel de talentate este conducerea.*

CUGETARE CU PRIVIRE LA MUNCA ÎN ECHIPĂ

Totul oscilează în jurul conducerii.

CUM SĂ DEVENIŢI UN MEMBRU MAI BUN AL UNEI ECHIPE

Nu este nevoie să fiţi dvs. liderul pentru a fi *un* lider în echipa dvs. Începeţi prin a vă îmbunătăţi abilităţile de conducere astăzi. Faceţi următoarele lucruri:

- Recunoaşteţi valoarea conducerii.
- Asumaţi-vă responsabilitatea personală pentru dezvoltarea tehnicii dvs. de conducere.
- Urmaţi un program de dezvoltare a abilităţilor de conducere.
- Găsiţi un mentor în domeniul ştiinţei conducerii.

După ce v-aţi adăugat valoare dvs., veţi putea adăuga valoare şi celorlalţi – şi veţi putea în acelaşi timp să-i influenţaţi – pentru a vă ajuta echipa.

CUM SĂ DEVENIŢI UN LIDER DE ECHIPĂ MAI BUN

Dacă sunteţi liderul echipei dvs., cel mai bun lucru pe care îl puteţi face pentru colegii dvs. de echipă este să urmaţi exemplul lui Joseph Strauss. Introduceţi alţi lideri în echipă.

Puteţi face acest lucru în două moduri. În primul rând, atrageţi cei mai buni lideri – oameni ale căror talente şi potenţial sunt mai mari decât ale dvs. În al doilea rând, dezvoltaţi oamenii care se află deja în echipa dvs. Cu cât conducerea echipei este mai puternică, cu atât potenţialul echipei de a avea succes este mai mare. Şi nu uitaţi: Totul oscilează în jurul conducerii.

16

LEGEA MORALULUI RIDICAT

Când câştigi, nimic nu te afectează

Iată o imagine pe care majoritatea americanilor nu o vor uita niciodată: gimnasta Kerri Strug purtată în braţele antrenorului Bela Karoly către podium pentru a primi medalia de aur împreună cu cele şase colege ale sale la Jocurile Olimpice de Vară din 1996, desfăşurate la Atlanta. A fost un moment marcant. Pentru prima dată în istorie, echipa feminină de gimnastică a Statelor Unite a câştigat medalia de aur, însă altul este motivul pentru care oamenii îşi vor aminti acest moment. Deşi a fost o imagine care îţi rămâne întipărită în minte – micuţa gimnastă de 36 de kg. purtată de un munte de om care este considerat cel mai cel mai mare antrenor din istoria gimnasticii – nu va fi uitată mai ales pentru că este întruchiparea perfectă a Legii Moralului Ridicat.

O PREMIERĂ PENTRU ECHIPĂ

Chiar dacă nu v-aţi uitat la televizor aşa cum am făcut eu, probabil ştiţi povestea. Într-un sport dominat de gimnastele rusoaice şi române, echipa Statelor Unite se afla pe primul loc la Jocurile Olimpice. Echipa rusă a intrat în forţă, dar după prima probă americancele se aflau pe primul loc. După fiecare probă, echipa Statelor Unite continua să avanseze – nu cu foarte mult, ci constant. Când echipele au ajuns la ultima probă – exerciţiul la sol pentru rusoaice şi exerciţiul de sărituri pentru americance – tot ce trebuia să facă echipa Statelor Unite era să încheie în acelaşi mod, şi medalia de aur ar fi fost a sa.

A doua gimnastă la ultimul exerciţiu de sărituri pentru Statele Unite a fost Dominique Moceanu, a cărei evoluţie era de obicei desăvârşită. Spre surprinderea tuturor, la prima încercare nu a avut o aterizare în picioare, motiv pentru care a obţinut un punctaj foarte scăzut. Din fericire, la acest exerciţiu atletele au dreptul la a doua încercare, iar ceea ce se ia în calcul este cel mai bun punctaj. Greu de crezut, dar Moceanu a ratat şi a doua încercare în acelaşi mod.

Deşi nimeni nu se aştepta la această evoluţie a gimnastei Dominique Moceanu, situaţia nu era disperată. Statele Unite mai aveau o atletă, Kerri Strug, care primise cel mai mare punctaj la sărituri la preliminarele Jocurilor Olimpice din Statele Unite. O săritură bună efectuată de această gimnastă, şi medalia de aur ar fi fost a americancelor. La aterizare, la prima săritură, poziţia picioarelor nu era tocmai corectă. Mai mult chiar, a alunecat şi a căzut. Mai grav era că s-a rănit şi trebuia totuşi să efectueze şi cealaltă săritură pentru echipa sa.

Situaţia era disperată. După competiţie, unii comentatori au afirmat că Statele Unite ar fi putut câştiga şi fără cea de-a doua săritură a lui Strug. Însă în acel moment, gimnasta rusă Rozalia Galiyeva urma să evolueze la sol. Antrenorul echipei Statelor Unite, Bela Karoly, era îngrijorat de faptul că un punctaj mare al rusoaicei le-ar costa pe americance victoria pentru care luptaseră atât de mult.

Strug ştia ce trebuie să facă. Trebuia să aterizeze perfect la a doua săritură – ultima încercare a ultimului exerciţiu din cadrul evoluţiei echipei feminine. „Dă-mi o ultimă săritură", o încuraja Karoly, „Dă-mi o ultimă săritură – cât se poate de bună."

NU ERA O PREMIERĂ PENTRU STRUG

Fiecare atlet care ajunge la cel mai înalt nivel ştie ce înseamnă să joci atunci când ai dureri. Aceasta era şi situaţia lui Kerri Strug. Pe lângă toate luxaţiile, entorsele şi contuziile normale, suferise în trecut o întindere a unui muşchi de la stomac şi o rană severă la spate în urma unei căzături de pe paralele. Karoly spunea despre gimnastă: „E doar o fetiţă care nu a fost niciodată cea mai viguroasă... întotdeauna puţin timidă, întotdeauna ascunsă în spatele altcuiva. Însă câteodată tocmai aceasta este persoana cu cea mai mare forţă."[1]

O gimnastă are doar treizeci de secunde pentru a termina a doua săritură după afişarea rezultatelor de la prima săritură. În acele momente, Strug s-a concentrat. Mai târziu, şi-a amintit: „Ştiam că ceva nu era în regulă cu mine. Am auzit ceva trosnind. Îmi spuneam întruna să nu cad de pe aparat, căci aurul nu ar mai fi fost al nostru şi toată munca şi tot efortul nostru s-ar fi risipit în câteva secunde. Am rostit o rugăciune scurtă şi l-am rugat pe Dumnezeu să mă ajute să ies cu bine din această situaţie"[2].

DURERE SAU VICTORIE?

Ceea ce Strug nu ştia era că în timpul primei sărituri suferise o întindere la două ligamente de la glezna stângă. Însă acest lucru nu conta. A zburat pe pistă, a atins pragul şi s-a desprins de bârnă. În mod miraculos, a aterizat ferm, pe ambele picioare. Apoi, a simţit o durere cumplită. Stând într-un singur picior, a salutat repede arbitrii, apoi s-a prăbuşit. A aterizat corect, a obţinut punctajul necesar, iar întreaga echipă a câştigat medalia de aur.

După acest eveniment, gimnasta care a stat tot timpul în umbră, care nu a fost niciodată starul gimnasticii, a devenit starul echipei olimpice. Toată lumea a apreciat sacrificiul pe care l-a făcut. Ziaristul sportiv E.M.Swift scria:

> Tot ce ştia Strug, în afara certitudinii medaliei de aur, era că s-a rănit mult prea tare pentru a participa la competiţia individuală pe aparate,

un vis de care se agăţase în ultimii patru ani. Acesta era momentul celei mai mari victorii, dar şi momentul celei mai mari dezamăgiri. Voinţa sa a găsit o modalitate de a bloca durerea pentru câteva secunde cruciale, însă a plătit un preţ enorm. Practic s-a sacrificat pentru echipă.[3]

Cuvintele lui Strug au fost directe şi simple: „Când faci lucrurile cum trebuie, orice sacrificiu merită. Când sacrifici atât de mult şi în cele din urmă te descurci bine, te simţi minunat."[4] Cu alte cuvinte, *când câştigi, nimic nu îţi provoacă durere.* Aceasta este Legea Moralului Ridicat.

DUCÂND ECHIPA CĂTRE UN NIVEL SUPERIOR

E posibil ca Legea Moralului Ridicat să vi se pară cunoscută deoarece formularea legii a fost inspirată de cuvintele lui Joe Namath, mijlocaşul care a ajutat jucătorii de la New York Jet să câştige campionatul Super Bowl în 1969. Ca orice campion, a înţeles că orice victorie poate genera entuziasm. Acest sentiment poate fi atât de puternic încât îţi dă energia necesară să faci faţă disciplinei, durerii şi sacrificiului necesare pentru a juca la cel mai înalt nivel.

> *Pare ironic, însă dacă jocul tău afectează negativ echipa, pui de fapt echipa în situaţia de a câştiga. Iar dacă câştigi, nimic nu te afectează.*

Este exact ceea ce a simţit şi Kerri Strug. Pe măsură ce se apropia de ultima săritură, ştia că execuţia sa ar putea ajuta echipa să câştige. Probabil tocmai din acest motiv George Allen, care a antrenat echipa Washington Redskin la începutul anilor 1970, a afirmat: „De fiecare dată când câştigi, te naşti pentru a doua oară, iar atunci când pierzi, mori puţin." E ironic, dar dacă jocul tău afectează negativ echipa, pui de fapt echipa în situaţia de a câştiga. Iar dacă câştigi, nimic nu te afectează.

Moralul ridicat ajută echipa să aibă o evoluţie cât mai bună. Moralul ridicat poate fi un factor esenţial pentru schimbarea situaţiei. Atunci când o echipă are un moral ridicat, nu trebuie doar să facă faţă diferitelor împrejurări care îi ies în cale. Îşi creează propriile împrejurări.

- *Cel care strânge fonduri* ştie că în împrejurările potrivite, oamenilor le place să ofere.
- *Profesorul* ştie că în împrejurările potrivite, elevilor le place să îşi dezvolte potenţialul.
- *Liderul* ştie că în împrejurările potrivite oamenilor le place să se supună.
- *Antrenorul* ştie că în împrejurările potrivite jucătorii sunt capabili să câştige.

Moralul ridicat este unul dintre aspectele esenţiale pentru crearea împrejurărilor potrivite pentru ca echipa să joace la cel mai înalt nivel.

MORALUL RIDICAT CONTRIBUIE LA...

Dacă echipa câştigă, moralul este ridicat. Iar dacă moralul este ridicat, atunci echipa se află în poziţia de a câştiga. Deci cine apare mai întâi: moralul ridicat sau victoria? Cred că moralul ridicat apare de obicei mai întâi. De ce? Pentru că moralul ridicat amplifică toate lucrurile pozitive care i se întâmplă unei echipe.

1. Moralul ridicat contribuie la exagerarea situaţiei reale

Când întreaga echipă are o gândire pozitivă, iar jucătorii au o părerea bună despre ei, *totul* pare a merge bine. Pregătirile se desfăşoară fără probleme. Totul pare a fi spre binele echipei. Victoriile mici par dulci, iar cele mari fac echipa aproape invincibilă. Starurile echipei fac cu succes faţă situaţiilor de criză, iar jucătorii de pe banca de rezervă joacă la un nivel superior capacităţilor lor obişnuite.

Unii oameni numesc o astfel de situaţie o întâmplare norocoasă sau o lovitură a norocului. Însă nu este decât o manifestare a moralului ridicat. În sport, în momente de moral ridicat, toată lumea devine suporterul echipei cu situaţia cea mai avantajoasă. În companiile mari, oamenii cumpără acţiunile companiei. În industria de divertisment, revistele şi canalele de televiziune cer interviuri – iar producătorii plătesc bani grei pentru serviciile echipei. Echipa a devenit talentată peste noapte? Este echipa atât de bună cum se crede? Probabil că nu. Situaţia reală a echipei este exagerată, iar echipa se simte foarte bine astfel.

2. *Moralul ridicat contribuie la creşterea randamentului*

Atunci când o echipă are un moral ridicat, randamentul oamenilor săi se ridică la un nivel cu totul nou. Echipa se concentrează asupra potenţialului său, nu asupra problemelor. Membrii echipei sunt mai angajaţi. Iar toată lumea consideră că e mult mai uşor să fii altruist. Membrii echipei sunt încrezători, iar încrederea îi ajută să aibă un randament mai ridicat.

Atunci când o echipă pierde, apare efectul opus. Jucătorii se concentrează asupra problemelor lor. Nivelul de angajament al fiecăruia scade. Echipa îi respinge pe ceilalţi, nu îi atrage. Iar fiecare începe să se concentreze asupra sa, nu asupra colegilor de echipă. Când pierzi, totul provoacă durere.

3. *Moralul ridicat contribuie la creşterea energiei*

Moralul ridicat oferă echipei energie. Jucătorii devin precum Energizer Bunny (n.t.: iepuraşul energizant, personaj care apare pe diferite produse comerciale, simbol al energiei) care creşte şi iar creşte. Nici un munte nu pare prea înalt. Nici un proiect nu pare prea dificil. Nici o cursă nu pare prea lungă. Entuziasmul echipei creşte pe măsură ce creşte şi energia, iar în cadrul echipei apare un avânt care aproape nu poate fi stăvilit.

4. *Moralul ridicat contribuie la eliminarea elementele negative*

Datorită avântului şi energiei care îl însoţesc, moralul ridicat contribuie şi la eliminarea energiei negative. În timp ce o echipă care suferă o înfrângere şi are un moral scăzut poate fi afectată de orice problemă minoră, o echipă cu un moral ridicat îşi va continua drumul fără probleme atunci când se află în faţa unui obstacol major sau a unui dezavantaj care în caz contrar ar pune echipa într-o situaţie dificilă. Problemele pur şi simplu dispar – indiferent cât de mari sunt.

5. *Moralul ridicat contribuie la emanciparea echipei*

Un alt aspect pozitiv al moralului ridicat constă în faptul că eliberează echipa de toate sentimentele negative. Victoria creează spaţiu. O echipă bună cu un moral ridicat va folosi acest spaţiu pentru a-şi asuma riscuri şi pentru a încerca idei, mişcări şi concepte noi pe care în alte împrejurări nu le-ar încerca. Se opreşte pentru a pune întrebări pe care în caz contrar nu le-ar pune. Iar toate aceste lucruri oferă creativitate şi inovaţie. În final, moralul ridicat permite echipei să îşi atingă potenţialul.

CELE PATRU ETAPE ALE MORALULUI

S-ar putea să spuneţi: „În regulă, sunt de acord. *Atunci când câştigi, nimic nu te afectează.* Moralul ridicat are un efect nemaipomenit asupra echipei. Însă cum îl putem obţine?" Vă voi spune în continuare. Dacă sunteţi jucător, va trebui să aveţi o atitudine pozitivă, să daţi întotdeauna ce aveţi mai bun, să îi susţineţi pe cei din echipa dvs. – atât jucători cât şi lideri. Dacă nu aveţi prea puţină influenţă, atunci va trebui să vă exercitaţi această influenţă oferind dvs. exemplul excelenţei.

Totuşi, dacă sunteţi unul dintre liderii echipei, va trebui să aveţi responsabilităţi mai vaste. Trebuie să exemplificaţi excelenţa, însă e nevoie să faceţi şi mai mult. Trebuie să îi ajutaţi pe oamenii pe care îi conduceţi să îşi dezvolte moralul şi avântul pentru a crea o echipă de succes. Cheia cunoaşterii a ceea ce trebuie să faceţi poate fi descoperită în cele patru etape ale moralului.

Etapa 1: Moral distrus – Liderul trebuie să facă totul

Nimic nu este mai neplăcut decât să faci parte dintr-o echipă atunci când nimeni nu îşi doreşte să fie acolo. În acest caz, echipa are de obicei un rol negativ, se află într-o stare de letargie, sau nu are nici o speranţă. Aceasta este deseori atmosfera care poate fi regăsită în cadrul unei echipe care pierde.

Dacă vă aflaţi într-o asemenea situaţie, puteţi face următoarele lucruri:

- *Investigaţi situaţia.* Începeţi prin a rezolva ceea ce echipa nu face bine. Începeţi prin a repera ceea ce e stricat. Acest lucru nu îi va oferi echipei un moral ridicat, însă nu va mai oferi motive jucătorilor de a avea un moral scăzut.
- *Promovaţi încrederea.* O echipă se va schimba doar atunci când oamenii cred în ei înşişi. Ca lider, va trebui să iniţiaţi această încredere. Arătaţi-le oamenilor că aveţi încredere în dvs. şi în ei.
- *Creaţi energie.* Dorinţa de a vă schimba fără a avea energia de a vă schimba îi face pe oameni să se simtă frustraţi. Pentru a oferi echipei un nivel de energie mai ridicat, trebuie să aveţi mai întâi dvs. această energie. Munciţi cu energie o perioadă îndelungată de timp, iar cineva din echipă va face în cele din urmă acelaşi lucru. Apoi va urma o altă persoană. În final energia se va răspândi la toţi membrii echipei.
- *Comunicaţi speranţa.* Cea mai adâncă nevoie a jucătorilor în această fază este speranţa. După cum spunea Napoleon Bonaparte, „Liderii sunt distribuitori de speranţă." Ajutaţi-i să vadă potenţialul echipei.

> *„Liderii sunt distribuitori de speranţă."*
>
> – NAPOLEON BONAPARTE

În prima fază, singurul mod de a menţine lucrurile pe un făgaş bun este de a vă afla dvs. pe un făgaş bun. Ca lider, nu puteţi aştepta să facă alţii acest lucru.

Etapa a 2-a: Moral scăzut – Liderul trebuie să facă lucruri productive

La început, orice mişcare este o victorie notabilă. Însă pentru a crea un moral pozitiv, trebuie să aveţi viteză. Trebuie să fiţi productiv. La urma urmei, nu puteţi conduce o maşină parcată! Puneţi echipa în mişcare.

- *Daţi dovadă de un comportament care va primi o reacţie rapidă.* Oamenii fac ceea ce văd. Cel mai bun mod pentru ca ei să afle ceea ce aşteptaţi de la ei este să exemplificaţi dvs. acest lucru.
- *Dezvoltaţi relaţiile cu oamenii cu potenţial.* Pentru a face ca o echipă să se îndrepte în direcţia potrivită, aveţi nevoie de jucători productivi. În această fază, echipa s-ar putea să aibă asemenea oameni. Dacă are, dezvoltaţi relaţiile cu ei. Dacă nu, căutaţi oamenii care să aibă potenţialul de a fi productivi şi începeţi să lucraţi cu ei. Nu le cereţi prea mult de la început. Liderii ajung la sufletul celorlalţi înainte de a cere o mână de ajutor. Din acest motiv doriţi să începeţi prin a construi relaţii.
- *Identificaţi victorii mărunte şi adresaţi-vă colegilor de echipă prin intermediul lor.* Nimic nu îi ajută mai mult pe membrii echipei să îşi dezvolte abilităţile şi încrederea decât observarea victoriilor pe care le-au obţinut. Este exact ceea ce doriţi să oferiţi oamenilor din echipa dvs. Din nou, începeţi cu oamenii care au cel mai mare potenţial. Victoriile lor mărunte îi vor ajuta pe membrii echipei mai puţin talentaţi să câştige încredere şi să reuşească.
- *Comunicaţi viziunea.* După cum am explicat deja în Legea Busolei, viziunea oferă membrilor echipei direcţie şi încredere. Menţineţi în permanenţă viziunea în centrul atenţiei echipei dvs.
- De îndată ce aţi pus echipa în mişcare, puteţi începe să conduceţi.

Etapa a 3-a: Moral moderat – Liderul trebuie să facă lucruri dificile

Vă amintiţi cum a fost atunci când aţi obţinut permisul de conducere? Probabil că înainte de a-l primi, vă făcea plăcere să staţi pur şi simplu pe scaunul şoferului şi să vă imaginaţi cum ar fi să conduceţi. Mai târziu, când aţi obţinut permisul şi puteaţi conduce, era o încântare să faceţi o mică plimbare la volanul maşinii. Nu conta în ce direcţie vă îndreptaţi. Însă pe măsură ce aţi înaintat în vârstă, nu mai era suficient doar să conduceţi. Era esenţial să aveţi o destinaţie.

Acelaşi lucru este valabil şi pentru o echipă. Organizarea echipei şi punerea în mişcare a acesteia reprezintă într-adevăr o realizare. Însă ceea ce contează cu adevărat este în ce direcţie vă îndreptaţi. Între *a pune echipa în mişcare* şi a *pune echipa în mişcare în direcţia bună* există o diferenţă şi pentru a realiza cel de-al doilea lucru va trebui să vă ocupaţi de aspectele cele mai dificile şi să ajutaţi echipa să îşi dezvolte un moral ridicat. Trebuie să...

- *Efectuaţi schimbări care fac ca echipa să fie mai bună.* Deja aţi înţeles Legea Lanţului. Nu trebuie decât să vă amintiţi că liderii sunt responsabili de reducerea la minimum a răului pe care orice membru al echipei poate să îl facă din cauza unui punct slab sau a unei atitudini, şi de creşterea la maximum a eficienţei tuturor membrilor echipei prin plasarea acestora în nişele potrivite. Deseori aceste acţiuni impun decizii dure.
- *Primiţi acceptul membrilor echipei.* Una e să creaţi viziune pentru echipă. Alta e să îi determinaţi pe membrii echipei să o accepte. Totuşi, pentru a construi un moral mai ridicat, trebuie să faceţi acest lucru. Colegii de echipă trebuie să vă accepte ca lider, să îmbrăţişeze valorile şi misiunea echipei, să se alinieze cu aşteptările dvs. Dacă puteţi face toate acestea, veţi duce echipa acolo unde trebuie.
- *Comunicaţi angajamentul.* O parte a procesului prin care îi faceţi pe oameni să accepte ceea ce propuneţi dvs. este să le arătaţi angajamentul dvs. Legea Acceptării din *Cele 21*

de legi supreme ale liderului susţine că oamenii acceptă mai întâi liderul, apoi viziunea. Dacă aţi dat dovadă în mod consecvent de competenţă, de caracter bun şi de un angajament puternic, aţi aşezat bazele necesare ca oamenii dvs. să vă accepte.
- *Dezvoltaţi-vă membrii şi pregătiţi-i pentru succes.* Nimic nu contribuie la ridicarea moralului mai mult decât succesul. Majoritatea oamenilor nu sunt în stare să atingă succesul singuri. Au nevoie de ajutor, iar acesta este unul dintre motivele principale pentru care trebuie conduşi. Dacă investiţi în colegii dvs. de echipă, îi ajutaţi, iar echipa va reuşi.

Cele mai dificile etape din viaţa unei echipe, sunt prima etapă, atunci când încercaţi să puneţi în mişcare o echipă care nu se îndreaptă nicăieri, şi a treia etapă, atunci când trebuie să deveniţi un agent al schimbării. Acestea sunt momentele în care rolul conducerii este mai necesar ca niciodată. Iar a treia etapă este pentru lider un moment totul-sau-nimic. Dacă reuşiţi în această etapă, veţi putea să creaţi un moral ridicat al echipei.

Etapa a 4-a: Moral ridicat – liderul trebuie să facă puţine lucruri

În etapa a patra, sarcina dvs. ca lider este să ajutaţi echipa să îşi menţină moralul ridicat şi avântul.

- *Menţineţi echipa concentrată şi pe drumul cel bun.* Moralul ridicat duce la victorie, iar victoria menţine moralul ridicat. De aceea este important să menţineţi membrii echipei concentraţi. Dacă pierd concentrarea sau dacă se abat din direcţia bună, atunci nu vor mai câştiga. Şi nu uitaţi, cu cât intenţionaţi să mergeţi mai departe, cu atât va fi mai mare impactul unei erori în ceea ce priveşte direcţia. Dacă doriţi să traversaţi o stradă, o abatere cu un grad sau două de la direcţia corectă nu vă va afecta în nici un fel. Însă dacă doriţi să traversaţi oceanul, o greşeală cu câteva grade a calculului direcţiei vă poate aduce foarte multe probleme.

- *Comunicaţi succesele.* Dacă oamenii ştiu că fac ceea ce trebuie, le va fi uşor să rămână pe drumul cel bun. Puteţi indica acest lucru comunicând succesele echipei. Nimic nu ridică mai mult moralul decât succesele şi sărbătorirea acestora.
- *Îndepărtaţi lucrurile care pot distruge moralul.* De îndată ce echipa se află pe drumul cel bun, faceţi în aşa fel încât să continue în aceeaşi direcţie. Legea *Marelui Av* susţine că avântul este cel mai bun prieten al unui lider. Liderii văd înaintea altora, prin urmare trebuie să protejeze echipa de toate lucrurile care o vor afecta.
- *Permiteţi-le şi altor lideri să conducă.* Un lider care pregăteşte alţi membri să conducă şi le dă ulterior posibilitatea de a conduce îndeplineşte două lucruri. În primul rând, foloseşte avântul pentru a crea noi lideri pentru echipă. Este mai uşor să creezi noi lideri de succes dacă ei fac deja parte dintr-o echipă de succes. În al doilea rând, acest lucru creşte puterea de conducere a echipei. Ceea ce face ca echipa să aibă şi mai mult succes. Un lider care face în permanenţă acest lucru poate crea un ciclu de succese care alimentează moralul ridicat al echipei.

Cele patru etape ale moralului:
1. Moral distrus – Liderul trebuie să facă totul.
2. Moral scăzut – Liderul trebuie să facă lucruri productive.
3. Moral moderat – Liderul trebuie să facă lucruri dificile.
4. Moral ridicat – liderul trebuie să facă puţine lucruri.

Procesul construirii unui moral ridicat cere o conducere puternică, iar acest lucru ia destul de mult timp. Când mă gândesc la cineva care stăpânea perfect acest proces, mă gândesc la Ronald Reagan. Când şi-a început mandatul de preşedinte al Statelor Unite în 1981, moralul în ţară era la un nivel extrem de scăzut, cum nu mai fusese de la Marea Criză Economică. Oamenii îşi pierduseră încrederea în guvernul american în urma scandalului Watergate. Se gândeau la posibilitatea declanşării unui război nuclear cu Uniunea Sovietică. Inflaţia scăpase de sub control. Preţurile la petrol erau extrem de ridicate. Iar ratele dobânzilor atinseseră cele mai ridicate niveluri. Oamenii nu puteau să fie mai descurajaţi.

Ronald Reagan i-a ajutat pe oameni să creadă din nou în ţara lor. Sub preşedinţia sa, economia s-a relansat, Războiul Rece s-a încheiat, Zidul Berlinului a căzut, iar oamenii au început din nou să creadă în ei şi în ţara lor.

MORAL RIDICAT ŞI ACASĂ

Nu trebuie să aveţi puterea unui preşedinte sau capacitatea unui atlet olimpic pentru a practica Legea Moralului Ridicat. Puteţi aplica acest principiu şi pentru compania dvs., serviciile de voluntariat sau chiar familia dvs. De fapt, atunci când Legea Moralului Ridicat funcţionează cum trebuie, liderul ridică moralul echipei, iar echipa ridică moralul liderului. Aşa trebuie să stea lucrurile. *Atunci când câştigi, nimic nu te afectează.*

Atunci când Legea Moralului Ridicat funcţionează cum trebuie, liderul ridică moralul echipei, iar echipa ridică moralul liderului.

Vă voi povesti despre o echipă ai cărei membri se inspiră în permanenţă unul pe celălalt şi se susţin atât de mult, încât moralul lor este foarte ridicat, şi câştigă întotdeauna în ciuda durerii pe care o simt. Aceştia sunt echipa tată-şi-fiu Dick şi Rick Hoyt.

Când Rick Hoyt s-a născut în 1962, părinţii săi aveau acel entuziasm tipic părinţilor care aşteaptă primul copil. Însă au descoperit că, în timpul naşterii, cordonul ombilical a fost înfăşurat în jurul gâtului, tăindu-i oxigenul către creier. Mai târziu, Rick a fost diagnosticat cu paralizie cerebrală. „Când avea opt luni", îşi aminteşte tatăl său, Dick, „doctorii au spus că ar trebui să îl dăm spre adopţie." Însă părinţii lui Rick nici nu au vrut să audă despre aşa ceva. Erau hotărâţi să îl crească aşa cum ar fi crescut orice alt copil.

O LUPTĂ ANEVOIOASĂ

Câteodată a fost dificil. Rick este un cvadriplegic care nu poate vorbi deoarece are un control limitat al limbii. Părinţii lui Rick au muncit foarte mult cu el, învăţându-l tot ce le stătea în putinţă şi implicându-l în activităţi de familie. Când Rick avea zece ani, viaţa lui s-a schimbat. Inginerii de la Tufts University au creat un dispozitiv care i-a permis să comunice prin intermediul unui computer. Primele cuvinte pe care le-a rostit încet şi cu durere au fost „Hai Bruins”. Atunci, familia, care urmărea echipa Boston Bruins din NHL în meciurile decisive, a descoperit că Rick era un fan al sportului.

În 1975, după o luptă foarte lungă, familia a putut în sfârşit să îl înscrie pe Rick la o şcoală publică, unde era un elev excelent, în ciuda deficienţelor de ordin fizic. Lumea lui Rick se schimba în permanenţă. S-a schimbat şi mai mult doi ani mai târziu. Când Rick a aflat că se strâng fonduri pentru un maraton de 1 km. pentru a ajuta un atlet tânăr care a paralizat în urma unui accident, i-a spus tatălui său că ar vrea să participe.

Dick, care lucra ca locotenent colonel în Garda Naţională Aeriană, (între timp a ieşit la pensie) avea aproape patruzeci de ani şi nu mai era în formă. Însă a fost de acord să alerge şi să îl împingă pe fiul său într-un scaun cu rotile special. Când au trecut linia de sosire (penultimii), Dick îşi aminteşte: „am văzut pe chipul lui Rick cel mai mare zâmbet pe care îl vezi numai o dată în viaţă”. După maraton, Rick a transmis tatălui său în scris următorul mesaj: „Tată, m-am simţit ca şi cum nu aş fi fost o persoană cu handicap”. După acea zi, vieţile lor nu au mai fost niciodată la fel.

MUNCIND ÎMPREUNĂ

Ce face un tată atunci când fiul său, care a stat toată viaţa într-un scaun cu rotile, îi spune că îi place să alerge? Îi împrumută braţele şi picioarele sale. Atunci s-a născut echipa „Team Hoyt”: Dick i-a cumpărat fiului său un scaun mai sofisticat pentru curse. Apoi adolescentul cvadriplegic şi tatăl său bătrân au început să alerge împreună – şi nu doar din când în când. Nu după mult timp, se antrenau serios, iar în 1981 au participat la primul lor maraton, Maratonul din Boston. De atunci, timp de douăzeci de ani nu au ratat nici un ediţie a acestui maraton.

După patru ani de participări la maratoane, cei doi s-au hotărât să se pregătească pentru o nouă provocare: triatloanele, în care sunt combinate înotul, ciclismul şi atletismul. Nu era deloc o provocare minoră, mai ales ţinând cont de faptul că Dick nu ştia să înoate. Însă a învăţat. Dick a explicat: „El este cel care m-a motivat deoarece dacă n-ar fi fost el, nu aş fi participat la competiţiile acestea. Ceea ce fac acum este să-i împrumut lui Rick braţele şi picioarele mele astfel încât să poată participa la competiţii ca oricine altcineva."[6]

Dintre toate competiţiile din lume una singură este considerată cea mai dură – Triatlonul Ironman din Hawaii. Competiţia constă din trei probe consecutive: înot – 2,4 mile, ciclism – 112 mile, şi maraton – 26,2 mile. Este un test de rezistenţă dificil pentru oricine. În 1989, Dick şi Rick au concurat din nou. Pentru porţiunea de înot, Dick a tras o barcă mică în care se afla Rick. Apoi a mers pe bicicletă pe o distanţă de 112 mile, Rick stând pe un loc special pe ghidonul bicicletei. Până când au ajuns la porţiunea de alergat, Dick era pur şi simplu epuizat.

Însă tocmai în aceste situaţii se aplică Legea Moralului Ridicat. Tot ceea ce trebuia să facă Dick era să se gândească la cuvintele fiului său:

> Când alerg, handicapul meu dispare. Este singurul moment în care mă simt ca toţi ceilalţi. Datorită acestei reacţii pozitive, nu mă simt deloc o persoană cu handicap. Ci mai degrabă o persoană inteligentă care nu are limite.[7]

Atunci când câştigi, nimic nu te afectează. Continuând să alerge, Dick câştiga pentru fiul său, iar din acest motiv antrenamentul şi durerea meritau suportate. Dick l-a pus pe Rick în scaunul cu rotile şi au plecat să termine competiţia. Perechea a terminat cursa în treisprezece ore şi 43 de minute – un timp foarte bun.

De atunci, Rick a terminat colegiul, iar acum lucrează la Universitatea din Boston unde proiectează sisteme de prelucrare a datelor pentru persoanele cu handicap. Încă mai participă la competiţii cu tatăl său, care are acum peste şaizeci de ani. Începând cu luna martie 2001, Team Hoyt a participat la un număr total de 731 de curse. Au alergat la 53 de maratoane şi 135 de triatloane, printre care şi 4 curse din seriile Ironman. Şi vor continua să alerge. „Nu există nici un lucru pe lume pe care să nu-l putem câştiga împreună", spune Dick.[3] El ar trebui să ştie acest lucru. Timp de aproape 25 de ani, el şi colegul său de echipă au cules fructele Legii Moralului Ridicat.

CUGETARE CU PRIVIRE LA MUNCA ÎN ECHIPĂ

Când faci bine, te simţi bine – când te simţi bine, faci bine.

CUM SĂ DEVENIŢI UN MEMBRU MAI BUN AL UNEI ECHIPE

Dacă vreţi să culegeţi roadele Legii Moralului Ridicat, nu puteţi aştepta până când moralul este atât de ridicat, încât să începeţi să lucraţi. Puneţi acţiunea înaintea sentimentului, nu sentimentul înaintea acţiunii. Începeţi prin a munci la un nivel de excelenţă corespunzător pentru cineva care traversează un sezon victorios. Dedicaţia şi entuziasmul dvs. vă vor îmbunătăţi randamentul – şi îi vor inspira pe câţiva dintre colegii dvs. de echipă.

CUM SĂ DEVENIŢI UN LIDER DE ECHIPĂ MAI BUN

Dacă sunteţi liderul echipei dvs., trebuie să vă imaginaţi ce tip de moral are acum echipa:

- *Moral la pământ*: Echipa este sub linia de plutire, iar evoluţia sa este negativă
- *Moral scăzut*: Echipa face unele progrese, însă nu este coerentă şi nu are încredere.
- *Moral moderat*: Echipa înregistrează victorii şi începe să aibă încredere în ea, însă trebuie luate anumite decizii dure pentru a o duce la următorul nivel.
- *Moral ridicat*: Echipa are o evoluţie aproape de potenţialul ei, câştigă, trebuie doar să fie menţinută pe drumul cel bun.

După ce aţi determinat etapa în care se află echipa dvs., aplicaţi indicaţiile din acest capitol în aşa fel încât să puteţi duce echipa (sau zona dvs. din cadrul echipei) către următoarea etapă.

17

LEGEA BENEFICIILOR

Investițiile în echipă sunt recuperate în timp

Este unul dintre cei mai mari fondatori de echipe ai tuturor sporturilor, şi totuşi e posibil să nu fi auzit niciodată de el. Iată o listă cu câteva realizări impresionante:

- Patruzeci de sezoane consecutive de baschet cu cel puţin douăzeci de victorii
- Cinci campionate naţionale
- Numărul unu în domeniul său în douăzeci din ultimii treizeci şi trei de ani
- Procentul total de victorii: 87%

Numele său este Morgan Wootten. Şi de ce majoritatea oamenilor nu au auzit de el? Pentru că este un antrenor de baschet la nivel de liceu!

Atunci când li se cere să numească cel mai mare antrenor de baschet al tuturor timpurilor, majoritatea oamenilor au tendinţa să răspundă cu unul dintre următoarele două nume: Red Auerbach sau John Wooden. Însă ştiţi ce spune despre Morgan Wootten John Wooden, antrenorul de la UCLA denumit şi Vrăjitorul din Westwood? Îl laudă cu convingere: „Oamenii susţin că Morgan Wootten este cel mai bun antrenor de baschet la nivel de liceu din ţară. Nu sunt de acord. Nu cunosc nici un alt antrenor mai bun la orice nivel – liceu, colegiu sau profesionişti. Am afirmat acest lucru şi cu alte ocazii însă mai afirm o dată: respectul meu faţă de el este nemărginit."

Iată o recomandare destul de puternică din partea celui care a câştigat zece campionate naţionale NCAA şi a antrenat unii dintre cei mai talentaţi jucători din baschet, inclusiv Kareem Abdul – Jabbar. (Apropo, atunci când Kareem urma liceul la Power Memorial Academy, echipa sa a pierdut un singur meci – în faţa echipei lui Morgan Wootten!)

NICI NU E NEVOIE DE PLAN PENTRU A CONSTRUI ECHIPE

Morgan Wootten nu şi-a propus niciodată să antreneze o echipă. La liceu a fost un atlet destul de bun, cu nimic ieşit din comun. Totuşi avea un excelent dar al vorbirii. Pe măsură ce creştea, ambiţia sa era să devină avocat. Însă când avea 19 ani şi era student la colegiu, un prieten l-a convins să accepte o slujbă ca antrenor de baseball, un joc despre care ştia foarte puţin, la un orfelinat. Echipa formată din copii nu avea nici uniforme, nici echipament. Şi deşi au lucrat cu toţii din greu, băieţii au pierdut toate cele şaisprezece meciuri.

În timpul primului sezon, Wootten s-a îndrăgostit de acei copii. Când i-au cerut să se întoarcă şi să fie antrenor de fotbal, nu a putut să îi refuze. În plus, jucase fotbal în liceu, deci ştia ceva despre acest sport. Echipa de la orfelinat nu a suferit nici o înfrângere, câştigând campionatul Catholic Young Organization din Washington D.C. Însă, ceea ce era şi mai important, Wootten începuse să-şi dea seama că doreşte să-şi investească timpul în copii, nu în cazuri judiciare.

Chiar din primul an a schimbat foarte multe în viaţa copiilor. Îşi aminteşte în special de un băieţel care începuse să fure şi era întotdeauna adus la orfelinat de poliţie. Spunea despre băiat că avea deja „două cartonaşe de atenţionare." Wootten l-a avertizat pe băiat că putea avea mari probleme, însă l-a luat în acelaşi timp sub aripa sa protectoare. Wootten îşi aminteşte:

> Am început să petrecem mai mult timp împreună. L-am luat la mine acasă şi lui îi plăceau foarte mult mesele pregătite de mama. Petrecea week-endurile la noi. S-a împrietenit cu fratele şi surorile mele. Astăzi se află încă la Washington, se descurcă destul de bine şi este cunoscut de foarte mulţi oameni. Oricine ar fi mândru să-l numească fiul lui. Era condamnat la o viaţă de infractor şi de puşcăriaş, poate chiar mai rău, până când cineva i-a oferit cel mai mare dar pe care un părinte îl poate oferi unui copil – timpul său.

În fiecare an de atunci, Wootten a făcut acelaşi lucru – s-a dedicat oamenilor din echipele sale. Antrenorul de baschet la NCAA, Marty Fletcher, fost jucător şi asistent sub conducerea lui Wooten, i-a prezentat talentul în felul următor: „Secretul său constă în faptul că îi face pe cei care sunt în preajma lui – oricine ar fi aceştia – să se simtă cele mai importante persoane din lume."[2]

CREAREA UNEI DINASTII

Nu după mult timp Wootten a fost invitat să devină antrenor secund la un liceu local foarte bun. Având o experienţă destul de vastă, a devenit antrenor principal la liceul DeMatha.

În 1956, când a început să lucreze aici, Wootten a preluat o mulţime de echipe învinse. Şi-a adunat toţi elevii care doreau să practice vreun sport la DeMatha şi le-a spus:

> Dragii mei, lucrurile se vor schimba. Ştiu cât de slabe au fost echipele liceului în aceşti ani, însă acum s-a terminat. Vom câştiga şi vom construi o *tradiţie* a victoriilor. Începând chiar din acest moment... Însă să vă spun cum vom face acest lucru. Vom epuiza orice echipă cu care jucăm... Prin muncă, disciplină şi dedicaţie, oamenii vor auzi de noi şi ne vor respecta, deoarece DeMatha va fi o echipă învingătoare.[3]

În acel an, echipa de fotbal a câştigat jumătate din meciuri, ceea ce era o realizare destul de importantă. La baschet şi baseball, existau campionate pe divizii. De atunci echipele sale au câştigat în permanenţă. DeMatha a fost mult timp considerată o dinastie.

Pe 13 octombrie, 2000, Wootten a fost adus la Naismith Basketball Hall of Fame, din Springfield, Massachusetts. În acea perioadă, echipele sale adunaseră un record de 1,210 – 183. De-a lungul anilor, peste 250 dintre jucătorii săi obţinuseră burse la colegiu. Doisprezece jucători din echipele de liceu au ajuns să joace în NBA.

NU ESTE VORBA DOAR DE BASCHET

Însă câştigarea meciurilor şi a titlurilor nu e ceea ce îl încântă cel mai mult pe Wootten. Ci investiţiile pe care le face în copii. Wootten consideră că:

> Antrenorii de la orice nivel au tendinţa de a pierde din când în când din vedere scopul lor, mai ales după un succes. Încep să pună carul înaintea boilor şi să muncească din ce în ce mai mult pentru a-şi dezvolta echipele, folosindu-şi băieţii sau fetele pentru a face acest lucru, însă uită că adevăratul lor scop este să dezvolte copii, folosind echipele în acest sens.[5]

Atitudinea lui Wootten aduce recompense nu numai pentru echipă, ci şi pentru persoanele din echipă. De exemplu, pe o perioadă de douăzeci şi şase de ani, fiecare dintre seniorii lui Wootten a câştigat burse la colegiu – nu numai jucători de teren, ci şi jucători de pe banca de rezervă. Antrenorul secund de la Penn State, Chuck Swenson, a remarcat: „Chiar dacă ştii că un copil nu este un jucător nemaipomenit, dacă este un jucător într-una dintre echipele liceului DeMartha, te va ajuta în meciuri. Cu Morgan, ştii că vei primi un copil – jucător de calitate, care va obţine rezultate bune şi va munci din greu pentru tine."[6] Gary Williams, antrenor principal al Universităţii din Maryland, a recunoscut calitatea jucătorilor: „Jucătorii săi au o bază atât de solidă, fac atât de multe lucruri bine, încât s-ar putea să nu se perfecţioneze atât de mult ca alţi copii care vin de la alte echipe şi care au fost la fel de antrenaţi...Asta pentru că ei nu sunt talente în stare brută: Sunt talente prelucrate"[7]. Remarcabil este faptul că aceste comentarii se referă la elevii de *liceu*, nu la jucătorii de colegiu sau cei profesionişti.

Investiţiile în echipă sunt recuperate în timp. Morgan Wootten investeşte în jucătorii săi deoarece acesta este lucrul pe care trebuie să-l facă, şi deoarece este ataşat de ei. Această metodă i-a făcut pe jucători să fie buni, a făcut ca echipele să aibă succes, iar cariera sa să fie remarcabilă. Este primul antrenor de baschet care a câştigat 1.200 de meciuri la orice nivel. Dezvoltarea oamenilor aduce recompense din toate punctele de vedere. Aceasta este puterea Legii Beneficiilor.

MARII INVESTITORI

De-a lungul capitolelor acestei cărţi, aţi citit despre persoane care s-au dedicat investiţiilor în membrii echipelor lor. Iar în urma acestor investiţii au obţinut beneficii considerabile. Investiţia lui Gordon Bethune care a constat în încredere a fost recuperată prin menţinerea companiei Continental în lumea afacerilor şi prin salvarea locurilor de muncă a celor paisprezece mii de angajaţi. Investiţia lui Bernie Marcus şi a lui Arthur Blank aduce profituri angajaţilor care deţin acţiuni la Home Depot – printre care o mie de angajaţi-milionari. Investiţia lui Jeff Skilling la Enron aduce profituri prin crearea unor noi iniţiative industriale de către liderii companiei. Iar investiţia lui Lilly Tartikoff în oameni aduce beneficii cercetării în domeniul cancerului. De obicei timpul, banii şi efortul necesar pentru perfecţionarea membrilor echipei nu schimbă echipa peste

> *Timpul, banii şi efortul necesar pentru dezvoltarea membrilor echipei nu schimbă echipa peste noapte, însă dezvoltarea acesteia va da întotdeauna roade.*

noapte, însă dezvoltarea acestora va fi întotdeauna recompensată. Investiţiile în echipă sunt recuperate în timp.

CUM SĂ INVESTIŢI ÎN ECHIPA DVS.

Cred că majoritatea oamenilor recunosc că investiţiile în echipă aduc beneficii fiecărui membru al echipei. Întrebarea pentru majoritatea oamenilor nu este *de ce*, ci *cum*. Permiteţi-mi să vă împărtăşesc cele zece etape pe care le puteţi parcurge pentru a investi în echipa dvs. Puteţi pune în practică aceste metode fie că sunteţi jucător sau antrenor, angajat sau angajator, subaltern sau lider. Există întotdeauna cineva în echipă care poate beneficia de ceea ce oferiţi. Iar atunci când fiecare membru al echipei investeşte, avantajele sunt asemenea unei dobânzi compuse. Se multiplică.

Iată cum puteţi începe:

1. *Luaţi decizia de a construi o echipă... aici încep investiţiile în echipă*

Se spune că fiecare călătorie începe cu prima etapă. A hotărî dacă oamenii din echipa dvs. merită dezvoltaţi este primul pas spre construirea unei echipe mai bune. Aceasta impune *angajament.*

> *A hotărî dacă oamenii din echipa dvs. merită dezvoltaţi este primul pas către construirea unei echipe mai bune.*

2. *Adunaţi cea mai bună echipă... acest lucru ridică potenţialul echipei*

După cum am menţionat anterior, cu cât oamenii din echipă sunt mai buni, cu atât potenţialul lor este mai mare. Există un singur tip de echipă din care probabil faceţi parte şi în afara căreia *nu ar trebui* să priviţi, în căutarea celor mai buni jucători. Această echipă este familia. Trebuie să fiţi alături de aceşti colegi de echipă la bine şi la greu. Însă toate celelalte tipuri de echipă pot beneficia în urma recrutării celor mai buni oameni disponibili.

3. Plătiţi preţul pentru construirea echipei... acest lucru asigură dezvoltarea ei

Atunci când Morgan Wootten şi-a extins responsabilităţile pentru a-l ajuta pe acel copil care avea două cartonaşe de avertizare împotriva lui, el şi familia sa trebuiau să plătească un preţ pentru a-l ajuta pe acel băiat. Nu era deloc comod. L-a costat energie, bani, timp.

Vă va costa şi pe dvs. să construiţi o echipă. Va trebui să dedicaţi timpul care ar putea fi folosit pentru productivitatea personală. Va trebui să cheltuiţi banii care ar putea fi folosiţi pentru beneficiul personal. Iar câteodată va trebui să renunţaţi la programele personale. Însă beneficiul faţă de indivizi – şi faţă de echipă – merită toate aceste preţuri. Tot ce daţi înseamnă investiţie.

4. Faceţi lucrurile împreună – ca o echipă... acest lucru oferă echipei o identitate comună

Odată am citit următoarea afirmaţie: „Chiar şi atunci când aţi jucat meciul vieţii, vă veţi aminti cel mai mult de sentimentul muncii în echipă. Veţi uita aruncările, pasele, punctele marcate, însă nu veţi uita niciodată colegii dvs. de echipă.” Acest lucru descrie identitatea comună care apare la colegii de echipă atunci când îşi petrec timpul făcând toate lucrurile împreună.

> *Chiar şi atunci când aţi jucat meciul vieţii, vă veţi aminti cel mai mult de sentimentul muncii în echipă.*

Singurul mod de a dezvolta identitatea comună şi coeziunea între membrii echipei este să îi reuniţi, nu numai într-o formulă profesională, ci şi în formule personale. Există foarte multe căi de a-i apropia pe membrii echipei unul de celălalt. Multe familii care vor să întărească legăturile între ele consideră că un mijloc foarte potrivit este campingul. Colegii de serviciu se pot cunoaşte mai bine în afara locului de muncă (într-un mod corespunzător). Nu contează atât de mult *când* şi *unde,* ci faptul că membrii echipei împărtăşesc experienţe comune.

5. *Oferiţi membrilor echipei responsabilitate şi autoritate... este o ocazie de a scoate la iveală lideri pentru echipă*

Cea mai mare dezvoltare a oamenilor apare deseori ca urmare a încercărilor şi greşelilor din experienţa personală. Orice echipă care doreşte ca oamenii să treacă la un nivel superior de randament – şi la niveluri mai ridicate de conducere – trebuie să ofere membrilor echipei atât autoritate cât şi responsabilitate. Dacă sunteţi liderul echipei dvs., nu vă protejaţi funcţia şi nu vă agăţaţi cu orice preţ de puterea pe care o deţineţi. Daţi-i drumul, este singurul mod de a oferi putere echipei dvs.

6. *Lăudaţi succesul în faţa întregii echipe... acest lucru ridică moralul echipei*

Mark Twain spunea „Pot trăi şi două luni cu un singur compliment bun". Este ceea ce simte majoritatea oamenilor. Oamenii sunt dispuşi să muncească din greu dacă sunt apreciaţi pentru eforturile lor. Din acest motiv Napoleon Bonaparte a observat „Un soldat va lupta din greu şi timp îndelungat pentru o bucată de panglică colorată." Faceţi complimente membrilor echipei dvs. Vorbiţi la superlativ despre realizările lor. Iar dacă dvs. sunteţi liderul, asumaţi-vă vina, dar niciodată meritul. Faceţi toate aceste lucruri, iar echipa dvs. va lupta în permanenţă pentru dvs.

> *„Pot trăi şi două luni cu un singur compliment bun."*
>
> – MARK TWAIN

7. *Verificaţi dacă investiţiile făcute în echipă sunt pe cale de a fi recuperate... Acest lucru oferă echipei sentimentul responsabilităţii*

Dacă investiţi bani în ceva, vă aşteptaţi la un rezultat, poate nu imediat, însă cu siguranţă în timp. Cum veţi putea şti dacă veţi câştiga sau veţi pierde de pe urma acestei investiţii? Va trebui să acordaţi atenţie acestui aspect şi să măsuraţi progresul înregistrat.

Acelaşi lucru este valabil şi atunci când se investeşte în oameni. Trebuie să observaţi dacă primiţi o recompensă pentru timpul, energia şi resursele pe care le investiţi. Unii oameni se dezvoltă foarte repede. Alţii mai încet, însă nu e nici o problemă. Principalul rezultat pe care doriţi să îl vedeţi este progresul.

8. *Nu mai investiţi în jucătorii care nu se dezvoltă... astfel se elimină pierderi mari pentru echipă*

Una dintre cele mai dificile experienţe pentru orice membru al unei echipe este să lase în urmă un coleg de echipă. Totuşi este absolut necesar să faceţi acest lucru dacă cineva din echipă refuză să se dezvolte sau să se schimbe pentru binele colegilor. După cum am menţionat în Legea Lanţului, acest lucru nu înseamnă că nu vă mai pasă de acea persoană la fel de mult. Înseamnă pur şi simplu că nu vă mai petreceţi timpul încercând să investiţi în cineva care nu vrea şi care nu poate să dezvolte potenţialul echipei.

9. *Creaţi noi oportunităţi pentru echipă... acest lucru permite echipei să se extindă*

Cea mai mare investiţie pe care o puteţi face într-o echipă este să-i oferiţi noi oportunităţi. Atunci când o echipă are posibilitatea de a găsi teren nou şi de a se confrunta cu noi provocări, trebuie să se extindă pentru a le putea îndeplini. Acest proces nu numai că oferă echipei şansa de a se dezvolta, dar constituie un avantaj pentru fiecare membru al echipei. Fiecare are ocazia de a se dezvolta către atingerea potenţialului.

10. *Oferiţi echipei cea mai mare şansă pentru a reuşi... acest lucru garantează o recompensă foarte mare*

James E. Hunton afirmă: „Strângerea laolaltă este începutul. Menţinerea laolaltă este progresul. Munca laolaltă este succesul." Una dintre cele mai importante sarcini pe care le aveţi de îndeplinit este îndepărtarea obstacolelor în aşa fel încât echipa să aibă o şansă cât mai mare de a lucra îndreptându-se către succes. Dacă

Unde există voinţă, există şi o cale, unde există o echipă, există mai multe căi.

sunteţi membrul unei echipe, s-ar putea să faceţi un sacrificiu personal sau să-i ajutaţi pe ceilalţi să lucreze împreună mai bine. Dacă sunteţi lider, va trebui să creaţi un mediu care să insufle energie echipei dvs. şi să oferiţi fiecărei persoane ceea ce are nevoie în orice moment pentru a asigura succesul.

Investiţia în echipă aproape garantează o recompensă ridicată pentru efortul depus deoarece echipa poate face mult mai mult decât indivizii separat. După cum mi-a spus Rex Murphy, unul dintre participanţii la conferinţele mele: „Acolo unde există voinţă, există şi o cale, acolo unde există o echipă, există mai multe căi."

INVESTIŢIA MEA PERSONALĂ – ŞI RECOMPENSA PRIMITĂ

După ce aţi văzut ce înseamnă să investiţi în echipa dvs. nu veţi putea niciodată să vă opriţi. Gândindu-mă la propria mea echipă – la modul în care colegii mei de echipă îmi adaugă valoare şi îşi adaugă valoare şi lor – devin copleşit de bucurie. Aşa cum investiţia pe care o fac şi recompensa pe care o primesc de la ei se multiplică, bucuria pe care o simt devine şi ea din ce în ce mai mare.

Preţuiesc fiecare membru al echipei mele, şi dacă aş putea, v-aş povesti despre fiecare persoană în parte. Însă acest lucru nefiind posibil, aş vrea să vă fac cunoştinţă cu jucătorii cheie din cercul meu intern:

- Larry Maxwell (pe care îl cunosc de 54 de ani). Mă iubeşte necondiţionat. A dus Trustul INJOY la un nivel cu totul nou. Pune întrebări nemaipomenite. Menţine echipa concentrată. Mă protejează. Este fratele meu mai mare!
- Margaret Maxwell (pe care o cunosc de 37 de ani). Soţia mea. Mă cunoaşte atât de bine, mă iubeşte atât de mult. Colaborarea cu ea mi-a permis întotdeauna să ajung la un

nivel mai ridicat. Călătoria noastră împreună este cea mai mare bucurie a mea.

- Dan Reiland (pe care îl cunosc de 19 ani). A fost pastorul meu executiv timp de mulţi ani. Fiind acum consultant, îi ajută pe pastori cu inima şi experienţa mea şi cu înţelepciunea şi viziunea lui. Este cel mai bun prieten al unui pastor şi al meu.
- Dick Peterson (pe care îl cunosc de optsprezece ani). Urmăreşte toate detaliile companiei mele. Eu deschid uşa, iar el o închide. Încep o propoziţie, iar el o termină.
- Tim Elmore (pe care îl cunosc de 15 ani). Predă ştiinţa conducerii mai bine decât mine. Îmi dă materiale legate de conducere mai bune decât ale mele.
- Linda Eggers (pe care o cunosc de paisprezece ani). Îmi cunoaşte foarte bine punctele forte şi punctele slabe. Mă reprezintă atât de bine. Răspunde la întrebările echipei mai bine şi mai repede decât mine.
- Charlie Wetzel (pe care îl cunosc de opt ani). Conturează vieţile unui număr mai mare de oameni decât oricine altcineva din echipă. Îmi ia ideile, lecţiile, le dă o formă şi le transformă în cărţi. Din acest punct, ele se multiplică.
- Dace Johnson (pe care îl cunosc de şapte ani). Gestionează resursele Trustului INJOY pentru a extinde impactul său în întreaga lume. Este un vrăjitor financiar care mă iubeşte şi mă înţelege.
- Kevin Small (pe care îl cunosc de şapte ani). Are o energie şi un potenţial nelimitat. Vede o ocazie de la o distanţă de câţiva kilometri. Îmi place să investesc în el. Recompensa este imensă!
- Dave Sutherland (pe care îl cunosc de şapte ani). Este preferatul meu. El este omul organizaţiei. Un gânditor extraordinar. Poate dezvolta compania şi fără mine. Când îi dau mingea, înscrie întotdeauna.
- Kirk Nowery (pe care îl cunosc de cinci ani). Mă reprezintă atât de bine şi iubeşte pastorii şi bisericile locale. În fiecare seară ne povesteşte cum putem adăuga valoare prin ISS. În fiecare seară avem această ocazie.

- Doug Carter (pe care îl cunosc de cinci ani). Îi place să împartă misiunea EQUIP (organizaţia mea non-profit) cu alţii. Îi ajută pe oamenii de afaceri să treacă de la succes la semnificaţie. M-a ridicat la un nivel cu totul nou.

În această etapă a vieţii mele, tot ceea ce fac este un efort de echipă. Când am început pentru prima dată să predau în cadrul unor seminare, eu făceam totul. Evident mai erau şi alţi oameni care mă ajutau, însă se întâmpla foarte des să împachetez şi să expediez un colet tot aşa cum se întâmpla să vorbesc. Acum doar predau. Echipa mea minunată are grijă de tot restul. Chiar şi cartea pe care o citiţi este un efort de echipă.

Echipa mea este bucuria mea. Aş face absolut orice pentru oamenii din această echipă deoarece ei fac totul pentru mine.

Echipa mea mă face să fiu mai bun.
Echipa mea face ca valoarea mea faţă de alţii să fie mai mare.
Echipa mea îmi creează posibilitatea să fac ceea ce fac mai bine.
Echipa mea îmi acordă mai mult timp.
Echipa mea mă reprezintă acolo unde nu pot să merg.
Echipa mea oferă un sentiment al comuniunii care ne face pe toţi să ne simţim mai bine.
Echipa mea îmi îndeplineşte dorinţele sufletului.

Dacă experienţele dvs. legate de echipa actuală nu sunt pozitive, aşa cum aţi vrea să fie, este timpul să creşteţi nivelul investiţiei. Construirea unei echipe pentru viitor este ca dezvoltarea unei structuri financiare. E posibil să înceapă încet, însă ceea ce investiţi aduce o recompensă mare – similară modului în care dobânda funcţionează în zona finanţelor. Încercaţi să faceţi acest lucru şi veţi descoperi că Legea Beneficiilor funcţionează. *Investiţiile în echipă sunt recuperate în timp.*

CUGETARE CU PRIVIRE LA MUNCA ÎN ECHIPĂ

Investiţia făcută de dvs. în echipă aduce recompense?

CUM SĂ DEVENIŢI UN MEMBRU MAI BUN AL UNEI ECHIPE

Oferiţi o recompensă ridicată pentru ceea ce investesc colegii dvs. în dvs.? Gândiţi-vă la oportunităţile pe care le-aţi primit şi la experienţele de studiu pozitive la care aţi fost expus. Aţi profitat de toate cu entuziasm, sau le-aţi lăsat să treacă pe lângă dvs.? Dacă nu aţi dat dovadă de energie pentru a profita de oportunităţile de dezvoltare, atunci schimbaţi-vă atitudinea astăzi. Dezvoltaţi-vă cât de mult, şi hotărâţi-vă să oferiţi echipei o recompensă ridicată pentru investiţiile pe care le-a făcut în dvs.

CUM SĂ DEVENIŢI UN LIDER DE ECHIPĂ MAI BUN

Ca lider, mai mult ca oricine altcineva, determinaţi mediul organizaţiei şi dacă oamenii dvs. investesc în ceilalţi. Începeţi prin instituţionalizarea investiţiilor şi integrarea lor în cultura organizaţiei. Încurajaţi dezvoltarea. Puneţi deoparte timp şi bani pentru investiţiile în echipă. Şi asumaţi-vă responsabilitatea pentru a investi în liderii de bază. Cu cât aveţi mai mulţi lideri în interiorul echipei şi cu cât aceştia se vor dezvolta mai mult, cu atât mai mari vor fi beneficiile.

CONCLUZII

Mulţi oameni vorbesc despre alchimie. Auziţi deseori vorbindu-se despre aceasta în sport. Analiştii au obiceiul să spună: „Acea echipă a avut talent, cu siguranţă, însă nu a fost capabilă să elaboreze alchimia. De aceea nu a avut randamentul la care se aştepta toată lumea."

Probabil că aţi observat că nu există o Lege a Alchimiei în această carte, şi acest lucru s-ar putea să vă dezamăgească. Însă lăsaţi-mă să vă spun de ce acest concept nu constituie una dintre cele 17 Legi Incontestabile ale Muncii în Echipă.

Alchimia nu este ceva care poate fi creat cu o singură aptitudine şi prin aplicarea unei singure tehnici. Alchimia apare atunci când sunteţi capabili să aplicaţi *toate* Legile Muncii în Echipă. Cu cât aplicaţi mai multe legi, cu atât va fi mai laborioasă alchimia elaborată de echipa dvs. De fiecare dată când un jucător îşi găseşte nişa în echipă, acest lucru contribuie la crearea unei alchimii pozitive. De fiecare dată când o verigă slabă este înlocuită de un jucător mai bun de pe banca de rezervă, se creează o alchimie mai bună. Atunci când un catalizator intră în scenă şi pune lucrurile în mişcare pentru prima dată, sau atunci când un lider găseşte o modalitate de a ajuta echipa să joace la un nivel mai ridicat, se creează o alchimie bună. Atunci când jucătorii contează unul pe celălalt, se creează alchimie mai bună. De fiecare dată când se aplică o lege nouă pentru echipă, alchimia devine din ce în ce mai bună – iar echipa din ce în ce mai puternică.

Sper că v-a făcut plăcere să vă familiarizaţi cu Legile Muncii în Echipă. Însă, ceea ce e mai important, sper că legile vă vor ajuta să creaţi echipa visurilor dvs. Îmbrăţişaţi aceste legi şi veţi oferi putere echipei. Aceasta este promisiunea mea faţă de dvs.!

NOTE

Capitolul 1

1. Brandon Tartikoff and Charles Leerhsen, *The Last Great Ride* (New York: Turtle Bay Books, 1992), 60.
2. „OncoLink: An Interview with Lilly Tartikoff," «www.oncolink.upenn.edu».

Capitolul 2

1. Frye Gaillard, *If I were a Carpenter: Twenty Years of Habitat for Humanity* (Winston – Salem, NC: John F. Blair, 1995).
2. „The History of Habitat", «www.habitat.org».

Capitolul 3

1. „Bush Nominates Powell as Secretary of State", 17 December 2000.
2. Colin Powell with Joseph E. Persico, *My American Journey* (New York: Random House, 1995), 28.
3. Michael Hirsh şi John Barry, „Leader of the Pack", *Newsweek*, «www.newsweek.com», 25 December 2000.
4. „Town Hall Meeting: January 25, 2001", «www.state.gov».
5. „Packing Parachutes", audiotape excerpt, «www.charlieplumb.com».
6. „Charlie Plumb's Speech Content", «www.charlieplumb.com».

Capitolul 4

1. „Mount Everest History/Facts", «www.mnteverest.com».
2. James Ramsey Ullman, *Man of Everest: The Autobiography of Tenzing* (London: George G. Harrap and Co., 1955), 178.
3. Ibid., 250.
4. Ibid., 255.
5. Jim Lovell and Jeffrey Kluger, *Lost Moon: The Perilous Voyage of Apollo 13* (Boston: Houghton Mifflin, 1994), 159-60.
6. W. David Campton, *Where No Man Has Gone Before: A History of Apollo Lunar Exploration Missions* (Washington DC: NASA SP-4241, 1989)
7. Ullman, *Man of Everest*, 227.

Capitolul 5

1. „Quick Answers to the Most Frequently Asked Questions", «www.oilspill.state.ak.us/history».
2. „Exxon's Appeal of the Valdez Oil Spill $5 Billion in Punitive Judgement", «www.exxon.mobil.com».
3. Danny Cox with John Hoover, *Leadership When the Heat's On* (New York: McGraw-Hill, 1992), 69-70.
4. John Carl Roat, *Class-29: The Making of U.S. Navy SEALs* (New York: Ballantine Books, 1998), 192.
5. Ibid., 7.
6. Ibid., 223.

Capitolul 6

1. „The President Suits Up for Practice", «www.cbs.sportsline.com».
2. „The History of the „I Have a Dream' Program", «www.ihad.org».

Capitolul 7

1. Greg Farrell, „Building a New Big Blue," «www.usatoday.com», 23 November 1999.

2. „IBM Wants Business Partners to Focus on Growth”, «www.findarticles.com», 2 March 1999.
3. Farrell, „Building a New Big Blue.”
4. Michelle Marchetti, „IBM's Marketing Visionary,” *Sales and Marketing Management*, September 2000, 55.
5. Proverbs 29:18$_{\text{KJV}}$.
6. Dan Westell, „HNG Purchase Gives Internorth New Scope”, *Wall Street Journal*, 16 July 1985, «bis.dowjones.com».
7. Thomas A. Stewart, „Taking Risk to the Marketplace,” *Fortune,* 6 March 2000, «www.fortune.com».
8. Gary Hamel, „Inside the Revolution: Take it Higher”, *Fortune*, 5 February 2001, «www.fortune.com».
9. „100 Best Companies to Work For,” «www.fortune.com».

Capitolul 8

1. John C. Maxwell, *The Winning Attitude* (Nashville: Thomas Nelson, 1993), 24
2. Pat Riley, *The Winner Within* (New York: Berkley Publishing Group, 1994), 41, 52

Capitolul 9

1. „Interview with Stacey Loizeaux.”
2. John C. Maxwell, *The 21 Irrefutable Laws of Leadership: Follow Them and People Will Follow You* (Nashville: Thomas Nelson, 1998), 58.
3. Barry J. Gibbons, *This Indecision is Final: 32 Management Secrets of Albert Einstein, Billie Holiday, and a Bunch of Other People Who Never Worked 9 to 5* (Chicago: Irwin Professional Publishing, 1996).
4. Colossians 3:23 – 24
5. Roat, *Class – 29: The Making of U.S. Navy SEALs,* 135-36.
6. „Statement of FBI Director Louis J. Freeh on the Arrest of FBI Special Agent Robert Philip Hanssen,” «www.fbi.gov», 20 February 2001.

7. Walter Pincus and Brooke A. Masters, „U.S. May Seek Death Penalty Against Spy Hanssen," «www.washingtonposy.com», 28 March 2001.
8. „Core Values," «www.fbi.gov», 30 March 2001.
9. „Statement of FBI Director Louis J. Freeh on the Arrest of FBI Special Agent Robert Philip Hanssen."
10. William A. Cohen, *The Art of the Leader* (Englewood Cliffs, NJ: Prentince Hall, 1994).

Capitolul 10

1. Stephen Franklin, „Founder a Force in Retail, Civic Affairs," «www.chicagotribune.com», 29 December 2000.
2. „End of the Line," «www.nytimes.com», 29 December 200.
3. „Historical Chronology – 1925: Opening Retail Stores," «www.sears.com», 15 March 2001.
4. Allan Cox, *Straight Talk for Monday Morning* (New York: John Wiley & Sons, 1990).
5. John C. Maxwell, *the 21 Indispensable Qualities of a Leader: Becoming the Person Others Will Want to Follow* (Nashville: Thomas Nelson, 1999), 144-45.
6. Robert Newall, „History Comes Alive in Valley Forge," «www.vaportrails.com», 11 March 2001.

Capitolul 11

1. Michael D. Eisner with Tony Schwartz, *Work in Progress* (New York: Random House, 1998), 171
2. John Taylor, *Storming the Magic Kingdom: Wall Street Raiders and the Battle for Disney* (New York: Knopf, 1987), 14.
3. Eisner, *Work in Progress*, 235.
4. „The Walt Disney Company Annual Report 2000: Financial Review," «www.disney.go.com», 28 March 2001.
5. Adam Cohen, „eBay's Bid to Conquer All", *Time*, 5 February 2001, 48.
6. „Company Overview," «pages.ebay.com», 12 March 2001.

Capitolul 12

1. John Wooden with Jack Tobin, *They Call me Coach* (Chicago: Contemporary Books, 1998), 104.

Capitolul 13

1. Bernie Marcus and Arthur Blank with Bob Andelman, *Built from Scratch: How a Couple of Regular Guys Grew the Home Depot from Nothing to $30 Billion* (New York: Times Business, 1999), xvi-xvii.
2. „Company Information", «www.homedepot.com», 11 April 2001.
3. Marcus and Blank, *Built from Scratch,* xvii.

Capitolul 14

1. Gordon Bethune with Scott Huler, *From Worst to First: Behind the Scenes of Continental's Remarkable Comeback* (New York: John Wiley and Sons, 1998), 4.
2. Ibid., 6.
3. Thomas A. Stewart, „Just Think: No Permission Needed," *Fortune*, 8 JAnuary 2001, «www.fortune.com».
4. Bethune, *From Worst to First*, 211.
5. „Return with Honor", *The American Experience*, «www.pbs.org», 22 February 2001.

Capitolul 15

1. Mike Kahn, „Harris' Deletion No Surprise," «www.cbs.sportsline.com», 24 February 1999.
2. Mike Rowland, *Los Angeles Magazine*, June 2000, «www.findarticles.com».
3. John Van der Zee, *The Gate: The True Story of the Design and Construction of the Golden Gate Bridge* (Lincoln, NE: Backprint.com, 2000), 50.

4. Ibid., 42.
5. Craig A. Doherty and Katherine M. Doherty, *The Golden Gate Bridge* (Woodbridge, CT: Blackbirch Press, 1995), 17.

Capitolul 16

1. Johnette Howard, „True Grit," «sportsillustrated.cnn.com», 24 July 1996.
2. Ibid.
3. E.M.Swift, „Carried Away with Emotion," «sportsillustrated.cnn.com», 8 December 1996.
4. „Not Just the Wink of an Eye," «www.strug.com», 30 March 2001.
5. David Tereshchuk, „Racing Towards Inclusion," «www.teamhoyt.com», 14 March 2001.
6. „Father – Son Duo Are World Class Competitors, Despite Odds," «www.cnn.com», 29 November 1999.
7. Ibid.
8. Ibid.

Capitolul 17

1. Don Banks, „Teacher First, Seldom Second, Wootten has Built Monument to Excellence at Maryland's DeMatha High," *St. Petersburg Times*, 3 April 1987, «www.dematha.org».
2. John Feinstein, „A Down-to-Earth Coach Brings DeMartha to New Heights,", *Washington Post,* 27 February 1984, «www.dematha.org».
3. Morgan Wootten and Bill Gilbert, *From Orphans to Champions: The Story of DeMatha's Morgan Wootten* (New York: Atheneum, 1979), 24-25.
4. William Plummer, „Wooten's Way", *People*, 20 November 2000, 166.
5. Wootten and Gilbert, *From Orpahns to Champions*, 12-13.
6. Feinstein, „A Down-to-Earth Coach Brings DeMartha to New Heights."
7. Ibid.

Hors-piste

Sara Nickerson

Comment disparaître
et ne jamais être retrouvé

Traduit de l'anglais (États-Unis) par
Guillaume Marlière

Illustré par
Sally Wern Comport

GALLIMARD JEUNESSE

Ce roman existe parce qu'Alix Reid en a décidé ainsi.
Et grâce à Stewart Stern, à Geof Miller et, bien sûr, à Alex Kuo.
Ce roman existe parce qu'il m'a été donné
le temps, l'espace, la confiance et le soutien nécessaires.
Et pour cela je remercie Matthew.

Titre original :
HOW TO DISAPPEAR COMPLETELY AND NEVER BE FOUND
Édition originale publiée par HarperCollins Children's Books,
HarperCollins Publishers, Inc., New York

Pour Sara et Lindsey
Montana, 1993

Chapitre 1

La plupart des histoires commencent quelque part, mais où se trouve le début de celle-ci ? Dans le manoir en ruine d'une petite île du nord de la côte Pacifique ou dans la camionnette à plateau bleu marine qui s'en approche ? Par une journée ensoleillée cette année ou lors d'une autre journée ensoleillée, vingt ans plus tôt ? Avec moi ou avec un jeune garçon qui, il y a bien longtemps, s'imagina qu'il se transformait en rat ? En fait, je crois seulement savoir où cette aventure débuta pour moi : dans la camionnette bleu marine qui roulait vers un endroit dont j'ignorais l'existence. Un endroit qui, pourtant, avait déjà changé ma vie.

– On devrait déménager ! On devrait déménager, maman, déclara Sophie.

– On ne déménage pas.

– Mais si on venait vivre ici, on pourrait aller nager tous les jours et s'acheter un bateau.

– On ne déménage pas, répéta ma mère.

Je me penchai en avant, allumai la radio et montai le volume au maximum.

– Margaret, j'essaie de parler ! s'écria Sophie en l'éteignant.

– Et moi, j'essaie de penser, répliquai-je.

– À quoi ?

– Si tu te tais pendant cinq minutes, je te le dirai peut-être.

Bizarrement, cette astuce fonctionnait chaque fois. Ma petite sœur croisa les bras, prit sa respiration et retint son souffle. Je regardai ma mère par-dessus l'épaule de Sophie. Elle se rongeait jusqu'au sang l'ongle du petit doigt de la main gauche.

– Tu devrais tenir le volant à deux mains, maman, dis-je. Surtout dans les virages.

Ma sœur laissa échapper une profonde expiration, comme si elle faisait surface après avoir plongé au fond de la mer.

– Ça ne fait pas cinq minutes, Sophie. Tu es loin du compte.

Puis, je m'adressai de nouveau à ma mère :

– Maman ?

Lizzie ne répondit pas. Sans même me regarder, elle se contenta d'arracher un dernier bout d'ongle avant de prendre le volant à deux mains. Pourtant, à la seconde où je me tournai vers la vitre, je sus qu'elle allait recommencer. Par l'annulaire de la main droite. Je vis son reflet. Mâche, mâche, arrache. Puis, j'observai Sophie : ses joues gonflées et dures comme deux pommes bien rondes. Ma famille.

J'abandonnai. Serait-ce tellement terrible d'avoir un accident et de mourir sur cette petite route, dans cette île si lointaine ? À ce moment-là, ça m'était égal : ma mère aurait pu conduire avec les pieds.

– Cinq minutes ! annonça Sophie bruyamment.

Je regardai ma montre : deux minutes à peine s'étaient écoulées.

– Et alors ? demandai-je.

Dehors, des vagues blanches d'écume roulaient sur une plage de galets. J'entrouvris la vitre pour aérer la voiture. C'était la mi-mars, une semaine avant le premier jour du printemps, et l'air sentait la terre humide et les fleurs.

– Tu dois me raconter. À quoi tu pensais ?

Je remontai la vitre, la redescendis, fredonnai une chansonnette, puis jetai un coup d'œil en coin à ma mère. Elle n'avait plus d'ongle à ronger et s'était mise à mordiller l'intérieur de ses lèvres.

– Je m'interrogeais sur ce grand mystère.

– Quel grand mystère ? s'étonna Sophie, en cherchant ma mère du regard. On sait des trucs.

Ma sœur et moi sommes comme les plateaux d'une balance : quand je déprime, elle est en pleine forme.

– Non, rétorquai-je. On ne sait rien.

Pourtant, au moment où je prononçais cette phrase, je compris que Sophie avait raison : certains détails ne m'avaient pas échappé.

– Bon d'accord. Quelque chose nous appartient sur cette île et nous allons le vendre. Mais, hum… Qu'est-ce que c'est ? Je ne me souviens pas d'être déjà venue ici. Et toi, Sophie ?

Elle remua la tête pour dire non, les yeux toujours rivés sur Lizzie. Je soupirai et me retournai vers la vitre. La réponse ne viendrait pas de notre mère, j'en étais certaine. Mais elle viendrait bientôt. À l'arrière de la camionnette, nous transportions une pancarte À VENDRE. Il y aurait une réponse. C'était obligé.

Peut-être faudrait-il maintenant revenir en arrière, le même jour, mais quelques heures plus tôt. J'étais dans la cuisine en train de faire la vaisselle qui s'entassait depuis une semaine. Sophie, assise sur le bar à côté de moi, buvait bruyamment un bol de lait. Du séjour nous parvenaient le bruit d'un animal sauvage et l'odeur d'une cigarette. J'observai ma petite sœur en me demandant si elle pensait la même chose que moi. Car vous comprenez, ma mère regarde des documentaires animaliers tous les week-ends, mais elle ne fume qu'en cas de problème.

J'entendis le canapé craquer, puis des pas sur le tapis du séjour. Un instant plus tard, Lizzie se tenait dans la cuisine, appuyée à l'autre bout du bar, et essayait de nous voir à travers un épais nuage de fumée grise. Elle tapotait sur sa tasse de café et se mit à fredonner une chanson, curieux mélange entre *Joyeux anniversaire* et *La petite araignée qui tricote*.

– Maman, on est dimanche, fis-je excédée. Pourquoi tu t'es maquillée ?

Sa bouche était peinturlurée d'un rouge crayeux, mis à la va-vite et sans l'aide d'un miroir. Elle avait rassemblé ses cheveux mi-longs en une queue de cheval ébouriffée, comme si elle avait oublié de les brosser.

Lizzie ne me répondit pas. Elle prit une dernière gorgée de café, puis écrasa le mégot qui grésilla au fond de la tasse. Comme par magie, une nouvelle cigarette apparut entre le V formé par ses doigts. Elle l'alluma, inspira profondément et parvint à dire « Mettez vos chaussures » sans recracher la fumée. J'observai Lizzie, en attendant de voir le petit nuage sortir de sa bouche. « Vos chaussures et vos manteaux », finit-elle par dire dans un souffle. La fumée et les mots tourbillonnèrent un moment dans la cuisine ; les rugissements d'un lion furieux emplissaient le salon.

Sophie avait sauté du bar et s'était précipitée vers l'entrée au moment où notre mère avait parlé des chaussures. Depuis la petite chambre que nous partagions, elle m'appela, tout excitée :

– Margaret, tu veux que je t'apporte les tiennes ?

– Non, répondis-je, en prenant mon temps pour rincer les plats.

– Tu le feras plus tard, dit Lizzie.

Elle n'avait pas cessé de tapoter sa tasse, de chantonner et de souffler de la fumée.

– On est dimanche, maman, répétai-je. Où allons-nous ?

– Va chercher tes chaussures, se contenta-t-elle de répondre.

*

Dix minutes plus tard, nous nous serrions toutes les trois à l'avant de la camionnette. Lizzie alluma sa quatrième cigarette de la matinée et démarra.

– On va où, maman ? On va où, maman ?

Sophie sautillait en rythme.

– Où ça, où ça, où ça, M'man ?

Naturellement, je savais pourquoi elle était tellement énervée. Si vous regardez la définition de « prévisible » dans le dictionnaire, l'exemple qu'on vous donne, c'est de passer un week-end chez nous. D'abord le samedi ou, comme dit Sophie, le jour des distractions en famille. Moi, je ne l'appellerais pas ainsi, mais plutôt : le jour du minimum vital. Je vais vous expliquer comment nous passons cette journée.

Vers trois heures, à la fin des deux siestes de Lizzie (sieste du matin, sieste de l'après-midi), nous rassemblons nos vêtements sales de la semaine, les balançons sur le plateau de la camionnette et nous nous rendons au Lavomatic. La première tâche en arrivant consiste à trier le linge : le blanc avec le blanc, le noir avec le noir, les couleurs avec les couleurs et le linge délicat avec le linge délicat.

– Qu'est-ce que c'est, délicat ? nous demanda un jour Sophie.

Quand Lizzie lui répondit : « Les chemises de nuit et tout ce qui est fragile et mignon », ma petite sœur exigea que son pyjama Tigrou allât dans cette pile. Lizzie tint bon et refusa. Pourtant, chaque semaine, Sophie hurle « Délicat ! » et jette son pyjama Tigrou au milieu de la laverie. Pour rire.

Quand les machines se mettent à tourner en faisant de la mousse, je m'assieds avec un magazine, le *National Geographic*, tandis que Sophie arrange précautionneusement sur une table les pièces du PUZZLE LE PLUS DUR DU MONDE qu'elle a déjà assemblées. Si elle parvient à le terminer, elle gagnera un certificat encadré ; en plus, son nom sera ajouté à la liste des farfelus qui, sur toute la planète, l'ont déjà réussi. (Je crois qu'ils sont cinq.)

À la fin du cycle de rinçage, j'aide Sophie à déplacer son puzzle. Ce qui, généralement, dure le temps exact de l'essorage. Puis, nous fourrons les vêtements humides dans le sèche-linge et réveillons Lizzie. Nous nous rendons ensuite toutes les trois à l'épicerie, deux rues plus loin. Dans le magasin, Lizzie pousse le chariot tandis que Sophie et moi le remplissons de victuailles.

À première vue, vous pouvez trouver ça rigolo, mais ça ne l'est vraiment pas. Même Sophie ne s'amuse pas. D'abord on s'arrête devant le rayon boulangerie où, toutes les semaines, on achète deux pains : un blanc et un complet. Une fois, je me suis trompée et j'ai acheté un pain au levain. Maintenant, je fais très attention quand je lis les étiquettes.

Ensuite, nous allons au rayon des céréales. Puisqu'on a le droit de prendre ce qu'on veut, c'est la partie la plus intéressante des courses. Chaque semaine, Sophie met un point d'honneur à en choisir de nouvelles. Elle devient tout à coup très sérieuse et parcourt l'allée de bas en haut et de haut en bas en étudiant minutieusement chaque boîte. Lorsqu'elle trouve le cadeau, la bande dessinée ou le visage souriant qui lui font croire que ces céréales rendront sa vie plus belle, elle attrape le paquet avec douceur et le transporte serré contre son cœur pendant le reste des courses, comme si c'était sa poupée préférée.

Moi, au contraire, j'ai appris à rester fidèle aux cornflakes. Bien qu'il n'y ait ni mots croisés ni jouet surprise à l'intérieur, je sais que je peux compter sur eux. Je crois que c'est la différence entre avoir sept ans et en avoir douze.

Le reste des courses est réglé comme une horloge. Lait, bananes, chips, beurre de cacahuètes, gelée et… nos aliments de base : les surgelés. On ne flâne pas dans ce rayon, car on sait exactement ce qu'il nous faut pour la semaine. Six pizzas (trois « fromage » et trois « pepperoni »), deux paquets de frites et six burritos aux haricots, spécial four à micro-ondes. Point final. Un jour, Lizzie a pris un sachet de petits pois en grommelant qu'il nous fallait davantage de légumes verts. Ça fait presque un an qu'ils végètent dans le congélateur. Chaque fois que je l'ouvre et que je vois leur petite tête ronde me regarder, je suis un peu triste. *Encore une chose qui te manque*, semblent-ils me dire.

Une fois le chariot rempli, nous passons à notre caisse

préférée (la quatre, celle où il y a le plus de magazines sur le présentoir) avant de retourner au Lavomatic, où nous arrivons normalement pour le dernier tour de séchage. Puis, nous jetons l'ensemble — nourriture, linge, livres, le PUZZLE LE PLUS DUR DU MONDE — sur le plateau de la camionnette et rentrons à la maison. Maman s'avachit sur le canapé et Sophie et moi déchargeons les courses et mettons les vêtements de côté. La partie « rigolote » du jour des distractions en famille est finie.

Vient alors le dimanche, autrement nommé par Lizzie le jour de détente en famille. Ce qui, pour elle, signifie passer la matinée et l'après-midi à somnoler, couchée sur le divan, tandis que d'épouvantables documentaires animaliers peuplent l'appartement de cris sauvages. (« Ce sont les seules émissions intéressantes qui passent à la télé », affirme-t-elle, tandis qu'un chimpanzé au poil lisse et brillant déchiquette une frêle gazelle.)

Quant à Sophie, le jour de détente en famille consiste pour elle à s'étaler par terre dans le salon avec — vous avez deviné ? — le PUZZLE LE PLUS DUR DU MONDE. Elle ne saura ce qu'il représente qu'après l'avoir terminé. À mon avis, c'est ce qui fascine tous les joueurs.

Le dimanche, je lave les tasses, les cuillères et les bols qui se sont accumulés pendant la semaine. Ensuite, je plie et range le linge lavé la veille. Puis, je trie les surgelés dans le congélateur et déplace l'unique aimant de l'autre côté du réfrigérateur. (Il s'agit d'un hippopotame rose qui dit « donne-moi à manger », un cadeau de Sophie pour la fête des mères.) Parfois, je cherche des fissures ou des trous à travers lesquels une armée d'insectes ou un essaim d'abeilles tueuses pourraient envahir l'appartement.

Et c'est tout. Nous réchauffons une pizza, un burrito, ou les deux, nous allons au lit à neuf heures, parce que le lendemain il y a école et, cinq jours plus tard, nous recommençons exactement le même cirque. Voilà pourquoi ce jour de détente en famille paraissait si bizarre, si excitant.

Lorsque Sophie vit le panneau indiquant le terminal du ferry, elle bondit si haut que sa tête heurta le plafond de la camionnette.

– On va sur le ferry ! On va sur le ferry ! criait-elle, tandis que Lizzie roulait vers le guichet.

Je ne me souvenais pas de la dernière fois où nous avions pris le ferry ; je ne me souvenais même pas de la dernière fois où nous étions sortis un dimanche. Alors, debout sur le pont, j'eus un étrange pressentiment. Je prononçai une phrase dans ma tête, puis à voix haute. À peine un murmure dans le vent aigre.

– Quoi ? (Sophie tirait sur ma manche. Elle était blottie contre moi et je ne l'avais même pas remarquée.) Qu'est-ce que tu as dit, Margaret ?

– Rien, répondis-je.

Mais pour moi et pour les mouettes ballottées au gré du vent, je répétai : *Après aujourd'hui, plus rien ne sera pareil.*

*

Un membre de l'équipage agita son drapeau et Lizzie mit le contact. De nouveau, nous étions serrées toutes les trois à l'avant de la camionnette. Mes joues frémissaient à cause du vent et mes cheveux, d'habitude raides, étaient tout ébouriffés.

Ma mère entrouvrit à peine la vitre et fit tomber la longue cendre de sa cigarette, puis passa les vitesses. Nous suivîmes la petite file de voitures qui descendait du ferry pour rejoindre la route principale. À la première intersection, nous nous arrêtâmes. Lizzie regarda à gauche, à droite. Changea plusieurs fois sa cigarette de main, puis se mit à ronger l'ongle de son auriculaire.

– Maman, demanda Sophie, est-ce que j'ai déjà été sur cette île avant ?

Lizzie fit signe que non.

– Et moi, est-ce que je suis déjà venue, maman ? l'interrogeai-je à mon tour.

C'était comme si nous cherchions à résoudre l'énigme d'un jeu dont nous ignorions les règles.

Ma mère ne répondit pas. Elle ne remua même pas la tête. Elle se contenta de prendre sa cigarette dans l'autre main et de tourner à gauche.

– Centre-ville, lut Sophie sur le panneau. La flèche indique que le village est par là.

– Si je me souviens bien, murmura Lizzie, il y a une quincaillerie.

Donc, elle connaissait l'île. *Indice numéro un.*

Lizzie traversa lentement le village : une longue rue flanquée d'un assortiment curieux de boutiques et d'échoppes. Il y avait un magasin pour touristes dont la vitrine était remplie de mouettes en céramique et de petites danseuses hawaïennes faites de coquillages roses. Côte à côte, un coiffeur et un salon de beauté, baptisés *Pour lui* et *Pour elle*. Une taverne aux fenêtres si sombres qu'on ne pouvait voir à l'intérieur. Un bureau de poste, une épicerie, un café et une petite maison jaune citron qui portait une enseigne BIBLIOTHÈQUE.

– La voilà ! s'exclama Lizzie en s'arrêtant devant une quincaillerie au toit de bardeaux gris devant laquelle un panneau défraîchi annonçait : *Réparez tout vous-même*.

– Tu n'as pas mis le clignotant.

Ma mère mit le frein à main et fit comme si elle ne m'avait pas entendue.

– Restez-la, dit-elle en sortant. Et n'ouvrez à personne.

Je l'observai tandis qu'elle s'éloignait de la camionnette — jean délavé, pull trop grand, cheveux bruns et fins que sa queue de cheval avait du mal à retenir. Quelque chose en elle la faisait davantage ressembler à une sœur aînée qu'à une mère.

– Qu'est-ce qu'on fait ici, Margaret ? (Je haussai les épaules, comme si ça ne m'intéressait pas.) Je me demande s'il y a un rapport avec papa.

Sophie me surprenait parfois. Elle n'était qu'un bébé à la mort de notre père, mais elle paraissait avoir compris la règle numéro un de la maison : ne jamais parler de papa devant maman.

Je me regardai dans le rétroviseur et peignai en arrière les cheveux fous qui me mangeaient le visage.

– D'après toi, je ressemble plus à papa ou à maman ? la questionnai-je.

– Je ne me souviens plus de lui.

– Mais tu as vu des photos.

– Tu as les yeux de maman. Ils sont comme de l'eau trouble.

– Merci.

– Non, c'est un compliment. Tu sais, quand l'océan se mêle au sable. Bleu, gris, brun.

Les yeux de Sophie, eux, étaient noisette, d'un noisette profond et riche, comme ceux d'une petite créature des bois. Je me retournai vers la vitre et appuyai mon front contre la surface froide et dure. Je fermai mes yeux couleur « eau trouble ». *Mon père se tient debout devant moi. Il porte un T-shirt blanc*. Il rit.

– C'était réel..., murmurai-je.

Je croyais qu'en rassemblant des bribes de souvenirs, j'obtiendrais un portrait de mon père. En songeant au puzzle de Sophie, je me dis que ma famille était vraiment le PUZZLE LE PLUS DUR DU MONDE.

– Pourquoi tu veux savoir ? Qu'est-ce que ça peut te faire que tu ressembles plus à maman ou à papa ?

Sophie me donna un coup de coude. Elle devenait nerveuse quand je fermais les yeux au cours de la journée.

Les paupières toujours closes, je haussai les épaules. Dernièrement, je m'étais beaucoup intéressé à l'hérédité. Pourquoi certaines abeilles fabriquent-elles du miel, tandis que d'autres rejoignent les essaims d'abeilles tueuses qui parcourent le monde atteints d'une frénésie meurtrière ? Qu'est-ce qui fait d'un chiot un adorable animal de compagnie à la queue frétillante ou un chien de garde féroce ? Est-ce que je tenais de mon père quelque chose que j'ignorais ? Le puzzle de ma vie avait un grand trou, en plein milieu. Sophie ne le comprenait pas encore, mais un jour elle le saurait.

– Est-ce que papa était fou ?

– Sophie ! (Je me redressai et ouvris les yeux.) Pourquoi tu me demandes ça ?

– Je ne sais pas. Parce que maman dit que ton côté fofolle vient de la famille de papa.

– Quand a-t-elle dit ça ?

– Tu sais. Juste avant de t'envoyer à l'école privée.

Un coup sourd à l'arrière de la camionnette empêcha Sophie de poursuivre. Elle se tourna pour voir ce qui avait provoqué le bruit et, soudain, se mit à trépigner.

– Margaret, regarde, c'est un panneau !

Je jetai un coup d'œil par-dessus mon épaule, feignant de ne pas m'y intéresser, mais je ne parvins pas à cacher ma surprise. D'accord, *indice numéro deux*.

Lizzie se tenait près de la camionnette ; une nouvelle cigarette pendait à ses lèvres décolorées. Elle nous lança un regard furieux avant d'ouvrir la portière et de se couler derrière le volant.

– Quoi ? dis-je. On n'a rien fait.

– Qu'est-ce que ça veut dire, maman ? Hein, qu'est-ce que ça veut dire ? (Les yeux de Sophie passaient de la pancarte à moi, puis à Lizzie, avant de revenir se fixer sur la pancarte.) Qu'est-ce que c'est, maman ? Qu'est-ce que c'est ?

Lizzie mit le contact et fit semblant de se concentrer, stratagème classique chez les parents quand ils ne veulent pas répondre. Nous revînmes dans le centre-ville, tournâmes une ou deux fois. Cinq minutes plus tard, cependant, nous avions l'impression d'être seules au monde.

– Route de la côte, lut Sophie sur une plaque. Et, à voix basse, elle ajouta : On dirait une grotte géante.

Elle avait raison. Bordée d'arbres gigantesques et couverts de mousse, la Route de la côte se frayait un chemin sombre et tortueux à travers la forêt.

– On dirait qu'il fait nuit maintenant, hein, Margaret ?

– Je ne comprends pas pourquoi on l'appelle la Route de la côte, déclarai-je. Il devrait y avoir la mer.

– Sois patiente, répondit Lizzie.

Ce qui me surprit, car je croyais qu'elle ne nous écoutait pas.

Comme Lizzie roulait trop vite dans un virage dangereux, Sophie fut secouée et s'accrocha à mon coude. Je regardai par la fenêtre le bord de la route.

– Tu frôles le fossé, maman.

Lizzie se mordillait les jointures en prenant un virage en épingle à cheveux quand je sentis la main de Sophie laisser une marque moite sur mon avant-bras.

– D'accord, marmonna Lizzie en rétrogradant. On peut se détendre maintenant.

Soudain, la caverne d'arbres lugubres et moussus s'ouvrit sur quelque chose d'entièrement différent, lumineux et brillant. Comme si la forêt nous avait avalées et, au lieu de nous digérer, nous avait recrachées dans un monde étourdissant de soleil, de nuages et d'eau : jamais je n'avais vu plus vaste étendue marine, d'un bleu aussi pur.

– Waouh ! s'exclama Sophie. On devrait déménager.

– On ne déménage pas.

– Mais si on venait vivre ici, on pourrait aller nager tous les jours et s'acheter un bateau.

Je me penchai en avant, allumai la radio et montai le volume au maximum.

Je crois que c'est ainsi que j'ai commencé cette histoire. Lizzie se rongeait les ongles, Sophie retenait son souffle et, moi, je regardais par la fenêtre en essayant de comprendre ce que signifiait la pancarte À VENDRE qui bringuebalait sur le plateau de la camionnette.

Chapitre 2

Boyd regarda par la fenêtre de sa chambre. Il y avait quelque chose de bizarre, mais il ne savait pas quoi ni même pourquoi il avait cette impression. Envahi par les mauvaises herbes et les broussailles, le manoir voisin se dressait là, comme toujours : deux étages, la peinture craquelée et écaillée, le bois déformé, un porche affaissé. Certaines fenêtres étaient barricadées de planches, mais la plupart avaient été cassées. Des tessons de verre brillaient, l'air menaçant, sous un vif soleil printanier. Seules les grandes baies du premier étage et du grenier étaient intactes, et Boyd les observa longuement. Alors, sûr que tout était à sa place, il se détourna de la fenêtre vers la pile de bandes dessinées qui traînait sur son lit.

Paf!

Boyd se jeta par terre et retint son souffle. Il attendit un long moment avant de relever prudemment la tête. Dehors, il entendit des bruissements dans les taillis, des rires étouffés et, soudain, *paf!*

– Oh, non ! marmonna-t-il lorsqu'il comprit ce qui se passait. C'était encore les Trois.

Très lentement, la tête toujours baissée, il rampa vers la fenêtre et vit une pierre s'envoler. Elle s'écrasa contre le mur du manoir. De nouveaux rires, plus forts cette fois, et une autre pierre toucha la maison. Et encore une autre.

Boyd avait connu les Trois à l'école. Trois garçons qui lui marchaient sur les pieds ou qui jouaient à lui voler ses BD. Casser les vitres de la vieille demeure était un de leurs passe-temps préférés. Bien que Boyd eût été ravi de ne jamais plus avoir à les affronter, il ne put s'empêcher de frémir en imaginant ce qui leur arriverait si on les attrapait.

Il revint vers sa pile de bandes dessinées et chercha un numéro particulier, *RATT, VOLUME 89 : CE QUI ARRIVA QUAND ILS FURENT ATTRAPÉS*. Sur la couverture était dessinée une réplique parfaite du manoir.

Boyd jeta de nouveau un œil par la fenêtre. Les garçons, désormais plus téméraires, s'étaient aventurés hors de leur cachette obscure. À quatre pattes, l'air de soldats dans un vieux film sur la Deuxième Guerre mondiale, ils rampaient vers le perron du manoir. Malgré le soleil qui inondait sa chambre, Boyd eut soudain froid. Apparemment... non, c'était impossible ! Les Trois avaient-ils l'intention de pénétrer par effraction ? Boyd ferma les yeux, en attendant les hurlements qui surgiraient à la minute où les garçons auraient dépassé le porche. Mais au lieu de cela, il entendit un bruit complètement différent : *crr-unch*. Il ouvrit les paupières et aperçut une camionnette à plateau bleu marine qui tournait dans la vieille allée en gravier.

Boyd n'avait jamais vu un seul véhicule s'approcher de la maison. Il observa les Trois qui se dispersaient comme des crabes et revenaient se mettre à l'abri des buissons où étaient cachés leurs vélos. Il regarda la femme garer la camionnette. Et les deux filles à côté d'elle, la petite qui gigotait et la grande qui prit un air renfrogné en examinant le manoir. Boyd les surveilla et attendit.

Chapitre 3

– Je pense qu'on devrait déménager, maman, répéta Sophie, en me donnant des coups pour atteindre la portière.

– Je t'ai entendue, Sophie, répondit Lizzie. Tu n'as pas besoin de le répéter.

Elle glissa la main dans la fente du siège à la recherche de son briquet.

Je contemplai la vieille demeure imposante. À vendre ?

– On dirait un château, s'étonna Sophie qui essayait toujours de sortir en me poussant. Si on vivait ici, le jardin à l'arrière de la maison, ça serait la mer.

Quand elle vit que je ne bougeais pas, elle grogna comme un petit cochon.

– Maman, est-ce que cette maison nous appartient ?

Nous étions passées devant des maisons isolées le long de la route, mais je ne m'étais pas imaginé que nous allions emprunter l'allée de l'une d'elles — et surtout, de celle-ci. Sophie avait raison, c'était un véritable palais. Mais un palais sur lequel on aurait jeté un maléfice. Des buissons énormes et des haies de mûriers impressionnantes le rendaient presque invisible de la route et, en toile de fond, la mer d'un bleu étincelant semblait plus froide que celle qui venait lécher la plage de part et d'autre du manoir. Cependant, quelque chose pouvait peut-être rompre le mauvais sort : la maison voisine, aussi normale que la vieille demeure était étrange. Beige et blanche, un break garé dans l'allée, elle paraissait avoir été arrachée directement à l'un de ces lotissements modernes et tentaculaires.

Je me retournai vers le manoir.

– M'man, répétai-je, est-ce que cette maison nous…

– M'man ! m'interrompit Sophie. Dis à Margaret de sortir. Je ne peux plus respirer !

Lizzie, qui cherchait toujours son briquet, nous ignora toutes les deux. Elle avait déjà trouvé une pièce de vingt-cinq cents et deux de dix, une boucle d'oreille en argent et un haricot sec.

– Ah, ah ! s'exclama-t-elle en extirpant enfin son briquet.

Elle ouvrit la portière et se carra dans son siège afin de laisser Sophie l'enjamber. Je vis ma sœur tomber par terre, se relever et se précipiter vers la cour qu'elle se mit à traverser dans tous les sens. Elle agitait les bras devant les buissons noueux et les gigantesques haies épineuses.

Lizzie alluma une cigarette et aspira profondément.

– Prends ce panneau et va le planter au milieu du jardin, veux-tu ? me demanda-t-elle. (Quand elle parlait, de la fumée sortait de ses narines.) Mais d'abord prends ce marqueur et inscris notre numéro de téléphone.

Je jetai un coup d'œil à la pancarte posée sur le plateau de la camionnette, puis au marqueur indélébile qu'elle avait sorti de son sac à main.

– Pourquoi cette maison nous appartient-elle, maman ?

– Fais-le, s'il te plaît.

– Mais Lizzie...

– Je t'en prie, Margaret. Et ne m'appelle pas Lizzie. Je suis ta mère.

Elle lança le stylo et pencha la tête en arrière en faisant sortir deux nouveaux jets de fumée grise par ses narines.

J'attrapai le marqueur et, impulsivement, je claquai la portière de la camionnette, si fort que la vitre trembla. Lizzie ne parut même pas le remarquer.

– Tu ressembles à un dragon ! criai-je en prenant la pancarte sur le plateau.

Puis, j'écrivis notre numéro de téléphone sur l'espace libre en bas du panneau.

Lizzie baissa sa vitre.

– Quelque part au milieu du jardin, m'ordonna-t-elle, l'air las.

Furieuse, j'avançai dans la cour en donnant des coups de pieds dans les mauvaises herbes et les chardons.

– Qu'est-ce que tu fais, Margaret ?

Sophie s'approcha de moi en courant, toute rouge, en nage et hors d'haleine. « Tu ressembles à un petit cochon, » voulais-je lui dire.

– Ce n'est pas tes oignons, rétorquai-je.

– Si c'est tes oignons, c'est mes…

– Tais-toi, Sophie. Rien qu'une minute. Je t'expliquerai après.

Je levai le panneau au-dessus de ma tête. J'eus l'impression d'être un monstre, un guerrier, un tueur de dragon. Je dirigeai le bout pointu et le plongeai dans le sol. Il rebondit sans même faire une entaille.

– Merde !

– Je vais le dire, menaça Sophie.

Je posai la pancarte et examinai mes mains brûlantes à la recherche d'échardes. Lizzie, qui avait décidé pour une fois de jouer à la maman, m'appela d'une voix inquiète.

– Qu'est-ce qu'il y a, ma chérie ?

– Margaret a dit un gros mot.

– Qu'y a-t-il, Margaret ? répéta Lizzie.

– Le sol est trop dur, constatai-je. Ça ne rentre pas.

– Elle a dit « merde ». Est-ce que « À vendre », ça veut dire que la maison est à nous ?

– Le sol est vraiment si dur ?

Lizzie ouvrit la portière et descendit de la camionnette.

– Oui, maman. C'est vraiment trop dur.

Je retirai une longue écharde pointue de ma main.

Sophie prit le panneau, le tint au-dessus de sa tête et courut autour de la cour en hurlant « Notre maison, notre maison, notre maison, notre maison. »

– Sophie ! rugit Lizzie. Donne-moi ça !

Elle traversa le jardin d'un air inquiet, comme s'il y avait des sables mouvants ou des serpents à sonnette.

Ou des mines. Elle arracha la pancarte des mains de Sophie, puis resta immobile. Elle semblait ne pas savoir quoi faire.

– Pourquoi est-ce notre maison ? demandai-je.

Lizzie se protégea les yeux du soleil et regarda alentour, comme si elle voyait le manoir pour la première fois.

– C'est presque joli, n'est-ce pas ? murmura Lizzie. Puis, avant même d'entendre ma réponse, elle ajouta : Surveille ta sœur. Ne la laisse pas s'approcher de l'eau. Je vais chercher quelque chose pour ameublir le sol. Une binette, un truc comme ça.

Elle laissa tomber le panneau au milieu de la cour et s'avança vers le manoir, à pas prudents. Je la vis disparaître derrière la maison, les bras croisés sur la poitrine, comme si elle avait froid malgré le soleil si vif.

– Maman ne nous a pas interdit de monter.

J'étais au pied des marches, me demandant de combien de temps je disposais avant que Lizzie revînt munie de sa binette ou de sa pelle. Sophie se tenait derrière moi. Elle respirait bruyamment.

– Non, elle ne nous l'a pas interdit, répétai-je. Elle m'a seulement dit de ne pas te laisser approcher de l'eau.

Je ne sais pas si c'était à cause de la brise saline ou de l'ombre de la maison, mais soudain, je frissonnai. Je regardai les bras frêles de Sophie : elle aussi avait la chair de poule.

– Tu vas entrer ? chuchota Sophie.

– Non, mentis-je. Retourne jouer dans le jardin.

Sophie se détourna et trotta vers les haies en fredonnant. Je pris une profonde inspiration. C'était l'occasion ou jamais.

Crac. Les vieilles marches étaient pourries. De gros insectes brillants, qui n'avaient pas l'habitude d'être dérangés, sortirent de fissures invisibles dans le bois. Ils couraient dans tous les sens nerveusement, montaient sur mes chaussures, puis en redescendaient.

Je voulais seulement regarder entre deux des planches qui barricadaient une fenêtre ou même pousser la porte d'entrée. Je voulais seulement jeter un coup d'œil à l'intérieur de cette maison « À vendre ».

Crac. Sur la troisième marche, j'eus le sentiment qu'il y avait quelque chose de bizarre. Crac. Sur la quatrième marche, je compris quoi : le silence.

– Sophie !

Je dévalai l'escalier et examinai le jardin.

– Sophie !

Les haies se dressaient hautes, altières et mystérieuses. *Tu vois ce qui arrive ?* semblaient-elles me dire.

– Sophie ! criai-je de nouveau, cherchant l'équilibre parfait entre trop fort et pas assez.

Si ma mère m'entendait chercher ma petite sœur, j'étais fichue.

Je courus de l'autre côté de la maison, vers la mer. Je hurlai son nom en trébuchant dans les oyats qui montaient jusqu'à ma taille.

Je m'arrêtai soudain. Le bout du champ s'interrompait brusquement, comme la ligne bleue qui indique la marge sur une feuille de papier. Comme la fin du monde quand on croyait que la Terre était plate.

Ayant toujours vécu dans une ville côtière, j'avais déjà vu de nombreuses plages. Mais jamais aussi sauvage, aussi préservée. La seule concession à la civilisation s'avançait dans la mer : une petite jetée en bois.

Elle était vieille et branlante, attaché à son extrémité, il y avait un canoë. Un canoë bleu peint de telle façon que par jour de soleil, il se fondait presque parfaitement dans la mer. D'ailleurs je ne l'aurais peut-être pas remarqué sans la petite fille au bout de la jetée, qui se penchait au-dessus de l'eau et tirait sur la corde l'empêchant de dériver au large.

– Sophie !

Soulagée, je traversai la plage, en faisant attention à ne pas déranger les étoiles de mer et les moules.

– Maman t'avait dit de ne pas venir ici.

Mais Sophie ne me regarda même pas.

Je montai et m'avançai sur la jetée. J'aimais le bruit que faisaient mes pas. Ils sonnaient creux — à la fois une partie de moi-même et quelque chose d'autre. Malgré les planches usées et vermoulues, le ponton paraissait robuste sous mes pieds. C'est souvent le cas avec les constructions en bois.

Je m'agenouillai près de ma sœur qui luttait à la corde avec la marée et les vagues.

– Aide-moi, Margaret, réclama-t-elle sans quitter des yeux le canoë. On pourra peut-être le rapporter à la maison.

Sans réfléchir, je me levai et agrippai la corde de part et d'autre des petites mains serrées de ma sœur. Une secousse et le canoë avança vers le bout du ponton. Je le maintins et Sophie caressa tendrement le bois peint.

– Bonjour, murmura-t-elle, comme si elle essayait d'amadouer une créature timide.

Puis elle s'adressa à moi :

– Viens, on monte.

– Il n'y a pas de rame.

– On s'assied seulement. On le laisse attaché à la jetée. On s'assied et on se fait secouer par les vagues.

Je me tournai vers le manoir en me demandant dans combien de temps Lizzie nous chercherait. Et soudain, je le vis. J'aperçus un bref mouvement, derrière l'une des fenêtres de l'étage. Comme si quelqu'un venait de passer. Comme si quelqu'un nous avait observés.

– Sophie, écoute, je crois que maman est dans la maison.

Mais, au moment où je prononçais ces mots, la voix de Lizzie monta du champ. Une balle d'argent, un coup de canon étourdissant, une flèche enflammée.

– Oh, oh ! dit Sophie.

– Margaret ! Sophie ! Éloignez-vous de la mer !

– Sophie, soupirai-je. À cause de toi, je vais avoir de gros ennuis.

Sophie se mit à rire bêtement au moment où Lizzie traversait précipitamment les oyats. Elle trébucha sur les galets.

– Qu'est-ce qu'il y a de drôle ? voulut-elle savoir.

À son approche, de minuscules crabes blancs s'enfuyaient vers leur abri. Quand elle posa le pied sur la jetée, le bois protesta en grinçant, ce qui fit rire Sophie encore plus.

Lizzie nous atteignit en trois grandes enjambées. Crac, crac, crac. Elle se pencha en avant et souleva Sophie par les coudes.

– Qu'est-ce qu'il y a de drôle, mademoiselle ? Tu trouves ça rigolo ? Lizzie posa Sophie par terre et la fit revenir sur la plage, à moitié en la poussant à moitié en la tirant. Viens, Margaret, m'ordonna-t-elle sans se retourner. Et fais attention où tu poses tes pieds.

Je lâchai la corde et me relevai lentement. Le petit canoë bleu me salua de la proue.

– Est-ce que tu étais dans la maison, maman ? demandai-je à Lizzie, mais elle se trouvait déjà à mi-chemin de la voiture.

Je descendis du ponton et traversai la plage en zigzaguant. Je gardais un œil sur la fenêtre de l'étage. Peut-être n'avais-je vu qu'un reflet, me dis-je. Le soleil sur la mer, un oiseau ou un nuage. Mais en y pensant, je frissonnai. De nouveau, malgré le soleil éclatant, je frissonnai. Il y avait quelque chose de bizarre ici. Je le sentais. Et je savais que ma mère le sentait aussi.

Au moment où je les rejoignis, Sophie (qui n'avait plus du tout le fou rire) était prisonnière à l'intérieur de la camionnette. Lizzie, telle une gardienne de prison, faisait les cent pas dans un nuage de poussière et de fumée. Quand elle me vit, elle m'ordonna d'aller derrière la maison pour prendre la pelle qu'elle y avait laissée lorsqu'elle nous avait entendues près de la mer.

– Et reviens vite, cria-t-elle. Il y a plein de clous rouillés là-bas !

Je trouvai la pelle immédiatement, mais souhaitai explorer les environs avant de regagner la camionnette. Un seul regard dans la maison, c'est tout ce que je voulais.

Est-ce que vous avez déjà eu l'impression d'agir et, en même temps, de vous voir en train d'agir ? Comme de regarder un film tout en étant dans le film. On se voit parler ou marcher, mais au même moment on retient son souffle et on se demande, *Qu'est-ce qu'elle va faire ensuite ?* Eh bien, c'était moi qui regardais le film où je jouais ; je grimpai les marches ; je mis ma main sur la poignée. Dans ma poitrine, mon cœur battait, *arrête, arrête, arrête*, mais je me vis ouvrir la porte. Et je me vis entrer.

Le porche donnait l'impression d'être abandonné, comme si l'air n'avait pas bougé depuis des années. Du sol au plafond étaient entreposées des… eh bien, des choses. Des choses auxquelles on pense et d'autres auxquelles on n'accorde aucune attention. Des choses qui font le monde. Il y avait des tonneaux de saumure et des portes rouillées ; des outils pour réparer les voitures ou construire des maisons, des instruments de dentiste. Il y avait des sonnettes de vélo et des pelotes de ficelle ; une douzaine de mains de mannequins différentes dont les ongles portaient le même vernis rouge écaillé. Des boîtes de conserve sans étiquette et des sacs à ordure remplis de rouleaux de papier toilette. J'aurais pu rester des journées entières à explorer une pile de *National Geographic* qui dataient d'une vingtaine d'années et des quotidiens aux feuilles jaunies et craquelées avec des publicités bizarres. Mais je savais que je n'avais que peu de temps et tout ce que je voulais, c'était jeter un coup d'œil dans la maison. Juste un coup d'œil.

Je fis un pas en avant, puis un autre et encore un. C'était difficile car il fallait éviter les cannes à pêches rouillées et les boîtes de décoration de Noël avant chaque pas. Je trébuchai sur une caisse pleine d'encyclopédies et sentis quelque chose s'écrouler sur moi. Je tombai à plat ventre, la bouche ouverte dans la poussière et les toiles d'araignées. Je roulai sur le côté avec précaution et examinai la caisse. Elle était en bois, munie d'un couvercle de fortune. Et soudain, je le vis.

Parfois quelque chose peut vous paraître familier — aussi familier que votre propre visage — mais, simplement parce que vous ne vous attendez pas à le voir, vous ne le reconnaissez pas immédiatement. Et c'est ce qui se produisit avec ce que je voyais : un petit paquet enfoui dans une caisse. Un petit paquet adressé à Elizabeth Clairmont. Elizabeth Clairmont. Je connaissais ce nom. Je savais qu'il ne m'était pas étranger. Et soudain, je le reconnus. Évidemment, je connaissais ce nom. Je m'appelle Clairmont. Et Lizzie est le diminutif de Elizabeth, ma mère. Évidemment, l'écriture aussi m'était familière : « Retour à l'envoyeur » disaient les pattes de mouche de Lizzie.

Quelqu'un avait envoyé ce paquet à ma mère.

Elle l'avait renvoyé.

Je le pris, le dépoussiérai et le retournai. Il n'avait jamais été ouvert. J'examinai le cachet de la poste. Quatre ans.

Quelqu'un avait envoyé ce paquet à ma mère.

Elle l'avait renvoyé.

Au loin, j'entendis le klaxon de la camionnette. Je l'entendis comme si j'étais sous l'eau ou au beau milieu d'un rêve bizarre. *Reviens*, criait le Klaxon, *reviens*.

Je me vis de nouveau comme dans un film. Je glissai le paquet derrière moi, dans mon jean et tirai mon sweat-shirt pour le cacher. Je me vis sortir du porche en chancelant, trébucher sur les marches et dans les mauvaises herbes.

Je savais que je ne pouvais laisser Lizzie voir ce que j'avais trouvé. Elle le prendrait et n'en parlerait plus jamais. Le klaxon rugit de nouveau et je me mis à courir. Il ne fallait pas que Sophie le vît, elle non plus. Elle en parlerait à Lizzie.

TUT. Je passai le coin de la maison et me précipitai vers ma mère, ma sœur et la camionnette qui klaxonnait toujours. Je sentais le paquet qui frottait contre mon dos. C'était à la fois étrange et agréable, mais un peu effrayant. Je courais vite, parce qu'une boule dans l'estomac m'y forçait. Je la ressentais, mais je ne devais pas y réfléchir, pas encore. Quatre ans, quatre ans. J'étais presque arrivée à la camionnette, quand je me souvins de la pelle.

Chapitre 4

Le coup de klaxon fit sursauter Boyd, perdu dans ses rêves du dimanche après-midi. Un peu plus tôt, il les avait observées par la fenêtre : la femme qui marchait en long et en large devant la camionnette, la fille, la petite, qui faisait des galipettes sur le siège avant. Après de longues minutes où il ne s'était rien passé de nouveau, Boyd était revenu sur son lit devant la pile de BD qui l'attendait.

TUT. Le second coup de klaxon le fit se précipiter vers la fenêtre. La femme arpentait toujours le jardin, mais la fillette s'était installée derrière le volant, les mains posées sur le klaxon. *TUT.*

L'autre fille fit en courant le tour de la maison, les joues rouges, les cheveux au vent. Elle portait une pelle rouillée, comme s'il s'agissait d'un trophée précieux. Boyd observa la mère qui allait à la rencontre de la fille au milieu du jardin, pour prendre la pelle et se mettre à frapper le sol dur qui formait comme une croûte. Il la regarda planter un panneau et entasser de la terre à sa base.

Un panneau ? Dans le jardin ? Boyd s'éloigna de la fenêtre. Un moment plus tard, il entendit le moteur de la camionnette rugir, puis les crissements des pneus sur l'allée de gravier. Lorsqu'il regarda de nouveau, elles avaient disparu.

Il poussa un soupir de soulagement. Peut-être qu'il n'y aurait pas de problème. Ça irait. Après tout, la femme et les enfants étaient allées devant le porche d'entrée, à l'arrière de la maison et même, près de l'eau, et aucune d'elles n'avait été blessée. Boyd eu un frisson en pensant à ce qui aurait pu se produire. Non, personne n'avait été blessé. Pour le moment.

Chapitre 5

– Il y avait une maison, une jolie maison, elles auraient pu nager toute la journée.

De nouveau, Sophie se pressait contre moi. Elle chantait assez fort pour que Lizzie l'entendît, mais pas assez pour qu'elle lui ordonnât d'arrêter.

– Arrête, dis-je finalement.

Sophie m'ignora.

– Il y avait une maison, une jolie maison…

Je me détournai et appuyai mon visage contre la vitre froide. Comme nous arrivions au terminal du ferry et que nous nous rangions derrière la file de voitures attendant d'embarquer, Lizzie chercha son paquet de cigarettes.

Un rien rend ma mère nerveuse, mais à cause de la façon dont mon père est mort, la mer l'angoisse particulièrement. C'est la raison pour laquelle elle avait été si furieuse en nous trouvant sur le ponton. Et pourquoi Sophie n'a jamais appris à nager. Rien que le fait de s'asseoir dans un ferry fait grimper la tension de ma mère. Je crois qu'elle était secrètement heureuse du mauvais comportement de Sophie : elle avait une excuse pour la punir (et moi aussi !) en nous enfermant dans la camionnette pendant toute la durée du passage. Pas de pont, pas de mouettes, pas de minuscules îlots.

Sophie avait fait la moue. Mais je ne la remarquais même pas, car j'avais à l'esprit des choses bien plus importantes. Comme le panneau que nous avions planté dans le jardin d'une vieille maison étrange et un canoë bleu étincelant qui dansait à la surface de l'eau. Comme cette pièce de puzzle encombrante, vieille de quatre ans, adressée à ma mère et qui me piquait le dos.

Chapitre 6

Depuis sa chambre, Boyd entendait sa mère et son père qui entrechoquaient des casseroles et des poêles dans la cuisine. Ses parents avaient récemment adopté un régime macrobiotique qui se résumait à divers bols de légumes verts et un ou deux bols de trucs marron. Désormais, au dîner, la conversation tournait tout entière autour de la nourriture, ce qui poussait Boyd à se demander si on devenait ennuyeux parce qu'on était adulte ou parce qu'on suivait un régime macrobiotique.

– Boyd ! À table ! cria son père depuis la salle à manger.

– Dis-lui de se laver les mains, entendit-il sa mère ajouter.

– Lave-toi les mains, fiston !

Boyd corna la page de sa bande dessinée et jeta un ultime regard par la fenêtre. *La lune ne sera pas pleine avant quelques jours*, songea-t-il, soulagé. Les pleines lunes étaient ce qu'il y avait de pire.

– Passe-moi le riz, s'il te plaît.

Boyd posa ses baguettes (les couverts avaient disparu en même temps que les pains de viande et les ragoûts) et passa le bol vert de nourriture marron à sa mère.

Boyd finit son lait d'une traite et tendit son verre vide.

– Je peux en avoir un autre ?

Ses parents échangèrent des regards.

– Un dernier, finit par dire son père. C'est tout pour aujourd'hui.

Boyd se dirigea vers la cuisine, heureux à l'idée que le lendemain fût un lundi. Non qu'il aimât l'école mais, généralement, il gardait juste assez d'argent pour s'acheter un milk-shake ou un hamburger à la petite épicerie du centre-ville. Il survivait le week-end en raclant les fonds de tiroir sur ses économies de la semaine.

– Comme un rat, chuchota-t-il en se versant un verre de lait. Cette pensée le fit sourire.

La vaisselle faite, les poubelles sorties, les devoirs terminés et les « bonnes nuits » souhaitées, Boyd était au lit, pelotonné sous les couvertures. Il repensa à sa journée : les Trois avec leurs cailloux, la femme et les deux filles, le panneau dans la cour. Demain, peut-être, s'il en avait le courage, il s'approcherait de la pancarte pour savoir ce qu'il y avait écrit dessus. Mais, comme il faisait nuit et qu'il n'y avait rien à faire jusqu'au lendemain matin, il s'efforça de ne plus y penser, s'enfonça sous les draps et ouvrit *RATT, VOLUME 89 : CE QUI ARRIVA QUAND ILS FURENT ATTRAPÉS.*

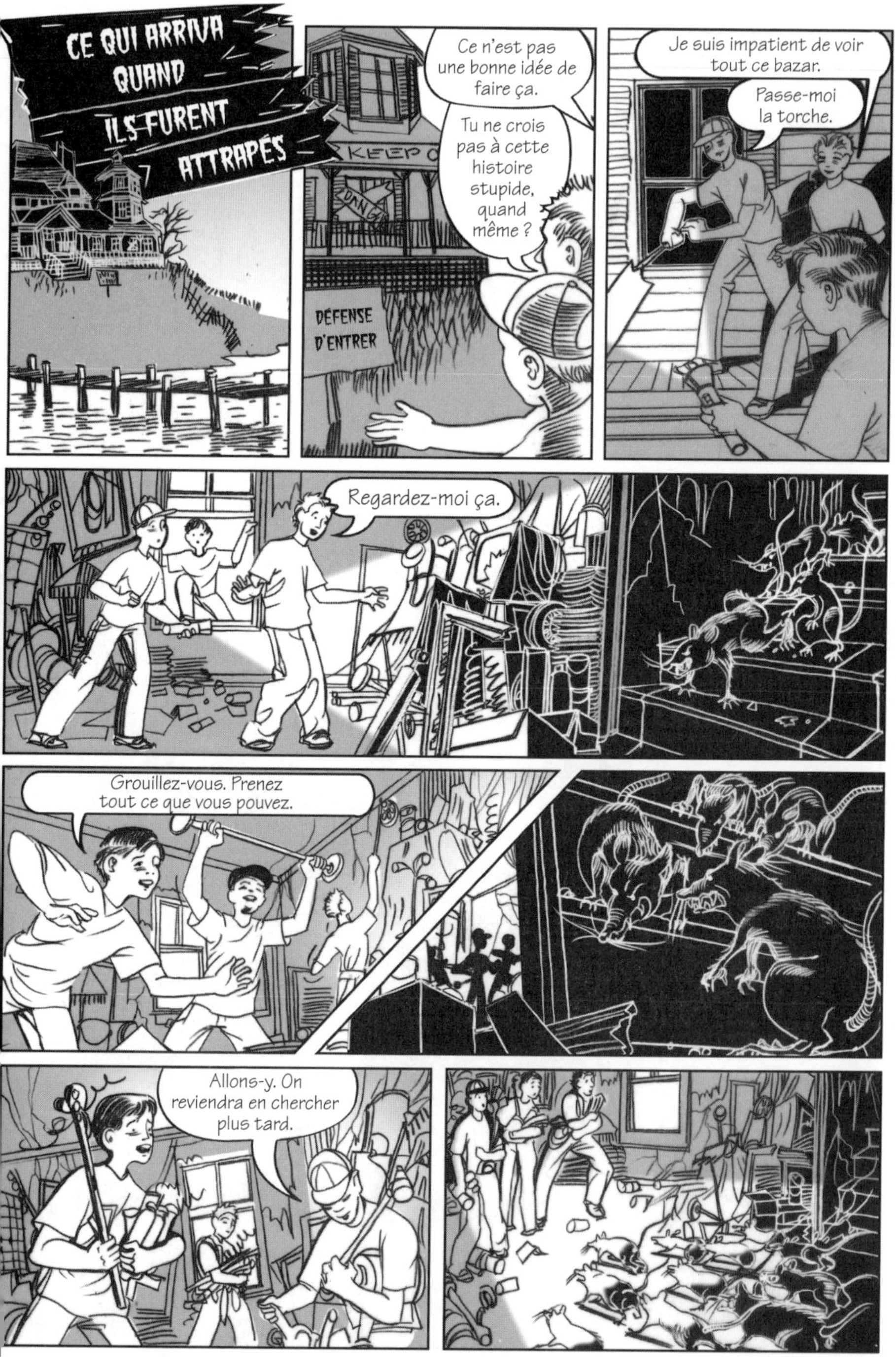

CE QUI ARRIVA QUAND ILS FURENT ATTRAPÉS
KEEP O
DÉFENSE D'ENTRER
Ce n'est pas une bonne idée de faire ça.
Tu ne crois pas à cette histoire stupide, quand même ?
Je suis impatient de voir tout ce bazar.
Passe-moi la torche.
Regardez-moi ça.
Grouillez-vous. Prenez tout ce que vous pouvez.
Allons-y. On reviendra en chercher plus tard.

C'est… c'est…
ATTAQUEZ !!!
Vite ! Vite !

AAAAAH !
Ils m'entraînent vers le fond.
Ils veulent leurs affaires ! Lâchez leurs affaires !

Chapitre 7

Lizzie ronflait doucement sur le canapé, épuisée par notre bizarre escapade. J'attendis que Sophie fût absorbée par sa pizza et le PUZZLE LE PLUS DUR DU MONDE, avant de sortir à pas de loup du séjour pour aller dans notre chambre. Quand je tirai le paquet caché sous mon lit, mes mains se mirent à trembler. Je songeai à une baguette de sourcier qui vibre quand on l'approche de l'eau. Qu'est-ce que mes mains qui frémissaient voulaient me dire ? Que savaient-elles déjà ?

Pendant quatre ans, j'avais vécu dans une maison silencieuse. Bien sûr, Sophie était bavarde et, parfois, Lizzie disait ce que toutes les mères disent, mais nous ne parlions jamais de choses sérieuses. Comme de mon père. Ou de ce qui lui était arrivé.

J'avais huit ans quand il est mort et je ne savais que le strict minimum. Il s'était noyé. Il avait nagé vers le large et n'était jamais revenu. Mais j'ignorais le reste. Était-il seul ou avec des amis ? Dans un lac ou dans l'océan ? À cause de ce silence pesant, je m'étais mis à imaginer des choses. Par exemple, qu'il n'avait pas voulu revenir.

Jusqu'à ce moment, la mort de mon père avait été le plus grand mystère de ma vie. Désormais, il y en avait un autre. La maison sur l'île nous appartenait, mais pourquoi ? Qui avait envoyé le paquet à Lizzie ? Pourquoi n'avait-elle même pas pris la peine de l'ouvrir ? *Quatre ans plus tôt*. Peut-être était-ce une coïncidence, mais je ne pouvais m'empêcher de penser que ces deux mystères étaient liés.

Quelque chose me chatouilla la nuque. Je tendis la main pour m'en débarrasser lorsque je sentis un doigt. Je hurlai, sursautai et me retournai.

– Sophie ! criai-je, pourtant rassurée. Tu m'as fait peur !

Sophie sourit et fit un signe de tête en direction du paquet.

– Qu'est-ce que c'est ? me demanda-t-elle.

Son menton luisait d'huile de pizza.

– Je peux avoir un peu d'intimité ?

– C'est ma chambre aussi.

Avec « Je vais le dire à maman », c'était sa phrase préférée.

– C'est quoi ? répéta-t-elle.

– Je ne sais pas ce que c'est, Sophie. C'est seulement un paquet que j'ai trouvé...

– Dans la maison ?

– Oui.

– Ouvre-le.

– Pas maintenant.

– Je vais le dire à maman.

– Tais-toi, Sophie.

Sophie élargit les lèvres et je savais ce qui allait en sortir : un cri perçant, capable de réveiller notre mère. Je posai en hâte ma main sur sa bouche.

– D'accord, dis-je, en essayant de réfléchir le plus vite possible. Mais pas tout de suite.

– Pourquoi pas ? me questionna-t-elle.

Comme ma main était toujours posée sur sa bouche, ça ressemblait plutôt à « Bourquoi bas ? »

– Parce que, répondis-je. (Parfois, ça marche avec les petites sœurs.)

Sophie médita un instant.

– Bargaret ?

– Quoi ?

– Za a un rabbort avec baba ?

– Je l'ignore, Sophie.

J'enlevai ma main. Comme elle parlait de papa, je savais qu'elle n'appellerait pas maman.

– Ça a un rapport avec papa ? m'interrogea-t-elle de nouveau.

– Pourquoi le crois-tu ?

– Je ne sais pas, dit-elle en haussant les épaules. La maison aujourd'hui. Maman qui ne nous a pas parlé de la pancarte. Tout ça.

Je hochai la tête et jetai un coup d'œil sur le paquet. *Quatre ans plus tôt.*

Sophie commençait à donner des signes d'impatience. Elle essaya de me le prendre des mains.

– Ouvrons-le, comme ça on saura, affirma-t-elle. Il y a peut-être des bonbons.

– Non, rétorquai-je en le serrant contre ma poitrine. Attendons. On l'ouvrira demain. Après l'école.

– Pourquoi pas maintenant ?

– Parce que je ne veux pas.

Sophie s'approcha de moi et me fixa droit dans les yeux.

– Promets-moi que tu ne le feras pas sans moi.

Je regardai ailleurs, hochai la tête et cachai le paquet sous mon lit.

– Viens, on va finir la pizza. D'accord ? Je vais t'aider à faire ton puzzle.

Sophie a un don : c'est un véritable réveil humain. J'ignore comment elle l'a découvert, mais c'est l'un de ses plus grands talents. Elle l'appelle son « réglage de tête » et voilà comment ça fonctionne. Tous les soirs, avant de s'endormir, Sophie m'interroge.

– À quelle heure tu veux que je règle ma tête, Margaret ?

– À sept heures.

C'est ce que je lui réponds systématiquement. Alors, elle règle sa tête sur sept heures. D'après Sophie, si vous voulez vous réveillez à sept heures, il suffit d'imaginer le chiffre sept sur une pendule géante et le lendemain matin « Tes yeux s'ouvrent exactement à la bonne heure ! » J'ai essayé une fois… et je suis arrivée en retard à l'école. Lizzie n'y parvient pas non plus. Alors, d'aussi longtemps que je m'en souvienne, nous dépendons de Sophie pour nous réveiller le matin. Elle ne s'est jamais trompée. Pas une seule fois.

Cette nuit-là, comme toutes les autres, Sophie se pelotonna sous ses couvertures et me demanda :

– À quelle heure tu veux que je règle ma tête, Margaret ?

Je répondis : « Sept heures » et j'attendis d'entendre son souffle régulier et lent. Sophie s'endort aussi facilement qu'un chat. Je patientai encore quelques minutes pour être sûre que son sommeil était profond, et tendis ma main sous mon lit. Je cherchai à tâtons le paquet. Il avait disparu.

– Tu ne le trouveras jamais.

Je pouvais entendre son air suffisant dans la voix endormie de ma sœur.

– Tu me le paieras.

– Alors, vraiment, tu ne le trouveras jamais. Pourquoi m'as-tu menti ?

– Parce que c'est mon paquet.

– Non. Il est à maman. Tu veux l'ouvrir maintenant, Margaret ? Je te montrerai où je l'ai caché.

– Tais-toi.

– D'accord. Peut-être que je te le dirai demain.

Elle se retourna, soupira doucement et, rapide comme l'éclair, s'endormit dans un doux et profond sommeil.

Chapitre 8

– Boyd, mon chéri, dépêche-toi ou encore une fois, tu n'auras pas le temps de prendre ton petit déjeuner ! cria sa mère depuis la cuisine.

Boyd sentit une odeur de cuisson et, pendant un instant merveilleux, imagina qu'il s'agissait de crêpes et de bacon. Puis, il se souvint.

– Boyd, je suis sérieuse, tonna de nouveau sa mère. Il faut que tu manges.

– J'arrive dans une minute, maman ! s'exclama-t-il en s'avançant vers la fenêtre. Viens, viens, viens, chuchota-t-il.

Il baissa les yeux pour regarder sa montre et, à l'instant où il les relevait, il était là. Un éclair jaune vif familier.

– Le bus arrive, il faut que j'y aille, jubila-t-il.

Il se précipita dans le séjour, courut vers la porte d'entrée et traversa la pelouse humide. Mais ce sentiment d'allégresse disparut quand il monta dans le bus. Des rangées de visage le toisaient et aucun d'eux ne souriait.

Boyd avança et se coula dans le premier siège libre. Quand le bus démarra, il s'avachit et se tourna vers la fenêtre. Comme d'habitude, les Trois, assis à l'arrière, riaient et faisaient des remarques sur « face de rat ». (À douze ans, il avait déjà commis la plus grosse erreur de sa vie : un exposé passionné sur sa collection de bandes dessinées Ratt. Personne dans sa classe ne lui permettrait d'oublier.)

– Si seulement ils savaient, se dit Boyd en pensant aux Trois, à leurs cailloux, et aux garçons de la BD.

Soudain, il se souvint de la femme, des deux filles et de leur camionnette et se retourna vers le panneau qu'elles avaient laissé dans le jardin. Tandis que le bus passait devant le manoir, toujours aussi sombre et imposant, Boyd pressa son visage contre la vitre afin de mieux voir. En fait, rien n'avait changé. La pancarte avait disparu.

Chapitre 9

Je ne sais pas si vous en avez entendu parler, mais une meute de chihuahuas sauvages traverse le Mexique. La plupart des gens pensent que les chihuahuas sont des chiens miniatures et jappeurs que de vieilles dames déguisent en bébé. Mais ces chihuahuas-là sont féroces et cruels et se déplacent en meute, comme des loups. Ils ont déjà franchi le désert et se dirigent vers le nord en tuant tous les êtres vivants qu'ils croisent sur leur chemin. Le matin, quand j'accompagne Sophie à l'école et la vois traverser la cour de récréation pour rejoindre ses petits copains remuants, je pense à cette meute de chiens.

– Alors, on ouvrira le paquet après l'école aujourd'hui, d'accord, Margaret ?

On était lundi matin. Sophie et moi nous tenions devant la clôture grillagée qui entoure son école.

– Peu importe, répondis-je.

Plus tôt, tandis que Sophie mangeait ses céréales dans la cuisine, j'avais cherché en hâte le paquet. Rien.

– Ce n'est pas très important, ajoutai-je, en espérant qu'elle n'y penserait plus après l'école.

Sophie sourit d'un air entendu, me fit un bref signe de la main et traversa la cour de récréation. Je poursuivis ma route sur le trottoir et trois rues plus loin, j'arrivai à l'école du Sacré-Cœur.

Si regarder les camarades de classe de Sophie, c'est comme voir une meute de chiens minuscules, regarder les miens, c'est comme voir un des documentaires animaliers préférés de Lizzie : celui où des gorilles ou des chimpanzés se pavanent pour savoir qui est le chef. Au Sacré-Cœur, tout le monde porte un uniforme. Trois mois plus tôt, quand j'avais appris que je serais transférée dans une école privée, secrètement, ça m'avait fait plaisir : plus besoin d'essayer de porter le bon jean pour me fondre dans la masse, hourra ! Mais, dès le premier jour de classe, j'avais réalisé que malgré nos chemises blanches, nos pantalons et jupes bleu marine, nous ne nous ressemblions absolument pas : un gorille n'a pas l'impression de ressembler à un autre gorille.

Ce matin-là, comme tous les matins, j'attendais la troisième et dernière sonnerie à l'extérieur de l'enceinte. Quand elle retentit, j'avançai dans la cour de récré et suivis les filles aux longues jambes et les garçons aux bras maigres vers la porte à deux battants de l'école.

En rêve, j'étais revenue à la maison, j'avais trouvé le paquet et j'étais sur le point de l'ouvrir quand M. Salle de Classe m'appela. Je sursautai, alors même que je savais qu'il allait le faire.

– Margaret, répéta-t-il, veux-tu nous faire profiter de ta science ?

Je me levai lentement et avançai vers le bureau en tirant mon affiche derrière moi. Nous travaillions sur ces exposés et ces affiches depuis deux semaines, mais jusqu'à présent, je ne m'étais pas rendu compte à quel point le mien était différent.

Je posai mon affiche sur le présentoir et m'éclaircis la voix. Les paroles que je répétais depuis plusieurs jours avaient dû sortir dans le bon ordre, mais ce fut seulement à la fin de mon exposé que je compris ce que je venais de dire :

– Et donc, en conclusion, personne ne sait pourquoi les attaques de ces animaux sont en progression. Pour des animaux sauvages, c'est logique, puisque nous les privons de leur espace naturel. Mais pour des animaux domestiques, tels ces chihuahuas, le mystère reste entier.

J'observai mes trente camarades et leurs soixante yeux rivés sur mon affiche : un collage de gens qui, tandis qu'ils jouaient dans des parcs publics, s'étaient fait arracher des yeux, des nez, des morceaux entiers de jambe par des furets, des ratons laveurs, des chiens errants et, même, des oiseaux. Mon affiche était pleine de morsures et de plaies béantes. Je n'avais pas eu la place d'y coller ma carte du monde localisant les essaims d'abeilles tueuses. Pour la première fois, depuis le début de ce projet scolaire, j'en étais heureuse.

M. Salle de Classe applaudit : c'était son habitude quand il ne savait pas quoi dire.

– Bien. Des questions ? C'est à votre tour de poser des questions. Pas de questions ?

D.J., assis au fond de la classe (parce qu'il était plus grand que les autres), leva la main.

– Vas-y, D.J., déclara M. Salle de Classe.

– Je croyais qu'on devait parler de tornades ou de tremblements de terre. Ou d'astéroïdes… Des plaques tectoniques.

– Il s'agissait d'évoquer un sujet qui vous intéresse concernant la nature, répondit M. Salle de Classe.

Je peux vous assurer qu'il choisissait ses mots soigneusement.

– Mais vous aviez dit des choses scientifiques. Des choses vraies.

Certains enfants rirent et ils ne se moquaient pas de D.J. Personne ne se moquait de D.J., le roi de la paire de baskets à la mode.

– Margaret, suggéra M. Salle de Classe, veux-tu défendre l'aspect scientifique de ton exposé ?

Je sentis mon visage devenir tout rouge. Si je faisais semblant de m'évanouir, peut-être qu'ils me feraient sortir sur un brancard ?

– Non, pas vraiment, répliquai-je.

– Et pourquoi ? m'interrogea M. Salle de Classe.

– Parce que… (Je regardai par la fenêtre. Qu'y avait-il au loin : une meute de petits chiens à poils ras qui attendaient patiemment la récréation ?) Parce que, repris-je, on croit ce qu'on a envie de croire.

Je détachai mes yeux de la fenêtre et fis face à D.J. Je me forçai à ne pas cligner des yeux. À ne pas détourner mon regard. À ne pas vomir. Soudain, D.J. baissa la tête vers ses mains. J'avais gagné.

M. Salle de Classe s'éclaircit la voix.

– Très bien, dit-il. Merci, Margaret. Des photos qui font réfléchir.

Je pris mon affiche et retournai à ma table, le visage toujours empourpré. Je jetai de nouveau un coup d'œil par la fenêtre à la recherche de la meute de chihuahuas. Mais il n'y avait rien. Rien du tout.

Chapitre 10

EPS, éducation physique et sportive. Celui qui a inventé ce truc devait détester les enfants. Aujourd'hui, nous avions base-ball. En m'habillant, je prenais de grandes inspirations pour me calmer. Une fois, au football, j'étais si nerveuse que j'avais fait de l'hyperventilation. On avait dû m'emmener à l'infirmerie. Après, chaque fois que j'entrais sur le terrain, mes camarades de classe se tenaient la gorge et faisaient semblant de manquer d'air. Ha, ha, très drôle.

Mme EPS avait coincé son bloc-notes sous le bras, signe qu'encore une fois j'avais raté la composition des équipes et l'ordre des batteurs.

– Je suis dans quelle équipe ? lui demandai-je en traînant les pieds et en espérant une réponse, du genre : « Trop tard. Désolée. Va t'asseoir. »

Au lieu de cela, elle désigna une équipe de sa batte.

– Il faut que tu arrives à l'heure, Margaret. Tu es cinquième.

Lentement, je m'approchai du banc.

D.J. se tenait en position de lanceur. Il envoyait la balle aux autres joueurs de champ, qui paraissaient tous connaître le jargon du base-ball, ce bavardage qui annonce le printemps, comme le gazouillis des oiseaux ou les carillons éoliens. (« Un caviar, D.J., t'es au top ! » « Bien joué, t'as la main chaude mon pote. »)

– Allons-y ! cria Mme EPS, en claquant ses mains bruyamment. Balle en jeu !

D.J. s'avança sur le monticule du lanceur et enveloppa la balle de ses mains. Le premier batteur, un grand type musculeux, semblait, comme D.J., être né avec un sac de sport sur l'épaule.

D.J. fit sa célèbre prise d'élan jambe levée, se dévissa, balança son bras et envoya la balle.

La batte heurta la balle avec un joli craquement. Le batteur bondit en avant et courut le long de la ligne de première base, ses bras et ses jambes s'activaient comme une machine toute neuve.

– Sors-le, murmurai-je.

La balle atterrit quelques mètres derrière la troisième base, mais au moment où le bloqueur attrapa la balle et la renvoya à la fille sur la première base, il était déjà trop tard : le batteur y était, sans être essoufflé, et encourageait le suivant pour qu'il le ramenât sur la plaque. À moins que les trois prochains batteurs ne rejoignissent les bases un, deux et trois, je devrais battre dans cette manche.

Les deux batteurs suivants firent des petites chandelles, mais la fille qui les suivit frappa la balle si fort qu'elle atteignit la deuxième base et envoya un coureur sur la troisième. Avec deux joueurs éliminés et des coureurs sur la deuxième et la troisième base, je pris la batte et m'approchai lentement de la plaque.

– Batte en main ! hurla Mme EPS, tandis que je me plaçai dans le rectangle du batteur.

Je levai légèrement la batte et scrutai le monticule du lanceur. J'entendis un de mes coéquipiers assis sur le banc qui disait : « À tous les coups, elle va encore se faire la première base en marchant. »

– Première balle ! cria Mme EPS, alors que le premier lancer passait au-dessus de la plaque.

– Tu as raison, accorda un autre de mes coéquipiers. À tous les coups.

– Deuxième balle !

Mes coéquipiers avaient vu juste, on allait m'accorder la base. C'était plus simple que de battre, rater et rentrer au banc sous les regards moqueurs.

D.J. fit rouler la balle dans son gant, puis il m'observa. Malgré le soleil qui l'éblouissait, il essayait de me regarder dans les yeux. Le petit jeu auquel nous nous étions livrés en classe reprenait. Après tout, je n'avais pas gagné la guerre.

D.J. leva son bras et envoya la balle — elle était lente, sans effet, un lancer gentil, facile. *Comment pourrais-tu me rater ?* semblait me dire la balle. Elle flotta au-dessus de la plaque et soudain, au dernier moment, elle vira à gauche. La batte n'avait pas quitté mon épaule.

– Troisième balle ! cria Mme EPS. Batte en main, Margaret.

– Elle la veut comment ? Trempée dans du chocolat ? demanda quelqu'un assis dans l'abri des joueurs.

Tout le monde s'esclaffa. Je changeai de position imperceptiblement et essayai de les ignorer. Une dernière, me dis-je. Une dernière balle et je pourrais avancer sur la première base.

– Strike ! rugit Mme EPS comme la balle suivante traversait la plaque.

Puis :

– Deuxième strike !

– Allez, D.J. Tu peux le faire.

Ma propre équipe l'encourageait. Y a-t-il quelque chose de pire ? Je parcourus le terrain du regard en invoquant une tempête, un tremblement de terre, une meute de chihuahuas. N'importe quoi.

Le cou de D.J. était rouge vif et il pinçait ses lèvres si fort qu'elles en devinrent presque blanches. Signe qu'il était peut-être plus nerveux que je ne le croyais. J'eus alors une idée.

Tandis que D.J. prenait son élan, au moment où il allait lancer la balle, je levai la tête et lui souris. Le plus grand sourire que ma bouche put articuler. Et vous savez quoi ? Ça a marché. D.J. fut tellement surpris que la balle glissa de ses doigts et vint presque rouler sur la plaque. Avant que Mme EPS eût pu crier « Quatrième balle », j'avais lâché ma batte et je marchais vers la première base.

Je ne vous ennuierai pas davantage avec ces histoires de base-ball, sauf que le batteur suivant fut « éliminé en frappant » comme on dit. Naturellement, tout le monde lançait des encouragements : « Au moins, tu as essayé » ou « Mieux vaut frapper et rater que ne pas frapper du tout. » Je retournai vers le banc en petites foulées et pris mon gant, en faisant semblant de ne pas entendre ces paroles qui, en réalité, m'étaient destinées.

Le champ extérieur. Ce n'était pas aussi terrible que d'être à la batte, mais ça pouvait le devenir. Je me plaçais toujours le plus loin possible, aussi loin que le professeur nous le permettait.

Je m'accroupis, comme j'avais vu les joueurs professionnels le faire. La clé du jeu sur le champ extérieur consiste à faire croire qu'on est prêt. Ainsi, on ne devient pas une cible évidente. À quelques mètres de moi, une fille faisait le poirier. C'était dangereux. Un bon frappeur y verrait un trou dans la défense et pourrait envoyer sa balle dans notre direction.

– Tu pourrais au moins faire semblant de jouer, dis-je.

Je ne lui avais jamais parlé, mais je savais qu'elle s'appelait Tina Louise.

– Pourquoi ? me demanda-t-elle, la voix étouffée, car elle avait la tête en bas.

– Tu devrais, c'est tout.

Je n'avais pas le temps de lui expliquer.

– Tu peux y arriver ? me demanda-t-elle, sens dessus dessous.

Je remuai la tête, avant de me rendre compte qu'elle ne me voyait pas.

– Non, répondis-je.

– Tu as déjà essayé ?

– Non.

– Alors comment sais-tu que tu n'y arrives pas ?

Je voulus rétorquer qu'il ne s'agissait pas d'une position naturelle pour l'homme, mais je m'interrompis pour scruter la plaque. D.J., en position, agitait ses pieds en affermissant sa prise sur le manche de la batte. Il se redressa légèrement et observa le champ extérieur. Soudain, il dirigea la batte vers moi. *À ton tour, maintenant,* parut-il me dire.

– Tu ferais mieux d'être prête, prévins-je Tina Louise. Vraiment, je suis sérieuse.

Elle déplaça son poids vers la droite et leva son bras gauche, plus stable sur une main que la plupart des gens sur leurs deux pieds.

– Personne ne tape jamais par là, déclara-t-elle.

– Ça se pourrait cette fois, chuchotai-je, presque pour moi-même.

Alors, le coup le plus fort que j'eusse jamais entendu résonna sur le terrain. Je n'y connais pas grand-chose en base-ball, mais, au son qu'elle fit, je sus que la batte avait parfaitement frappé la balle.

Je protégeai mes yeux du soleil et tentai de la repérer. Je finis par la voir : elle volait comme un être vivant, un merveilleux petit être vivant retenu contre sa volonté dans la coquille de cuir blanc et qui venait d'être libéré par le baiser de la batte.

Bouge, m'ordonna mon cerveau, *tiens-toi prête et bouge*. Mais j'étais paralysée et contemplai sa course. Les oiseaux, le gazon et les arbres étaient paralysés et la contemplaient. Le monde entier était paralysé et la contemplait. Sauf Tina Louise qui décida d'interrompre son équilibre. Au moment où ses pieds touchaient le sol et que ses bras se levaient dans une pose genre « Je suis à la télé », *BOUM !*, la balle heurta son front et Tina Louise s'écroula. Raide comme un piquet, sans un bruit, elle tomba sur le dos : elle avait perdu connaissance.

Tout le terrain se figea un instant, puis des cris de peur, de joie et de confusion s'élevèrent soudain. Pareils à des fourmis qui trouvent un bonbon, mes camarades de classe se précipitèrent, énervés, excités, mais incertains de la conduite à tenir devant un tel événement.

Comme j'étais près d'elle, j'eus le temps d'examiner son visage. Un visage vierge de toute expression : ni peur ni rire, ni question ni rêve. Un visage absent. Tina Louise semblait avoir disparu dans son propre monde. Mais où était ce monde ? Où était-elle passée ?

Les autres enfants se regroupèrent autour de nous et bientôt les cris se turent. Nous formions un petit cercle silencieux et observions le visage paisible de notre camarade de classe évanouie qui paraissait plus proche de la mort qu'aucun d'entre nous ne l'avait jamais été. Le monde se figea et le silence était si profond que j'entendis une feuille qui voletait au-dessus du terrain. Et puis, au loin, le tintement de carillons. Des carillons éoliens, donc des voisins quelque part, une maison, une véranda, un couple de retraités qui arrosaient leurs bégonias : deux personnes qui ignoraient que Tina Louise avait été assommée par une balle de base-ball. Bizarre que le monde entier n'en eût pas connaissance.

Immobiles, nous attendions. Et voici ce qui arriva : une petite tache humide apparut sur le short de Tina Louise. La petite tache grandit et devint une véritable flaque.

C'était impossible et pourtant...

Tina Louise était en train de se faire pipi dessus.

Et soudain, sans avertissement, sans un tressaillement, sans un battement, ses yeux s'ouvrirent grand — absents et fixes — et des larmes se mirent à couler sur ses joues. Comme si ses larmes avaient toujours été là, derrière ses paupières closes, sans rien à voir avec ses émotions. Comme si son corps savait qu'il devait pleurer, mais que son esprit ne l'avait pas encore compris.

Notre cercle fut bientôt brisé par Mme EPS qui vint s'agenouiller près de Tina Louise. Elle lui toucha le front. À cet instant, le cerveau de Tina rattrapa son retard sur ses larmes. Ses yeux essayèrent de s'accommoder. Son visage devint tout rouge. Elle se mit à sangloter de peur.

– D'accord, les enfants, déclara Mme EPS, d'un air grave. Écartez-vous. Que quelqu'un aille chercher Mary Jane.

Personne ne bougea.

– Dépêchez-vous ! Que quelqu'un aille chercher Mary Jane !

Nous restions immobiles, nous observions le visage de Tina Louise couvert de larmes et qui devenait de plus en plus rouge à chaque nouveau sanglot déchirant. Mme EPS ôta son sweat-shirt et le posa sur le short mouillé de Tina Louise.

– Allez chercher Mary Jane Johnson ! répéta-t-elle. Maintenant !

Personne ne bougea. Nous ne savions pas quoi faire. Finalement, quelqu'un osa poser la question qui nous tourmentait tous.

– Euh, c'est qui, Mary Jane Johnson ?

Mme EPS nous regarda, éberluée.

– Quoi ?

– Nous ne savons pas qui est Mary Jane Johnson.

Elle était prête à exploser.

– L'infirmière ! hurla-t-elle. L'infirmière Johnson !

Évidemment, nous acquiesçâmes tous, soulagés, *l'infirmière Johnson*. Après un dernier regard à Tina Louise, toujours sonnée et mouillée, mes camarades de classe se dispersèrent sur le terrain, en courant, en sautant, en criant. Nous venions de voir quelque chose que nous étions incapables d'exprimer et la vision de Tina Louise — couchée sur le dos en train de mouiller son short — serait à jamais gravée dans nos esprits.

Chapitre 11

Parfois, je me dis que tout aurait pu être différent. Et si Tina Louise n'avait pas été assommée par cette balle de baseball ? Si elle ne s'était pas trouvée à côté de moi, mais à côté de quelqu'un qui aurait pu attraper la balle ? J'ai peur d'y penser, vous savez pourquoi ? C'était la première fois depuis mon transfert à l'école du Sacré-Cœur que je parlais à un être humain — à part ma mère, ma sœur et le monsieur qui nous fait la monnaie à la laverie.

Voilà ce qui c'est passé. Après l'école, ce jour-là, je me cachai derrière un grand sapin pour attendre le bus scolaire. Je ne me dissimulais pas vraiment mais je ne voulais pas être vue. Une tape sur l'épaule me fit sursauter.

– Tu ne prends pas le bus ?

C'était Tina Louise, avec un bandage blanc autour de la tête.

– Non, répondis-je, en retenant mon souffle.

Je contemplai mes chaussures, puis mes mains qui tenaient l'affiche sur les attaques d'animaux. Je ne savais pas quoi dire.

– Alors, tu attends que tous les bus partent ? me demanda-t-elle.
J'opinai.
– Moi aussi, déclara-t-elle.
Je la regardai, j'aurais voulu plein d'explications : « Est-ce que tu te caches souvent des bus ou seulement aujourd'hui ? » et « Où es-tu allée quand tu étais assommée ? » Au lieu de cela, je l'interrogeai :
– Ça va ?
Tina Louise se balança sur les talons tandis que les bus sortaient du parking. Elle était ailleurs et je savais qu'elle ne m'avait pas entendue.
– J'aurais dû essayer de l'attraper, fis-je, car le silence commençait à me rendre nerveuse.
– Non, dit-elle, lentement, l'air rêveur.
Puis elle revint sur terre.
– Elle était pour moi. Le destin. Pour une raison ou une autre, c'était écrit.
Elle ne me regardait pas en prononçant ces mots. Elle observait la file des bus. Lorsque le dernier démarra, elle s'éloigna.
– Viens, me dit-elle. Allons-y.
Je la suivis dans le parking vide.
– Pourquoi n'es-tu pas rentrée chez toi après ? lui demandai-je d'une voix bizarre, à la fois aiguë et posée, comme si je parlais à une vieille tante ou à un bébé qui ne marche pas encore.
– Il n'y avait personne à la maison. L'infirmière m'a

surveillée pendant une heure afin de s'assurer que je ne tombais pas dans le coma.

J'imaginai Tina Louise dans le coma, endormie pour le reste de sa vie, n'entendant rien, ne voyant rien, nourrie grâce à un tube. Morte et vivante en même temps.

– Hum, fis-je nerveusement. Alors, maintenant, tu ne tomberas plus dans le coma ?

– L'infirmière m'a dit que ça allait, affirma-t-elle, en haussant les épaules. Elle a appelé ma mère.

Nous marchions sur le trottoir comme si nous savions exactement où nous nous dirigions, comme si nous le faisions tous les jours. L'après-midi entier j'avais pensé à une question que je tenais absolument à lui poser. J'avais l'occasion de le faire. Je m'éclaircis la voix plusieurs fois et, enfin, j'y arrivai :

– Tina Louise… Comment c'était ? D'être assommée ?

Elle réfléchit un instant.

– Comme rien, constata-t-elle, en pesant ses mots. Je ne me suis même pas rendu compte que j'avais été touchée.

Nous redevînmes silencieuses, mais bizarrement, nous n'étions ni mal à l'aise ni embarrassées. En tournant au coin de la rue, je vis l'école de Sophie et je ralentis le pas.

– Je suis différente maintenant, affirma soudain Tina Louise.

– Qu'est-ce que tu veux dire ?

– Maintenant, quand ils me regarderont, ils me verront comme ça. Tu sais, en train de faire pipi dans mon short.

Mais je ne pensais pas à cela. Elle avait dit quelque chose qui était resté ancré dans ma mémoire.

– Ce que tu as dit à propos du destin…

– Oui, répondit-elle. Tu as vu la balle. Elle est venue directement sur moi.

– Et si elle était destinée à quelqu'un d'autre ? lui demandai-je en me souvenant que D.J. avait pointé sa batte dans ma direction.

Était-ce important ? Concernant mon destin ? La balle était pour moi, je le savais.

– Tu ne connais rien au destin, n'est-ce pas ? s'enquit Tina Louise en s'arrêtant. (Elle se tourna vers moi.) Quand j'aurai trente ans, je me rappellerai cette journée comme d'un tournant dans ma vie. Elle l'a changée. Ça arrive à tout le monde.

Je songeai à la veille, le voyage sur l'île et le paquet qui m'attendait à la maison.

– Comment cette journée a-t-elle changé ta vie ?

Nous étions face à face sur le trottoir et le monde entier retenait son souffle en attendant sa réponse.

– Je l'ignore encore. Mais ma vie a changé. Peut-être qu'un ami me tournera le dos. Peut-être que nous nous serions baladés en voiture avec cet ami après avoir eu notre permis. Mais comme nous ne serons plus amis, je ne monterai pas dans la voiture. Peut-être aura-t-il un accident de voiture et peut-être qu'il mourra. Et moi, je serai toujours vivante. C'est juste un exemple.

– Tout ça à cause de ce petit événement ?

– Ma mère dit que pour chaque action, il y a une réaction. Jusqu'à aujourd'hui, tu ne connaissais même pas mon nom, pas vrai ?

– Euh, hésitai-je. Je connaissais ton nom. Je savais qui tu étais.

– Mais nous n'avions jamais parlé ensemble, sourit-elle d'un air entendu.

Elle se détourna alors et se remit en route.

– Franchement, admis-je en la rattrapant, je n'ai jamais parlé à personne dans cette école.

– Mais maintenant si.

– Oui.

Tina Louise leva les mains, comme si elle tenait quelque chose d'important qu'elle voulait me montrer.

– C'est le destin, tu vois. Toi et moi, dans le champ extérieur. Ni l'une ni l'autre n'est capable d'attraper une balle, même pour sauver sa vie. Tu comprends ?

Nous étions arrivées devant l'école de Sophie. Je m'arrêtai et parcourus du regard la cour de récréation. Sophie jouait toute seule. Les autres enfants étaient déjà partis.

– C'est ma sœur, m'excusai-je quand je la vis descendre de la cage à poules et courir vers nous.

– Ah oui, fit Tina Louise. À propos, j'habite de l'autre côté. À demain.

– D'accord.

Je la regardai faire demi-tour et revenir sur ses pas vers notre école.

– Tina Louise, criai-je.

Et dans ma voix, il y avait de la gratitude, de la peur et de l'espoir.

– Oui ? (Elle se tourna et attendit.)

– À demain.

– Au fait, dit-elle en levant un bras pour me faire signe, j'ai bien aimé ton exposé.

– Quoi ?

– Les chihuahuas. Je l'ai trouvé très pertinent.

Je souris tandis qu'elle baissait le bras, pivotait et reprenait sa route.

– Qui était-ce ? me demanda Sophie en trépignant à côté de moi, la langue pendante.

– Tina Louise, répondis-je. Et rentre ta langue dans ta bouche.

– Je croyais que tu n'avais pas d'amis.

Sophie s'accrocha à mon bras. je l'ignorai et continuai à regarder Tina Louise qui s'éloignait sur le trottoir. Parfois, elle tapotait doucement sa tête bandée. Arrivée au coin de la rue, elle s'arrêta, se tourna vers moi et leva une nouvelle fois son bras. C'était ce que j'attendais, sans même savoir que je l'avais attendu. J'avais envie de rire. Ou de faire des bonds. À mon tour, je levai un bras et lui renvoyai son signe.

– Elle ne regarde plus. Tu peux baisser le bras, constata Sophie en voyant disparaître Tina Louise au coin de la rue.

– Et si on prenait l'ascenseur ? dis-je.

Nous nous trouvions devant notre immeuble. L'accident de Tina Louise avait tenu éloigné de mon esprit le paquet pendant presque tout l'après-midi, mais à présent, j'y songeais de nouveau. Et mon cœur battait la chamade rien que d'y penser.

– Maman dit qu'il faut prendre l'escalier. (Sophie me glissa un regard en coin.) L'ascenseur est réservé aux vieilles personnes qui ne peuvent plus marcher.

– Est-ce qu'il y a beaucoup de vieilles personnes qui attendent ? Tu peux appuyer sur les boutons.

– D'accord, admit-elle alors.

Je savais qu'il me fallait distraire Sophie assez longtemps afin de trouver le paquet et l'ouvrir seule. Pour l'instant, l'histoire de Tina Louise l'avait divertie. (« Elle a vraiment mouillé son short devant tout le monde ? » « Oui, Sophie. » « Du vrai pipi ? Vrai de vrai ? » « Du vrai pipi, Sophie. ») La laisser appuyer sur les boutons était une autre bonne diversion.

– Veux-tu ouvrir la porte ? lui demandai-je en tendant mes clés.

– D'accord, sourit-elle.

Elle ouvrit la porte et entra. Alors, elle jeta un regard interrogatif autour d'elle, comme si elle savait qu'elle oubliait une chose importante, mais ne parvenait pas à s'en souvenir.

– Hé, dis-je en hâte, avant qu'elle ne se la rappelât, où en es-tu de ton puzzle ? Sais-tu déjà ce qu'il représente ?

Sophie, surprise par mon intérêt soudain pour son jeu, courut vers le séjour.

– Écoute. Je crois que j'ai vu un bout de doigt ce matin.

– Ah oui, affirmai-je en la rejoignant. Ça ressemble vraiment à un doigt.

Je pris une pièce par terre et fis semblant de chercher un endroit où la placer. Sophie me l'arracha des mains et, quelques instants plus tard, elle entrait dans une profonde transe.

– Je vais nous chercher un casse-croûte, dis-je, mais elle ne parut pas m'entendre.

Je sortis du séjour sur la pointe des pieds et pris le couloir qui menait à notre chambre. J'entrai, fermai la porte à clé, suspendis mon sac à dos sur le dossier de ma chaise et jetai mon affiche dans un coin. Il fallait me presser.

Je me tenais au milieu de la pièce et tentais l'impossible : penser comme Sophie. D'abord, je vérifiai sous son lit. Rien. Je fouillai dans ses tiroirs, puis je l'imaginai plus maligne qu'elle ne l'était en réalité et regardai dans les miens. Rien.

Sophie avait-elle essayé de se montrer plus futée que moi en le cachant dans la cuisine ? Le séjour ? La chambre de notre mère ?

Je connus la réponse au moment où j'entendis la voix surexcitée de Sophie derrière la porte.

– Margaret ! cria-t-elle. Tu ne peux pas l'ouvrir sans moi.

Donc le paquet était dans la chambre. Je scrutai de nouveau la pièce.

– Margaret ! m'appela-t-elle encore, sa voix sur le point d'exploser. Laisse-moi entrer. Pas de portes fermées à clé, a dit maman. C'est ma chambre, aussi.

– Une minute, Sophie, dis-je. Je veux juste un peu d'intimité.

Accompagné par le martèlement des poings de Sophie, je passai en mode recherche rapide.

– Pense comme Sophie, pense comme Sophie, murmurai-je en ratissant la chambre.

Rien. Et j'avais regardé partout.

En me dirigeant vers la porte, prête à admettre ma défaite, je frôlai mon sac à dos pendu au dossier de ma chaise. Sophie pouvait-elle être si futée ? Je le pris et ouvris la grande poche. Il y avait mon cahier, mon livre de maths et le sachet froissé de mon déjeuner. Mais je sentis quelque chose de différent. Alors, je défis la fermeture à glissière d'un compartiment intérieur que je n'utilisais jamais. Il était là. Je l'avais transporté toute la journée avec moi sans le savoir !

Mon petit génie de sœur était silencieuse de l'autre côté de la porte.

– Sophie ? l'appelai-je.

Allait-elle le dire à maman ?

– Sophie ? répétai-je.

J'attendis sa réponse. J'attendis encore et encore.

– Quoi ? finit-elle par me répondre.

– Je sors dans une seconde, d'accord ?

– Tu l'as trouvé ?

– Non, Sophie. J'ai cherché partout. Je suis sûre qu'il est ailleurs.

Il avait beau y avoir une porte fermée entre nous deux, je savais qu'elle souriait.

– Alors qu'est-ce que tu fais, Margaret ?

– Des trucs. Des trucs qu'on fait quand on a douze ans, répliquai-je.

– Des trucs genre soutien-gorge ?

– Peut-être, admis-je en regardant ma poitrine plate.

– Je peux regarder ?

– Donne-moi cinq minutes d'intimité, d'accord ?

Malgré la porte fermée qui nous séparait, je savais qu'elle hochait la tête.

Cinq minutes pour Sophie correspondent à environ quarante-trois secondes dans le monde réel. Je l'entendis qui jouait avec le tapis en fredonnant une de ses chansons. Silencieusement, je pris le paquet dans mon sac à dos. Je le tournai entre mes mains, pourtant je n'avais pas de temps à perdre. Pourquoi ne pouvais-je l'ouvrir ? De quoi avais-je peur ?

À tout moment, je m'attendais à entendre Sophie crier « Cinq minutes, Margaret ! » ou encore « Margaret ! Pourquoi ton cœur bat si fort ! » Je pris une respiration profonde et déchirai le paquet. Puis, sans regarder, je plongeai ma main et laissai mes doigts retirer la première chose qu'ils avaient touchée.

Je le contemplai longuement ni sceptique ni vraiment surprise.

Je tenais un livre, une bande dessinée dont la couverture était peinte à la main. Je n'avais jamais vu un titre aussi long : *RATT, VOLUME 1 : COMMENT DISPARAÎTRE ET NE JAMAIS ÊTRE RETROUVÉ*. Ce n'est pas le titre qui me fit descendre une boule dans l'estomac, mais le dessin de la couverture. Une maison. La maison sur l'île. La maison à vendre.

– Margaret ? (Sophie se mit à gratter derrière la porte.) Margaret, Margaret, Margaret ?

Je plongeai de nouveau la main dans le paquet et, cette fois, mes doigts frôlèrent une petite chose dure. Je la sortis. Une clé. Une vieille clé rouillée.

– Margaret. Ça fait longtemps. Très longtemps.

– D'accord, Sophie.

Les mains tremblantes, je tournai le paquet et le secouai. Une médaille d'or accrochée à un ruban de soie bleu passé en tomba. Sur la face de la médaille était gravé un nageur dans la phase ascendante de son plongeon. De l'autre côté, un nom était inscrit. Jack Clairmont. Le nom de mon père.

– Margaret, c'est ta dernière chance ! hurla Sophie.

En hâte, je replaçai la médaille, la clé et la BD et fourrai le paquet dans le compartiment secret de mon sac à dos.

– J'arrive, Sophie, répondis-je en accrochant mon sac au dossier de la chaise.

Je déverrouillai la porte et Sophie déboula le nez en l'air, comme un caniche soupçonneux.

– Tu n’as pas le droit de t’enfermer, déclara-t-elle seulement, mais je vis son regard s’attarder sur mon sac.

Elle soupira de soulagement et se tourna vers moi.

– Tu veux que je te montre où est le paquet ?

– Non, répondis-je. Je vais faire mes devoirs.

– Alors, je l’ouvrirai toute seule.

– Et moi, je le dirai à maman, rétorquai-je en lui volant sa réplique préférée.

Elle ne pouvait rien dire.

Sophie passa le reste de la soirée à me surveiller du coin de l’œil. Chaque fois que je prenais mon sac à dos, elle retenait son souffle. Je m’assis par terre dans le séjour et fis semblant de faire mes devoirs de maths, mais, en réalité, je griffonnai trois mots. Une bande dessinée, une clé, une médaille de natation. Quand je pensais à la médaille, j’avais une drôle de sensation dans la nuque, comme si quelqu’un me chatouillait avec une plume.

Mon père noyé, le champion de natation.

Chapitre 12

T'as senti ?
Quoi ?
Comme si quelque chose avait secoué la barque.
Oui, une vague. On est sur un bateau !
Très drôle. Attends. Ça recommence.
Je ne sens toujours rien.

Boyd ferma le livre et frissonna. Il avait déjà lu l'histoire trois fois en entier et relisait ses passages préférés. C'était la dernière aventure de Ratt, et le Noyé fantôme devenait de plus en plus menaçant. Dans quelques nuits, la pleine lune brillerait et le ramènerait à la vie. Il parcourrait les eaux à la recherche d'une nouvelle paire d'yeux.

Boyd se pelotonna sous ses couvertures et ferma les paupières.

– Quelque chose a secoué la barque, murmura-t-il, en faisant semblant d'être l'un des pêcheurs.

Bientôt, il sentirait le doigt glacé du Noyé fantôme sur sa nuque ; un moment plus tard, il tomberait du bateau et serait attiré vers le bas, au plus profond de l'océan.

Chapitre 13

Une fois qu'on sait comment repérer une meute, on en voit partout, surtout à la cantine. Voilà pourquoi l'endroit le plus sûr pour déjeuner reste les toilettes. Ça ne semble pas très appétissant, d'accord, mais c'est le plus sûr.

Le lendemain du jour où j'avais ouvert le paquet, le lendemain du jour où Tina Louise s'était fait assommer par une balle de base-ball, j'étais dans mes toilettes préférées (les deuxièmes à gauche), assise sur l'abattant. Je dégustais un reste de pizza aux pepperoni en examinant la médaille d'or de natation qui pendait à mon cou. *Une médaille de natation, une clé, une BD avec une maison dessinée sur la couverture*. J'étais tellement concentrée pour essayer de relier les trois objets que je sursautai en entendant la porte d'entrée des toilettes s'ouvrir à la volée et se refermer en claquant. J'arrêtai de mâcher et glissai un œil par une fente.

Elle était là, Tina Louise, penchée sur le lavabo. Elle se lavait les mains, tout simplement. Je la vis se redresser et déchirer une serviette en papier, tout en examinant son visage et le bandage blanc enveloppant sa tête.

Je cachai la médaille sous ma chemise et fis quelque chose auquel je ne m'attendais pas.

– Hé ! dis-je. (Je déverrouillai la porte et l'entrebâillai.) Hé, Tina Louise.

Tina Louise pivota et se figea. Elle me regarda, observa le bout de pizza que je tenais à la main, et les toilettes derrière moi. J'étais coincée. Qu'est-ce qui me prenait ? Comme je ne pouvais plus faire marche arrière, j'entrouvris davantage la porte. Telle l'affable hôtesse faisant entrer une invitée de marque dans sa maison entièrement redécorée.

Tina Louise fit un pas en avant, l'œil soupçonneux rivé sur la pizza. Une fois devant la porte, elle hésita puis entra. Je refermai la porte derrière elle. Nous étions face à face, à quelques centimètres l'une de l'autre, piégées. Tina Louise s'éclaircit la voix.

– Euh, hum, dit-elle finalement. Tu prends toujours ton déjeuner ici ?

– Non, pas toujours, répondis-je.

Puis, j'ajoutai :

– En fait, si.

Tina Louise observa le sachet en papier marron posé sur le réservoir des toilettes. Elle contempla ensuite les murs roses, couverts de graffitis. Des noms et des dates. Quelqu'un avait écrit un petit poème : « Si vous faites pipi partout, soyez choux, nettoyez-nous. » Dessous, une autre avait gribouillé : « C'est ça, t'as qu'à essuyer avec tes fesses. »

J'attendais de voir la réaction de Tina Louise. Allait-elle se retourner contre moi ? Allait-elle me dire de nettoyer les toilettes avec mes fesses ? Allait-elle courir dans les couloirs en hurlant : « Margaret mange une pizza… aux toilettes ! »

Tina Louise ouvrit la bouche, mais rien n'en sortit. Puis, soudain, elle se mit à rire nerveusement. Elle ne se moquait pas de moi. C'était juste un rire, un mignon, gentil petit rire.

Mais que répondre à un rire ? Au moment où j'allais lui expliquer comment j'organisais mon déjeuner, la porte d'entrée s'ouvrit de nouveau.

– Chut.

Je posai mon doigt sur mes lèvres et fis un geste en direction des pas sur le carrelage, mais Tina Louise avait un fou rire qu'elle ne pouvait arrêter. Je tirai la chasse d'eau pour le couvrir et jetai un œil par la fente. Deux filles, côte à côte devant le miroir, avec des peignes et du rouge à lèvres. Problème.

– Ça sent la viande là-dedans, dit l'une d'elles.

– Dégoûtant, répondit l'autre.

Je vis leurs regards se croiser dans le miroir et un imperceptible hochement de tête.

J'observai Tina Louise. Elle était toute rouge, les joues gonflées et, soudain, tandis qu'elle se fourrait la main dans la bouche pour éviter de rire, je sentis ma peur se transformer en quelque chose que je n'avais pas ressenti depuis très longtemps. Je mordis mon poing, j'essayai de penser à des choses tristes, effrayantes ou affreuses, mais c'était inutile. Moi aussi, j'éclatai de rire.

De nouveau, je tirai la chasse, mais il était déjà trop tard. Une ombre planait sur nous. Je levai la tête. Les deux filles avaient grimpé sur les toilettes voisines et nous dévisageaient. Nous, aux cabinets, avec de la pizza aux pepperoni.

Pendant ce qui me parut un moment interminable, personne ne parla. Puis l'une des filles dit : « dégoûtant », calmement, d'une façon très détachée, comme si elle contemplait de haut des insectes dégoûtants faisant des trucs dégoûtants.

– Dégoûtant, confirma l'autre.

Je pris mon sac de déjeuner sur le réservoir et déverrouillai la porte.

– Viens, dis-je à Tina Louise.

Elle était toujours toute rouge. Je crois que ce n'était plus à cause de son fou rire. La tête haute, nous traversâmes les toilettes. Au passage, je jetai mon déjeuner à la poubelle.

Tina Louise suivit avec moi le couloir bondé qui mène aux portes de l'école. Je marchai comme si je savais où j'allais. Mais je l'ignorais. Je me demandais ce que pensaient les autres en nous voyant passer. *Tiens, voilà mademoiselle chihuahua. Tiens voilà mademoiselle je fais pipi sur moi.*

En arrivant dans la cour de récréation, je m'arrêtai

et me tournai vers Tina Louise. Je voulais dire quelque chose, mais quoi ? J'étais obsédée par l'expression des filles qui nous avaient surprises blotties dans les toilettes.

– Dégoûtant, dis-je.

Tina Louise m'observa un instant et se mit à rire. Au début, ce n'était qu'un petit « Ah, ah ! », puis quelque chose s'empara d'elle. Quoi que ce fut, il s'empara de moi aussi et, tout à coup, nous explosâmes de rire pour de vrai. Nous riions tellement que nous étions pliées en deux et que nos visages touchaient presque terre.

– Oh, non, parvint-elle à dire en s'étranglant à moitié. Il ne faut pas que je fasse pipi sur moi une deuxième fois.

Ce qui nous fit encore plus rire.

Je repensai aux deux filles. Si j'avais été seule, ça n'aurait pas été drôle du tout. Je songeai à la veille, à ce qui nous avait rapprochées et à notre conversation en rentrant de l'école. La médaille de natation me brûla soudain la poitrine.

– Hé, Tina Louise, lui demandai-je, tu te souviens de ce que tu m'as dit hier ? À propos du destin ?

Elle hocha la tête, toujours essoufflée. Soudain, la cloche sonna et nous nous tournâmes vers l'école. Aussi vite qu'il était apparu, le fou rire disparut.

– Ce n'est que la première sonnerie, déclara Tina Louise.

Elle me regarda en attendant.

J'essayai de savoir par où commencer. *Tu vois, ma mère... il y a cette maison... mon père est mort quand j'avais huit ans.* Finalement, je sortis la médaille en la tirant par le ruban de soie bleu décoloré.

– J'ai trouvé ça, lui appris-je. Dans un paquet destiné à ma mère.

Tina Louise avança la main et prit la médaille.

Je sentis ma gorge qui se serrait. La deuxième cloche allait sonner.

– Tu vois, dis-je émue, mon père était champion de natation. Je l'ignorais.

Je m'interrompis, m'éclaircis la voix et contemplai le bout de mes pieds.

Tina Louise lâcha la médaille qui rebondit contre ma poitrine.

– Oh ! fit-elle, attendant une explication.

– Mon père est mort il y a quatre ans. Ma mère n'en parle jamais.

Des enfants couraient tout autour de nous, ils cherchaient à arriver en classe avant la dernière cloche. Comment pouvais-je expliquer à Tina Louise ce que je ne comprenais pas moi-même ? « En fait, mon père s'est noyé. » J'entendis les mots avant de savoir que j'allais les prononcer. Une fois sortis, je ne pouvais plus les rattraper.

Tina Louise se pencha et toucha de nouveau la médaille. Cette fois, elle observa minutieusement la silhouette du plongeur.

– Alors… déclara-t-elle finalement et je compris tous les mots qui suivaient sans qu'elle les dît.

– Oui.

– Tu veux que je vienne après l'école ?

Je souris, hochai la tête et cachai la médaille sous ma chemise.

– On peut encore arriver avant la cloche, affirmai-je.

Ensemble, nous nous retournâmes et nous mîmes à courir vers la salle de classe.

Chapitre 14

Pour Boyd, le meilleur moment de la journée était l'heure du déjeuner. Tandis que les autres enfants s'entassaient autour de longues tables, reniflaient des sandwiches et s'échangeaient des desserts, Boyd se faisait invisible le temps de franchir la clôture grillagée qui entourait l'école. Dès qu'il ne voyait plus le bâtiment en brique, il se sentait enfin libre de respirer pour la première fois de la matinée. Le déjeuner, pour Boyd, n'était pas une question de nourriture, mais plutôt de livres.

L'île possédait deux bibliothèques. La première, le bibliobus, une camionnette, débarquait du ferry deux fois par mois et se garait dans la rue principale. Il était plein à craquer de livres en tout genre et prenait même des commandes. Les conducteurs, toujours aimables, adoraient discuter des auteurs ou des illustrateurs, et certains allaient jusqu'à s'arrêter le long de la route si un piéton leur faisait signe. Comme un taxi.

La seconde bibliothèque se trouvait dans un petit bâtiment jaune vif au milieu du village. Elle avait été créée et était toujours dirigée par un petit homme qui portait une énorme moustache et ne répondait qu'au nom de M. Bibliothécaire.

Note de l'éditeur :

Je crois nécessaire d'insérer ici une brève histoire de la bibliothèque. Lorsque M. Bibliothécaire déménagea sur l'île pour y ouvrir une bibliothèque, les habitants furent enthousiastes. Ils firent la queue dans la rue, impatients de visiter la première bibliothèque sans roues de l'île. Une fois entrés, cependant, quand ils découvrirent les livres disposés sur les étagères, leur excitation se mua en confusion. À la lettre D, aucun roman de Dickens. À H, pas de Hemingway et à F, pas de Faulkner. Ils trouvèrent à la place des rayons entiers de manuscrits. Certains tapés à la machine, d'autres écrits à la main. Quelques-uns imprimés sur un papier bon marché, d'autres agrafés, reliés par des trombones ou des bouts de ficelle.

– Les œuvres inédites de Monsieur tout le monde, s'exclama fièrement M. Bibliothécaire. De Madame tout le monde, aussi. Et mêmes des enfants.

– Mais comment faire si je cherche quel type de rosiers planter dans mon jardin ? demanda un insulaire troublé.

– Regardez à F, comme Fleurs, répondit M. Bibliothécaire, qui sortit un agenda et l'agita au-dessus de sa tête. Ceci a été écrit par une main verte qui a pris des photos de son jardin tous les jours de l'année. Vous ne trouverez pas roses plus jolies. Et sachez que beaucoup de

grands auteurs n'ont jamais été publiés, poursuivit M. Bibliothécaire en montrant P pour Poésie. Voilà l'occasion pour eux d'être lus.

– Mais qui sont-ils ? voulurent savoir M. Roses et tous les habitants perplexes, entassés dans la petite pièce qui sentait le renfermé.

– Vous, rétorqua M. Bibliothécaire. Vous tous. J'ai obtenu ce lot en laissant des annonces sur le pas d'environ un tiers de vos portes. Alors, apportez vos manuscrits non publiés et je vous garantis qu'ils trouveront une place dans cette bibliothèque.

Sur ce, M. Bibliothécaire se lança dans un discours. La petite bibliothèque jaune vif était officiellement ouverte.

C'est durant le discours de M. Bibliothécaire que Boyd découvrit le livre qui allait changer sa vie. Il dépassa les Q et se retrouva dans les R d'où, en tâtonnant, il sortit une bande dessinée reliée. Sur la couverture était parfaitement détaillé le manoir vide près duquel il habitait.

– Qui a écrit ça ? s'exclama Boyd, en interrompant M. Bibliothécaire au beau milieu d'une phrase.

M. Bibliothécaire toisa Boyd et pinça les lèvres. Ses yeux papillonnaient sur la bande dessinée que Boyd tenait entre ses mains tremblantes.

– Je ne peux pas le révéler, répondit-il enfin.

Boyd parcourut la pièce du regard et sentit son visage s'empourprer. Tout le monde l'observait. M. Bibliothécaire se radoucit.

– Je ne peux pas le révéler, parce que je l'ignore. Quelqu'un a déposé cette BD, tard dans la nuit ou tôt le matin. Je ne connais l'auteur que par le nom de son personnage. Ratt.

Boyd examina le livre. *Ratt, volume 2*. S'il y avait un deuxième tome, il devait y en avoir un premier.

– Où est le volume 1 ?

M. Bibliothécaire soupira et fit signe à Boyd de le rejoindre à son bureau situé près de la porte de la bibliothèque. Il ouvrit le tiroir du haut, en sortit deux livres et les déposa dans les mains de Boyd. Ils étaient tous deux faits du même papier crème à la tranche douce comme une plume. Quant à l'encre : des rouges vibrants, des bleus profonds, des jaunes éclatants et des noirs intenses.

– *Ratt, volume 3* et *Ratt, volume 4*, arrivés tôt ce matin. Je ferme à minuit et ouvre à six heures. C'est pendant ce laps de temps que l'auteur vient parfois les déposer. Merveilleux, n'est ce pas ? Je pense qu'il fabrique le papier.

Boyd prit les livres et opina.

– Et le premier volume ?

– Non, répondit le bibliothécaire en secouant la tête. Je ne l'ai pas. J'ignore pourquoi.

Boyd toucha les livres. Peut-être le premier tome arriverait-il un jour ?

– Je peux les emprunter ?
– Un à la fois.
– Dans le bibliobus, on peut en emprunter trois.
– D'accord, deux. Mais seulement pour fêter l'ouverture de la bibliothèque.

Boyd, ravi, remplit le formulaire d'inscription et passa le reste du week-end couché sur son lit à explorer le monde merveilleux, terrible et véritablement surprenant de Ratt.

Depuis lors, Boyd passa à la bibliothèque presque tous les jours. Il faisait l'école buissonnière à l'heure du déjeuner, marchait pendant une dizaine de minutes pour rejoindre le centre du village, rendait le volume qu'il avait emprunté la veille et prenait le nouveau, mystérieusement apparu au cours de la nuit. Il y allait aussi après l'école pour relire d'anciens numéros. Il avait affirmé à ses parents qu'il appartenait au club de lecture de l'école et prenait le bus qui ramenait les collégiens participant aux activités sportives.

Au bout de plusieurs mois, Boyd avait imaginé un stratagème. M. Bibliothécaire s'était en effet plaint de ce que la section des R était surchargée par les bandes dessinées. (« Il en vient tout le temps, au moins un numéro par nuit. Je n'ai plus de place. Vraiment plus de place. »)

– Alors, je me suis dit, déclara Boyd en essayant de garder une voix calme et mesurée, que je pourrais peut-être garder les anciens tomes pour vous. Vous comprenez, vous n'avez plus de place dans les R. Je les garderai en lieu sûr. Je sais exactement où les mettre.

– Je ne sais pas, hésita M. Bibliothécaire, l'air soupçonneux. Et mes autres clients ?

– Ce serait comme une annexe, expliqua Boyd. Une extension nécessaire vu la bonne marche des affaires. Et si quelqu'un veut les lire, je les rapporterai.

– Hum. Une annexe ? Hum. Bonne idée. La bibliothèque s'étend. J'ai besoin d'une annexe. J'adore cette idée.

Et ainsi, petit à petit, avant que la section des R devînt la section des P pour Pleine à craquer, Boyd remplit son sac à dos avec les anciens numéros de Ratt (en faisant bien attention à ne pas corner les pages) et les empila soigneusement dans le placard de sa chambre.

Il se mit aussi à s'interroger sur la maison abandonnée.

– Qui habitait là, papa ? demanda-t-il à son père un jour.

– Ils étaient partis bien avant notre arrivée, lui répondit son père en haussant les épaules.

– Mais pourquoi est-elle toujours vide ?

– Je l'ignore, Boyd. C'est comme ça.

Boyd interrogea alors le bibliothécaire.

– Ce manoir, dit-il en indiquant la couverture du dernier numéro de Ratt. Le manoir où vit Ratt. J'habite juste à côté. C'est la vieille maison sur la Route de la côte.

– Peut-être qu'elle lui ressemble seulement, affirma M. Bibliothécaire en se détournant vivement.

– Non, c'est la même, assura Boyd. Je sais que c'est la même. Qui habitait là ?

– Je l'ignore.

– Vous devriez le savoir. Vous êtes bibliothécaire. Vous avez plein de journaux, de registres officiels et de trucs comme ça.

– Et alors ?

– Alors, la personne qui écrit ces bandes dessinées… Est-ce qu'elle habitait là ? Est-ce que c'est vraiment un rat ?

– Trop de questions. Nous sommes dans une bibliothèque, rappelle-toi ? Tu déranges mes autres clients.

Boyd parcourut la pièce du regard. Comme d'habitude, il était seul.

– Mais dites-moi…

– Écoute ! le prévint le bibliothécaire d'une voix feutrée mais sévère. Tu aimes ces histoires ?

Boyd approuva de la tête. M. Bibliothécaire plissa les yeux et se percha sur le rebord de son bureau.

– Pourquoi ? s'enquit-il.

Il examina Boyd de la tête aux pieds comme s'il le voyait pour la première fois.

Boyd haussa les épaules. Comment lui expliquer que Ratt avait changé sa vie ?

– Je ne sais pas, répondit-il enfin.

Il prit une grande inspiration. Il n'avait jamais parlé de Ratt à personne avant. C'était nouveau et excitant.

– Je crois que c'est parce qu'au début il n'était qu'un enfant ordinaire. Il n'avait pas beaucoup d'amis, vous savez, à cause de sa différence. Et puis quand tout a commencé — les poils et le reste — il a été encore plus exclu. Mais, en réalité, ce n'était pas si terrible que ça, sa transformation. Parce qu'il en a fait quelque chose de positif.

Boyd regarda ses pieds et haussa les épaules.

Le bibliothécaire s'éclaircit la voix.

– Interprétation intéressante, déclara-t-il. Mais comment cette transformation en l'une des plus dégoûtantes créatures de la terre peut-elle être positive ? À ton avis, tout du moins ?

– Eh bien, répondit Boyd d'un air pensif. Il est devenu courageux. Il n'a peur de personne. Il change les ordures en trésors. Je ne sais pas. Je ne peux pas l'expliquer mieux. Des gens seraient prêts à mourir pour le trésor, comme dans le numéro 27, mais il s'agit seulement de ce qu'ils ont jeté un mois auparavant. Ils ne voient pas ce qu'il y a de bien dans ce qui n'est pas parfait. Mais Ratt le voit.

Boyd s'interrompit. Il n'était pas certain de ce qu'il venait de dire. Comment pouvait-il expliquer à quelqu'un que Ratt lui avait donné un espoir ? Lui avait fait comprendre qu'être seul et différent n'était pas forcément une honte ? C'était idiot, peut-être, mais Boyd aussi voulait croire qu'il possédait un talent extraordinaire, quelque part, caché au plus profond et prêt à émerger.

– Oui, souffla le bibliothécaire. Oui.

– Voilà pourquoi je veux savoir. Vivait-il vraiment là ? L'avez-vous déjà vu ? Ressemble-t-il à ce qu'il dessine ?

M. Bibliothécaire sauta du bureau et tourna le dos à Boyd.

– Il faut que tu acceptes d'ignorer certaines choses. Lis les livres et ne deviens pas trop gourmand. D'accord ? Est-ce que tu comprends ?

Boyd s'éclaircit la voix.

– Je veux juste savoir…

– Non. Écoute. J'ai dit : « Est-ce que tu comprends ? » Réponds à la question.

M. Bibliothécaire virevolta et le regarda droit dans les yeux. Son long index se tortillait de bas en haut comme un pendule inversé.

Boyd ne comprenait pas et soudain fut effrayé. Pourquoi le bibliothécaire était-il devenu si sérieux ? Et s'il l'empêchait de rapporter les bandes dessinées chez lui ? Comment pouvait-on faire bouger son doigt ainsi ?

– Je comprends, répondit-il en hâte en tenant serré *RATT, VOLUME 136 : LA MARCHE DE LA MAIN DU MANNEQUIN* contre sa poitrine.

– Parfait, déclara M. Bibliothécaire. D'accord.

Son index cessa de remuer. Il soupira.

Boyd se dirigea vers la porte, puis s'arrêta.

– Alors, vous le connaissez ?

– Que viens-tu de me promettre ?

Index, index, index.

– Mais il doit les déposer…

– Non, asséna M. Bibliothécaire, l'air grave. Écoute-moi. Ils arrivent, c'est tout. Je n'ai pas passé d'accord avec l'auteur.

Pourtant, Boyd, à l'expression de son visage et au ton de sa voix, sut que le bibliothécaire lui cachait quelque chose.

Et il se fit une promesse. Un jour, il saurait la vérité sur le personnage mi-homme mi-rongeur qui se faisait appeler Ratt. Voilà pourquoi Boyd allait à la bibliothèque tous les jours à l'heure du déjeuner, puis à la sortie de l'école.

Boyd se mit aussi à surveiller la maison, convaincu que derrière les murs branlants et les fenêtres barricadées à l'aide de planches se trouvait un indice sur l'identité réelle de l'étrange et repoussant super-héros aux crocs jaunes.

Chapitre 15

Tina Louise et moi étions allées chercher ma sœur à l'école.

– Sophie, nous avons besoin d'être seules. Joue avec ton puzzle pendant un quart d'heure, d'accord ? lui demandai-je en arrivant devant la porte d'entrée.

Sophie se mit à protester, mais Tina Louise intervint.

– Je peux voir ton puzzle ?

Cinq minutes plus tard, tandis que Sophie était totalement absorbée par le PUZZLE LE PLUS DUR DU MONDE, Tina Louise et moi nous éloignâmes furtivement vers ma chambre.

– Tu es géniale, chuchotai-je en fermant et verrouillant la porte derrière nous.

Je sortis le paquet de sa nouvelle cachette dans le placard, puis m'assis par terre.

– Tiens, dis-je à Tina Louise en lui tendant la bande dessinée.

Je lui montrai le manoir illustrant la couverture.

– La voilà. La maison dont je te parlais.

– Hum, fit-elle en secouant la tête. Est-ce que tu l'as lu ?

– J'ai commencé. Mais ce n'est qu'une BD sur un type mi-homme mi-rat. Il vit dans la maison et un ami d'enfance vient lui rendre visite.

J'ouvris le livre et lus quelques lignes à voix haute. « C'était l'été, par une nuit de pleine lune. Deux amis partirent nager. Ils ne s'étaient pas vus depuis une éternité. Ils plongeaient d'un petit canoë, comme ils le faisaient étant enfants. »

Tina Louise m'interrompit à cet instant.

– Ton père. La médaille de natation…

– Oui, je sais.

Je la sortis de sous ma chemise. Elle était tiède d'avoir passé la journée contre ma peau.

– Au début, je me suis dit que c'était peut-être lié mais, franchement, ce n'est qu'une histoire de dingue inventée de toutes pièces. Le seul rapport : l'image en couverture. Et le mot « noyé ». Je ne peux pas m'empêcher de penser qu'il s'agit de l'endroit où c'est arrivé. Tu sais, là où il est mort.

– Donc, il y a une médaille de natation, une bande dessinée avec le manoir en couverture et la clé du manoir…

– On ne sait pas si c'est la clé du manoir.

– C'est elle.

Tina Louise se détendit et tapota la couverture du livre avec la clé.

– Ici se trouve la réponse que tu cherches. Dans cette maison. La bande dessinée n'est qu'un appât. Un appât pour que ta mère vienne, mais elle n'a pas mordu. Elle n'a même pas mordillé.

– Je m'interroge toujours sur la maison, déclarai-je en hochant la tête lentement. Elle nous appartient, mais pourquoi ?

– Si ton père est mort et que soudain la maison vous appartient, il y a sûrement passé son enfance. Cette clé le prouve.

– Peut-être, hésitai-je. Mais il n'est pas mort hier. Ça fait quatre ans. Alors pourquoi maintenant ?

– Vous en êtes sans doute propriétaires depuis longtemps. Mais ta mère s'en occupe seulement maintenant. À cause du chagrin, je pense. Parfois, le chagrin fonctionne ainsi.

Tina Louise prononçait de temps à autre ce genre de phrase. Sa mère était thérapeute.

– Ou peut-être pas, intervins-je. Quelqu'un vivait là, est mort, et a donné la maison en héritage à maman. Peut-être la même personne qui lui a envoyé le paquet.

– Et pourquoi ta mère l'aurait-elle renvoyé sans l'ouvrir ?

Je luttai pour trouver une réponse.

– Ma mère, eh bien…

Je ne pus terminer. Qu'allais-je lui dire ? Que ma mère était dans le coma ? Qu'elle flottait dans la vie comme dans un rêve ?

– Il faudrait que tu l'interroges, tu sais.

– Impossible. Tu vois… ma mère, elle n'en parlera pas.

– Alors elle devrait voir un thérapeute.

– Elle ne reste pas éveillée assez longtemps pour voir un thérapeute.

Tina Louise resta silencieuse un moment. Puis son visage s'illumina.

– Je pourrais peut-être demander à ma mère de faire une séance clandestine avec la tienne. Ta mère ne s'en rendrait même pas compte. Elle viendrait vendre des biscuits au porte à porte, ta mère lui ouvrirait et...

– Ma mère n'ouvre jamais.

– Alors toi. Ensuite, tu ferais entrer ma mère. Elle irait s'asseoir en face de la tienne et, hop, thérapie instantanée.

J'y réfléchis un moment. Lizzie assoupie sur le canapé, un œil sur la télé, l'autre dévisageant avec soupçon la mère de Tina Louise ; moi, attendant d'entendre Lizzie révéler quelque chose qui expliquerait toutes ces années de silence et de sommeil. Je secouai la tête pour en faire sortir cette image.

– Ça ne marchera pas, affirmai-je.

– Pourquoi ?

– Ça ne marchera pas, c'est tout.

Tina Louise haussa les épaules, mais je compris qu'elle était déçue. Comment lui expliquer que je ne savais pas si je voulais vraiment entendre ce que Lizzie avait à dire ? Oui, je souhaitais une réponse, mais l'idée de voir Lizzie se redresser, planter ses pieds par terre et déclarer : « D'accord, voilà la vérité », franchement, ça m'effrayait. Si le silence et le sommeil l'empêchaient de devenir folle, qu'est-ce qu'une thérapie clandestine de la mère de Tina Louise provoquerait en elle ? Devrions-nous l'enfermer ? Est-ce qu'elle mangerait un morceau de son bras comme un animal coincé dans un piège à loups ?

– J'ai le sentiment… dis-je d'une voix mesurée, en essayant de mettre des mots sur ces images évanescentes, flottantes. J'ai toujours eu le sentiment d'être différente. Que ma famille est différente. Surtout du côté de mon père, car ma mère ne l'évoque jamais. Et puis cette maison… et ça…

Je pris la bande dessinée et en feuilletai les pages, donnant vie à l'homme-rat en mouvements vifs et saccadés.

Lorsque je croisai le regard de Tina Louise, ses yeux brillaient. Elle semblait prête à exploser.

– Il faut que tu y retournes. Tu dois trouver ce que cache le manoir. Ceci… (Elle ouvrit les bras en arc de cercle au-dessus du paquet.) Ceci n'est que le début. Il faut que tu ailles là-bas, Margaret.

Un frisson remonta dans mon dos, comme le doigt glacé d'un squelette. Qu'est-ce qu'elle racontait ? Y aller sans Lizzie ? Pénétrer par effraction dans la maison ?

– Il y a un mystère, chuchota-t-elle à mon oreille. Et moi, je sais ce que je ferais si ce mystère me concernait.

– Quoi ? murmurai-je à mon tour, alors que je savais exactement ce qu'elle allait me répondre.

Elle prit la clé et la pressa contre ma paume, comme si je venais de remporter un prix.

– Parfait, déclara-t-elle. C'est le destin.

– Nous ne savons même pas s'il s'agit de la clé du manoir, dis-je en observant la clé.

– Il le faut. (Tina Louise se leva et prit son manteau.)

– Tu pars ?

– Je dois rentrer. Ma mère croit toujours que je peux tomber dans le coma à n'importe quel moment.

– C'est le cas ?

Tina Louise ouvrit la porte sur une Sophie, aux yeux écarquillés, qui tenait un tournevis.

– Peut-être, répondit-elle. Au revoir, Sophie.

– Au revoir, dit Sophie, intimidée.

Je cachai en hâte la médaille sous ma chemise et la bande dessinée à l'arrière de mon jean. Je serrai la clé dans ma main moite.

– Penses-y, Margaret, m'avertit Tina Louise dans l'embrasure de la porte. C'est parfait.

– Attends !

Elle s'arrêta et se tourna. Il y avait quelque chose en elle de grand et de brillant que je n'avais jamais vu auparavant. Je ne souhaitais pas que Sophie sût de quoi nous avions parlé.

– Quoi ?

– Pourquoi tu ne viens pas avec moi ?

Tina Louise sourit, l'air patient, comme si elle était soudain devenue une adulte.

– C'est ton destin, affirma-t-elle doucement. Je dois rester ici et subir les conséquences tragiques de mes propres actes.

Elle leva alors le bras, me salua à sa façon et disparut.

Je tentai de me rappeler la scène sur le terrain de baseball : Tina Louise couchée sur le dos, du pipi coulant entre ses cuisses. Ça semblait si lointain. Une autre fille, une autre école.

J'accompagnai ma sœur au lit et lui dis de s'asseoir.

– Sophie, déclarai-je en me préparant à la tempête qui ne manquerait pas de suivre. J'ai ouvert le paquet.

Sophie s'assit, abasourdie. Sa bouche s'ouvrit et se referma, mais aucun mot ne s'en échappa. Elle se précipita sur mon sac à dos et le vida, puis elle se tourna vers moi, la bouche béante.

– Margaret !

C'était sorti enfin, à moitié un cri, à moitié un gémissement. Comme si on l'avait poignardée.

– Arrête, Sophie, lui ordonnai-je.

– Margaret ! hurla-t-elle de nouveau, avant de laisser échapper un sanglot. Tu m'as menti !

– Viens ici, Sophie.

Elle secoua la tête. Les larmes s'accumulaient au coin de ses yeux, mais elle luttait pour les refouler. Elle était trop vexée pour pleurer devant moi.

– Viens, répétai-je, en sortant la médaille. Regarde. Elle était à notre père.

Sophie se figea de l'autre côté de la chambre, ses petits bras croisés sur la poitrine. Je m'approchai et m'agenouillai devant elle.

– Sophie, déclarai-je en plaçant le ruban bleu autour de son cou. C'est pour toi. Tu peux la garder.

Elle ne parvint pas à retenir plus longtemps ses larmes. Elles se mirent à couler sur ses joues en formant une petite rivière le long de son nez.

– Je suis désolée, Sophie.

Et c'était vrai. Vrai de vrai.

– Tu l'as laissée voir et pas moi ?

Elle luttait avec les mots, la voix entrecoupée.

– Je suis désolée, Sophie. (Je levai la médaille devant ses yeux.) Papa était champion de natation. Médaille d'or.

Sophie haussa les épaules, comme si elle s'en désintéressait, mais je vis ses petits doigts serrer tendrement la médaille.

– Et regarde… ça, c'est vraiment bizarre.

À tâtons, je sortis la bande dessinée de l'arrière de mon jean.

– Tu vois ce livre ? Observe la couverture. Ça ne te rappelle rien ?

Sophie prit la bande dessinée et la rapprocha de ses yeux. Mais avec tant de larmes, elle voyait tout flou.

– Je suis désolée, Sophie. Si je connaissais une autre langue, je te le dirais encore. Je voudrais en connaître cent. Alors tu me pardonnerais peut-être.

Sophie essuya son nez morveux sur le revers de sa main.

– D'accord, dit-elle finalement, en ravalant un pleur.

Elle se frotta les yeux et regarda le livre.

– C'est la maison de papa ?

– Je ne sais pas, répondis-je. Peut-être.
– On peut demander à maman ?
– Non.
– Si papa pouvait être là…
– Oui.
– Raconte-moi quand papa t'a appris à faire du vélo.

Sophie se blottit contre moi et posa sa tête sur mon épaule. Elle ferma les yeux.

C'était son histoire préférée. Elle me la demandait quand elle se sentait triste. C'était peut-être parce qu'elle n'avait aucun souvenir de lui qu'elle chérissait autant les miens.

– D'accord, commençai-je de la façon qu'elle aimait. J'avais quatre ans quand j'ai appris à faire du vélo…

Chapitre 16

Il y a ceux qui mettent les choses en mouvement et ceux qui deviennent le mouvement. Après une journée de réflexions et deux conversations téléphoniques tardives, Tina Louise m'avait mis en mouvement. Est-ce que je suis vraiment en train de faire ce que je fais ? me demandai-je le jeudi matin en descendant du bus et en marchant vers le terminal du ferry.

Le plus dur avait été de le dire à Sophie. D'abord, elle avait pleuré, puis elle s'était mise à bouder. Enfin, elle avait menacé de le dire à maman si je ne la laissais pas m'accompagner. J'avais fini par l'amadouer en lui expliquant l'importance de son rôle si elle restait : elle me permettrait de garder le contact avec Tina Louise et pourrait me couvrir vis-à-vis de maman.

– Je sais, répondit Sophie. Je ferai la vaisselle et le dîner et je crierai « Arrête, Margaret ! » comme si tu m'embêtais.

– Génial, Sophie. Super. Je n'y arriverai pas sans toi.

– Et les chihuahuas, Margaret ? (Elle se mit à se ronger un ongle.)

– Ne t'inquiète pas.
– Et s'il y a un tremblement de terre ?
– Je ne vais pas si loin, Sophie. Et je ne pars qu'un jour ou deux. Ce n'est qu'un tour en ferry.
– Mais il y a un long trajet en voiture.
– Pas si long.
– Alors tu seras rentrée demain ?
– Sûrement. J'espère, Sophie.
– Tu me le promets ?
– Je ne peux pas, Sophie. Je ne sais pas ce que je vais découvrir ou combien de temps ça me prendra. Mais c'est important. Tu ne veux pas savoir ce qui se trouve dans la maison ? Tu ne veux pas connaître le mystère de papa ?
Sophie joua avec la médaille de natation qui n'avait pas quitté son cou depuis que je la lui avais donnée.
– Si, répondit-elle. Si, je veux le connaître.

Il y eut une époque, lorsque ma mère n'était pas encore devenue somnolente, où nous prenions souvent le ferry. Juste après la mort de mon père, Lizzie avait eu soudain un regain d'énergie, comme si elle avait été dotée des superpouvoirs combinés d'un père et d'une mère. Ça n'avait duré que deux ans.

Elle avait eu trois promotions au travail. Elle prenait des leçons de cuisine. Tandis que nous mangions, éclairées par les chandelles qu'elle avait faites elle-même au cours d'artisanat, elle nous expliquait comment fonctionnaient les appareils photos et comment une initiative parlementaire devenait une loi. Et, ainsi que je le disais, nous prenions souvent le ferry.

J'adorais. L'équipage était tout sourire, et la nourriture à bord délicieuse. Tandis que Lizzie cherchait une cabine vide près d'une fenêtre, Sophie et moi nous précipitions au café pour commander le repas. Ensuite nous errions dans le ferry à sa recherche en portant des assiettes en carton remplies de frites fumantes. Nous nous asseyions seulement le temps d'en manger la moitié. Le reste, nous le dégustions dehors, sur le pont.

Et puis, comme je vous l'expliquais, tout a changé. Je pense que ma mère a épuisé en deux ans le quota d'énergie alloué pour toute une vie. On aurait dit un jouet mécanique à bout de forces sans personne pour le remonter. Sophie et moi avons essayé pendant un moment et puis nous nous y sommes habitués. La cuisine gastronomique ne me manquait pas vraiment. Les discussions politiques, non plus. Ni les bougies artisanales. En revanche, les tours en ferry me manquaient. Et les îles. Alors jeudi matin, quand j'ai acheté mon billet et franchi la planche d'embarquement des passagers, je ne me sentis ni effrayée, ni seule. J'eus l'impression d'être à la maison. Chez moi.

La première étape fut de me rendre au bar pour acheter une assiette de frites. Le temps ne compte pas sur le ferry, on peut manger des frites au petit déjeuner et un beignet au dîner. Ensuite, je trouvai une cabine vide, près d'un hublot et jetai mon sac à dos sur le siège. Je m'assis et appuyai ma tête sur la vitre froide. Le soleil était timide, endormi, le ferry silencieux et presque vide : une poignée de femmes et d'hommes habillés pour aller travailler qui lisaient le journal en soufflant sur leur café fumant, quelques mères qui portaient leurs bébés potelés et somnolents, un employé qui lavait le pont.

– Souviens-toi de respirer, m'avait conseillé Tina Louise la veille au téléphone.

Apparemment, c'était une technique que recommandait sa mère à tous ses patients.

Je pris une profonde inspiration et fermai les yeux. Je les tins clos tandis que le ferry sifflait une fois, puis deux. Je sentis une petite secousse lorsqu'il se dégagea du quai et soudain je flottais, je me déplaçais avec le bateau. *Respire*, me dis-je. *Respire*. Lorsqu'enfin j'ouvris les paupières, il n'y avait plus de terre à l'horizon. Même si je le voulais, impossible de revenir en arrière. Je regardai mes frites et me rendis compte que j'avais l'estomac trop noué pour les manger.

– La clé, m'avait aussi appris Tina Louise en chuchotant au téléphone, c'est de ne pas réfléchir trop loin. Par exemple, quand tu seras sur le ferry, contemple la mer. Ne pense pas à autre chose. Compris ?

– Compris, lui avais-je répondu.

– Quand le ferry s'amarrera de l'autre côté, descends avec les autres passagers.
– D'accord.
– Dès que tu seras sur la route principale, marche.
– Marcher.
– Pense au plan, avait-elle déclaré.
– Le plan.
– Rappelle-toi : si tu y crois, ça arrivera.
Y croire. Ça semblait si simple, si juste, la veille au soir. Se concentrer sur la mer, mes frites, une mouette qui plane au-dessus de ma main tendue. Ne pas penser à autre chose qu'à ce qui va suivre. La solitude du voyage, l'énorme manoir, le bref mouvement à la fenêtre de l'étage — ce que je m'étais dit n'être qu'un reflet du soleil.

La sirène du ferry a dû annoncer notre arrivée. J'ai dû me lever. J'ai dû jeter mon assiette de frites molles que je n'avais pas touchées. J'ai dû descendre sur le pont inférieur avec les autres passagers. Mais je ne m'en souviens pas. Soudain, j'étais sur la terre ferme et je me sentais seule, encore plus seule qu'à l'école quand je déjeunais dans les toilettes.

Ç'aurait été si simple de faire demi-tour, de remonter sur le ferry et de rentrer à la maison. Alors, je me souvins du dernier conseil de Tina Louise. La veille au téléphone. J'étais en pyjama, assise dans le noir.
– Ta vie ne changera jamais…
– Pourquoi ? lui demandai-je.

– Laisse-moi finir. J'allais dire : ta vie ne changera jamais si tu ne fais pas le premier pas.

Le premier pas.

Tina Louise avait raison. Je m'éloignai du quai, des employés souriants et des meilleures frites de tout l'État de Washington, et fis le premier pas.

Chapitre 17

Tina Louise m'avait dit que le plus important était d'avoir toujours l'air de savoir ce que je faisais. Autrement quelqu'un pouvait me demander qui j'étais ou bien où j'allais. « Tu ne peux te fier à personne », m'avait-elle prévenu.

Je m'arrêtai à l'intersection où Lizzie s'était arrêtée quelques jours plus tôt et suivit la flèche indiquant le village. En arrivant dans la rue principale, je fus rassurée par les signes d'une vie normale, ordinaire. Il y avait le magasin pour touristes avec les petites hawaïennes en coquillages roses. Le bureau de poste et la taverne obscure. La bibliothèque jaune vif. L'épicerie. En regardant par la fenêtre, j'eus soudain envie d'y entrer.

C'était le genre de magasin qu'on ne voit que dans les films. Sur les étagères était entreposé un article de chaque sorte : un jeu de cartes, un couteau de poche, un pistolet à eau, une laisse. Il y avait aussi un comptoir démodé où une serveuse rousse m'observait, un pot de café dans une main, une lavette décolorée dans l'autre.

Je hochai la tête pour dire bonjour avant de parcourir les allées. J'avais déjà entassé de quoi survivre dans mon sac à dos : casse-croûte et bougies, allumettes et lampe torche avec des piles de rechange. Mais puisqu'il me fallait des indications pour rejoindre la Route de la côte, je m'achetai une barre de confiserie.

En passant devant le rayon des céréales, je pensai à Sophie. *J'espère qu'elle est arrivée à l'heure à l'école*, me dis-je. *J'espère qu'elle a pris son petit déjeuner et s'est brossé les dents. J'espère qu'elle n'a pas aussi peur que moi.*

J'attrapai une pleine poignée de confiseries. Et puis, alors que je n'en avais pas besoin, je retournai au rayon des céréales, choisis une boîte et la tins serrée contre moi. Je cherchai la caisse du regard.

– Tu peux venir payer ici, ma chérie, déclara la serveuse.

Je m'approchai du comptoir. L'odeur de graisse et de viande me donna faim et, en même temps, un peu mal au cœur. Un vieil homme, assis au bar, mangeait un hamburger. Il mordait dedans et tamponnait sa bouche à l'aide d'une serviette en papier, comme le font certaines femmes en mettant du rouge à lèvres.

Sans le regarder, je posai mes achats près de la caisse.

– Il y a de bons milk-shakes, dit le vieil homme en terminant le sien.

– Ah, répondis-je, en l'observant.

Sa chemise de flanelle, parfaitement repassée, était boutonnée jusqu'au cou.

– O.K., ma chérie, intervint la serveuse. Tu me dois trois dollars et soixante-dix-neuf cents.

Je sortis vingt dollars, en essayant de ne pas me sentir coupable : je les avais volés dans le porte-monnaie de ma mère la veille au soir.

– Ils ont de bons beignets, aussi, affirma le vieil homme. Faits maison.

La serveuse me rendit la monnaie et je la rangeai dans ma poche.

– Tu veux manger quelque chose ? me demanda-t-elle.

– Combien coûtent les beignets ?

– Cinquante cents.

– J'en prendrai un, s'il vous plaît.

– Ils ont été faits ce matin et fourrés à la cerise, m'apprit le vieillard. C'est le secret le mieux gardé de l'île. Il ne doit pas y avoir école aujourd'hui.

– Si, répondit la serveuse en me faisant un clin d'œil. Elle posa un beignet sur une assiette qu'elle fit glisser devant moi.

– J'ai accompagné mes enfants au car scolaire ce matin.

– Je rends visite à quelqu'un, mentis-je.

Je mordis dans le beignet. Il était tendre et moelleux, avec la quantité idéale de glaçage et de confiture de cerise.

– Mâche bien, me conseilla le vieil homme. Je n'ai pas envie de faire une réanimation si tôt le matin. Et puis d'ailleurs, je n'y crois pas trop.

J'avais les mains moites. Je mâchai, j'avalai.

– Je vais voir une amie, dis-je. Sur la Route de la côte. Elle m'a dit que c'était facile à partir du village.

La serveuse hocha la tête.

– À gauche en sortant, suis la route principale jusqu'au bout.

– Tu arriveras alors à une intersection, ajouta le vieil homme. Prends à gauche et tu trouveras la Route de la côte. À droite, c'est l'école.

Je regardai la pendule. Si j'étais sur le continent, je serais en train de déjeuner dans les cabinets. Je finis le beignet en trois bouchées et posai cinquante cents sur le comptoir. Puis je me souvins qu'il fallait laisser un pourboire : je mis deux pièces de dix cents.

– Merci, ma chérie. Bonne chance.

– Merci, répondis-je, sans encore me rendre compte à quel point j'en aurais besoin.

J'entassai les céréales et les barres de confiserie dans mon sac à dos et me dirigeai vers la porte. En sortant, j'entendis le vieil homme qui s'adressait à la serveuse :

– Elle a dit qu'elle venait d'où ?

Chapitre 18

Je le vois !
Il est là !
Où ?
Derrière la poubelle…
Il s'échappe encore !
Vite ! Plus vite !
Papa… Qu'est-ce que c'était ?

– Tu ferais mieux d'y aller, déclara M. Bibliothécaire.

Boyd regarda la pendule accrochée au mur et sursauta. Il lui restait sept minutes avant la fin officielle de l'heure du déjeuner… et dix minutes de marche pour regagner l'école. Il posa la BD sur l'étagère et prit le nouveau numéro.

– Au revoir, M. Bibliothécaire, le salua-t-il en brandissant le livre et en se dirigeant vers la sortie. Je reviendrai après l'école.

– Je ne bouge pas, murmura M. Bibliothécaire, qui leva à peine la tête de ses piles de vieux journaux.

Boyd sortit sous le soleil, vérifia l'heure sur sa montre et se mit à courir. Paf ! Il se retrouva soudain par terre, le souffle coupé. Il regarda en l'air, s'attendant à voir un mur, un camion ou un homme large d'épaules mais, en fait, il vit les yeux gris et étonnés d'une fille à peu près de son âge. Elle n'était pas dans son école et, pourtant, elle lui sembla familière.

– Pardon, s'excusa-t-elle en tendant la main pour l'aider à se relever. Je ne regardais pas où j'allais.

Énervé, Boyd ne prit pas sa main et se remit maladroitement debout.

– Ça va, dit-il, je ne faisais pas attention non plus.

Il l'observa de nouveau à la dérobée, mais elle ne le voyait plus. Elle paraissait regarder derrière lui avec une expression qu'il ne put déchiffrer. Boyd se tourna pour découvrir ce qui retenait son attention… et là, par terre, gisait son dernier numéro de Ratt. Boyd, qui sentit ses joues s'empourprer, prit le livre et le rangea dans son sac à dos. Même les enfants qui ne le taquinaient pas ouvertement riaient de lui dans son dos.

– Qu'est-ce que c'est ? demanda la fille en indiquant son sac d'un mouvement de tête.

Boyd fit semblant de ne pas comprendre.

– Un sac à dos.

– Non, le livre. La bande dessinée.

– Eh bien, euh. Tu as répondu à ta question. C'est une bande dessinée.

La fille plissa les yeux comme si elle allait dire quelque chose, mais Boyd ne la laisserait pas se moquer de lui. Il jeta son sac sur son dos et se mit à courir dans la rue principale vers l'intersection.

Chapitre 19

Ce garçon ! Ce livre ! Le dessin sur la couverture ! Je le vis s'enfuir dans la rue, presque en volant. Devais-je lui courir après ? Il allait sûrement à l'école. Mais si j'arrivais à le rattraper, que ferais-je ensuite ? Lui montrer ma BD ? Lui parler de mon père, de la maison et du paquet que j'y avais trouvé ?

– Ne te fie à personne, chuchota Tina Louise à mon oreille. Personne.

Je me tournai vers le bâtiment jaune vif d'où était sorti le garçon. Un panneau BIBLIOTHÈQUE était accroché. Était-ce le destin ? Était-ce ainsi qu'il agissait ? Je respirai à fond et ouvris la porte.

Le tintement d'une cloche annonça mon arrivée. Je parcourus du regard la pièce obscure, en contraste complet avec la joyeuse façade jaune.

– Oui ? dit une voix qui venait d'un coin.

Je me tournai dans sa direction et remarquai un petit homme maigre derrière un énorme bureau en bois, presque caché par une pile de journaux, de magazines et d'albums.

– Hum, c'est bien la bibliothèque ? demandai-je.

La pièce sentait le renfermé, l'atmosphère était étouffante.

– Est-ce que ça ressemble à une bibliothèque ?

Je jetai un coup d'œil alentour. Il y avait des étagères et des livres.

– Oui.

– Alors, voilà.

L'homme revint à ses journaux. Une longue paire de ciseaux étincelait entre ses mains.

– Je, euh, je cherche un livre…

– Oui. (Clip, clip, firent les ciseaux.) C'est ce que je me disais.

J'avançai d'un pas. Il me lança un regard furieux. Je m'immobilisai.

– Est-ce que vous avez un ordinateur ou un fichier, ou quelque chose comme ça ?

– Nous ne travaillons pas ainsi. Tout est là-dedans.

Il tapota sa tête à l'aide du bout pointu des ciseaux.

– Ah. Alors, je vais faire le tour. Je m'approchai du rayonnage le plus proche.

– Le classement est par sujet et par ordre alphabétique, m'apprit le bibliothécaire, par-dessus le *clip-clip* de ses ciseaux. Sauf pour la poésie, que vous trouverez à P.

Je sortis un livre du milieu d'un rayon. *Les aquariums dans les halls de restaurant* de M. Andrew Andrews.

– Vous êtes dans la section Aquarium, me prévint le bibliothécaire.

– Oui, répondis-je.

J'ouvris le livre sur un dessin qui représentait avec soin un minuscule poisson tropical. Sous l'image était écrit : « Voici Buddy. Il vit dans l'entrée des *Jardins de Shanghai* à Bremerton, dans l'État de Washington. Je l'ai observé pendant deux ans et on m'a dit qu'il avait dévoré tous ses rejetons. »

Je posai le livre et en tirai un autre : le journal manuscrit de la première année du bébé Anna. Je n'avais jamais vu une telle bibliothèque.

– C'est à votre goût ?

Je sursautai soudain. Le bibliothécaire se trouvait à côté de moi. Il se grattait le nez avec ses ciseaux. Il portait un badge où était inscrit son nom : M. Bibliothécaire.

– Vous trouvez ce que vous voulez ? me demanda-t-il.

– En fait, non. Je cherche des informations réelles.

Je le dis aussi poliment que possible, mais le bibliothécaire se renfrogna.

– Buddy tue ses enfants. Vous croyez que c'est faux ?

– Non, mais je recherche de véritables informations sur une maison. J'ai un livre avec un manoir dessiné sur la couverture et je viens de voir un garçon qui possède le même…

Je m'interrompis. Ne faire confiance à personne. En avais-je déjà trop dit ?

– Vous n'avez pas de vieux journaux ou des dossiers concernant les événements de l'île ?

– Non.

– Vous n'en avez pas ? dis-je à nouveau en scrutant la pile de vieux journaux sur le bureau.

Il fit semblant de ne pas remarquer où je regardais.

– Vous m'avez dit que vous aviez un livre. Avec un manoir en couverture ?

– Non.

Nous échangeâmes un regard soupçonneux. Enfin, sa moustache gigota nerveusement et il s'éloigna. Je le suivis jusqu'à son bureau.

– Alors, insistai-je, vous n'avez aucune information concernant les décès ?

– Pas à la disposition du public.

– Je ne veux pas être impolie, mais est-ce que c'est une vraie bibliothèque ?

– C'est une bibliothèque, répliqua-t-il froidement, sans lever la tête. Mais elle est unique. Unique. Il n'y en a pas d'autre. Sauf deux que je connais personnellement. Et peut-être davantage.

– Que voulez-vous dire ?

Il soupira et baissa le journal. Je pus voir son visage. Il s'appuya sur les coudes et me dévisagea d'un air las, comme s'il avait déjà répété cette scène des milliers de fois.

– Les gens écrivent des histoires et me les confient. Je les range et je sais où les retrouver.

– Donc n'importe qui peut vous apporter ce qu'il a écrit ?

– Oui.

– Donc rien n'est vraiment publié ?

– Nous n'acceptons pas les ouvrages publiés. Trop banal.

– Alors si je cherche des informations sur une maison…

– Laquelle ?

– Le manoir sur la Route de la côte, répondis-je.

Le bibliothécaire plissa les yeux. Soudain, sans un mot, il repoussa son fauteuil, se leva et s'éloigna précipitamment vers un rayon à l'écart. J'hésitai, puis le suivis.

– Voilà, dit-il en me tendant un livre.

Sans même le regarder, je sus ce que c'était.

– Mais, déclarai-je, c'est une bande dessinée.

– C'est tout ce que j'ai sur cette maison. Vous le voulez ou non ?

Je hochai lentement la tête.

– Avez-vous la carte de la bibliothèque ? me demanda-t-il, alors qu'il savait pertinemment que je ne l'avais pas.

– Non.

– Alors, vous ne pouvez pas l'emprunter.

– De quoi ai-je besoin pour prendre ma carte ?

– Votre nom, d'abord. Une adresse et un numéro de téléphone.

– Je vais le lire ici.

Le rayonnage était plein à craquer d'autres numéros de la BD et je remarquai un petit tabouret.

Le bibliothécaire approuva d'un bref mouvement de tête et revint vers son bureau, me laissant seule dans le rayon des R. Qu'est-ce que je faisais là ? Je sortis une BD et la parcourus. Ratt reniflait une poubelle. Je soupirai.

– Bien qu'il ne s'agisse pas d'une bibliothèque classique, intervint soudain M. Bibliothécaire, vous serez surprise par ce que vous pourrez y découvrir. Il y a beaucoup de façons de raconter une histoire. Il faut simplement savoir comment la lire.

Il se mit alors à fredonner.

Je l'épiai par une fente dans l'étagère : un étrange petit homme qui coupait et collait, coupait et collait. Il soupira, ferma un livre et le posa au sommet d'une pile sur son bureau.

– Et ça, qu'est-ce que c'est ?

Il sursauta comme s'il m'avait oubliée.

– Des histoires du passé… commença-t-il, puis il examina la pile de vieux journaux jaunis sous son coude et fit une moue désapprobatrice.

Hum. Exactement ce que je venais de lui demander.

– Je peux en voir un ?

– Non, rétorqua-t-il. C'est à moi. Un travail en cours.

Je jetai un coup d'œil sur l'étagère au-dessus de sa tête : elle était pleine à craquer d'albums comme ceux qu'il avait sur son bureau. Je parvins à lire quelques titres écrits à la main : SPORTS, MARIAGES, DIVORCES, TEMPÊTES, MEURTRE, NAISSANCES, DÉCÈS, DIVERS. Je baissai les yeux sur le livre que j'avais en main. Ratt s'enfuyait dans une ruelle, poursuivi par des enfants. Je ne trouverais pas de réponses là-dedans.

Je me levai.

– Merci pour votre aide. Je dois y aller.

– Revenez quand vous voulez, s'exclama joyeusement M. Bibliothécaire, ses yeux perçants rivés sur moi tandis que je sortais.

Dehors, le soleil brillait toujours haut dans le ciel. Pourtant, en songeant aux rayonnages remplis de bandes dessinées, au vieux manoir abandonné et à la longue marche qui m'attendait, je me sentis glacée jusqu'aux os.

Chapitre 20

Quand j'étais petite, juste après le décès de mon père, je me suis mise à avoir des cauchemars. Le pire était celui de la Mare verte bouillonnante. Dans ce rêve, Sophie, maman, papa et moi pique-niquions dans les bois. Nous trouvions un beau rocher moussu près d'une rivière profonde et décidions de nous installer dessus. Papa passait en premier mais, dès qu'il s'asseyait sur le rocher, il glissait dans la rivière. Maman montait pour essayer de le retenir, mais elle glissait, elle aussi. Sophie et moi nous précipitions et faisions de notre mieux pour nous accrocher. Pourtant, le rocher était trop glissant. Soudain, nous tombions dans l'eau verte, profonde et bouillonnante.

Je me réveillais de ce cauchemar et courais dans la chambre de ma mère.

– Raconte-le moi, me conseillait-elle.

Elle se poussait et je me blottissais à ses côtés.

– C'est moins effrayant quand on en parle à voix haute.

Alors, je lui expliquais le pique-nique, le rocher glissant et l'eau verte et bouillonnante qui piquait. Nous pouvions nous voir sous l'eau, mais impossible de nous entraider. Alors, elle me disait :

– D'accord, maintenant raconte-moi une fin heureuse.

Je fermais les yeux et revenais sous l'eau. J'ouvrais la bouche et finissais par comprendre qu'il ne s'agissait que des bulles d'un soda sucré. Je me mettais à le boire et Sophie, maman et papa, me voyant, en faisaient autant. À nous quatre, nous buvions tout le soda. Alors, l'estomac bien rempli, avec une légère envie de roter, nous nous relevions et descendions le lit asséché de la rivière en riant, tellement nous étions malins, chanceux et joyeux.

J'avais oublié ce cauchemar et le jeu de Lizzie pour le transformer en rêve où tout se terminait bien, jusqu'à cette marche solitaire le long de la Route de la côte. Parfois, une voiture me dépassait à toute vitesse et je l'observais, cachée derrière un arbre. Sinon, j'avais l'impression d'être la dernière personne vivante sur Terre. Plus tard dans l'après-midi, un car scolaire jaune passa lentement. Il me fit penser à tout ce que j'avais laissé à la maison. Sophie, Tina Louise, ma mère qui rentrait du travail, enlevait ses chaussures et s'avachissait sur le canapé pour faire la sieste. J'avais déjà le sentiment d'être partie depuis une éternité.

Vers cinq heures, comme le soleil était si bas qu'il parvenait à peine à trouver son chemin dans l'entrelacs touffu des branches, l'inquiétude me gagna. La côte était-elle encore loin ? Une fois arrivée à la mer, combien de temps pour rejoindre le manoir ?

Et puis, bien sûr, il y avait les bruits : des bruits qui m'avaient accompagnée toute la journée, mais qui paraissaient désormais plus forts, plus réguliers. Rien à voir avec les pommes de pin qui tombent ou les souris qui se sauvent. Je me forçais à jouer au jeu de Lizzie à chaque nouveau bruissement dans les bois.

– Tenez, dis-je au chef des sangliers. Voilà des cornflakes.

– Mmm. Excellent. Nous n'avions jamais mangé de céréales auparavant. Seulement de la chair humaine. Merci. Dorénavant, vous êtes notre amie.

C'était un travail épuisant de parvenir à une conclusion heureuse pour chaque son inquiétant et, comme je croyais les avoir toutes épuisées, les arbres s'entrouvrirent soudain sur la vaste étendue marine.

J'exultai. Une seconde... J'avais réussi jusqu'à présent, mais combien de kilomètres me restait-il à parcourir ? Je songeai au trajet en voiture. Combien de fois Sophie avait-elle rebondi ? Combien d'ongles Lizzie avait-elle rongés ?

Marche, me dis-je. C'était tout ce que je pouvais faire. Un pas après l'autre. Je contemplai le soleil qui étincelait sur l'océan et glissait vers ce qui semblait être le bout du monde. Arriverais-je à la maison avant son coucher ? Ou devrais-je marcher sur cette route étrange, toute seule dans le noir ? Je regardai ma montre. Si j'avais été à la maison, j'aurais mangé un burrito aux haricots.

Je continuais à marcher. Mes ampoules perçaient. J'avais la peau à vif. Le soleil avait déjà tiré sa révérence, une révérence magnifique, orange et rose, mais il ne faisait pas complètement nuit, grâce à la lune qui brillait, presque pleine. Pourtant, je tâtonnai fébrilement dans mon sac à dos à la recherche de la lampe torche.

Soudain, devant moi, je vis ce qui ressemblait à la lumière d'un porche. Au début, je restai perplexe. Y aurait-il un éclairage extérieur dans un vieux manoir abandonné ? Non. Mais je me rappelai alors : il devait y en avoir un devant la petite maison beige voisine.

En tout cas, je l'espérais.

Rassurée, je cherchai la clé du manoir dans ma poche. Elle n'y était pas. L'autre poche ? Non plus. Dans mon sac à dos ? Je l'ôtai de mes épaules et fis jouer la fermeture. Et tout à coup, je l'entendis. Un bruit de l'autre côté de la route, un bruit lent et régulier, mesuré. Comme des pas. Qui se rapprochaient. *Crunch, crunch, crunch*.

Va te réfugier à l'intérieur, entendis-je le vent murmurer à mes oreilles. Je n'avais pas trouvé la clé, mais je tins mon sac à dos serré contre moi et me mis à courir. *Crunch, crunch, crunch*. Le bruit de l'autre côté de la route parut suivre mon nouveau rythme.

Je courus plus vite, les yeux rivés sur la lumière. Fin

heureuse : *j'arrive à la maison où ma mère m'attend. Non, mon père. Il tend la main et me dit* :

– J'espère que mon petit chien bruyant ne t'a pas effrayée.

Mes pieds atteignirent le gravier. Je trébuchai, mais ne tombai pas. *L'allée de gravier ?* Je me rendis compte que je tenais toujours la torche à la main. Je l'allumai et balayai les alentours. Oui, il s'agissait bien de l'allée de gravier. Les haies obscures gardaient l'entrée de la maison. *Je suis arrivée !*

Je ne me souviens pas d'avoir parcouru la cour remplie de mauvaises herbes ni d'avoir grimpé la volée de marches. Mais je me retrouvai sous le porche d'entrée, les mains plongées dans mon sac à dos à la recherche de la clé. Corn-flakes, barres de confiserie, casse-croûte, bonbons, un lainage, un jean supplémentaire, des chaussettes… mais où était la clé ? Enfin, au fin fond du sac, mes doigts s'enroulèrent autour d'un petit morceau de métal. Je le sortis. *Crunch-crunch, Crunch-crunch.* La clé !

Une main tremblante tenait la lampe torche tandis que l'autre se tendait pour faire pénétrer la clé dans la serrure rouillée. Était-ce la bonne clé ? Tina Louise paraissait si sûre d'elle. *Crunch-crunch.*

Comment pourrais-je vous expliquer ce qui s'est alors produit ? Même maintenant, tout est confus. Je sais ce qui s'est d'abord passé. D'abord, la clé est tombée.

JE LÂCHAI LA CLÉ.

Je m'agenouillai et tâtonnai, tandis que le bruit s'approchait. *Crunch-crunch.*

Ne paniquez pas, ordonnai-je à mes mains qui tremblaient en explorant le bois brut. *Grat, grat, grat.*

Attendez : la lampe. À l'instant où je m'en souvins, je l'allumai, mais le petit cercle de lumière parvint à peine à éclairer les ténèbres. Mes mains se mirent de nouveau à tâtonner à l'aveuglette sur le plancher du porche. *Grat, grat, grat. Grat, grat, grat. Cling.*

Elle était là. Le tintement du métal sur le bois. Mes doigts nerveux s'en emparèrent et la soulevèrent. *Maintenant prends-la et mets-la dans la serrure. Tourne, tourne, tourne.* C'est ce que je fis. C'est ce que j'étais censé faire. Mais la porte ne s'ouvrit pas.

Crunch-crunch. Je ne pouvais plus me méprendre sur les bruits qui me poursuivaient. Il s'agissait de pas. Derrière moi. Des pas doubles. Donc ni chihuahuas ni sangliers. *Crunch-crunch.* Mais quelque chose qui marchait sur deux jambes.

Pitié, pitié, pitié, chuchotai-je à la porte, à la serrure et à mes propres mains qui tressaillaient. *S'il vous plaît, essayez de fonctionner ensemble : je vous en prie, il faut que ça réussisse. Sauvez-moi de ce qui marche debout et se rapproche de plus en plus.*

J'essayai de tourner la clé dans l'autre sens. Cette fois, je sentis le verrou bouger et entendis le déclic — la porte était déverrouillée ! Je tournai la poignée et poussai. Rien.

Je tins la poignée d'une main, me présentai de profil et donnai un coup d'épaule. Toujours rien.

Je tentai de nouveau d'enfoncer la porte.

Cette fois, elle s'entrebâilla. En craquant et en gémissant, les vieux gonds cédèrent et je tombai à l'intérieur.

Ferme la porte, ferme la porte. Il y avait toujours le bruit dehors et elle était grande ouverte. Je me relevai, la repoussai et trouvai le verrou. Je le fis jouer plusieurs fois. *Est-ce verrouillé ?* J'essayai la poignée, elle ne remua pas. C'était verrouillé. Enfin en sécurité.

Je m'assis par terre et coinçai ma tête entre mes genoux, comme Mme EPS nous avait appris à le faire si nous étions sur le point de nous évanouir. *Respire*, me dis-je. *Tu peux respirer maintenant.*

J'entendis ma propre respiration, forte mais irrégulière, dans la pièce. Et rien d'autre. Ce qui était dehors, quoi que ce fût, l'était resté. S'il essayait d'entrer, je m'en rendrais compte. J'étais dedans. Saine et sauve.

Les rayons de lune se frayaient un chemin à travers les planches mal ajustées qui barricadaient les fenêtres et éclairaient un énorme salon, plein de longs canapés, de fauteuils rembourrés, de tables basses et de lampes, tous couverts de draps blancs. Une pièce figée, en attente.

Lentement, je projetai le cône de lumière de ma torche dans les recoins obscurs. Rien de bougea, ne sauta ou ne grogna. Je regardai la clé que je tenais toujours à la main et la rangeai dans la poche avant de mon jean. Mes doigts tremblaient toujours.

Sous la douce lueur d'une lune amicale, je m'assis et me tins immobile en m'imaginant que j'étais à la maison et que rien ne pouvait me faire du mal. C'était mon canapé, ma cheminée, ma chaise. J'aurais le temps d'explorer ce qu'il y avait au-delà de cette pièce ; pour le moment, je souhaitais uniquement rester assise, me reposer et faire semblant d'être en sécurité, chez moi.

Chapitre 21

– Papa !

– Pour la deuxième fois en moins de cinq minutes, Boyd se précipita vers le séjour où son père regardait à la télé une émission culinaire. (« Tu comprends, fiston, je ne mange plus de viande, mais j'adore toujours sa vue et son bruit. » C'est ainsi qu'il expliquait son habitude nocturne.)

– Papa, la lumière dans la vieille maison, je l'ai encore vue ! D'abord sous le porche et maintenant à l'intérieur !

Il attrapa le bras de son père et le tira.

– Une minute, Boyd. Il farcit le poulet avec de l'ail et du romarin. Il va bientôt le rôtir.

– Non, p'pa. Il faut que tu viennes tout de suite !

Le père de Boyd se leva lourdement et suivit son fils dans le couloir. Le temps de franchir la porte où était accroché un panneau CHAMBRE DE BOYD, celui-ci se tenait déjà devant la fenêtre, les yeux fixés sur le vieux manoir.

– D'accord, p'pa. Regarde. Sois patient.

Ce que le père fit. Il observa, patient. Puis il s'éclaircit la voix, à la manière de tous les papas.

– Papa, je te le jure, déclara Boyd.

Son père lui donna une tape sur l'épaule.

– Je crois que tu lis trop d'histoires sur cette maison, fiston. Je retourne à mon poulet. Appelle si tu as besoin de moi.

Boyd entendit les pas de son père s'éloigner, mais resta devant la fenêtre et attendit.

Chapitre 22

Je me tenais au pied du monumental escalier et tentais de me convaincre d'attendre le matin. J'avais déjà examiné chaque recoin du séjour : j'avais soulevé tous les draps qui recouvraient les vieux meubles massifs et éclairé à l'aide de ma torche chaque fissure dans les murs. Les autres pièces du rez-de-chaussée — cuisine, salle à manger, bibliothèque et cabinet de travail — ressemblaient à des entrepôts, tellement bourrés à craquer de caisses et de cartons que je ne pouvais mettre qu'un pied à l'intérieur.

Si j'attendais la matinée, je profiterais de la lumière. Si j'attendais la matinée, je me déplacerais plus rapidement. Je pensai à Sophie qui devait être en train de jouer seule avec son puzzle dans un coin du salon. Je songeai à ma mère et au secret qu'elle nous cachait depuis tant d'années. Comment attendre le matin ?

Crac. J'entendis mon pied sur la première marche. Un bruit qui résonna dans le manoir. *Crac.* La deuxième marche aussi. *Cra-ac.* Était-ce mon pied ? Ou le son venait-il d'en haut ? Je m'immobilisai et retins mon souffle. Rien. Je montai une nouvelle marche. *Cra-ac.*

Et une autre. *Ne réfléchis pas, contente-toi d'avancer*. À mi-chemin, il y avait un palier et l'escalier tournait brusquement à gauche. Je m'arrêtai et levai ma torche. Je ne vis rien au-delà de ma main tendue. Alors, je grimpai une autre marche. Et encore une autre. Enfin, sans vraiment le vouloir, je me retrouvai en haut. L'air me parut plus frais au premier étage. Et moite. D'ailleurs, il n'y avait aucune fenêtre et il faisait nuit noire. C'était comme pénétrer dans une cave.

J'éclairai les murs du large couloir. Quatre portes imposantes — deux à gauche, deux à droite — toutes fermées. *C'est idiot*, me dis-je. *Redescends et attends le matin*. Mais au moment où j'y songeais, je sus que je ne le ferais pas. Il ne s'agissait pas d'éprouver mon courage, encore moins de satisfaire ma curiosité. Mais tourner le dos aurait signifié que quelque chose m'effrayait. Et si quelque chose m'effrayait, comment pourrais-je passer le reste de la nuit dans cette maison, même au rez-de-chaussée que la lumière de la lune rendait presque agréable et chaleureux ? Et si je ne passais pas la nuit dans le manoir, qu'allais-je faire ? Sortir et traverser les bois pour me rendre au ponton du ferry ? Il me fallait avancer, parce que sinon, c'était reculer. Ce qui aurait été bien pire.

Je décidai d'ouvrir chaque pièce. Je n'y entrerais pas, j'entrebâillerais seulement la porte, éclairerais assez longtemps pour me convaincre qu'il n'y avait pas de danger et passerais à la suivante.

Devant la première, je patientai et pris une profonde inspiration. Était-ce la chambre de mon père ? En entrant, un courant d'air glacé me frappa, beaucoup plus froid que l'air du couloir. Pourtant la pièce était illuminée par la lune qui traversait de grandes baies vitrées. Je baissai ma torche et entrai.

Comment décrire cette pièce ? Vous savez, dans chaque maison, il y a un placard où règne un fouillis indescriptible. On dit que c'est le dépotoir. Il ne s'agit pas de vieilleries, mais simplement d'objets qui n'ont pas leur place ailleurs. Voilà, c'était ça. En cent fois plus grand et avec cent fois plus de bazar, comme le porche à l'arrière du manoir où j'avais découvert le paquet, mais avec beaucoup, beaucoup plus de choses. Des piles de vieux journaux, de la ficelle, des capsules et des rouleaux d'aluminium, des bouts de crayons, des briquets, des livres sans jaquettes et des jaquettes sans livres, de jolis emballages de bonbons, des ballons dégonflés, des allumettes et des cartes du monde, des pierres polies, des parpaings, une rangée de machines à coudre antiques et un tas de couvertures en patchwork effilochées, des balles de basket, de base-ball, de football et un palet de hockey, un tandem sans guidon, un panneau jaune vif PRIORITÉ AUX PIÉTONS, une maison de poupée, une centaine de poupées au moins (la plupart sans tête) et une valise pleine de robes étincelantes.

C'était peut-être à cause du clair de lune sur le métal et les boîtes en fer blanc, mais tout paraissait si joli.

Sophie adorerait cette pièce, me dis-je en sortant à reculons. *Elle voudrait rester et toucher chacun de ces trésors.*

Je laissai la première porte ouverte afin de faire pénétrer un peu de lumière dans le couloir, puis je m'approchai de la deuxième. Plus en confiance, je saisis la poignée.

Si la pièce précédente était un dépotoir, celle-ci ressemblait à un établi, un gigantesque établi. De longues et massives tables en bois couraient le long de chaque mur. Je les éclairai et découvris des outils. Des centaines d'outils suspendus à des crochets métalliques. Des gros, des petits, certains que je reconnus, mais la plupart m'étaient inconnus.

Cra-ac. Je me figeai. Avais-je émis ce bruit ? J'en attendis un autre, mais rien. Il ne restait que deux portes. Ensuite, je redescendrais et pourrais peut-être même dormir. Je sortis et, une nouvelle fois, laissai la porte entrebâillée.

Quand j'ouvris la troisième, je remarquai d'abord une forte odeur de peinture. Peinture, diluant, encre, ce que j'utilisais en cours de dessin. En promenant le faisceau de ma torche, je ressentis un picotement curieux dans l'estomac. Il y avait quelque chose de bizarre dans cette pièce, mais quoi ? On aurait dit un atelier d'artiste, avec ses boîtes de crayons et de pinceaux, ses piles de papier dépareillé et un massicot gigantesque, en forme de guillotine.

Je changeai mon sac d'épaule et éclairai l'un des nombreux chevalets alignés au fond de la pièce. Je distinguai des formes, mais rien de plus. En m'approchant, les silhouettes devinrent plus familières. Un toit pointu, des bardeaux branlants, une fenêtre cassée : c'était la maison. Ma maison.

Je compris à cet instant ce qui avait provoqué les picotements dans mon estomac. L'odeur de peinture. Il ne s'agissait pas d'une vieille peinture sèche et craquelée, mais de peinture fraîche. De peinture fraîche.

Cra-ac.

Cette fois, je ne me posai pas de question. Le bruit ne venait ni de moi ni des antiques fondations du manoir. Il y avait quelqu'un. J'éteignis la torche, m'accroupis et tentai de me calmer. Centimètre après centimètre, je me dirigeai vers la porte. Tous les muscles de mon corps m'imploraient de courir, de bondir, mais je résistai. En me déplaçant lentement, je pouvais sortir discrètement de l'atelier et descendre sans me faire remarquer.

Je pense que le corps comprend parfois plus vite que l'esprit. En tout cas, il en donne l'impression. Mon cœur se mit à battre trop vite par rapport à la lenteur de mes mouvements. *Cours, cours, cours,* semblait-il hurler. *Qu'est-ce que tu attends ?* COURS !

Mais je ne courus pas — pas encore. Je me recroquevillai, tentant de me faire aussi minuscule que possible. Je pensai à Sophie et à nos jeux de cache-cache quand nous étions petites : Sophie se tenait debout au beau milieu de la chambre et fermait les yeux. Elle restait là, un sourire idiot sur le visage, les paupières closes, croyant que si elle ne me voyait pas, alors moi non plus, je ne pouvais la voir.

Je trouvais ça stupide, mais vous savez quoi ? Tapie comme un doryphore, ivre des vapeurs de peinture, je faisais exactement la même chose.

– Ouvre les yeux, Margaret.

Tina Louise se trouvait à mes côtés et chuchotait dans mon oreille :

– Tu ne peux pas te déplacer les yeux clos.

Je les rouvris. Je regardai vers la porte. Et, soudain, je la vis. Une ombre gigantesque qui glissait dans le couloir.

Je n'attendis pas. Je bondis. M'attraperait-il si je me ruais vers la porte ? Peut-être, mais c'était ma seule chance de sortir.

Alors, le cœur battant, le corps tremblant, je courus. Je sortis dans le couloir, je descendis l'escalier, passai devant des recoins sombres et des ombres qui paraissaient soudain se mettre à vivre.

Au bout du couloir, j'entendis un bruit étrange, comme un grognement, et je sentis quelque chose me toucher la jambe. Sans réfléchir, je lançai mon sac à dos dans sa direction et trébuchai sur les premières marches. En tendant la main vers la rampe, je lâchai la torche, qui rebondit jusqu'en bas. Je me trouvais dans la partie la plus obscure de la maison, sans lumière, aveugle.

Sors, couinait le manoir. *Dehors, dehors !* sifflaient les ombres. Je laissai la rampe me guider dans les spirales de l'escalier. *Jusqu'où ?* me demandai-je juste au moment où je manquai la dernière marche. Je tâtonnai à la recherche d'un mur, puis le suivis vers le séjour. La lune n'avait pas bougé. Elle éclairait le chemin jusqu'à la porte d'entrée.

Cra-ac. Quelque chose grognait toujours, sur mes talons, mais ce fut le souvenir de la silhouette gigantesque qui me força à courir. Vers la porte, sans me retourner.

Chapitre 23

Boyd se tenait dehors sur la pelouse en attendant une nouvelle lueur à l'étage. Les avait-il vraiment vues, après tout ? Ou son père avait-il raison ?

Fie-toi à ton instinct, dirait Ratt dans pareille situation. *Ton instinct ne te trompe jamais.*

Alors Boyd tint bon et attendit que son instinct lui dît que faire. Et soudain la porte du manoir s'ouvrit brusquement et une silhouette fantomatique bondit sur le porche.

Une silhouette fantomatique ? Non. Boyd cligna des yeux et regarda de nouveau. Ce n'était qu'une fille.

Il la vit. Elle scruta les bois de l'autre côté de la route. Au moment où la lune éclaira son visage, Boyd fit un pas en avant. Oui, c'était... c'était bien elle.

– Hé ! l'appela-t-il.

La fille sursauta, regarda derrière elle, dégringola la volée de marches, traversa la cour et se dirigea vers la route. À la lisière de la forêt, elle temporisa de nouveau, puis s'enfonça dans l'obscurité.

Boyd examina l'endroit où la fille avait disparu. Il attendit encore un conseil de son instinct.

– Allez, le pressa-t-il.

– Quoi ? lui demanda son instinct.

– Il faut que tu me dises ce que je dois faire. C'est le rôle de l'instinct.

– D'accord.

– Quoi, d'accord ?

– D'accord, dit l'instinct, doucement, faiblement. Tu cours ?

– Vraiment ? l'interrogea Boyd pour lui donner une chance de changer d'avis.

– Euh, oui, répondit l'instinct, servile. Cours, Boyd, cours. Enfin, je crois.

Chapitre 24

Je courus. C'est ainsi que j'imaginais m'enfuir devant un essaim d'abeilles tueuses. Ou d'une meute de chihuahuas sauvages. Je courais si vite que, pour une fois, Mme EPS aurait été fière de moi. J'aurais pu continuer longtemps, en outre, si ma cheville n'avait pas percuté une racine. Je tombai et de la terre, de la mousse et des feuilles mortes emplirent ma bouche. Étourdie, je m'assis et écoutai le fracas des pas derrière moi.

Oui, c'était toujours là. Et ça se rapprochait.

En rampant, je me cachai derrière l'arbre le plus proche. La lune se frayait un chemin dans les branches touffues et m'illumina soudain. Je me mis en boule et attendis. Les pas s'arrêtèrent.

– Hé, ho ?

Une voix. Une voix que je n'imaginais pas.

J'ouvris les yeux. Je ne savais pas qu'ils étaient fermés. Devant moi, il y avait un garçon. Dans l'obscurité, je vis seulement qu'il était à peu près de ma taille.

– Je ne te poursuis pas, déclara-t-il.

– Alors qui ?

– Je te suivais.

– Ah, répondis-je.

Je me levai lentement et brossai la poussière accrochée à ma veste.

– J'habite juste à côté et j'ai vu de la lumière dans le manoir. J'ai surveillé et je l'ai attendu. Mais tu es sortie en courant.

Je m'approchai afin de distinguer son visage.

– Tu es le garçon du village, m'étonnai-je.

J'avais frissonné en le reconnaissant. Le garçon à la bande dessinée.

– Oui, répondit-il, prudent. Bizarre, non ?

– Oui. Bizarre.

La bande dessinée, le manoir en couverture. Nous avions été réunis deux fois le même jour. C'était la chose la plus merveilleuse, incroyable, effrayante et curieuse qui pouvait se produire. Le destin, n'est-ce pas, Tina Louise ?

– Je m'appelle Boyd, m'apprit-il en me tendant la main comme aurait pu le faire un adulte.

– Et moi, Margaret.

Je pris sa main et la serrai d'un air solennel. C'était plus une offre, un pacte, qu'une poignée de main.

Le garçon parcourut du regard les alentours, comme s'il se réveillait d'un rêve troublant. Il observa la lune qui perçait à travers les arbres.

– Sortons de là.

– D'accord, admis-je en attendant qu'il me guidât.

Mais il ne bougea pas, alors je lui demandai :

– Par où ?

– Mon instinct me conseille de…

Il s'interrompit et inclina la tête sur le côté. Puis il haussa les épaules.

– Je ne sais pas. Marchons.

– Alors, dis-moi, qu'est-ce que tu faisais dans la maison ?

Nous trébuchions dans la sombre forêt depuis plusieurs minutes lorsqu'il me posa cette question. Comment lui expliquer ? Pouvais-je me confier ? Au lieu de répondre, je l'interrogeai.

– Tu disais que tu l'observais dans la maison. Mais qui ?

– Tu ne sais pas ? Tu ne le cherchais pas ?

– Qui ?

Je n'arrêtais pas de penser à notre poignée de main. Quand ses doigts avaient touché les miens, j'avais été pris de vertige. La poignée de main signifiait : « Fais-moi confiance et je te ferai confiance ». À part Tina Louise, je ne m'étais fiée à aucun enfant depuis une éternité.

– Qui ? répétai-je.

– Eh bien, hésita-t-il. Euh. Je surveillais la maison pour voir Ratt.

Je ne pus m'en empêcher. Je me mis à rire.

Chapitre 25

Son rire résonna jusque dans les tripes de Boyd, sa poitrine, chaque doigt, chaque orteil. Il brûla sa gorge, ses joues, sa nuque. « Ne te fie à personne » était la devise de Ratt et, jusqu'à ce soir, Boyd l'avait adoptée. Et ce soir, il avait été dupé par une fille parce qu'elle était mignonne, semblait gentille et avait serré sa main quand il l'avait tendue. *Eh bien, elle n'était pas gentille, non*, se dit Boyd, *et elle pouvait très bien sortir du bois toute seule.*

Il accéléra en essayant de la semer.

– Je suis désolée, s'excusa-t-elle.

Elle trébuchait dans les broussailles, mais ne le lâchait pas d'une semelle.

Boyd marcha plus vite.

– Je suis vraiment désolée.

Boyd se mit à courir. Il l'entendit qui tentait de le suivre et sourit : qu'elle se débrouille. Un instant plus tard, il se retrouvait face contre terre, les pieds empêtrés dans des ronces. *Je crois que je vais rester là et faire semblant d'être mort*, se dit-il. Il ne voyait pas d'autre solution.

Chapitre 26

– Ça va ?

Je m'agenouillai à côté de Boyd et lui touchai l'épaule.

Il ne bougea pas.

– Boyd ? Boyd, ça va ?

Je le remuai doucement, mais il restait immobile. Et s'il s'était vraiment fait mal ? S'il avait atterri sur une pierre et s'était ouvert le crâne ? S'il était dans le coma ?

– Boyd, je vais chercher de l'aide. Je vais… chercher ta mère.

Je me levai, prête à courir. Mon cœur battait la chamade.

– Ça va.

Boyd s'assit, mais ne me regarda pas. Prudemment, il se mit à dégager ses pieds des ronces.

Maladroite, je restai à ne rien faire et l'observai, sachant qu'il ne voudrait pas de mon aide.

– Je suis désolée. Excuse-moi d'avoir ri.

Son premier pied libéré, il s'attaqua au deuxième.

– Je ne sais pas pourquoi j'ai ri. Je connais Ratt-man, moi aussi.

– Il ne s'appelle pas Ratt-man.

– Quoi ?

– C'est Ratt. Juste Ratt.

– D'accord. Bref. J'allais te dire pourquoi j'étais dans la maison.

– Je m'en fiche. (Il s'était dépêtré des ronces et il se leva.) Sortons du bois.

Nous marchâmes en silence. Y avait-il un mot magique qui me permettrait de retrouver la sensation que j'avais éprouvée lors de notre poignée de main ?

– Écoute. Je ne me moquais pas de toi. Je connais cette bande dessinée. J'en ai un numéro aussi.

– C'est vrai ?

– Oui, un seul. Le premier tome.

Boyd se figea et se tourna vers moi. La voûte touffue de branches m'empêchait de distinguer clairement son visage. Mais sa voix tremblait :

– Le... premier volume ?

– Oui. C'est ce qui m'a amenée ici. Le manoir est dessiné en couverture. C'est une longue histoire et je ne sais pas par quel bout la commencer. Nous sommes venues parce que ma mère vend la maison...

– C'était toi ? Avec la pancarte ?

Alors, il nous avait vues. Le voisin nous avait surveillées.

– Oui, répondis-je.

– Il a disparu, tu sais. Le lendemain, le panneau a été enlevé.

– Ah ! (Dans ma tête, trop d'idées s'entrechoquaient et j'avais soudain très, très froid.) Sortons du bois.

– Attends. Il faut que je sache. Tu m'as dit que tu avais le premier tome…

– Oui, je l'ai apporté avec moi. Dans mon sac à dos…

Et soudain, tandis que je formulai ces mots, je me rappelai :

– Il est dans la maison.

– Tu l'as laissé dans la maison ! Tu l'avais et tu l'as laissé dans la maison !

– Il le fallait bien. Il y avait un truc en train de me mordre.

Boyd laissa échapper un long et bruyant soupir et marmonna quelque chose à propos de rats.

– Quoi ? l'interrogeai-je.

– C'est son armée de rats, affirma-t-il.

Cette fois, je m'efforçai de ne pas rire.

– Allez viens, dis-je, je veux sortir de là.

Le bois devenait de plus en plus inquiétant. Boyd fit deux pas, puis s'immobilisa. La lune éclaira son visage : il avait la même expression que ma sœur quand elle tombait sur une pièce du PUZZLE LE PLUS DUR DU MONDE qui ne correspondait à rien.

– Mais tu l'avais, donc au moins tu connais l'histoire, pas vrai ?

– Euh… Je ne l'ai pas lue en entier.

– Tu ne l'as pas lue en entier ?

Il semblait sur le point de pleurer.

J'attrapai son bras.

– Allez, Boyd. Il faut sortir des bois.

Mais Boyd resta parfaitement immobile, comme s'il avait pris racine au beau milieu de la sinistre forêt.

– S'il est dans la maison, tu peux toujours le récupérer.

– Tu es fou ! (Je me souvins de l'odeur de peinture fraîche. De l'ombre gigantesque.) Il y a quelqu'un dans le manoir ! Quelqu'un s'y cache !

– Je sais. C'est ce que j'essayais de te dire quand tu t'es moquée de moi. C'est lui. Il vit dans le manoir.

Boyd tendit la main et se frotta le sommet du crâne.

– Mais, écoute. Il sort la nuit. Tu peux te faufiler à l'intérieur et le reprendre.

J'étais trop épuisée, trop effrayée, j'avais trop froid pour ne serait-ce que songer à retourner dans la maison. En plus, j'avais autre chose en tête. Était-ce mon imagination ou est-ce que j'entendais de nouveau les mêmes pas réguliers ? Je fermai les yeux en essayant de m'abstraire des bruissements ordinaires d'une forêt, la nuit.

– Quoi ? me demanda Boyd.

J'ouvris les paupières. Les cheveux de Boyd étaient hérissés.

– Je crois avoir entendu quelque chose.

– Quoi ?

Je posai un doigt sur mes lèvres et tentai de combattre le sentiment que j'étais pour toujours perdue dans ces bois, comme dans un conte pour enfants. *Connais-tu l'histoire de la petite fille qui est entrée dans la forêt la nuit ? Ça fait quatre-vingt-neuf ans, maintenant, et elle n'en est toujours pas ressortie.*

– Boyd, murmurai-je. Tu ne sais pas comment faire, dis ?

– Non, chuchota-t-il.

Au secours, quelqu'un. Je t'en prie, Tina Louise. Dis-nous quoi faire. Je me figeai et attendis un signe. Au moment où je crus qu'elle m'avait abandonnée, Tina Louise se balança sur une branche et fit le cochon pendu.

– Si j'étais toi, me conseilla-t-elle à voix basse, je courrai.

Et soudain, je les entendis : lents, réguliers, mesurés. Des pas. Pour la troisième fois de la journée la plus longue que j'espère jamais connaître, j'étais pourchassée. Alors, je suivis le conseil de Tina Louise et je tirai Boyd par le bras.

– Cours !

Chapitre 27

Vous avez déjà fait ce rêve : on court, on court, on court, mais on n'arrive jamais nulle part ? Je le vivais en vrai. Les ombres de la forêt dansaient, comme si elles avaient été libérées par cette folle poursuite dans la nuit.

Nos bras pompaient, nous haletions en courant côte à côte. Si vite que nos pieds semblaient voler au-dessus du sol inégal. Pourtant, malgré notre vitesse, je ne pouvais m'empêcher de penser que quelque chose nous talonnait. Quelque chose qui avançait régulièrement, n'était pas essoufflé et s'amusait de notre maladresse, de notre sueur et de nos efforts.

Et soudain tout changea. Je mis un moment à me rendre compte que le sol sous mes pieds semblait différent. Lisse, dur et plat. Il n'y avait plus d'arbres devant moi.

– La route, souffla Boyd, qui paraissait aussi surpris que moi.

– La route, répétai-je en regardant le bitume, stupéfaite de notre chance.

Nous sortîmes du bois, en chancelant, à quelques centaines de mètres de la maison de Boyd !

Boyd se mit à rire.

– On a réussi ! s'exclama-t-il. On a réussi !

En me rappelant l'avoir échappé belle, je le tirai par la manche.

– Il faut entrer, Boyd.

Au même moment, un craquement sinistre dans les bois nous fit repartir en hâte.

J'attendais l'instant où une main agripperait mon épaule et me tirerait en arrière, mais il ne vint pas. Et quelques minutes seulement après avoir quitté la forêt obscure et sauvage, nous courions sur la pelouse de Boyd puis grimpions les marches du minuscule porche, équipé d'une veilleuse automatique. Nous nous arrêtâmes sur un paillasson orné d'un visage qui nous accueillait en souriant et en nous interrogeant des yeux. *Et maintenant ?*

De l'intérieur nous parvint un bruit familier qui tira Boyd de sa torpeur : le martèlement de pas lourds.

– Cache-toi derrière ce buisson, me conseilla-t-il.

Il me poussa gentiment et ajouta :

– Et retrouve-moi à la fenêtre de ma chambre. Là-bas.

Il eut à peine le temps de m'indiquer un côté de la maison que la porte s'ouvrit et que la voix d'un homme monta.

– Boyd ? Tu es encore dehors ? C'est l'heure d'aller te coucher, fiston.

Comme la porte se refermait, j'entendis de nouveau la voix.

– Tu as encore vu de la lumière dans la vieille maison ?

Mais je ne pus saisir la réponse de Boyd.

Je rampai vers le côté de la maison, en direction de ce que j'espérais être la fenêtre de la chambre de Boyd. Puis je m'accroupis, croisai les bras et attendis.

J'entendis une fenêtre s'ouvrir et un chuchotement. « Hé ! » Je levai la tête. Boyd me souriait. Il tendit sa main et je la pris. Il tira, je grimpai et parvins à escalader le mètre cinquante qui séparait le rebord du sol. Pour la deuxième fois de la journée, Mme EPS aurait été fière de moi.

Je me laissai tomber de la fenêtre dans un endroit si sûr, si chaud, que j'en eus les larmes aux yeux.

– Merci..., commençai-je, mais avant la fin de ma phrase, Boyd avait posé son doigt sur ses lèvres.

Il me poussa de l'autre côté de sa chambre. Il ouvrit la porte d'un placard et alluma la lumière.

– Cache-toi ici, jusqu'à mon retour, chuchota-t-il.

Il sortit trois tranches de pain noir de sous sa chemise.

– C'est ce que nous avons de mieux chez moi, ajouta-t-il.

– Merci, répondis-je, en mordant dedans. (C'était sec et élastique, mais je les dévorai, reconnaissante.) Où tu vas ?

– Il faut que je sorte les poubelles. Je reviendrai vite.

Il ferma doucement la porte et me laissa seule avec mes trois tranches de pain noir rassis et la plus grande collection de bandes dessinées que j'avais jamais vue.

Chapitre 28

À l'époque où ma mère n'était pas si fatiguée, nous passions beaucoup de temps à ranger les placards. « On peut tout savoir d'une personne en regardant ses placards », disait souvent Lizzie devant les nôtres, en pointant ce qui n'allait pas. Elle croyait fermement aux sacs multipoches pour les chaussures, aux boîtes pour ranger les lainages et aux étagères pour tout le reste.

Je me demandais ce qu'on penserait de moi si on examinait mon placard. Des tas de vêtements froissés, des piles de livres que j'avais oublié de rendre à la bibliothèque et, bien sûr, mon affiche pour l'exposé sur les chiens d'appartement tueurs.

Le placard de Boyd, au contraire, représentait le rêve de toute mère. Chemises suspendues sur des cintres, chaussures alignées, les bouts pointant dans la même direction, et même sa vaste collection de BD était parfaitement organisée : pas un dos ne dépassait. Quel était le rapport entre ces livres et moi ? Pourquoi en avait-on envoyé un à ma mère quatre ans plus tôt ?

Je sortis un tome au hasard et l'ouvris au milieu. Pour la première fois, je remarquai le soin apporté à la reliure, la douceur et l'épaisseur du papier. Les couleurs, aussi, ne ressemblaient à rien de connu. Des rouges intenses, aussi réels que des baies mûres, des bleus qui semblaient changer sur la page comme un ciel venteux de printemps. Même les noirs étaient remarquables : si profonds et vivants qu'ils paraissaient avoir été arrachés à une nuit sans lune. Chaque case était comme un petit jardin amoureusement entretenu qui s'épanouissait indépendamment des autres. J'approchai la bande dessinée de mon visage, fermai les yeux et reniflai. Peinture. Elle sentait la peinture fraîche.

Boyd fit glisser la porte du placard et me contempla avant de regarder les livres que j'avais étalés par terre. L'expression que je lus sur son visage me fit frissonner.

Pourquoi était-il si bouleversé ? À cause des bandes dessinées ?

– Excuse-moi, Boyd, commençai-je.

Puis, je m'interrompis.

Boyd secouait la tête d'avant en arrière. Il ouvrit plusieurs fois la bouche, mais aucun son n'en sortit.

– Quoi ? lui demandai-je, en examinant son visage livide. Qu'est-ce qu'il y a ?

Les mains tremblantes, Boyd me tendit des feuilles. Avant même de les voir, je compris. Au moment où mes doigts effleurèrent le papier, je sus. Il s'agissait de cet étrange papier — épais et doux — le même que celui de la BD que j'avais eue en main.

POURSUITE DANS LES BOIS
Chut, j'ai entendu quelque chose. On dirait des pas.
Quoi ?
T'as entendu ? C'est peut-être ton père.
Mon père ne me chercherait pas ici.
On ferait mieux de…
Courir !
GRRRRRRRRRRRR
GRRRRRRRRRRRR
Vite ! Je crois que ça se rapproche !

Aide-moi ! Je glisse…
AAAAAAAH !
Ne vous retournez pas. Vous ne devez pas voir mon visage.
Qui êtes-vous ? Où nous emmenez-vous ?
Trop de questions.
Pas encore, mes amis.
À qui parlez-vous ?
Sûrement à son armée de rats.

C'est la route ! On est sur la route. Papa ! Papa !
Trop tard pour appeler papa, je le crains…
J'entends la mer. On est au bord de l'eau. Il va nous livrer au Noyé fantôme.
Je crois qu'il essaie juste de nous faire peur.
C'est vraiment ce que tu penses ?
Pitié, M. Ratt. Je vous en prie. Papa ! Papaaa !
Allez-y mes amis.
Attaquez

– Où est-ce que tu l'as trouvé ? l'interrogeai-je, incrédule.

– C'était là. Sur le porche, parvint à prononcer Boyd. Quand j'ai sorti les poubelles.

Je regardai de nouveau, en essayant de mettre en ordre mes pensées embrouillées.

– C'est nous, Boyd, dis-je finalement à voix haute, alors que c'était l'évidence même. C'est nous dans les bois. Nous.

– Je sais, chuchota-t-il. Je sais.

J'examinai de nouveau les pages : il n'y avait aucun doute, nous étions les deux enfants représentés, jusqu'au moindre détail.

– Maintenant, tu me crois ? me demanda Boyd qui ne pouvait détourner les yeux.

– Je crois ce que j'ai toujours pensé : quelqu'un veut me faire peur pour m'éloigner du manoir.

– Évidemment, répondit Boyd. Bien sûr. Sinon comment aurait-il survécu toutes ces années ?

En me remémorant ce qui s'était passé lorsque j'avais ri de Ratt, je préférai me taire. Mais Boyd insista.

– Je n'y crois pas. Il m'a dessiné. Nous voilà : attaqués par son armée de rats !

Il contemplait les pages, les yeux étincelants.

– On dirait que ça te fait plaisir, déclarai-je, perplexe. Ça te fait plaisir ?

Boyd ne répondit pas. Il détourna son visage et glissa soigneusement les feuilles dans une des BD rangées. Il tâtonna ensuite sur l'étagère la plus haute du placard et sortit un oreiller et une couverture.

– Mon père va arriver d'un instant à l'autre. Installe-toi sous mon lit pour qu'on puisse parler. Dépêche-toi.

Il sortit du placard, se coucha tout habillé et tira sur lui les couvertures.

Je jetai un coup d'œil nerveux sur la porte d'entrée ouverte.

– Ça serait plus sûr si tu la fermais, non ? chuchotai-je.

– Elle n'est jamais fermée, répondit-il simplement.

Mais il y avait quelque chose d'autre dans sa façon de le dire. Peut-être était-il comme Sophie. Peut-être avait-il peur du noir ?

Je pris la couverture et l'oreiller et me ruai vers le lit. Je m'agenouillai et roulai dessous. La moquette était douce, épaisse et chaude. Je glissai l'oreiller sous ma tête et tirai la couverture jusqu'à mon menton.

– D'accord, Margaret, murmura Boyd, sans perdre de temps. Que faisais-tu dans le manoir ?

Je réfléchis un instant en regardant le sommier affaissé du lit de Boyd, à quelques centimètres de mon nez. C'était la première fois que je me cachais sous un lit et j'avais l'impression d'être seule au monde.

– C'est une longue histoire, dis-je finalement.

– Raconte. Je t'écoute.

J'essayai de penser à un mensonge, mais quand j'ouvris la bouche, ce fut la vérité qui en sortit. Peut-être parce que je ne voyais pas son visage ou, au contraire, parce que je l'avais vu si clairement sous le porche un peu plus tôt, mais je m'entendis raconter ma vie à cet étrange garçon. Je lui parlai de ma petite sœur et de ma mère endormie qui fumait des cigarettes à la chaîne. Je lui racontai l'école et mon exposé, Tina Louise qui s'était fait pipi dessus. Le destin et le paquet que j'avais trouvé dans le manoir. Et enfin, j'évoquai mon père. Le mystère de mon père.

– Il s'est noyé ? Il s'est noyé ici ?

Boyd en avait le souffle coupé.

– Oui, répondis-je, surprise.

J'avais presque oublié sa présence.

– Noyé, répéta-t-il.

Les ressorts craquèrent au-dessus de moi.

– Chut, dis-je.

– Quoi ? Pourquoi ?

– Tais-toi.

J'avais le sentiment qu'il mettait mon cœur à nu et la triste question qui s'y cachait : *Voulais-tu vraiment revenir vers nous, papa ?*

– Non, écoute, insista Boyd. Je suis désolé pour ton père. Ce n'est pas ce que je voulais dire, mais c'est que… Est-ce que tu connais le Noyé fantôme ? Te souviens-tu d'avoir lu quelque chose à son propos ?

– Je suis sérieuse. Je ne veux plus parler.

– Non, rétorqua Boyd. Tu ne comprends pas. Si tu l'avais lu, tu saurais que c'est sans doute le Noyé fantôme qui l'a attiré sous l'eau. Si tu connaissais l'histoire, tu ne me dirais pas de me taire.

Je pris une profonde inspiration, comme me l'avait conseillé Tina Louise. Ce garçon savait quelque chose à propos du manoir. Il avait les bandes dessinées et surveillait la vieille demeure.

– Bon, d'accord, admis-je en essayant de garder une voix mesurée. À ton tour. Raconte-moi l'histoire.

Chapitre 29

Boyd bondit hors de son lit et courut vers le placard.

– Qu'est-ce que tu fais ? lui demanda Margaret, mais il ne répondit pas.

Un moment plus tard, les bras chargés de bandes dessinées, Boyd se recoucha, étala les livres sur son édredon et s'éclaircit la voix nerveusement. Il n'avait jamais eu l'occasion de parler de Ratt et il ne savait pas par où commencer. Les enfants de l'école se moquaient de ses lectures (« Hé face de rat ! c'est toi qui l'as dessiné ? ») et ses parents ne s'y intéressaient pas. M. Bibliothécaire était toujours trop occupé avec ses albums pour en discuter. Et soudain, la fille arrive : une fille avec la clé du manoir et un exemplaire de *Ratt, volume 1*. N'était-ce pas surprenant, incroyable, excitant ?

– Bon alors, hésita Boyd. Euh, il y avait deux garçons, d'à peu près notre âge. C'était les meilleurs amis du monde, en fait ils étaient frères, et ne se quittaient jamais.

Comment bien raconter cette histoire ? Boyd ferma les yeux et vit les garçons devant lui. Bientôt, il le savait, ils s'animeraient. C'était toujours ainsi.

– Tu vois, poursuivit-il d'une voix mesurée, le Noyé fantôme était un garçon normal, comme toi et moi. Sauf qu'il était un excellent nageur. Un vrai poisson. Un poisson humain. Lui et Ratt étaient amis. Avant la transformation de Ratt qui, lui aussi, était un garçon normal. Ils vivaient dans notre monde, mais avaient le leur. Parce qu'ils étaient différents. Spéciaux.

Margaret, toujours sous le lit, intervint :

– Que veux-tu dire par « spéciaux » ?

– Eh bien, déclara Boyd en ouvrant les yeux. Comme je le disais, l'un d'entre eux nageait. Les autres enfants le vénéraient tel un héros.

– Et l'autre ?

– L'autre ressemblait à un rat. Tous ses camarades de classes le taquinaient et l'appelaient « l'enfant-rat » parce qu'il avait de petits yeux rapprochés et que sa bouche et son menton étaient pointus. Il n'avait qu'un ami, le garçon qui nageait. Alors un jour où on s'était cruellement moqué de l'enfant-rat, son ami tenta de lui remonter le moral en lui disant : « Hé, devenons des rats. De vrais rats. » Parce que, tu vois, le garçon qui nageait était compatissant à l'excès. Il préférait devenir quelque chose de dégoûtant plutôt que voir son ami souffrir. Alors ils créèrent une association : le Club des Rats. Ils avaient des missions secrètes, par exemple, faire les poubelles. En rentrant de l'école, ils récupéraient les ordures sur le chemin, des objets que les gens venaient de jeter ou qu'ils avaient perdus sans même s'en rendre compte.

Ils les rapportaient chez eux, les nettoyaient et les transformaient en créations étonnantes. C'est ce qu'ils appelaient leur mission.

Boyd fouilla dans sa pile de bandes dessinées et en sortit *Ratt, volume 2*. Il l'ouvrit à la page représentant deux garçons et le tendit à Margaret avec la lampe électrique qu'il gardait toujours à côté de son lit.

– Il ne ressemble pas tant que ça à un rat, affirma-t-elle enfin.

– Attends, soupira Boyd. Attends.

– Mais, Boyd. Personne ne peut se transformer en rat.

– Tu veux entendre le reste de l'histoire ou tu préfères te disputer avec moi ?

– Je veux écouter l'histoire, marmonna Margaret.

– Bon d'accord.

Boyd continua et sa voix s'affirma, plus sûre, plus confiante.

– Un jour, les garçons tombèrent par hasard sur un endroit qui allait changer leur vie. Une décharge. Désormais, au lieu de récupérer les objets jetés dans les poubelles ou le long des routes, ils se rendaient directement à la décharge et y trouvaient tellement de matériel qu'ils ne savaient qu'en faire. Comme un terrain de football entier rempli de trésors perdus, négligés, abandonnés.

« Ils décidèrent de passer à la décharge chaque jour, après l'école. Ils ne comprenaient pas pourquoi les gens jetaient tant de choses. Tant d'objets merveilleux dont ils se débarrassaient simplement pour faire de la place aux objets plus récents. Les deux garçons les rapportaient chez eux, les nettoyaient, les rendaient beaux de nouveau. Vraiment beaux. Et utiles. Et mieux qu'avant. Ces objets les obsédaient. Ils ne pouvaient se concentrer à l'école, ne pensaient plus qu'à la décharge et à ce qui était caché sous une bâche en plastique ou un morceau de ciment.

– Comme quoi ?

– Des trucs. Plein de trucs.

– Comme des rouleaux de ficelle ou des mains de mannequins ?

– Oui, répondit Boyd. Bref, ils continuèrent ainsi jusqu'au moment où leurs parents découvrirent à quoi ils passaient leur temps après l'école. Ils trouvèrent leur cachette, rassemblèrent tous les objets merveilleux que les garçons avaient réparés, les mirent dans des boîtes et les jetèrent de nouveau à la décharge. Les petits bouts de métal brillants, les roues nettoyées. Même le super vélo de luxe qu'ils avaient assemblé grâce aux pièces cassées d'au moins cinquante bicyclettes. Il ne lui manquait plus qu'une selle, simplement une selle et il aurait été parfait, mieux qu'un neuf. Mais leurs parents prirent même le vélo presque parfait et le déposèrent aussi à la décharge. Puis, quand les deux garçons se mirent à pleurer, leurs parents leur achetèrent à chacun un vélo flambant neuf, un rouge et un bleu. Les deux garçons pleurèrent encore plus. Tu vois l'image, Margaret ? Tu es à la bonne page ?

– Oui, dit-elle. Je la vois.

Boyd poursuivit.

– Bref. Même s'ils étaient de bons garçons et voulaient vraiment faire plaisir à leurs parents, l'idée de la décharge occupait leur esprit. Ils ne mangeaient plus, ne dormaient plus, travaillaient mal à l'école. Ils étaient obnubilés par ce que jetaient les gens, chaque jour, à chaque minute. Des choses qui possédaient encore une étincelle de vie. Finalement, ils conçurent un plan : ils sortiraient la nuit, quand leurs parents les croiraient blottis sous leur couverture. Ils feraient le mur et retourneraient à la décharge.

Boyd prit une profonde inspiration et ferma les yeux. Il connaissait l'histoire par cœur et aimait en prononcer chaque mot. Et ce passage était l'un de ses favoris.

– As-tu déjà vu une décharge la nuit ? Sous la pleine lune ? Eh bien, ça brille. Les objets mis au rebut brillent de l'envie d'être touchés, sauvés et restaurés. C'est ce que faisaient les garçons. Ils les touchaient, les sauvaient, les amélioraient. Ce qui les rendit heureux pendant des mois et des mois. Mais un jour, quelque chose changea. Si lentement, au début, qu'ils ne le remarquèrent pas.

Boyd s'interrompit. Il fouilla à travers les bandes dessinées et se rendit compte qu'il avait donné à Margaret celle qu'il cherchait.

– Pourquoi t'es-tu arrêté ?

– Donne-moi le livre.

Margaret le lui tendit.

– Hé, attention !

Boyd le saisit prudemment et l'ouvrit vers la fin.

– Regarde attentivement, dit-il en le rendant à Margaret.

– D'accord, répondit-elle.

Elle le prit et éclaira les images. Les deux garçons se trouvaient dans la décharge, mais il s'était passé quelque chose. L'un des deux fouillait joyeusement dans les monceaux d'ordure et la nourriture qui pourrissait. L'autre prenait une jolie balle, mais tout à coup, elle se transformait en une repoussante masse poisseuse. Il parut sur le point de vomir.

– Pour l'enfant-rat, rien n'avait changé. En tout cas, concernant la décharge. Il l'aimait telle qu'il l'avait toujours aimée, et peut-être même davantage. Mais pour l'autre garçon. Eh bien, il se mit à voir les ordures comme... des ordures. Des choses qu'on balance et qu'on oublie à jamais. Des choses dégoûtantes, qui sentent mauvais. Chaque nuit, cela devenait de plus en plus difficile pour lui de sortir de chez lui afin d'aller à la décharge et d'en rapporter des vieilleries. Il ne voulait plus les toucher. Il n'y pouvait rien. Ce n'était pas sa faute. Il fallait s'y faire. Pour la première fois de sa vie, il trouvait les ordures nauséabondes.

– Ah, dit Margaret.

La tristesse avait envahi sa voix.

Boyd continua.

– C'est facile à comprendre. Après tout, la plupart des gens n'ont pas envie de toucher aux ordures. Mais ce qui arriva ensuite, ce qui arriva à l'autre garçon, aucun des deux n'aurait pu ni le prévoir ni l'expliquer. Lui aussi changeait, tu vois, mais d'une façon très différente.

« Des poils poussèrent sur le dos de ses mains. Un fin duvet apparut au-dessus de ses oreilles, sa bouche et son nez s'allongèrent. Il ne pouvait rien manger si ce n'était pas pourri.

« Ses parents feignirent de ne pas s'en apercevoir le plus longtemps possible, mais ils durent finalement admettre que ce n'était pas normal.

« Il lui fallait porter trois paires de chaussettes, sinon les griffes qui avaient remplacé les ongles de ses orteils rayaient le parquet.

« Sur l'île, aucun dentiste ne voulait le recevoir : ils avaient peur d'attraper la rage.

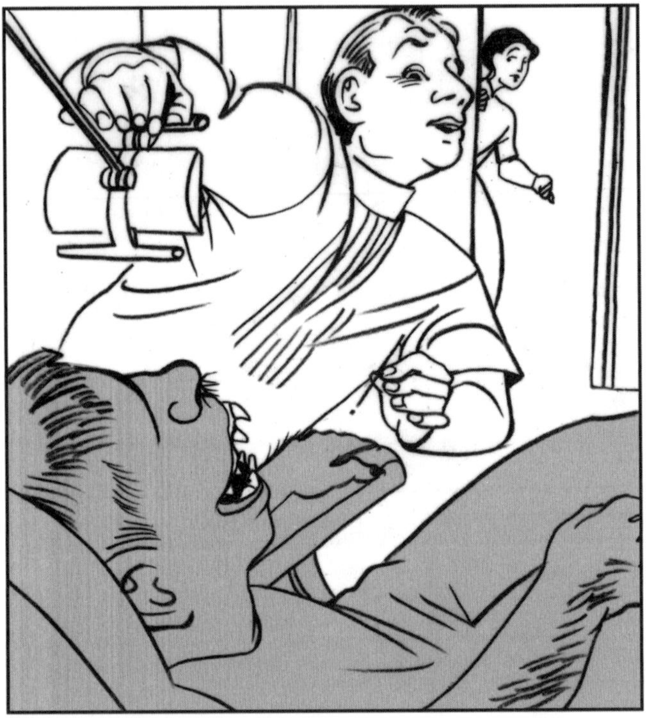

« Et même si certains disaient : *Les êtres humains ne peuvent se transformer en rats*. Ou bien : *C'est la puberté, espèce d'idiot !*

« Ou mieux encore :

« En réalité, c'était vrai. Il se transformait en rat. Et, tandis que l'enfant-rat accomplissait sa spectaculaire transformation, l'autre garçon changeait lui aussi. On se rendit compte que c'était un nageur exceptionnel. À l'école, il battait record sur record. Il pouvait faire deux longueurs de piscine sans reprendre son souffle. Ou nager trois heures sans s'arrêter. Il devenait en fait un véritable héros.

Le dessin me coupa le souffle. Je rapprochai le livre pour l'examiner de plus près. Un garçon, entouré d'amis et d'admirateurs. Il sortait de la piscine, ruisselant, et souriait en montrant une médaille : la même médaille que celle suspendue au cou de ma petite sœur.

Je serrai la bande dessinée contre mon cœur. Les larmes se mirent à couler, comme si elles avaient attendu cet instant. J'essayai de les retenir, mais l'une d'elle se fraya un chemin et je la sentis qui glissait le long de mon nez. « C'est toi, papa ? » chuchotai-je au garçon dessiné. Je n'en étais pas certaine : je n'avais vu que des photos de lui déjà adulte. Mais c'était la même médaille. Exactement la même.

– Hé !

J'entendis la voix de Boyd et vis soudain son visage à l'envers qui m'observait.

– Il y a un problème ?

– Non, rien, mentis-je.

– Donne-moi la lampe. Tu pleures ?

– Non. (Je l'éteignis pour qu'il ne me vît pas.)

– Si, tu pleures.

Au même moment, nous entendîmes les pas du père de Boyd qui retentirent dans le couloir. *Stomp, stomp, stomp*.

– Chut, murmura Boyd.

Toujours cachée sous le lit, j'aperçus d'énormes pantoufles qui avançaient dans la chambre.

– Ça va, fiston ?

– Oui, p'pa. Bien sûr.

– Tu as encore vu des lumières dans la maison ?

– Non, elles ont disparu. Tu avais raison. En fait, je crois que j'ai rêvé.

Stomp, stomp, stomp. Squick, crac. Le père de Boyd s'assit au bord du lit.

– Quoi de neuf chez le vieux Ratt-man ?

– Comme d'habitude, papa. Il récupère des trucs et les répare.

– As-tu fait tous tes devoirs ?

– Je les ai faits avant le dîner.

– Très bien. Alors, bonne nuit, fiston. Fais de beaux rêves.

– Toi aussi, papa. Bonne nuit.

Crac, squick. J'entendis le père de Boyd se pencher et l'embrasser. Je vis ses pieds retraverser la pièce. Je jure que je pouvais presque entendre Boyd retenir sa respiration.

– Boyd ? l'appelai-je une fois les chaussons disparus dans le couloir.

– Pas si fort.

– Parle-moi du Noyé fantôme.

– Tout ce que je sais, hésita Boyd, c'est qu'au début, il est le meilleur ami de Ratt. Mais d'une façon que j'ignore ils deviennent soudain ennemis mortels. Chaque mois, à la pleine lune, le Noyé fantôme sort. Il sort afin de trouver des yeux pour remplacer ceux que les crabes et les poissons des profondeurs ont dévorés. Il se cache derrière quiconque se trouve sur l'eau. Le seul avertissement est un long frisson qui descend le long de l'échine : le doigt glacé du Noyé fantôme. Mais, une fois qu'ils l'ont senti, c'est trop tard. Il les attrape et les attire au plus profond de l'océan où il leur vole leurs yeux. Et jusqu'à ce que les crabes et les poissons les mangent, le Noyé fantôme n'est plus aveugle. Pendant quelques jours, il voit. Et il utilise ses yeux pour chercher ce qu'il désire le plus au monde.

Boyd ménagea une pause dramatique, en attendant une réaction de ma part.

– Bon, dis-je alors, que veut-il ?

– Sa revanche, répondit Boyd. Sa revanche pour la vie qu'il a perdue.

Un long frisson glacé descendit le long de mon échine.

– Et comment ? Comment est-il mort ?

– Ça, se rengorgea Boyd d'un air suffisant, c'est toi qui aurais pu me le dire.

– Pourquoi ?

– Tu avais la réponse. Dans *Ratt, volume 1*. Tu l'avais entre les mains. Tu l'as laissée dans la maison.

Chapitre 30

Boyd aurait bien discuté encore un moment, mais je prétendis être trop fatiguée et lui promis de reprendre la conversation le lendemain matin. En vérité, je souhaitais mettre de l'ordre dans mes idées.

J'avais voulu le lui dire. Mais la phrase « Je crois que mon père était ce champion de natation » n'avait pas pu sortir. Une impression bizarre m'avait fait garder le silence. Un silence qui me faisait mal et pourtant je m'étais tue.

Il y avait quelque chose d'étrange à propos de Boyd : la façon dont il m'avait raconté cette histoire. Comme s'il me parlait de la vérité, de la réalité, de son premier jour d'école ou de la rencontre entre son père et sa mère. Donc si j'avais raison et que le jeune champion était mon père, il était aussi le Noyé fantôme, du moins dans le monde fantaisiste de Boyd, le dernier endroit où je souhaitais qu'il fût.

Même si les idées s'entrechoquaient dans ma tête, je dus m'endormir car, en ouvrant les yeux, c'était le matin. Quelqu'un me tendait une tartine et me chuchotait à l'oreille :

– Nous partons. Ne fais pas de bêtises.

Je roulai sur le côté et regardai, l'air absent, le morceau de pain. Pourquoi étais-je sous le lit ? Où était Sophie ? Pourquoi ne m'avait-elle pas réveillée avec son réveil de tête ? À qui appartenaient ces pieds ?

Mon cerveau s'activa soudain ; tout ce qui était arrivé la veille me revint. L'ombre dans le manoir, le moment où j'étais tombée sur Boyd dans la rue, puis dans la forêt, les dessins menaçants laissés sur le porche.

J'entendis la mère de Boyd lui crier que le bus arrivait.

– Hé… commençai-je.

– Il faut que j'y aille, affirma-t-il.

Ses pieds s'éloignèrent du lit.

– Attends ! Qu'est-ce que je vais faire ? Il faut trouver un plan.

– Je n'ai pas le temps.

– Boyd, une minute. Je…

– À plus tard, Margaret, chuchota-t-il, pressé.

Il disparut en laissant la porte de la chambre grande ouverte.

Je me roulai en boule et grignotai un morceau de tartine. J'attendis de ne plus entendre de bruits : chasses d'eau, portes claquées, moteur de voiture. Puis, lorsque je fus certaine d'être enfin seule dans la maison, je sortis de ma cachette.

Étais-je vraiment ici ? Avais-je vraiment été poursuivie

à travers les bois. Avais-je passé la nuit chez un inconnu ? N'allais-je pas accompagner ma petite sœur à l'école et m'habiller pour le cours d'EPS ? Je m'étirai et regardai par la fenêtre. Et soudain, tout sentiment de liberté et d'excitation m'abandonna : je vis le manoir. Je ressentis comme une douche froide.

Avec un frisson, je me détournai et traversai la chambre. Un petit couloir donnait sur deux portes et le reste de la maison. La première s'ouvrait sur la chambre des parents de Boyd, la deuxième sur une salle de bains jaune et bleue, bien rangée.

J'utilisai mes mains pour m'asperger d'eau le visage. Je me brossai ensuite les dents à l'aide de mon index et d'un dentifrice écologique au goût bizarre. Je me peignai les cheveux et trouvai un élastique pour refaire ma queue de cheval. Je m'examinai de nouveau dans le miroir. À part le T-shirt dégoûtant et le jean poussiéreux, c'était de nouveau moi.

J'éteignis la lumière, sortis de la salle de bains et explorai le couloir. Des photos de famille couvraient les murs et je m'arrêtai devant chacune d'elles : Boyd assis sur les genoux du père Noël, Boyd et son père construisant un château de sable sur la plage, Boyd et sa mère souriant devant le Grand Canyon. Si Lizzie prenait la peine de nous prendre en photo, qu'y aurait-il sur nos murs ? Sophie dans un chariot de supermarché ? Soudain, Sophie me manqua, beaucoup plus que je ne m'y attendais. Ses bras maigrichons et ses dents en moins. Ses yeux noisette.

Dans le séjour, je repérai un téléphone. Tant mieux car toute ma monnaie pour appeler d'une cabine était restée dans mon sac à dos, à l'intérieur du manoir. Je jetai un coup d'œil à ma montre et composai le numéro de la maison. Mon cœur battait la chamade. Et si Sophie n'était pas là ? Et si quelque chose lui était arrivé sur le chemin de l'école hier ? Elle décrocha à la première sonnerie.

– Sophie ?

– Margaret ! s'écria-t-elle. Je savais que c'était toi.

J'entendis un bruit étouffé.

– C'est maman ?

– Elle vient de crier, rit nerveusement Sophie. Pour qu'on arrête de se battre. Je me débrouille bien, hein ?

– Très bien, Sophie. (Je l'imaginai dans la cuisine en train de déguster un bol de céréales roses.)

– Au fait, où es-tu ? me demanda-t-elle.

– Dans une maison. La maison voisine.

– Quand reviens-tu ?

– Bientôt. Est-ce que maman se doute de quelque chose ?

– Non. Je marche dans la cuisine en faisant du bruit quand elle est dans le salon. Elle croit que c'est toi. As-tu résolu le mystère ?

– Pas encore. Mais je progresse. Il n'y a que des vieilleries dans la maison. Tu ne rates rien.

J'appuyai le combiné sur mon oreille et fermai les yeux. J'entendais le souffle bruyant de Sophie à l'autre bout. Je n'avais plus rien à dire, mais je n'avais pas envie de raccrocher.

– Et l'école, ça va ?

– Bien. Est-ce que tu veux que je transmette un message à Tina Louise ?

– Non, répondis-je, avant de changer d'avis. (Je savais que ça ferait plaisir à Sophie.) Si. Dis-lui que… dis-lui qu'elle avait raison à propos du destin.

– D'accord, dit Sophie qui souhaitait poursuivre la conversation. On dirait que ça fait longtemps que tu es partie.

– Je sais. Et pourtant, ça ne fait qu'une journée, Sophie.

– Est-ce que tu me rappelleras ?

– Je ne sais pas. J'ai perdu ma monnaie.

– Oh ! (Elle était déçue.)

– Sophie ? Est-ce que ça va ? (Elle ne répondit pas.) Sophie, est-ce que tu hoches la tête ? (Toujours pas de réponse.) Tu sais que je t'entends quand tu hoches la tête. Est-ce que tu vas bien ?

– Oui, répondit-elle enfin. Ça va.

– Bon alors… Au revoir, Sophie.

– Au revoir, Margaret.

Je raccrochai. Je me sentais à la fois mieux et moins bien. Je pouvais presque voir ma petite sœur, qui attendait, immobile, le téléphone appuyé contre son oreille.

Je retournai dans la chambre de Boyd et m'assis sur son lit en me demandant ce qu'il fallait faire. Revenir au manoir était hors de question ; rentrer à la maison par le ferry, aussi. J'avais plus de questions que de réponses.

Dans le plan initial, je devais agir seule, pourtant, je n'arrivais pas à sortir Boyd de ma tête. Boyd et l'étrange histoire qu'il m'avait racontée.

Je savais que quelque chose m'échappait : mais plus je me concentrais, plus ça devenait flou. Il y avait le monde de la bande dessinée et le monde réel. Dans le monde de la bande dessinée, un garçon gagnait la même médaille que mon père ; dans le monde réel, quelqu'un essayait de m'éloigner du manoir en me faisant peur. Il me fallait rester dans la réalité et trouver des faits : des faits avérés.

Le bibliothécaire. Celui qui écrivait les BD devait les déposer, donc, le bibliothécaire savait obligatoirement quelque chose. Je pensai au petit homme bizarre, à sa longue paire de ciseaux et à ses mensonges concernant les vieux journaux. Je me levai d'un bond. Au moins, j'avais trouvé l'endroit par où commencer.

Il fallait trouver Boyd. Mais comment retourner au village ? Je n'avais aucune idée de la façon dont les bus fonctionnaient sur l'île et je n'allais pas refaire le trajet à pied. Auto-stop ? Trop risqué. Que ferait Tina Louise à ma place ? Je m'assis de nouveau sur le lit et respirai à fond, comme elle me l'avait appris. Je fermai les yeux et patientai. Soudain, je pensai au garage.

J'avais quatre ans la première fois que j'ai essayé de faire du vélo. Ma mère voulait acheter des stabilisateurs pour m'aider, mais mon père était impatient de me voir commencer. Un jour, il m'emmena avec le vélo sur le trottoir devant notre maison. Je portais une robe à carreaux rouges et blancs. Quand j'y repense, je me dis que c'était vraiment un accoutrement bizarre pour apprendre à faire du vélo. Mon père me posa sur la selle et plaça mes pieds sur les pédales (ils touchaient à peine). Il saisit le guidon et me dit de m'y accrocher. Il se mit à courir. Nous parcourûmes la rue dans tous les sens, jusqu'au moment où il fut à bout de souffle, trop épuisé pour continuer. Je n'appris pas ce jour-là et je ne me rappelle pas exactement quand j'ai su. Mais je me souviendrai toujours de cette première leçon : mon père qui poussait le guidon en courant à côté du vélo, mes jambes qui pendaient, inutiles ; les carreaux rouges et blancs de la robe qui voletait autour de moi et le sentiment que quelque chose de magique allait arriver. Mais quoi ? Je l'ignorais. C'est l'histoire préférée de Sophie quand elle est triste.

Le vélo de Boyd avait douze vitesses et des pneus larges pour rouler sur des chemins boueux (bien qu'il n'y eût aucune trace de boue visible). Mon cœur fit un bond lorsque je passai devant le manoir, mais il se calma dès que je m'éloignai.

Note de l'éditeur :

Il est important que j'interrompe un instant le cours du récit. Et si l'héroïne de cette histoire n'était pas Margaret, mais Sophie ? Car Sophie ignore qu'elle n'est pas l'héroïne. Elle ignore qu'il ne s'agit pas de l'histoire d'une petite fille dont la grande sœur s'aventure sur une île, en la laissant toute seule. Elle ignore que ce passage pourrait être supprimé car il n'exprime pas le point de vue du personnage principal. Est-ce vraiment le cas ? Car dans le monde de Sophie, elle est le personnage principal et le personnage principal est fatigué d'attendre le retour de sa sœur fugueuse. Alors, dans l'histoire de Sophie, voilà ce qui serait arrivé après le coup de fil de Margaret :

– Maman, Margaret a fait une fugue. Elle est retournée voir ce qu'il y a dans la maison.

– Arrête, Sophie. Tes blagues ne me font pas rire.

– C'est pas une blague.

– Tu vas être en retard à l'école. Où est Margaret ?

– Je t'ai dit. Elle est repartie au manoir. C'est là que notre père est mort ?

– Je suis déjà en retard.

– M'man, dis-moi. C'est là qu'il est mort ?

– Oui, Sophie, d'accord. C'est là.

– Qui l'a tué ?

– Sophie ! Personne ne l'a tué. Qui t'a raconté ça ? Va manger quelque chose. Tu as pris ton petit déjeuner ? Qu'est-ce qu'on a dans le frigo ?

– Du beurre de cacahuètes.

– Fais-toi une tartine.

– Mais est-ce que c'est un endroit dangereux ?

– Oui, très dangereux. C'est pour ça que je ne vous ai pas laissée entrer. Allez, va dire à Margaret de te faire

un casse-croûte au beurre de cacahuètes. Tu le mangeras en chemin.

– J'peux pas, maman. Elle... y'a plus de pain.

Après une telle scène, Sophie courrait jusqu'à l'école du Sacré-Cœur pour arriver avant la première cloche. Elle chercherait Tina Louise dans la cohue. Peut-être la trouverait-elle dans un coin de la cour de récréation, sans doute seule ou alors avec un grand garçon blond qui porterait une balle et une batte de base-ball. Sophie raconterait à Tina Louise le coup de fil de sa sœur et la discussion avec sa mère. Elle insisterait sur le fait que le manoir est un endroit très dangereux.

Tina Louise hocherait la tête et évoquerait le destin. Elle dirait sans doute que lorsque le destin parle, il faut l'écouter.

Alors, Sophie resterait immobile et attendrait que le destin lui parle. « Je crois, expliquerait-elle alors après une courte pause, que le destin veut que j'aille chercher ma sœur. » Après quoi, elle rentrerait chez elle en courant et préparerait des affaires dignes d'une telle aventure : une paire de chaussettes, un pull, une boîte de burritos surgelés et le PUZZLE LE PLUS DUR DU MONDE. *Ensuite, elle attendrait — patiente ou impatiente ? — le bus qui l'emmènerait au ferry.*

Chapitre 31

Heureusement pour Boyd, cette semaine-là en éducation physique, il allait faire de l'athlétisme, la discipline qu'il détestait le moins. Il s'inscrivait toujours pour la course d'endurance (il était le seul) et passait le cours à décrire de grands cercles autour du terrain.

La course de fond lui libérait l'esprit et, au bout du troisième tour, Boyd flottait au-dessus de la piste, loin des cris et des prises de bec de ses congénères. Il se sentait presque capable de voler et aimait cette sensation. À cette hauteur, ses camarades de classe lui semblaient moins effrayants. Ils ne pouvaient l'insulter, se moquer de ses bandes dessinées ou le pourchasser avec des bâtons. À cette hauteur, il avait l'impression d'être fort et brave. Comme un super-héros.

Ce jour-là, cependant, Boyd avait bien du mal à prendre de la hauteur. Tout en courant autour de l'école, il essayait de combattre la sensation d'être amarré au sol. Il scruta le terrain. Comme d'habitude, les autres collégiens ressemblaient à de petites taches de couleur sur les marron et vert assourdis du paysage. Le seul groupe qui se détachait était celui des Trois. Normal car, à leur habitude, ils s'étaient inscrits aux javelots et les agitaient comme des armes.

Au tour suivant, il remarqua une silhouette, à côté d'un vélo, devant le grillage. Humm. Trop petite pour être un adulte, mais que ferait un enfant en dehors de l'école pendant les heures de cours ? Même si c'était la dernière chose qu'il désirait, il laissa le vent le ramener au sol.

Plus près, encore plus près. Il comprit alors qu'il s'agissait de Margaret. Mais que ferait Margaret devant son école ? Était-il arrivé quelque chose ? Boyd sentit son estomac se soulever tandis qu'il atterrissait.

Chapitre 32

Je posai le vélo contre le grillage et les observai. À part le fait qu'ils ne portaient pas d'uniformes, ç'aurait pu être mon cours d'EPS. Je remarquai immédiatement Boyd qui courait sur la piste comme s'il était pourchassé, mais apparemment, personne ne lui prêtait la moindre attention.

– Boyd ! appelai-je, mais il était trop loin pour m'entendre.

Je le vis prendre le virage et passer à toute vitesse devant trois garçons portant ce qui ressemblait à des lances. Je frissonnai.

– Hé, toi !

Les trois garçons souriaient avec malice en orientant leur truc pointu dans ma direction. Je regardai autour de moi. Comme il n'y avait personne ni à côté ni derrière, ils s'adressaient à moi.

– Hé, toi ! crièrent-ils de nouveau.

Puis, ils traversèrent le terrain à grandes enjambées résolues. Les lances étincelaient au soleil.

– C'est bizarre, murmura Tina Louise tandis que les garçons s'approchaient.

Je vis les numéros inscrits sur leur maillot : Un, Deux et Trois.

J'entendis alors une autre voix, mais cette fois, elle n'était pas dans ma tête. Elle me disait de courir.

– Cours, Margaret !

Boyd, qui agitait les bras frénétiquement, se précipitait vers moi.

– Cours, Margaret, cours !

Je bondis sur le vélo, tournai le guidon et pédalai. Je n'eus pas besoin de m'imaginer une meute de chiens miniatures ou un essaim d'abeilles tueuses qui me talonnaient. Je pédalai comme si trois malabars me poursuivaient avec des lances.

Chapitre 33

– Pourquoi tu lui as dit de courir ?

Après la fuite de Margaret, les Trois avaient cerné Boyd. Le professeur d'EPS lui avait sauvé la mise sur le terrain, puis s'était éloigné en faisant l'impensable : ils les avaient expédiés tous les quatre au vestiaire « pour se calmer ». Furieux, le visage rouge de colère, les Trois avaient coincé Boyd contre un casier métallique.

– Pourquoi tu lui as dit de courir ? l'interrogèrent-ils de nouveau.

Boyd essaya de regarder ailleurs.

– Je ne sais pas, marmonna-t-il.

– C'est ta petite copine ? rigola Un et quand Un rigolait, Deux et Trois rigolaient aussi.

Trois poussa Boyd.

– Parle, face de rat.

Boyd observa la pendule à la dérobée. Le professeur d'EPS et les autres enfants ne tarderaient pas. Il essaya de détourner son visage de l'haleine chaude des Trois, mais ils s'approchèrent davantage. *Que ferait Ratt dans pareille situation ?* se demanda-t-il. *Que ferait Boyd, le super-héros ?* Il se tairait sûrement. Et puis il s'élèverait, grâce aux superpouvoirs qui lui permettaient de voler, planerait au-dessus d'eux et cracherait.

Avant même de savoir ce qu'il faisait, avant de réfléchir et de se dire *Arrête, idiot, arrête !* un gros crachat s'échappa de sa bouche et voyagea à une vitesse quasi supersonique. Comme une petite balle brillante, il parut déchirer l'air en deux en se dirigeant vers sa cible : la bouche grande ouverte d'Un.

– Aaaah !

Un tomba à genoux, porta les mains à sa gorge et s'étrangla d'horreur.

Les quelques garçons qui étaient arrivés du terrain les uns après les autres ne purent s'en empêcher : ils éclatèrent de rire. Même Deux et Trois rigolèrent avant de comprendre la situation.

Un, toujours par terre, s'étouffait en essayant de déglutir le crachat de Boyd, mais Boyd savait qu'il ne tarderait pas à se relever. Alors, mû par son instinct, Boyd sauta par-dessus Un et se rua vers la sortie des vestiaires.

Au même moment, le professeur d'EPS parut à la porte.

– On ne court pas dans les vestiaires ! cria-t-il, mais déjà Boyd le dépassait et s'enfuyait.

Il courut, sans ralentir, alors qu'il était déjà loin de la grille qui entourait son école.

Chapitre 34

Je me tenais immobile au milieu d'un étrange chemin, près d'un pré où paissaient des vaches bizarres. Le vélo à douze vitesses à la main, j'écoutais une litanie de trois mots : *Ne bouge pas.*

C'est ce que Lizzie avait l'habitude de répéter à Sophie. « Si tu es perdue dans un parc d'attractions, n'essaie pas de me chercher. Ne bouge pas et je te trouverai. »

Ne bouge pas. Je fermai les yeux en attendant d'autres paroles réconfortantes. Les mots ne vinrent pas, mais des images, oui. Je vis mon père en T-shirt blanc et jean délavé qui souriait en agitant sa main. Je vis le manoir, une clé, un canoë bleu qui s'agitait sur une mer moutonneuse. Le visage inquiet de ma mère, même lorsqu'elle fermait les yeux, D.J., une lance étincelante, Sophie, une médaille de natation accrochée à son cou.

Quand j'ouvris les paupières, il était là.

– Comment as-tu su où me trouver ? lui demandai-je.

Curieusement, je n'étais pas surprise.

Boyd sourit.

– Je ne sais pas, répondit-il. Je suis arrivé là.

Le destin.

Nous nous tenions au milieu du chemin de gravier. Les vaches étaient si proches que j'aurais pu toucher leur museau humide. Soudain, j'eus envie de rire.

– Pourquoi souris-tu ?

– Je ne sais pas. (Je regardai alentour. L'herbe haute du pâturage se parait des couleurs du miel.) Je n'avais jamais vu des vaches de si près.

Et puis, je poursuivis :

– Je n'ai jamais été pourchassée par des garçons armés d'une lance.

Comment lui dire ? *Parce que tu m'as retrouvée. Voilà pourquoi je souris.*

– Un javelot, me corrigea-t-il.

– Peu importe, c'était pointu.

– Je sais.

– Qui sont ces garçons, à propos ?

– Ils se sont baptisés les Trois : Un, Deux et Trois.

J'opinai. Il n'y avait rien à ajouter. Nous fîmes demi-tour et nous remîmes en marche. Je lui demandai alors ce qui s'était passé après ma fuite.

Il fit non de la tête.

– Rien.

Mais, il s'exprima comme Lizzie quand elle ne veut pas évoquer un sujet. Je contemplai mes pieds qui faisaient des empreintes rigolotes à côté des gros pneus.

– Est-ce que tu as un canoë ? l'interrogeai-je en pensant au premier jour et au ponton branlant.

– Non, répondit Boyd.

– Tu connais celui qui est attaché à la jetée ? Le bleu vif ?

– Je ne vais pas trop au bord de l'eau.

– Pourquoi ?

– Je ne sais pas.

Puis, il avoua :

– À cause du Noyé fantôme.

– Ah !

Je me rappelai l'histoire qu'il m'avait racontée la nuit précédente. Seuls semblaient réels les empreintes des pneus et le vrombissement des bourdons.

– Je sais que ça paraît stupide.

– Non, pas du tout, mentis-je.

– Et pourtant, mon père vient d'acheter un nouveau bateau à moteur.

Je ne sus que dire.

– En fait, je pensais au canoë. Je suis certaine que celui qui essaie de m'éloigner de la maison en me faisant peur doit l'utiliser. Peut-être pêche-t-il ? On pourrait le surveiller par ta fenêtre.

– Non, rétorqua Boyd. Ratt trouve sa nourriture dans les poubelles. Au milieu de la nuit.

– Bien, admis-je. Alors, autre chose. M. Bibliothécaire. Il doit savoir qui apporte les BD…

– Non.

– Comment le sais-tu ?

Boyd parut mal à l'aise.

– Parce que je lui ai demandé.

– D'accord, mais est-ce que tu as déjà remarqué ses albums ? Tu sais : NIVEAU DES PRÉCIPITATIONS, SPORTS, MARIAGES… Ce genre de trucs.

Boyd secoua la tête, mais il ne me regardait pas.

– Je veux les lire.

– Impossible, affirma Boyd, en donnant des coups de pieds dans les gravillons. Il verrouille toujours la porte.

– Est-ce qu'il lui arrive de sortir ?

– Oui. Tous les jours à trois heures.

– Et comment es-tu au courant ?

– Parce que j'y vais après l'école. Je l'accompagne à l'épicerie où il achète une boîte de beignets. Ensuite, je lis jusqu'à l'arrivée du bus du centre de loisirs.

– Et il verrouille la porte quand il part ?

– Oui.

– Il faut que j'y entre. Je dois les lire.

– Pourquoi ?

– Parce que… tu ne comprends pas ? Si quelque chose est arrivé à mon père — et je suis certaine que c'est le cas — il y aura un article sur sa disparition.

– Je ne sais pas…

– Boyd ! Il y a un album qui s'intitule DÉCÈS. Un autre qui s'appelle MEURTRE.

– Tu crois que ton père a été assassiné ?

– Je ne sais pas. (J'étais énervée et je vis des petites étoiles danser devant mes yeux quand je les fermai.) Je sais que mon père est lié à ce manoir. Je sais que mon père s'est noyé. Je sais que quelqu'un m'a éloignée de la maison hier soir et qu'il a déposé une BD menaçante sur le pas de ta porte.

Boyd ne me regardait toujours pas.

Je changeai de tactique. D'une voix mesurée, je lui dis :

– Ne veux-tu pas en apprendre plus sur le Noyé fantôme ? Quelque chose qui n'est pas dans les Ratt.

Boyd releva imperceptiblement la tête.

Je poursuivis. Je lui expliquai mon idée. Comment, si Boyd parvenait à distraire M. Bibliothécaire, je pourrais trouver des informations sur mon père.

– Et, ajoutai-je, sur le Noyé fantôme, bien entendu.

Boyd scruta le ciel et plissa les yeux.

– Il te faudra du temps pour parcourir tous les albums, murmura-t-il. Plus de cinq minutes.

– Tu as raison, admis-je d'une voix douce pour ne pas le brusquer. Allez, Boyd. Je t'en prie.

– Bon. J'ai peut-être un plan.

Il m'expliqua alors l'idée qu'il avait eue un jour de se cacher dans la bibliothèque jusqu'au départ de M. Bibliothécaire.

– Je ne voulais pas vraiment le faire, continua-t-il. Mais j'aimais cette idée.

– Et ça marchera.

– Oui, je pense. S'il m'autorise à rester à l'intérieur quand il ira chercher ses beignets, je pourrai t'y cacher. Tu resteras aussi longtemps que tu le désires.

– Bien. C'est parfait.

Et lorsque je prononçai ces mots, les vaches meuglaient, le soleil brillait, le gravier bruissait sous nos pieds. À cet instant, l'idée me parut vraiment parfaite.

Chapitre 35

– Ça ne finira donc jamais ? marmonna M. Bibliothécaire en refermant son album.

– Quoi ? l'interrogea Boyd du haut de son perchoir au milieu des R.

Il jeta un coup d'œil à la pendule : c'était l'heure.

– Rien, lui répondit le bibliothécaire.

Il ouvrit le tiroir de son bureau et en sortit un gros trousseau de clés.

– Est-ce que je peux rester aujourd'hui ?

– Tu ne veux pas aller à l'épicerie avec moi ? Je vais chercher des beignets, tu ne m'accompagnes pas ?

– J'en ai pas tellement envie.

M. Bibliothécaire plissa les yeux. Il observa Boyd des pieds à la tête.

– Es-tu malade ?

– Non, je voudrais juste terminer mon histoire avant que le car arrive.

M. Bibliothécaire acquiesça.

– Sauf si je peux emprunter un deuxième numéro aujourd'hui…

Mais M. Bibliothécaire ne le laissa pas terminer.

– La limite est fixée à un livre. Tu le sais. Je ne comprends pas les bibliothèques qui laissent les lecteurs en emprunter trois, quatre ou même cinq. Qui peut lire cinq livres en même temps ?

Boyd secoua la tête. Il connaissait la rengaine. Il avait même essayé de faire changer le règlement pour ne pas tomber à court de livres le week-end, mais le bibliothécaire avait préféré modifier ses horaires : sa bibliothèque était désormais ouverte sept jours sur sept.

– Alors, je peux rester pour le finir ? Juste pour cette fois ?

M. Bibliothécaire se gratta le nez.

– Et que feras-tu si un client se présente ?

Même si ça ne s'était jamais produit, Boyd répondit respectueusement :

– Je lui dirai de jeter un coup d'œil et que vous serez de retour dans cinq minutes. Le classement est alphabétique par sujet, sauf la poésie.

– Et s'il se produit quelque chose de louche ?

– Je vous appelle. À l'épicerie.

M. Bibliothécaire hocha lentement la tête.

– D'accord, admit-il enfin. D'accord.

– D'accord, renchérit Boyd, en essayant de ne pas paraître trop soulagé ou nerveux.

M. Bibliothécaire embrassa la pièce d'un dernier regard et se dirigea vers la sortie.

– Tous les jours, j'ai l'impression que quinze heures arrivent plus tôt, murmura-t-il en sortant de la bibliothèque.

Boyd attendit l'ultime tintement de la cloche et passa à l'action. Il se précipita vers la devanture, jeta un œil à travers le rideau et agita les bras frénétiquement.

Chapitre 36

Depuis ma cachette de l'autre coté de la rue, j'avais les yeux rivés sur la bibliothèque.

– Allez, Boyd, murmurai-je.

À trois heures exactement, la porte jaune s'ouvrit et l'étrange petit bibliothécaire sortit. Seul ! Un instant plus tard, Boyd paraissait à la fenêtre en me faisant signe de me dépêcher. Je bondis et traversai la rue. Le plan fonctionnait.

Boyd vint me chercher à la porte, m'attrapa par le bras et me poussa au fond de la bibliothèque.

– Ici, dit-il. Ta cachette.

Nous étions devant un rayonnage, grand comme un placard. L'étagère du bas avait été vidée.

– Entre, m'ordonna Boyd, je construirai un mur de livres devant toi.

Je me mis à quatre pattes et rampai dans le minuscule espace sombre et poussiéreux.

– C'est bon, déclarai-je. Parfait.

Je roulai sur le côté et appuyai ma tête au creux de mon coude. J'observai le visage de Boyd tandis qu'il replaçait les livres en hâte.

– Merci, Boyd, fis-je reconnaissante. Merci de m'aider.

Comme si mes mots avaient brisé un sortilège, Boyd s'interrompit. Il s'accroupit et croisa les bras sur sa poitrine. Je remarquai que sa lèvre inférieure tremblait.

– Qu'est-ce qu'il y a ? lui demandai-je. Pourquoi t'arrêtes-tu ?

– Je viens de me rendre compte, déclara-t-il, de ce que je fais. Si M. Bibliothécaire le découvre, il ne me laissera jamais revenir. Je ne pourrai jamais plus lire les livres de Ratt. Je pensais que c'était une bonne idée. Tu sais, quand on marchait sur le chemin tous les deux. Mais maintenant, j'ai l'impression que c'est mal.

– Qu'est-ce que tu veux dire ?

– C'est une trahison.

– Ah.

L'alarme géante de Sophie faisait tic-tac dans ma tête, prête à réveiller le monde entier, mais je me débrouillai pour conserver une voix calme et posée.

– Trahir qui ?

Et comme il ne répondait pas, j'insistai.

– Trahir qui, Boyd ? M. Bibliothécaire ? Ratt ? Ou, attends, peut-être le Noyé fantôme ?

Je n'avais jamais entendu ma voix si haut perchée et si tremblante. Cependant, je tentai de contenir l'angoisse qui m'oppressait.

– Écoute, commençai-je, quelqu'un me cache quelque chose. À propos de mon père. Tu ne crois pas que j'ai le droit de savoir ce qui s'est passé ? Je n'en ai pas le droit ?

– Mais tu avais la réponse, répondit Boyd. Dans *Ratt, volume 1*...

C'était donc ça. Ma gorge me brûla et j'explosai.

– Ce n'est pas la réponse, Boyd ! C'est une histoire inventée de toutes pièces. Oui, mon père s'est noyé. Mais tu parles comme si cette BD était la réalité. Je ne trouverai rien de vrai dans tes livres idiots, Boyd. Je ne comprends même pas comment tu as pu les croire !

Je savais que j'aurais dû m'arrêter, mais les mots sortaient de ma bouche comme si quelqu'un d'autre les prononçait à ma place. Quelqu'un de méchant, de cruel, qui aurait été élevé par des cochons sauvages.

– Et pourquoi ça t'intéresse tellement, d'ailleurs ? Pourquoi tu t'es investi dans ce monde de BD au point de ne pas vouloir monter dans le nouveau bateau à moteur de ton père ? Tu passes tout ton temps après l'école dans cette stupide bibliothèque. T'as pas d'amis, c'est ça ? Tu penses qu'un monstre de bande dessinée est ton copain et ça te fait plaisir quand il te dessine dans une de ses aventures débiles — même si c'est pour te dévorer tout cru. Tu trouves pas ça dingue ? Malsain ?

Je ne parlais plus seulement à Boyd à ce moment-là. Je parlais aussi à Margaret, la fille qui découpe des articles sur les abeilles tueuses. Margaret, la fille qui déjeune seule dans les toilettes.

Boyd ne répondit pas. Lentement, soigneusement, il prit un livre et le posa sur l'étagère. Puis un autre, et encore un autre. Il avait le visage empourpré et je remarquai une fine ligne de sueur au-dessus de sa lèvre. Mais il ne dit pas un mot et ne me regarda même pas. Il se contenta d'entasser les volumes jusqu'au moment où je fus complètement cachée.

Je pris une profonde inspiration. Mes paroles dures me revenaient déjà en mémoire et, de nouveau, je souhaitai les refouler.

– Boyd, commençai-je, mais il ne me laissa pas finir.

– M. Bibliothécaire ferme vers sept heures. Trouve ce que tu cherches avant que la lune ne soit trop haute.

– Pourquoi ? Quel est le rapport avec la lune ?

Sans me regarder, il poussa les derniers livres sur l'étagère en ménageant une fente pour me laisser un peu d'air et de lumière. Puis il répondit :

– C'est la pleine lune, ce soir. Le Noyé fantôme et Ratt seront de sortie tous les deux. Même sans être sur l'eau, c'est une nuit dangereuse. Voilà pourquoi.

C'était comme si on l'avait obligé à prononcer ses mots.

Un moment plus tard, j'entendis la cloche sonner et après un échange de paroles étouffées, elle tinta de nouveau. Boyd était parti.

Dans l'obscurité sinistre de l'étagère, je restai parfaitement immobile, sachant qu'un éternuement, un reniflement et même une respiration un peu forte me trahiraient. *Rien d'autre à faire que d'attendre*, me dis-je. Attendre le départ de M. Bibliothécaire, afin de voir si ses albums pouvaient m'apprendre ce que je cherchais. Après les paroles terribles que j'avais dites à Boyd, la perspective de trouver autre chose sur cette île — par exemple, un ami — s'était sans doute évanouie.

Chapitre 37

Boyd attendait le bus. En règle générale, c'était l'un des moments qu'il préférait : dans son sac à dos, il avait un nouveau titre de Ratt et était impatient de pouvoir le lire pendant le trajet. Mais aujourd'hui, c'était différent.

Ce qui avait commencé comme l'un des meilleurs jours de sa vie devenait l'un des pires. Il croyait avoir une amie, quelqu'un à qui parler, à qui se fier. Il lui avait montré sa collection de Ratt et confié ses histoires favorites. Il l'avait défendue contre les Trois et elle l'avait traité d'idiot, de malade, de barjot. Elle lui avait dit de grandir.

Boyd sentit quelque chose le frôler. Au moment où il allait se retourner, une voix le glaça.

– Alors tu croyais être tranquille dans le bus ?

Boyd n'avait pas besoin de les voir pour les reconnaître. Il jeta un coup d'œil à sa montre : le bus arriverait d'une minute à l'autre.

Un, Deux et Trois l'encerclaient et se rapprochaient.

– T'inquiète, le menaça Trois. On va te raccompagner chez toi.

Un restait silencieux et se contenta de faire claquer la fine corde de nylon qu'il tenait à la main.

Boyd allait s'élancer, quand il sut qu'il était trop tard. Quatre bras musclés le saisirent et l'immobilisèrent.

– Tu vois, on s'est demandé toute la journée ce qui serait la meilleure punition pour toi. On sait que tu ne vas jamais nager parce que tu as peur de l'eau. On sait même que tu n'as jamais mis les pieds sur le super hors-bord de ton papounet chéri. Alors, on a discuté. Et on a trouvé un plan d'enfer.

Un s'interrompit. Deux et Trois rigolèrent.

Boyd intervint :

– Pourquoi vous ne me tapez pas ? On en aurait fini plus vite.

Dépêche-toi le bus, grouille-toi.

– Parce que, répondit Un, te tabasser n'est pas le meilleur plan. Alors quand le bus arrivera, on va tous s'asseoir gentiment et profiter du trajet. Mais avant, tu vas appeler ta petite maman et lui dire que tu ne rentres pas dormir chez toi. Tu passes la nuit chez un ami.

Chapitre 38

Comme Boyd l'avait prévu, M. Bibliothécaire s'éclipsa de la bibliothèque à sept heures. J'attendis un moment après avoir entendu la cloche tinter, puis traversai en rampant le mur de livres érigé par Boyd. C'était un soulagement de pouvoir penser à autre chose qu'à mes crampes et à la dernière expression que j'avais lue sur le visage de Boyd.

Une petite lampe de bureau éclairait la pièce obscure d'une lueur verdâtre et étrange. Je déplaçai le fauteuil de M. Bibliothécaire devant les hautes étagères où s'empilaient les albums, examinai les titres et décidai de commencer par MEURTRE. Comme la veille en grimpant l'escalier du manoir, s'il y avait quelque chose, je préférais le savoir tout de suite.

Je descendis du fauteuil et m'assis, repoussai la boîte de beignets à la cerise sur le côté du bureau et m'approchai de la lampe verte.

Je ne vais pas vous faire languir. En vérité, il n'y avait rien dans MEURTRE. C'était seulement une collection d'articles sur la mort mystérieuse de plusieurs chats, qui s'était produite quinze ans plus tôt sur l'île. On avait fini par retrouver le coupable : un raton laveur géant.

DÉCÈS fut aussi décevant : il s'agissait de la longue liste manuscrite des personnes enterrées dans le cimetière de l'île. Je me carrai dans le fauteuil et enfouis la tête dans mes mains. J'étais tellement certaine que les albums m'aideraient : mon corps entier sentait le poids de la déception.

Je repensai à mes premiers pas en descendant du ferry, la veille. J'avais fait le premier pas et le deuxième et le troisième. Mais désormais, j'étais coincée. Je ne pouvais retourner au manoir, je ne pouvais retourner chez Boyd, après ce que je lui avais dit. Le destin m'avait-il abandonné ? Qu'allais-je faire ?

Je grimpai sur le fauteuil avec MEURTRE et DÉCÈS, et essayai de retrouver leur place dans l'alignement d'albums. Quelque part du côté de NAISSANCES, MARIAGES ET DIVORCES, ÉVÉNEMENTS EN COURS, SPORTS — je m'arrêtai. Mon père avait gagné une médaille de natation au lycée. C'était un peu tiré par les cheveux, mais il fallait essayer.

Je pris l'album et me rassis au bureau. En l'ouvrant, aussitôt je compris que je l'avais trouvé.

UN JEUNE INSULAIRE EN ROUTE VERS L'OR

C'était le titre d'un article relatant le rêve de mon père de devenir nageur dans l'équipe olympique. Il y avait la liste de tous ses records au lycée et une photographie le montrant une médaille autour du cou.

Je sentis des larmes couler sur mes joues. *Te voilà, papa. Un champion.* Il sortait de la piscine, ruisselant, souriant, entouré par un groupe d'admirateurs. Malgré l'encre passée, il était vivant, réel.

J'examinai de nouveau la photographie : l'image dans la BD de Boyd était sa reproduction exacte. C'était bien mon père, un peu plus vieux que moi. Est-ce que je lui ressemblais ? Impossible à dire. Je lus la légende :

« Un champion entouré par ses admirateurs et par son plus grand fan : son petit frère (à droite). »

Mes yeux se figèrent. Un petit frère ? Donc j'avais un oncle quelque part. Un oncle ! J'approchai la photo de mon nez et dévisageai le garçon à droite. Il était un peu à l'écart de la foule, mais contemplait mon père avec joie et admiration. Je connaissais cette expression. Sophie l'avait parfois en me regardant.

Il y avait quelque chose, cependant, sur ce visage… Je fermai les yeux en essayant de me rappeler où je l'avais vu. Une photographie ? Impossible. Jusqu'à présent, j'ignorais que j'avais un oncle. J'ouvris les paupières et observai de nouveau ce parent inattendu. Et soudain mon estomac se noua.

Qu'y avait-il dans ce visage qui me bouleversait ? Était-ce à cause des yeux un peu rapprochés ? Du menton et de la bouche qui avançaient ? Le garçon ressemblait à un…

Je m'arrêtai.

Impossible.

Et pourtant.

C'était le même visage que Boyd m'avait montré la veille. Le vrai visage du garçon qui s'était transformé en rat dans la bande dessinée. Le frère de mon père. Mon oncle. Ratt.

Il y avait deux garçons, d'à peu près notre âge. C'était les meilleurs amis du monde, en fait ils étaient frères, et ne se quittaient jamais.

Jusqu'au moment où l'un d'eux se transforma en rat.

Je me rappelai le mouvement entr'aperçu derrière une fenêtre de l'étage le premier jour. C'était sans doute lui. Il avait dû se cacher dans le manoir, à l'insu de tous, pendant toutes ces années ; il fouillait les poubelles et écrivait de curieux petits livres. *Le côté un peu fou de la famille de papa.*

Je me souvins de la BD qu'il avait envoyée à Lizzie, postée juste après la mort de mon père. Avait-il essayé de lui dire ce qui était arrivé ? Comment mon père était mort ? Boyd avait-il raison depuis le début ?

Je me levai d'un bond. J'avais les mains moites, le vertige. Je sus ce que je devais faire. Il fallait retrouver la bande dessinée. Retourner au manoir. Même dans l'obscurité, même seule. C'était l'unique moyen.

Est-ce que j'entendis le bruit ou est-ce que j'aperçus d'abord le mouvement ? À l'instant où je m'éloignais du bureau, je sus que je n'étais plus seule. Il y avait quelqu'un derrière la porte de la bibliothèque.

Je me figeai. Je paniquai. Maladroite, je laissai tomber l'album par terre. En hâte, je me mis à quatre pattes et me glissai sous le bureau. La porte s'entrouvrit si lentement que la cloche ne tinta pas. Je retins mon souffle. C'était peut-être Boyd. Ou M. Bibliothécaire qui revenait chercher la boîte de beignets à la cerise qu'il avait laissée intacte sur son bureau.

Scratch, scratch, sniff.

Boyd ne faisait pas ce genre de bruits en marchant.

Scratch, scratch, sniff.

Ni M. Bibliothécaire, d'ailleurs. Je fermai les yeux.

Je ne suis pas ici. Je suis dans mon lit à la maison. Réveille-toi !

Les pas s'interrompirent. J'ouvris les paupières et vis six pieds, à quelques centimètres de mon visage. Deux étaient gigantesques et enveloppés dans des morceaux de cuir retenus par des bouts de ficelle dépareillés. Les quatre autres, minuscules et couverts d'une longue fourrure sale et emmêlée, possédaient de longues griffes acérées.

Grrrrr. Deux yeux soupçonneux me scrutèrent, l'air furieux. *Grrrrr.* Je n'avais jamais vu de chien plus bizarre, avec ses dents trop longues qui lui sortaient de la gueule. Je repliai mes genoux contre ma poitrine en tentant de me faire la plus petite possible. *Grrrrr.* Les yeux et les dents se rapprochèrent.

– Tranquille, chuchota une voix et le chien cligna de ses yeux exorbités et chassieux.

Une voix humaine ? Si c'était le cas, je n'en avais jamais entendu de pareille. Haut perchée et haletante, celui à qui elle appartenait ne semblait en faire usage que rarement. Un beignet à la cerise tomba du bureau et la petite bête furieuse le dévora avidement, sans jamais me quitter du regard.

Je vis les deux grands pieds dans leurs bizarres sandales de cuir se déplacer vers le bureau et s'arrêter devant l'album que j'avais laissé tomber. Puis j'entendis un long soupir, tandis qu'une main se tendait vers le sol. Jusqu'à cet instant, je m'étais moquée de Boyd qui croyait qu'un être humain pouvait se transformer en rat. Mais quand j'entr'aperçus cette main, je n'en eus plus envie.

Cette main : comme une main humaine, sauf qu'elle ne l'était pas. De longs doigts déliés terminés par des ongles jaunes, épais et, me sembla-t-il, acérés. Couverte de poils. Pas les poils que certains adultes ont sur les phalanges, mais une véritable fourrure.

Je vis la main ouvrir l'album, les longs doigts qui traçaient les contours de la photographie de mon père. Et soudain, l'album fut soulevé de terre et il disparut de ma vue. Un instant plus tard, j'entendis des pas traînants, un gémissement du chien et la porte qui se refermait. Puis le silence.

Une seule solution : prendre le risque. Je rampai sous le bureau, prête à me ruer vers la porte. Je courrais vers l'endroit où j'avais dissimulé le vélo de Boyd et pédalerais jusque chez lui. Et puis je lui dirais... Je m'interrompis. Qu'est-ce que je lui dirais ? Lui parler des doigts ?

La bibliothèque était vide et obscure. Je découvris l'album sur la chaise du bibliothécaire et pensai à la main velue qui en avait parcouru les pages et au soupir flûté lorsqu'elle avait trouvé l'article sur mon père.

Je pris l'album et l'ouvris. Il n'y avait pas la réponse que je cherchais. Mais je devais récupérer la coupure de presse. Je tournai les pages les unes après les autres. Puis recommençai, alors même que j'avais déjà compris : l'article avait disparu.

Je parcourus le sol du regard et le bureau. Les beignets, eux aussi, s'étaient évanouis. À la place, il y avait un nouvel exemplaire de Ratt, ouvert à la page du milieu.

Je mis un moment à réaliser ce que je voyais. Je pris la BD et la rapprochai de mon visage.

– Non, chuchotai-je. Oh, non !

Boyd entravé, bâillonné et ligoté au tableau de commande d'un petit hors-bord. Sur la page suivante, une carte et une flèche qui indiquait un abri à bateaux sur la plage. Ce n'était peut-être qu'un avertissement, comme celui laissé sur le porche de Boyd.

Oui, Boyd était sûrement en sécurité, chez lui. Il devait laver la vaisselle, sortir les poubelles ou lire un livre. Je tentais d'imaginer toutes les choses normales que Boyd pouvait faire mais non, je n'en croyais aucune. Sans doute parce que, cette fois, j'avais vu les longs doigts et la main velue, et que l'avertissement me paraissait bien différent : beaucoup plus réel. Terriblement réel.

Le cœur battant la chamade, je sortis de la bibliothèque dans la petite rue sombre et déserte et je me dirigeai vers la cachette du vélo de Boyd.

– Tiens bon, murmurai-je en empoignant le guidon et en sautant sur la selle. Tiens bon, Boyd. J'arrive.

Chapitre 39

La nuit était clémente et de petites vagues venaient mourir contre le bateau. Pourtant, celui-ci bougeait, tanguait. Et Boyd, attaché au volant du nouveau hors-bord de son père, se hérissait au moindre mouvement. Plus tôt, il avait pleuré, des sanglots étouffés qui avaient détrempé le foulard coincé dans sa bouche. Il avait le visage humide et salé, à la fois à cause des embruns et de ses larmes.

« Si je m'en sors, papa, je te promets de t'accompagner sur le bateau. » Boyd avait déjà fait de nombreux vœux : comment il changerait de façon de vivre s'il survivait à cette nuit. Il mangerait, reconnaissant, son riz et ses algues. Il dirait à sa mère qu'il l'aime et cesserait de lire des BD en cours de maths. Il ferait des sports collectifs et entamerait une correspondance avec un prisonnier. Grâce à chacun de ses vœux, il sentait poindre l'espoir d'un avenir radieux.

Sauf pour le dernier. Au moment où les mots étouffés sortaient de sa bouche et venaient se loger dans les plis du foulard, il savait qu'il mentait. Il ne monterait jamais à bord avec son père. Pour rien au monde. S'il s'en sortait vivant, il resterait le plus loin possible de la mer. Pleine lune ou non. Pour toujours. Une fois adulte, il déménagerait en Arizona ou au Nouveau-Mexique : un endroit gentil au beau milieu du désert.

Une nouvelle vague fit tanguer le hors-bord. Boyd pencha la tête et ordonna à son estomac de rester calme. Impossible que ses parents viennent le chercher ce soir-là. (« Naturellement, tu peux coucher chez ton ami cette nuit », avait répondu sa mère enthousiaste au téléphone. *Mon fils a un ami ! Un ami !*) Les Trois avaient ri en le ligotant.

– Ton copain l'homme-rat viendra peut-être te sortir de là.

Boyd n'avait pas répondu. Son seul espoir résidait dans Margaret. Maigre espoir, en réalité. Elle était sans doute toujours furieuse contre lui d'avoir été un tel idiot. Et, même si elle ne l'était plus, comment pourrait-elle le trouver ? Un abri à bateaux, une nuit de pleine lune, c'était le dernier endroit où quelqu'un le chercherait.

Chapitre 40

Quand je repérai la lumière du porche de Boyd, je dégoulinais de sueur. J'avais traversé l'obscure et sinistre forêt, mais dès que j'avais atteint la mer, la lune m'avait accompagnée.

Malgré mes jambes douloureuses, je sprintai dans les cent derniers mètres, puis balançai le vélo de Boyd sur la pelouse de sa maison et me mis à courir. La BD était enfoncée dans la poche arrière de mon jean, mais je n'avais pas besoin de la consulter de nouveau pour savoir où me diriger. Sur la plage et le long de la côte, c'était comme si la carte était à jamais gravée dans mon esprit.

Je courus vers la mer. Était-ce seulement dimanche dernier que j'avais dévalé pour la première fois ce champ ?

La mer était basse quand j'arrivai au bord de l'eau. Je longeai la côte déchiquetée en suivant une flèche dessinée à la main que j'étais la seule à percevoir. Je remerciai la lune d'éclairer mon chemin.

– Boyd ?

Je l'appelai en trébuchant sur les rochers glissants. Devant moi, à quelques centaines de mètres, je distinguai ce qui ressemblait à une petite maison. L'abri à bateaux. Pour la première fois depuis que j'avais quitté la bibliothèque, je m'interrogeai. Et si c'était un piège.

Pourquoi Ratt m'aurait-il laissé une carte — *une carte !* — indiquant l'endroit où se trouvait Boyd ? Boyd y serait-il ? Ou est-ce que j'allais rencontrer mon oncle inconnu ?

Il n'y avait qu'une seule décision intelligente à prendre : tourner les talons et revenir chez Boyd. Frapper à la porte et dire à l'adulte qui l'ouvrirait : « Je crois que votre fils à des problèmes. »

Je ne la pris pas. Tout allait si vite que je ne sus comment m'arrêter. Alors en arrivant devant le petit abri en bois, je cherchai la porte à la poignée rouillée. Comme dans la BD.

Tourne, dis-je à ma main qui tremblait. Ne pense pas aux doigts poilus, à l'armée de rats, au Noyé fantôme ou au fait que ton oncle est un rongeur. Pense à Boyd. Tourne la poignée et pousse.

Chapitre 41

Boyd songeait au Noyé fantôme et aux gros trous béants que les crabes laissaient après avoir mangé ses yeux. Alors, il ferma les siens et essaya d'imaginer ce que sa vie deviendrait s'il n'en avait plus.

Quand il les rouvrit, la porte de l'abri à bateaux était entrebâillée et une silhouette fantomatique se découpait sur la lune. Boyd voulut crier, mais le foulard détrempé le fit s'étouffer. Soudain, le spectre prononça son nom et ne fut plus du tout terrifiant. C'était Margaret.

Chapitre 42

Je mis un certain temps à comprendre que la petite silhouette recroquevillée au milieu du bateau était réellement Boyd. Je criai son nom, mais ensuite je ne sus plus que dire. Alors, je répétai son nom, toujours en hurlant, puis réfléchis à la façon de le sortir de là.

Un abri à bateaux ressemble à un garage, sauf qu'à la place du ciment, il y a de l'eau. Et là où devrait se trouver la porte, il n'y a rien. Rien n'empêchait le hors-bord de dériver vers le large si ce n'est une grosse corde et un grappin.

Un étroit plat-bord de bois flanquait le bateau sur toute sa longueur. Un mouvement maladroit sur les planches humides et je pouvais glisser dans la mer ténébreuse : j'avançai donc précautionneusement, lentement.

– Comment je fais pour monter ? demandai-je à Boyd en regardant de l'autre côté de la langue d'eau qui nous séparait.

À travers le foulard, Boyd me répondit par des mots qui ressemblaient à « Saute ! » puis à « Fais attention. » J'inspirai à fond et bondis. Quand j'ouvris les yeux, j'étais à bord, devant Boyd qui me remerciait du regard. J'avais réussi.

Je tendis la main et lui ôtai le foulard mouillé.

– Comment as-tu su… bredouilla-t-il en s'étranglant. Comment as-tu su que j'étais là ?

Je m'attaquai au nœud qui maintenait ses mains attachées au volant.

– Margaret, m'interrogea-t-il de nouveau, comment savais-tu ?

Une fois le nœud défait, je regardai derrière moi : aucun œil ne luisait dans l'obscurité.

– On ferait mieux de sortir d'ici.

Boyd se leva d'un bond et se précipita sur le plat-bord. Il se retourna et me tendit la main. Il frissonnait de froid après avoir passé des heures dans l'air humide.

– Ce n'est pas si large, me rassura-t-il. Pense que c'est une flaque de boue.

Quand nous sortions de l'abri à bateaux, l'air avait rafraîchi. Boyd ne passa pas par le chemin côtier. En observant la pleine lune, il obliqua vers le champ.

– Restons loin de la mer, déclara-t-il.

Je marchais sur ses talons.

– Boyd… commençai-je sans pouvoir terminer.

Je sais qui est Ratt. J'ai vu ses mains. Au lieu de cela, je tirai la BD de ma poche arrière et la lui remis.

– Regarde, dis-je.

Boyd s'arrêta et se retourna. Il contempla la couverture, puis leva la tête vers moi.

– Ouvre-le, insistai-je.

Boyd obtempéra et l'ouvrit à la première page. À la

lueur de la lune, il se vit enlevé par Ratt, puis attaché et bâillonné.

« Maintenant, tu seras entre des mains pires que les miennes », sifflait Ratt.

Boyd secoua lentement la tête.

– Je n'y crois pas. Je n'y crois pas, répéta-t-il.

– Voilà comment j'ai su où te trouver. Tu vois la carte ?

– Il devait savoir que tu serais à la bibliothèque. Et que tu viendrais me sauver.

Boyd me dévisagea, ses yeux brillaient.

– Je sais. J'ai cru que c'était un piège. Mais en fin de compte, nous nous en sommes bien sortis. Pour l'instant, en tout cas.

– Je n'y crois pas, réitéra Boyd.

– Je sais.

J'aurais dû tout lui dire à ce moment-là. Ce que j'avais vu dans la bibliothèque. Mais je n'ai pas pu. Car, en vérité, j'avais peur. Si Ratt était mon oncle, qu'est-ce que cela faisait de moi ?

Chapitre 43

Note de l'éditeur :

Je crois que le moment est bien choisi pour revenir à Sophie. Maintenant, elle est sans doute assise sur la Route de la côte. Ses petits pieds las doivent se reposer. Il fait nuit, elle a peur à cause de tous ces bruissements dans les bois autour d'elle. Tandis qu'elle contient ses larmes et se demande si elle reverra un jour sa grande sœur, elle entend soudain un son, un son plus civilisé, plus familier. Disons que Sophie entend une voiture. Non, attendez, encore mieux : un monospace. Un monospace bleu.

Sophie est si fatiguée à cet instant qu'elle ne se cache même pas derrière un arbre. Lorsque le monospace bleu ralentit et qu'un visage inquiet et doux sort par la fenêtre côté conducteur, Sophie est soulagée. Elle regarde à l'arrière et voit un bébé potelé — non, deux ! des jumeaux — attachés sur leur siège.

– Est-ce que ça va ? demande la maman dans le monospace. Veux-tu que je t'emmène ?

Sans dire un mot, sans même hocher la tête, Sophie soulève sa valise et se dirige vers la porte du monospace.

– Laisse-moi t'aider, propose la gentille maman en ouvrant la porte et en saisissant la poignée de la valise.

Ou quelque chose comme ça.

Chapitre 44

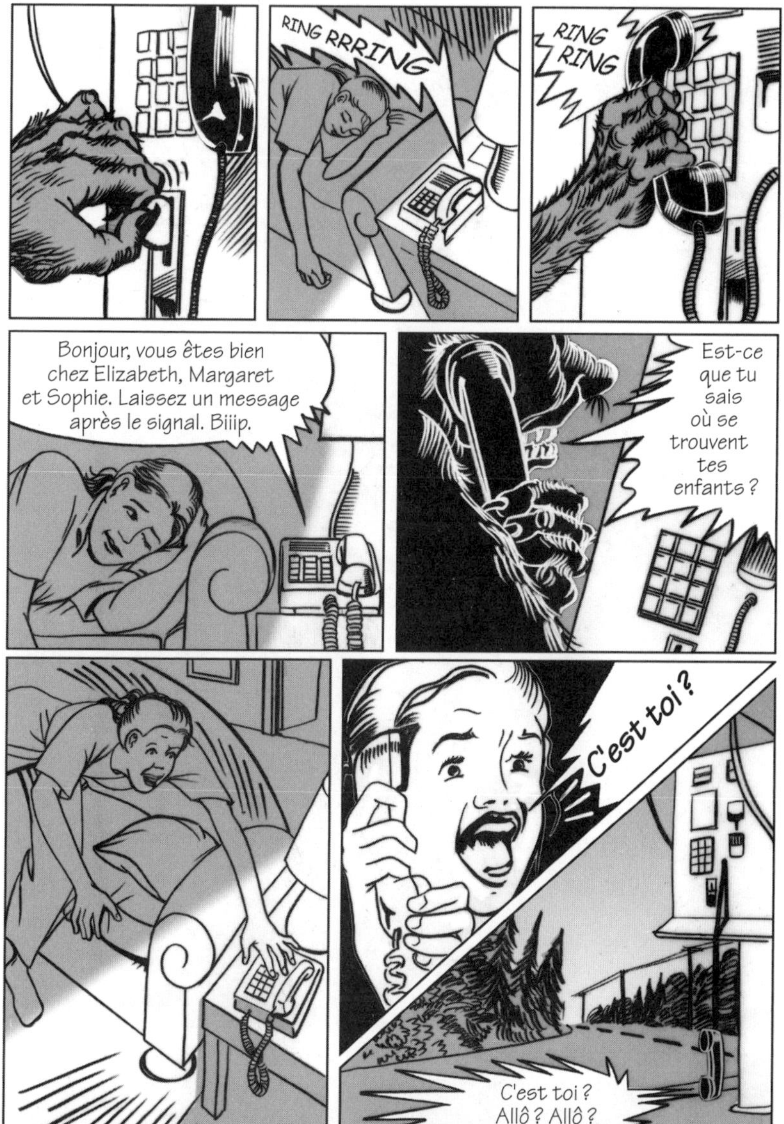

RING RRRING
RING RING
Bonjour, vous êtes bien chez Elizabeth, Margaret et Sophie. Laissez un message après le signal. Biiip.
Est-ce que tu sais où se trouvent tes enfants ?
C'est toi ?
C'est toi ? Allô ? Allô ?

Chapitre 45

Boyd s'éclaircit la voix. Depuis que Margaret lui avait ôté le foulard, il aurait tout voulu lui dire : comment les Trois l'avaient enlevé ; le coup de fil à sa mère, passé d'un téléphone portable et le trajet en bus. Mais au moment où il s'était reconnu dans le nouvel exemplaire de Ratt, c'était trop tard.

Bientôt, tu seras entre des mains pires que les miennes, l'avait menacé Ratt en le ligotant au volant du hors-bord. C'était tellement mieux que d'être tiré sur la plage par les trois plus gros idiots de l'île.

– Je ne comprends toujours pas, déclara Margaret. Pourquoi a-t-il dessiné une carte si ce n'était pas pour nous piéger ?

Ils s'étaient assis en plein milieu du grand champ près du manoir. Ils avaient déjà décidé que Margaret irait chercher le premier volume de Ratt. Ils attendaient désormais que la lune leur dît quand intervenir.

– En fait, dit Boyd, c'est peut-être qu'il a senti son territoire menacé : tu as quand même mis un panneau À VENDRE devant chez lui !

– Tu le défends toujours, Boyd, répondit Margaret en

secouant la tête. Après ce qu'il t'a fait, c'est encore ton héros. Sans vouloir te vexer, quitte à avoir un héros, pourquoi pas Superman ?

Boyd se souvint tout à coup de chacun des mots qu'elle avait prononcés dans la bibliothèque. Il se sentit de nouveau oppressé, eut un goût amer dans la bouche. Comme lorsqu'il avait voulu fuir et se cacher pour toujours. Pourquoi ne pas le faire alors ? Avait-il peur de courir ? Il contempla le bout de ses doigts.

– C'est facile pour toi, hein ? Tu es jolie. Tu as des amis.

Au début, Margaret se tut. Puis, elle lui demanda :

– Quel est le rapport ?

– C'est facile d'aimer Superman, voilà. Il n'y a rien à jeter chez lui. Même son nom : « surhomme », en anglais. (Boyd s'interrompit. Pourquoi s'énerver ?) Tu ne peux pas comprendre, conclut-il.

– Boyd... commença Margaret.

Elle retint son souffle.

– Quoi ?

– Rien, dit-elle. Revoyons le plan une dernière fois.

Chapitre 46

Nous l'appelions « le plan », comme si nous avions des lunettes à rayons X équipées de minicaméras et des microphones implantés derrière les oreilles. En réalité, ça n'avait rien à voir. Voici notre plan : je devais me faufiler de nouveau dans la maison et récupérer mon sac à dos et *Ratt, volume 1*. Baptiser « plan » notre opération la rendait plus sûre et plus solide. Deux qualités qu'elle ne possédait pas.

J'observai la lune. Bizarrement, elle parut me réchauffer le visage.

– Est-ce l'heure ? demandai-je.

– Non, répondit Boyd en levant sa main en l'air. Non, pas encore. Quand la lune sera au-dessus de la petite fenêtre à l'arrière de la maison. À ce moment-là, Ratt part affronter le Noyé fantôme.

Je frissonnai en pensant à mon retour au manoir, dans l'obscurité et toute seule.

– Et tu es certain qu'il sera parti ?

– Oui, certain, affirma Boyd. Les nuits de pleine lune, il sort deux fois : une fois pour fouiller les poubelles, l'autre pour la bataille.

Je penchai ma tête en arrière et fermai les yeux. Oui, je savais pourquoi il était sorti la première fois. Mais que voulait dire se battre contre le Noyé fantôme ? Comment cela se traduisait-il dans notre monde ?

J'entendis Boyd à mes côtés : il feuilletait la BD. Même après sa petite explication sur Superman, je ne comprenais toujours pas pourquoi il avait si facilement pardonné à Ratt ce qu'il lui avait fait.

Évidemment, après tout ce que je lui avais dit dans la bibliothèque, je trouvais sa présence étonnante. Je rougissais en songeant aux mots terribles qui étaient sortis de ma bouche. Et Boyd avait dit que j'étais jolie ; et il croyait que j'avais des amis. Bizarre.

J'ouvris les yeux. Boyd tenait toujours la bande dessinée, mais contemplait mon visage. Soudain, il regarda ailleurs, comme si je l'avais surpris en train de faire quelque chose de mal.

– Excuse-moi encore pour ce que je t'ai dit à la bibliothèque.

– Ne t'inquiète pas, marmonna-t-il, les yeux posés sur la BD.

Je savais que mes excuses n'étaient pas suffisantes.

– Boyd, déclarai-je en hâte avant d'avoir le temps de changer d'avis, je déjeune dans les toilettes.

Boyd ne leva pas la tête, mais je vis ses yeux cligner plusieurs fois, comme s'il essayait de comprendre.

– Quoi ?

– À l'école. Tous les jours. Ça m'évite d'aller à la cantine.

– C’est vrai ?

– Oui.

Je me souvins des filles qui m’avaient épiée par-dessus la cloison avec mon bout de pizza aux pepperoni. *Dégoûtant.*

– Ah ! hésita Boyd. Tu devrais essayer la bibliothèque.

Il m’adressa un sourire timide.

– Oui. Bonne idée.

Je croisai son regard et lui retournai son sourire.

Chapitre 47

Salut
Salut
Je cherche ma sœur.
Je vais t'emmener la voir.
Qui êtes-vous ?
Je suis Ratt.
Oh… On a une rate blanche à l'école. Elle s'appelle Glenda. On lui donne des graines de tournesol.
On va voir ma sœur maintenant ?
Oui, mais d'abord je voudrais te montrer MON BATEAU.

Chapitre 48

Il y a un moment, juste avant de souffler ses bougies d'anniversaire, un instant fugace, où l'on se sent triste. Peut-être parce que l'on perçoit le temps qui passe. Je sais, par exemple, que Sophie ne s'en rend pas encore compte. Quand j'avais son âge, moi non plus, d'ailleurs. Mais, lorsqu'on a compris la marche du temps, on découvre qu'une fois les cadeaux ouverts, on ne pourra plus jamais rêver à ce qu'ils étaient. Et une fois les bougies soufflées, il faut manger le gâteau. Et une fois le gâteau mangé, il ne reste plus qu'à dire merci et à renvoyer tout le monde chez soi.

J'aime encore les gâteaux et les cadeaux. Pourtant, maintenant, je ressens toujours ce moment de tristesse fugitif, juste avant de souffler les bougies : cette seconde où je me projette dans l'avenir, où je dis au revoir à un autre anniversaire, avant même qu'il soit fini.

– À quoi tu penses ?

Le murmure bruyant de Boyd me tira de ma rêverie.

– Je pensais aux anniversaires, répondis-je en chuchotant.

Nous étions assis en tailleur dans le champ près du manoir. La terre était dure et froide. Nous attendions depuis près d'une heure que la lune frappât la fenêtre sous le bon angle.

– Les anniversaires ?

– Je me disais que quand on mange son gâteau d'anniversaire, ça veut dire que c'est bientôt la fin de l'anniversaire. Comme ce soir. Ce soir, quand on aura trouvé le livre, on saura ce qui est arrivé à mon père et pourquoi je…

Je m'interrompis. J'avais évoqué les déjeuners dans les toilettes. Les chihuahuas et les abeilles tueuses. Le fait d'avoir changé trois fois d'école dans la même année. Mais je ne pouvais lui expliquer ce que j'avais découvert à propos de Ratt. Impossible de l'exprimer à voix haute.

C'est bizarre : nous désirions tous deux la même chose. Je souhaitais connaître la vérité sur mon père et Boyd, lui, voulait savoir d'où venait le Noyé fantôme. C'est bizarre, car nous avions fini par nous trouver.

– Ce n'est pas bizarre, siffla Tina Louise à mon oreille. (Elle était cachée derrière un buisson.) C'est le destin.

– Tu as raison, lui répondis-je.

– Quoi ? m'interrogea Boyd.

– Rien, dis-je en secouant la tête.

Je me détournai pour l'empêcher de voir à quel point j'avais peur. Un instant plus tard, sa main toucha mon T-shirt et, quand je me retournai vers lui, son visage n'était qu'à quelques centimètres du mien. À part ma mère et ma sœur, personne n'avait été aussi proche de moi. J'essayai de déglutir, mais j'avais la gorge serrée.

– Margaret…

Son bras s'approcha. Le monde entier se figea.

– Oui ?

Mon cœur battait comme un fou et semblait envoyer des S.O.S.

– La lune. C'est l'heure.

Je levai la tête. L'astre avait disparu de l'autre côté de la maison et éclairait la dernière pièce de l'étage.

– Oui, fis-je, toujours nouée.

Ainsi, nous n'étions pas au cinéma. Je n'allais pas embrasser un garçon dans un champ sous la pleine lune. Je n'étais que Margaret. Margaret qui déjeune dans les toilettes et qui a peur des chiens grands comme des chats. Margaret, la fille dont l'oncle est un rongeur.

– Je crois que je devrais t'accompagner, proposa Boyd de nouveau.

– Je vais juste entrer, courir et récupérer mon sac à dos, répondis-je en secouant la tête. Tu restes là, pour assurer mes arrières.

– N'oublie pas la lampe de poche.

– Oui. Je suis sûre que je l'ai laissée tomber au pied de l'escalier. Dès que je la trouve, je l'allume et la dirige vers la fenêtre pour te le faire savoir. Si je ne la trouve pas, je sors immédiatement.

– Parfait, m'assura Boyd. Je t'attends. Je ne quitte pas la fenêtre des yeux.

– D'accord.

Boyd se mit à marmonner. Il fit la liste de tout ce qui pouvait mal tourner.

– J'irai chercher mon père et s'il ne me croit pas, j'appellerai la police…

– Il ne faut pas perdre de temps, le coupai-je.

Boyd approuva et jeta un coup d'œil à la lune. Je me levai, me pliai en deux et avançai vers la maison.

– À tout à l'heure, Margaret, chuchota-t-il d'une voix tremblante.

Lentement, je me frayai un chemin vers le manoir. Ratt était-il dehors, m'observait-il pendant que je m'approchais de sa maison ? Nous avait-il épiés ? Attendait-il lui aussi ce moment ? *Ne réfléchis pas*, me sermonnai-je, comme lorsque j'étais descendue du ferry. *Avance.*

J'étais sous le porche d'entrée. Je songeai à la nuit précédente : les pas qui me talonnaient, la porte qui ne s'ouvrait pas. Cette fois, lorsque j'insérai la clé dans la serrure, la poignée tourna facilement. Je poussai la porte et entrai.

La lune me montra de nouveau le chemin vers l'escalier et, comme prévu, il y avait ma lampe. Je m'en saisis et l'allumai : elle marchait ! Rapidement, je m'approchai d'une des fenêtres barricadées et fis clignoter la torche plusieurs fois à travers un large espace. De bas en haut. *Je suis là, Boyd. J'ai réussi !* Je dirigeai ensuite le cône de lumière vers les marches. *Dépêche-toi, vite, vite.*

Grâce à la lampe, j'atteignis le premier palier. Puis le deuxième. Enfin, j'étais en haut et tentai d'illuminer les ténèbres. Les trois portes que j'avais ouvertes la veille étaient closes. J'éclairai le bas de la troisième : il y avait toujours mon sac à dos, à l'endroit précis où je l'avais laissé. Silencieusement, je m'en approchai, m'agenouillai et sortis le paquet. Il y avait un problème, je le sus immédiatement. Les mains tremblantes, j'ouvris le rabat et regardai à l'intérieur. Je compris ce qui manquait avant d'avoir constaté sa disparition. La bande dessinée.

Je pouvais soit retrouver Boyd dans le champ et lui dire que le livre avait disparu, soit rester et tenter de le trouver. Aucune des deux solutions ne me satisfaisait, alors je me projetai dans le futur, un futur où je m'interrogeais sur le moment présent. *Mes cheveux sont noués en chignon. Je porte une longue chemise de nuit blanche et mes mains grêles tirent la couverture sous mon menton. Mes os fragiles sont glacés. Je suis obsédée par le mystère de la mort de mon père, qui m'a hantée pendant toute ma vie. Et je murmure : « Si seulement, si seulement… »*

Ce fut suffisant pour me décider.

– D'accord, chuchotai-je. D'accord.

Je fis un pas, puis un autre. Je flottai, je rêvai, j'étais dans un film. La bande originale me faisait peur. J'avançai dans le couloir obscur, passai les trois portes et finis par arriver devant la quatrième, la seule que je n'avais pas ouverte la veille. Contrairement aux autres, elle était entrebâillée. Assez pour voir la lueur argentée de la lune qui éclairait la pièce.

Était-ce un signe ? Était-ce un piège ? J'attendis une réponse. En vain. *Que dois-je faire maintenant ?* me demandai-je. *Avance*, répondit la Margaret aux cheveux gris, en serrant sa chemise de nuit sur son corps rabougri. *Avance, avance.*

Alors, avec lenteur, le plus silencieusement possible, je poussai la porte.

Si j'avais vu cette pièce la veille, je n'aurais pas compris. Mais à cet instant, toujours dans le couloir, j'eus envie de pleurer.

Ni un dépotoir, ni un atelier de bricoleur, ni un atelier d'artiste. C'était une chambre, une chambre de garçon, parfaitement conservée. De chaque côté de la pièce, des lits jumeaux aux dessus-de-lit assortis, chacun avec son étagère. Sur la première, des coquillages, du bois flotté et des galets polis ; sur l'autre, des trophées qui étincelaient et des médailles. Des médailles de natation.

Mon père avait grandi dans cette chambre ; il avait dormi dans un de ces lits. Et l'autre ? C'était sans doute celui où mon oncle avait passé des heures à dessiner et à rêver de dépotoir, de poubelles et de fromage en putréfaction.

Devant moi, une grande fenêtre rectangulaire ; dessous, un petit bureau bien rangé et la chaise en bois qui allait avec. La lune se découpait derrière les carreaux et éclairait la pièce. Elle semblait me surveiller comme une vieille amie pleine de sagesse. *Viens*, paraissait-elle me dire, *approche-toi.*

Je fis un pas et je la vis : la bande dessinée, sur le bureau, elle m'attendait. Je frissonnai soudain, en me demandant si Ratt avait anticipé chacun de mes mouvements. Il m'avait tendu un piège, non ? Comme avec Boyd dans l'abri à bateaux, il m'avait piégée et je m'étais laissé prendre. Qu'allais-je faire ensuite, oncle Ratt ? Allais-je m'emparer du livre et m'enfuir ? *Es-tu en train de m'épier ?*

Je scrutai les recoins les plus sombres. Malgré ma frayeur, je me rendis compte qu'il voulait me faire lire la bande dessinée, comme il avait voulu que Lizzie la lût des années plus tôt. J'approchai d'un pas. Je reculai la chaise.

– Que fais-tu ? me demanda la lune. Tu pourrais revenir auprès de ton ami dans le champ. Tu pourrais prendre le livre avec toi.

Mais je savais, en m'asseyant devant le petit bureau en bois et en ouvrant *RATT, VOLUME 1 : COMMENT DISPARAÎTRE ET NE JAMAIS ÊTRE RETROUVÉ* — je savais que je devais le lire seule.

Je connaissais déjà les images, mais je les voyais vraiment pour la première fois. Il y avait mon père et son frère, adultes. Mon père était revenu le chercher pour lui faire quitter l'île, mais ils avaient d'abord décidé d'aller faire un dernier tour en canoë. Tandis que je lisais les mots, les images s'animèrent. Deux hommes soulevèrent le canoë et le descendirent vers la mer. J'entendis leurs pieds sur le ponton et le clapotis des vagues.

Je n'eus plus besoin de regarder les dessins pour m'apercevoir que, soudain, les deux hommes ressemblaient à des enfants. Ils bougeaient là, devant moi.

C'était l'été, par une nuit de pleine lune. Deux amis s'en allèrent nager. Ils ne s'étaient pas revus depuis une éternité. Ils partirent en canoë, comme ils le faisaient l'été, lorsqu'ils étaient enfants. Le canoë leur permettait de s'éloigner de la côte, au large, dans une mer profonde et ténébreuse. Ils en avaient presque peur.

Ensemble, ils plongèrent du canoë. Se retrouver dans l'eau, c'était comme de se retrouver chez soi. L'un fit la planche et laissa l'eau l'envelopper telle une couverture. Il regarda le ciel ; des millions d'étoiles le soulevèrent jusqu'à la lune, qui brillait tellement sur son visage qu'elle le réchauffait. Il sut alors qu'en restant parmi les étoiles, la lune et la mer, il serait heureux.

Alors il ferma les yeux et sentit l'eau lui couvrir le visage, un doux voile tiédi par la lune. Alors, il dit :

– La mer m'entraîne. Elle veut que je reste avec elle.

L'autre garçon eut peur.

– Ne la laisse pas t'emmener ! s'exclama-t-il.

Il nagea vers son ami, essaya de l'en empêcher, de le remonter à la surface. Ils luttèrent, au milieu de la mer, si profonde, si ténébreuse. Quelle bêtise. L'eau les vainquit tous les deux. Elle n'était plus un doux voile tiède, mais une furie, froide et affamée. La lune, même la lune, perdit sa chaleur en voyant ce qui se passait. Peut-être avaient-elles agi de concert, la lune et la mer, afin de garder l'un des deux garçons. Car, c'est ce qui se produisit. Elles en gardèrent un.

Celui qu'elles gardèrent, elles le nommèrent le Noyé fantôme. Et, une fois par mois, lorsque la lune est pleine, il jaillit du fond de l'océan. Son visage, autrefois si doux et si beau, est blafard, gonflé, sa peau se détache en longs lambeaux. De minuscules crabes ont dévoré ses yeux et nichent désormais dans les vastes orbites vides.

Une fois par mois, lorsque la lune est pleine, le Noyé fantôme se cache derrière un plaisancier naïf, ou un pêcheur. Le seul avertissement : un frisson le long de l'échine — le doigt glacé du Noyé fantôme. Il l'entraîne alors au plus profond de l'océan, pour lui dérober ses yeux et remplacer les siens.

Quand j'eus terminé la lecture, je tins le livre serré contre moi et fermai les yeux. J'avais envie de pleurer. Non pas à cause des mots qui composaient cette histoire, mais parce que j'ignorais toujours ce qui s'était réellement produit. Je savais qu'ils avaient fait une sortie en canoë, que l'un d'eux n'avait pas voulu revenir, qu'il s'était laissé couler. Était-ce mon père ?

J'ouvris les paupières et contemplai la mer si calme, si paisible. Deux silhouettes sur un canoë solitaire s'éloignaient lentement mais régulièrement de la côte. Je frissonnai en pensant à cet autre esquif qui, des années auparavant, avait emmené mon père et mon oncle pour leur brève et tragique réunion. Et puis je songeai à mon oncle qui, depuis, se cachait ici, seul.

Je songeai à Lizzie, chez elle avec ses deux enfants, attendant le retour de son époux. Et lorsqu'il ne revint pas, elle se cacha, elle aussi, pendant quatre ans.

Ignoraient-ils que cette histoire n'était pas seulement la leur, mais aussi la mienne ? Celle de Sophie ? Ma mère en gardant le secret m'avait fait croire que je devais me taire. Me sentir honteuse. Me cacher.

Soudain, j'eus une certitude. Je ne voulais pas être comme eux. Je ne souhaitais plus me cacher. Je voulais trouver Boyd et tout lui dire, y compris la véritable identité de Ratt. Et du Noyé fantôme.

Lorsque je pris *Ratt, volume 1*, une feuille de papier s'en détacha et voleta vers le sol. Je la ramassai et la tins devant la lune. Il s'agissait d'une autre histoire de Ratt, semblable à l'avertissement laissé sur le pas de la porte de Boyd. Elle montrait Ratt dans sa chambre avec une petite fille. *Je cherche ma sœur,* disait-elle. *On va voir ma sœur maintenant ?*

Les poils sur mes bras et sur ma nuque comprirent ce que je regardais avant mon cerveau. Ils se hérissèrent et hurlèrent son nom.

– Sophie !

Je pris la lampe torche et éclairai la pièce.

– Sophie !

Elle ne pouvait pas être là, je lui avais parlé le matin

même au téléphone. Au pied d'un des lits, je remarquai une petite valise. Je m'en approchai. Ne l'avais-je pas vue dans le placard du couloir, à la maison ? Mes mains se mirent à trembler en ouvrant la fermeture à glissière. Je sortis la première chose que mes doigts touchèrent : une pièce du PUZZLE LE PLUS DUR DU MONDE.

Oui, mais d'abord, je voudrais te montrer mon bateau.

– Sophie ! hurlai-je en laissant tomber le livre, la feuille volante et la lampe.

Je me précipitai vers la porte et avançai à l'aveuglette dans le couloir obscur.

– Sophie ! criai-je de nouveau, malgré la certitude d'être seule dans le manoir.

Ainsi, c'était son piège ! Il voulait me faire savoir qu'il la détenait. Sur le canoë. Bien sûr ! Voilà pourquoi Ratt avait enlevé Boyd et m'avait envoyée le sauver : ça lui avait donné tout le temps de s'occuper de Sophie.

Mais pourquoi ? Pourquoi Sophie ? Que voulait-il lui faire ?

Je trouvai l'escalier et descendis à tâtons.

– Sophie, Sophie, Sophie, chuchotais-je. J'arrive.

Au premier palier, j'entendis le grognement. Cette fois, je n'y pris pas garde, même lorsque je sentis de petites dents aiguës se planter dans mon mollet. J'étais obsédée par Sophie, ma petite sœur, dans un bateau, accompagnée par un fou ; le même fou qui avait accompagné mon père quand il s'était noyé.

J'arrivai en bas de l'escalier, le chien grondant toujours sur mes talons. La lune m'indiqua la sortie, la volée de marches, le jardin et le champ.

– Margaret ? (C'était Boyd qui m'appelait.) Margaret !

J'entendis la respiration rauque du chien qui essayait de me rattraper, puis les pas de Boyd, derrière moi.

– Margaret, arrête ! Où vas-tu ? Je vais chercher mon père.

Je ne répondis pas. Impossible. Je continuai à courir. Je savais où aller, mais j'ignorais ce que je ferais une fois rendue sur place.

Note de l'éditeur :

Je pense qu'il n'est pas inutile de marquer une pause et de réfléchir à la lune. Avez-vous déjà remarqué que la lune peut être à plusieurs endroits en même temps ? Cette nuit-là, la lune faisait des heures supplémentaires : elle épiait tout le monde. Elle éclairait le chemin vers l'abri à bateaux pour Margaret et Boyd, mais elle montrait aussi son visage à travers le pare-brise d'une voiture garée sur un ferry, à l'intérieur de laquelle une femme très, très effrayée se rongeait les ongles, et, en même temps, la lune illuminait paisiblement un petit canoë bleu qui glissait en silence sur les eaux profondes et ténébreuses.

Chapitre 49

– Margaret ! Je ne sais pas comment on fait !

Boyd se tenait à l'entrée de l'abri à bateaux et regardait Margaret qui essayait de faire démarrer le hors-bord. Il voulait l'aider, vraiment, mais rien au monde n'aurait pu le décider à naviguer, surtout par une nuit de pleine lune.

– Laisse-moi aller chercher mon père... commença-t-il, mais Margaret l'empêcha de finir sa phrase.

– Non ! cria-t-elle. Ça prendrait trop de temps. Il ne te croira pas. Écoute-moi. Ratt a pris ma petite sœur. Il est au large avec elle. J'ignore exactement ce qui est arrivé à mon père, mais il était là. Il est fou, Boyd. Regarde ce qu'il t'a fait. Je t'en prie. Il faut que tu m'aides.

Le visage de Boyd devint livide. Si seulement il lui avait dit la vérité sur les Trois, peut-être que ça ne se serait pas passé ainsi. Pouvait-il le lui dire maintenant ? Lui dire qu'il avait menti ?

– Il ne lui fera pas de mal...

– Boyd ! Il t'a attaché ! Il t'a bâillonné avec un foulard...

– Margaret...

– Aide-moi à démarrer, le supplia-t-elle. Aide-moi à démarrer, c'est tout, Boyd. Tu as dû voir ton père le faire. Tu dois pouvoir te débrouiller. S'il te plaît. Tu n'as pas besoin de m'accompagner en mer…

– Mais tu ne sais pas comment le conduire…

– C'est ma faute, dit Margaret, la voix entrecoupée de sanglots. S'il lui arrive quelque chose…

Elle essaya une nouvelle fois de faire démarrer le moteur. Rien.

– D'accord, Margaret. (Boyd entendit sa voix s'échapper vers le large.) D'accord.

Il grimpa sur le bateau et le fit tanguer.

– Il faut décrocher la corde d'amarrage.

Margaret sauta du bateau, comme si elle l'avait fait depuis des années. Elle se précipita vers l'amarre et patienta.

– Tu me diras quand.

Les mains de Boyd étaient gelées. Il aurait dû lui dire la vérité avant de partir.

– Maintenant, Boyd ? Maintenant ?

– Non. Non, pas tout de suite, répondit-il.

Il devait lui dire. D'abord. Quelque part, au loin, il entendit un chien aboyer. Il n'en avait jamais entendu dans le coin.

– Dépêche-toi, Boyd.

Boyd tourna la clé de contact et le moteur rugit.

– C'est bon ! cria-t-il. Largue les amarres !

Margaret dénoua le cordage.

– Lance-le moi, lui fit comprendre Boyd par-dessus le bruit du moteur. Et grimpe vite.

Margaret lui lança le bout, courut sur le côté et sauta dans le bateau. Les mains de Boyd, serrées sur le volant, devinrent toutes blanches.

– Allons-y, déclara Margaret.

Boyd secoua lentement la tête.

– Boyd ! hurla-t-elle pour couvrir le grondement. Il faut y aller ! L'abri à bateaux s'emplissait des gaz d'échappement.

– Je ne peux pas, Margaret. Impossible.

– Alors montre-moi, répliqua Margaret en le repoussant. Montre-moi comment faire.

– Tu ne comprends pas, hésita Boyd, la tête baissée.

– Je t'en prie, Boyd, le supplia-t-elle en pleurant presque. Montre-moi comment le conduire. S'il te plaît. S'il te plaît.

Et tandis qu'elle attendait sa réaction, le moteur se mit à hoqueter. Il donnait des signes de faiblesse.

Boyd leva la tête. Des larmes coulaient sur ses joues. Il ne pouvait lui dire. C'était impossible.

Il laissa une main sur le volant, de l'autre il saisit l'accélérateur.

– Accroche-toi, dit-il en tirant la manette.

Alors, ils avancèrent.

Note de l'éditeur :

Sans un moment paisible sur le canoë, il manquerait une pièce à cette histoire, au beau milieu.

* * *

Ratt observa la lune, vira à tribord, et rentra la pagaie dans le canoë. Il contempla alors la mer, comme s'il cherchait quelque chose qu'il était le seul à pouvoir distinguer.

– On y est, déclara-t-il et la nuit parut retenir son souffle.

Le léger roulis du bateau et la douce brise nocturne avaient bercé Sophie qui somnolait. Mais, quand Ratt parla, elle se réveilla soudain.

– Vous m'aviez dit que Margaret serait là.

– Je t'ai dit qu'elle viendrait. Elle viendra.

Il montra la mer.

– C'est ici que ça s'est passé.

– Il faut que Margaret le voie aussi.

– C'était mon grand frère, comme Margaret est ton grand frère.

– Margaret est ma sœur.

– Oui. J'avais l'habitude de porter ses médailles autour de mon cou.

Sophie sortit la médaille que Margaret lui avait donnée. Elle la fit passer au-dessus de sa tête et la lui offrit.

Ratt examina la médaille, tendit lentement la main et la prit. Il l'approcha de sa bouche, souffla dessus et la frotta contre sa manche en daim effilochée. Elle brilla comme un sou neuf. Avec lenteur et solennité, il l'accrocha à son cou. Puis, timidement, nerveusement, il prit la parole.

– Je veux te montrer cet endroit depuis très, très longtemps.

Sophie parcourut les alentours du regard ; elle s'attendait à voir une île surmontée de palmiers ou un sous-marin à moitié immergé ou, au moins, une feuille de nénuphar géante. Mais elle ne voyait qu'une vaste étendue d'eau ; et Sophie commençait à se fatiguer de l'eau.

Ratt leva la tête. Il huma l'air. Un changement allait venir, il pouvait le sentir.

– Tout va bientôt changer, siffla-t-il. Et j'ai très peu de temps pour te dire ce que j'ai à te dire.

Quelque chose dans sa façon de parler fit se redresser Sophie, qui tendit l'oreille.

– D'accord. Racontez-moi.

Alors Ratt commença par le commencement. Il lui parla de son père et de ses cheveux blonds délavés par le soleil et l'eau. Il évoqua le dépotoir qu'ils avaient découvert et les trésors merveilleux qu'ils créaient à partir des objets jetés par les habitants de l'île. Il lui expliqua qu'un jour il avait compris qu'il se transformait en rat et comment son grand frère, qui voulait être gentil, avait essayé lui aussi de devenir un rongeur.

– Mais, affirma-t-il, on est un rat ou on ne l'est pas.

– Est-ce que je suis un rat ? lui demanda-t-elle.

– Non, répondit-il.

– Peut-être que ma sœur est en partie un rat.

– Hum. Peut-être.

Ratt jeta un œil par-dessus l'épaule de Sophie.
– Qu'est-ce que vous regardez ? l'interrogea Sophie en se tournant.
– Ils arrivent. Je dois finir avant leur arrivée.
– Qui arrive ?
– Écoute. Ton père... il est venu me chercher. Des années après avoir quitté l'île, il est revenu pour moi.
– Est-ce que j'étais née ?
– Tu étais une petite fille. Je te connaissais parce qu'il m'avait envoyé des photos. Tu ressemblais à une souris. Dans ma tête, je t'appelais Sophie Souris.
– C'est vrai ?
Sophie avait l'air ravi. Sophie Souris. Deux prénoms, comme Tina Louise.
– Oui. Il voulait que je retourne à la civilisation une bonne fois pour toutes. Je savais qu'elle me détruirait. Un rat ne peut vivre parmi les hommes. Dis-moi : qu'est-ce que les humains détestent et méprisent par-dessus tout ?
– Euh, hésita Sophie. Euh.
– Les rats ! s'exclama Ratt. Les rats !
Il sortit la pagaie et se mit à ramer.
– Je croyais que Margaret devait nous retrouver ici, déclara Sophie, nerveuse. Comment va-t-elle faire maintenant ?
– Tu n'entends pas ? Tu n'entends pas ?
Sophie ferma les yeux et écouta. Oui, elle percevait un bruit, comme le faible grondement d'un moteur. Bien

sûr, un bateau ! Sophie fut soulagée. Tout était devenu soudain si étrange, même pour elle.

– M. Ratt, tout va bien, affirma-t-elle. C'est sûrement Margaret qui nous rejoint.

Ratt la dévisagea de ses curieux petits yeux perçants.

– Écoute-moi, dit-il en pagayant frénétiquement. C'est important. C'est la seule chose qui compte. Je dois finir avant qu'ils arrivent.

Alors il lui dit. Il lui parla de la nuit où le père de Sophie était venu pour le ramener dans la société des hommes. La nuit où ils étaient partis en bateau tous les deux pour la dernière fois. Il lui raconta l'histoire la plus importante de sa vie, celle qu'il taisait depuis des années. Il lui dit tout.

Chapitre 50

– Sophie !

Chaque fois que je hurlais son nom, le vent semblait l'engloutir, puis l'avaler. J'avais la gorge sèche, elle me brûlait, et pourtant je continuais à l'appeler. Je ne pouvais rien faire d'autre.

Boyd ôta une main du volant et m'indiqua un point sur l'eau. En nous approchant, il prit forme : deux silhouettes sur un canoë.

– C'est elle !

Sophie, Sophie, Sophie. J'avais envie à la fois de pleurer et de rire. Ma petite sœur, nous l'avions enfin trouvée !

– Qu'est-ce que je dois faire, Margaret ? Veux-tu que j'essaie de me rapprocher ?

– Oui, essaie. Il faut que je lui parle.

Je semblais plus confiante que je ne l'étais en réalité.

J'avais l'impression d'être en mer depuis si longtemps que je fus surprise de voir la côte en me retournant. Étrange de voir le manoir à cette distance ; la lumière aux fenêtres le faisait ressembler à l'une de ces maisons en pain d'épice qu'on offre à Noël. *La lumière aux fenêtres.*

– Boyd ! criai-je. Regarde !

Mais Boyd ne répondit pas. Je compris pourquoi en scrutant la mer dans la même direction que lui. Juste devant nous flottait le canoë bleu. Boyd tremblait à la vue de son héros, mais moi, je n'avais d'yeux que pour Sophie, blottie au milieu, les yeux ronds et sérieux. À la lueur de la lune, son visage paraissait pâle et maigre.

– Sophie ! hurlai-je.

Boyd coupa le moteur et, pour la première fois depuis ce qui semblait une éternité, le silence se fit. Notre petit hors-bord, à quelques mètres du canoë, tanguait et roulait au gré des vagues.

– Sophie… commençai-je à nouveau.

Je cherchais à me calmer, mais je n'y parvins pas.

– Ça va ?

– Oui, déclara Sophie en hochant la tête. On t'attendait. C'est notre oncle.

Derrière moi, Boyd eut le souffle coupé par la surprise. Je dévisageai Ratt. Malgré l'obscurité dissimulant son visage, il ne pouvait cacher ses yeux étincelants qui allaient et venaient de la côte à moi. Puis j'entendis sa voix étrange, haut perchée.

– Ils sont chez moi, accusa-t-il, ses yeux rivés sur les miens. Tu les as amenés dans ma maison.

Chapitre 51

Quand je pense à ce qui s'est passé ensuite, je revois les lumières sur l'eau. Comme si les étoiles les plus brillantes étaient tombées du ciel et progressaient lentement vers nous.

– Des bateaux de sauvetage, murmura Boyd.

– Tu peux te rapprocher un peu ? lui demandai-je en chuchotant.

– Je vais essayer.

Il démarra le moteur et tourna la poignée de l'accélérateur. Le bateau avança.

– Doucement. Ne lui fais pas peur.

Cerné par les projecteurs, il devenait difficile pour Ratt de rester dans les ténèbres. Il plongeait d'un côté, puis glissait de l'autre. Il semblait avoir oublié Sophie. Je pris une profonde inspiration pour garder une voix calme et mesurée.

– Ratt, écoute. Je veux Sophie. Laisse-nous Sophie. Et nous te laisserons seul.

Au début, je crus qu'il ne m'avait pas entendu. Mais il trouva une nouvelle zone d'obscurité pour s'y dissimuler et me répondit de sa petite voix sifflante.

– C'est trop tard. Regarde ce que tu as fait.

Je n'eus pas besoin de le faire. Je compris ce qu'il voulait dire. Même si Ratt parvenait à échapper aux bateaux de sauvetage, les lumières dans le manoir ne partiraient jamais plus. Ses outils, sa peinture, ses montagnes d'ordures — il ne pourrait jamais plus s'y cacher.

– Il n'est pas trop tard, mentis-je. Tout le monde cherche Sophie. Si nous la ramenons, tu pourras disparaître de nouveau. Comme avant.

Cette fois, au lieu de répondre, Ratt prit la rame et se mit à pagayer. Quand Sophie se rendit compte de la situation, elle bondit sur ses pieds.

– Margaret ! cria-t-elle, prête à sauter pour me rejoindre.

– Assieds-toi !

Ratt et moi avions parlé au même moment. Sophie s'immobilisa, mais ne s'assit pas. Je connais ma petite sœur. Je savais qu'elle allait plonger.

– Reste assise, Sophie ! lui ordonnai-je de nouveau.

Je me tournai vers Ratt. Sa pagaie pendait, incertaine, au-dessus de l'eau.

– Écoute, elle ne sait pas nager. Tu l'ignores sans doute. Notre mère ne nous a jamais laissées approcher de l'eau. Tu veux qu'elle se noie, elle aussi ? Comme mon père ?

Je vis Ratt affermir sa prise sur la rame. Il la leva et la plongea dans l'eau.

Swouch.

La rame coupait l'eau comme une lame d'acier et en quelques secondes, il s'éloigna d'une vingtaine de mètres.

– Boyd, rapproche-toi.

Je ne quittais pas Sophie des yeux. Elle était toujours au bord du canoë. Sophie, ma petite sœur intrépide.

Boyd baissa la tête et empoigna l'accélérateur. Voilà alors ce qui se produisit : notre hors-bord bondit en avant bien trop vite. Un instant plus tard, nous foncions dans le frêle canoë.

– Boyd ! criai-je, tandis qu'il coupait le moteur.

Mais il était déjà trop tard. Par-dessus le crissement du métal contre le bois, j'entendis trois choses que je n'oublierai jamais :

La première : le hurlement de Sophie.

La deuxième : le bruit sourd d'un corps qui tombe à l'eau.

La troisième : le silence. Jusqu'à ce moment, je ne m'étais jamais rendu compte que le silence était un son.

Silence.

Je ne pris pas le temps de penser à la nuit, à la mer glaciale ou aux bateaux de sauvetage qui approchaient. Je n'enlevai ni mes chaussures ni ma veste. Je ne regardai pas où j'allais. Je plongeai.

J'eus l'impression de rester en l'air un long moment, paisible, presque immobile, avant de glisser dans l'eau. Je me souviens d'avoir regardé la mer, comme si j'étais un personnage extérieur — comme si je ne croyais pas que ce qui arrivait était la réalité.

Et pourtant, c'était la réalité. Le froid me frappa soudain. Mon cœur, mon souffle, le sang dans mes veines, tout sembla se figer. *Et voilà*, me dis-je. *Et voilà.*

Le froid paralysa aussi mon cerveau. Pendant un moment, j'oubliai de bouger. Soudain, un petit neurone se rappela qu'il fallait travailler.

– Bats des pieds, m'ordonna-t-il. Nage.

Alors je battis des pieds, alourdie par mes chaussures et mon jean pleins d'eau, je luttai pour remonter à la surface. Mais attendez — est-ce que j'allais dans la bonne direction ? Comment le savoir ? Et si je m'étais retournée ? Comment savoir que je ne nageais pas vers le fond de l'océan ? Plus j'y pensais, plus je changeai d'avis ; plus je me battais contre le poids de mes vêtements, plus ils s'alourdissaient.

Où était la lune ? Pourquoi ne me montrait-elle pas le chemin ? J'ouvris les yeux. Oui, il y avait une lueur au-dessus de moi — mais il y en avait une autre en dessous. La lune et son reflet ? Ou peut-être les yeux du Noyé fantôme qui venait me chercher ?

J'eus l'impression qu'une vie entière défilait. Une vie passée à se noyer. Mais ça ne dura que quelques secondes. Tandis qu'une partie de moi-même s'agitait frénétiquement, une autre ralentissait et observait la scène dans un brouillard, trop engourdie pour penser, trop engourdie pour ressentir, trop engourdie pour bouger. *C'était comme ça, papa ? C'est ça que tu sens tous les jours, maman ?*

Mais mes poumons n'étaient pas engourdis, eux. Ils frappaient à l'intérieur de ma poitrine, hurlaient pour absorber un peu d'air. À cet instant, la grande main velue du destin intervint dans ma vie. Au moment où mon corps allait abandonner la lutte, on me souleva par les épaules. On me tira et soudain, *AHHHHHHH*. Air. Ciel. Lune.

De l'air.

Je toussai, je m'étranglai, je pleurai. En même temps. Je recrachai de l'eau de mer et bus de nouveau la tasse, tandis que de petites vagues salées m'éclaboussaient.

– Accroche-toi, murmura une voix étrange à côté de moi. Accroche-toi à mon cou.

« Où est Sophie ? » tentai-je de dire. Mais je ne parvins qu'à prononcer « Soph… » et à cracher de l'eau.

– En sécurité. Accroche-toi à mon cou.

Mes dents claquaient et je ne pouvais les en empêcher ; mes bras et mes jambes étaient aussi morts et lourds que des planches de bois. Je songeai : *Très étrange. La noyade de mon père. La même mer. La même personne.* J'essayai de m'accrocher à son cou, mais une autre vague me submergea. Je sentis mes bras qui revenaient à la vie. Mon corps croyait qu'il allait mourir, alors il cessa d'écouter mon cerveau. Il avait désormais une vie propre. Mes bras attrapèrent ce qu'ils pouvaient. À savoir, la tête de Ratt. Il avait la tête solide et hors de l'eau — ce qui était vital pour mon corps. Je me sentis lui attraper la tête. Je me sentis l'attirer vers le fond en lui grimpant dessus.

Chapitre 52

Depuis le moment où il avait foncé dans le canoë, Boyd observait la scène, impuissant, comme si le monde entier avait chaviré. D'abord, il observa Sophie tomber tête la première dans les vagues moutonneuses ; puis Margaret plongea. Il attendit de voir remonter les deux têtes et lorsqu'elles ne réapparurent pas, il comprit qu'il était paralysé, comme si sa vie était connectée à celle des deux filles.

Un coup sourd sur le côté du hors-bord tira son corps de l'envoûtement magique. Boyd baissa la tête à l'instant où la petite tête de Sophie sortait de l'eau.

« Attrape-la », lui ordonna une voix. Cette même voix bizarre.

Boyd se penchait et saisissait le bras de Sophie quand il se trouva face à face avec son héros étrange et solitaire. Il fut si surpris qu'il en oublia ce qu'il devait faire.

« Tire ! » siffla Ratt et Boyd, rassemblant toutes ses forces, souleva Sophie et la hissa dans le bateau, comme un long poisson glissant.

Quand il se retourna, son héros avait disparu.

Boyd scruta l'horizon. Les projecteurs des bateaux de sauvetage ne paraissaient pas se rapprocher. Il fouilla la mer du regard à la recherche d'un signe de Margaret, de Ratt ou du Noyé fantôme.

– Margaret ! appela-t-il. Margaret !

– Où est ma sœur ? demanda Sophie toujours recroquevillée au fond du hors-bord, étourdie et tremblant de froid.

Boyd parcourut de nouveau la mer du regard, puis se retourna et s'agenouilla près de Sophie.

– Il va la sauver, affirma-t-il. Comme il t'a sauvée.

Il se précipita à l'arrière du bateau et prit une couverture de laine et un gilet de sauvetage. Il enveloppa le petit corps qui frissonnait et tint le gilet serré contre sa poitrine. Prêt.

Ce fut Sophie qui les remarqua la première : deux têtes qui surnageaient à peine, à plusieurs mètres du canoë retourné.

– Je les vois ! Là-bas !

Boyd s'apprêtait à lancer le gilet, quand il interrompit son geste.

– Pourquoi tu le lances pas ? gémit Sophie.

– Nous sommes trop loin, déclara Boyd en s'avançant à la proue. Il faut nous approcher.

Il tourna la clé de contact.

– Accroche-toi, cria-t-il par-dessus son épaule.

Et pour lui-même, il chuchota : « Tiens bon, Margaret. » Cette fois, il ferait ce qu'il fallait.

Chapitre 53

Que se passa-t-il ensuite ? Je ne sais pas exactement mais je sais que Ratt était devenu mon île, la seule chose à quoi je pouvais me raccrocher. Il parvint à me maintenir à la surface, le temps pour Boyd de me lancer le gilet de sauvetage.

– Tiens, couina Ratt en posant mes mains sur le gilet orange. Accroche-toi et ne le lâche pas.

J'avais les mâchoires tellement serrées que je ne pouvais parler. Mes bras et mes jambes étaient presque complètement engourdis. Cependant, je tins bon.

Je me souviens d'avoir remarqué que le cercle des projecteurs s'était rapproché. J'avais l'impression d'être sous les feux de la rampe. Je me tournai vers mon oncle de l'autre côté du gilet. Pour la première fois, je le voyais de près et en pleine lumière.

Comment décrire ce que je vis ? Vous connaissez Superman ? Dans les BD, tout de rouge et de bleu vêtu, fort, les muscles saillants. Et puis, il y a le déguisement de supermarché : coutures grossières, la cape qui couvre à peine les omoplates. Au lieu du féroce homme-rat de la bande dessinée, je fus confrontée à une pauvre et triste imitation. Hébété, effrayé, il contemplait l'arrivée des bateaux de sauvetage. Il était usé. Me servir d'île avait épuisé ses dernières forces. Pourquoi l'avait-il fait ? Pourquoi m'avait-il aidée ?

Les projecteurs nous aveuglaient, les moteurs nous assourdissaient. Dans quelques minutes, quelques secondes peut-être, j'allais retrouver le monde réel. Avant, il fallait que je sache.

– Pourquoi vous avez fait ça ? criai-je au-dessus des rugissements. Pourquoi avoir amené ma petite sœur ici ?

Au début, je crus qu'il ne m'avait pas entendue. Puis il baissa la tête et je vis son visage.

– Je n'allais pas lui faire de mal, affirma-t-il. Je voulais lui montrer l'endroit. Et lui raconter l'histoire.

– Mais pourquoi pas à moi ? Vous ne saviez pas ? C'est pour ça que je suis venue.

– Je sais pourquoi tu es venue.

– Mon père... Là-bas...

– Mais les lumières sont arrivées, elles viennent me chercher...

Sa tête commença à s'enfoncer dans l'eau.

– Non ! hurlai-je. Écoutez-moi ! Racontez-moi. Dites-moi ce qui s'est passé.

– Plus nulle part où vivre libre...

– Je vous en prie. S'il vous plaît. Il faut que je sache...

– Plus nulle part où vivre libre...

– Cette nuit-là. Avec mon père... votre frère...

Lorsque j'évoquai son frère, la tête de Ratt émergea

soudain et il me dévisagea, par-dessus le gilet de sauvetage, comme s'il me voyait pour la première fois. Ses yeux s'adoucirent.

– Tu lui ressembles, me dit-il. J'ai essayé de le dessiner du mieux que j'ai pu afin que tout le monde sache à quel point il était merveilleux. Mais il n'est pas revenu ainsi. Il est revenu différent. J'ai persévéré. J'ai continué à le dessiner comme il fallait le faire. Mais il m'en a empêché. Il est revenu pour se venger. Il veut qu'on lui rende sa vie.

– Peut-être qu'il s'en ira si vous me racontez son histoire.

Je pleurai. J'avalai de l'eau salée et j'étais engourdie des pieds à la tête.

– Je vous en prie, le suppliai-je. Juste une chose.

Je me sentis couler.

– Tiens bon, murmura-t-il.

– Est-ce qu'il a voulu revenir vers nous ?

– Tout est de ma faute. Bien sûr qu'il désirait vous retrouver. Je t'en prie, Margaret, il faut que tu tiennes.

Et soudain, l'autre bout du gilet jaillit hors de l'eau. Et je fus seule.

– Ratt ! criai-je en m'apercevant qu'il avait disparu. Oncle Ratt !

Je parcourus la mer du regard, cherchant un signe de sa présence. Aucun.

*

Un bateau de sauvetage me recueillit. On me déshabilla et je me blottis sous des couvertures en laine. Les événements se précipitèrent alors. Les bateaux de la police, les sirènes, les projecteurs et les questions.

– Ma sœur… essayai-je de dire.

Le sauveteur m'indiqua le hors-bord de Boyd, quelques mètres plus loin.

– Elle va bien, m'affirma-t-il. Et ton ami aussi. On va vous emmener…

Je l'empêchai de conclure.

– Mon oncle… parvins-je à dire en forçant ma bouche.

Les mots sortaient difficilement de mes lèvres engourdies.

– …il est toujours dans l'eau.

Le sauveteur prit sa radio et marmonna quelques mots. Immédiatement, les bateaux de sauvetage revinrent à la vie : sirènes hurlantes, projecteurs éblouissants, ils fendirent les flots. Je vis des plongeurs dans leur combinaison noire luisante qui glissaient dans les eaux ténébreuses.

– Vérifiez le canoë ! entendis-je crier.

Je retins mon souffle tandis que deux plongeurs s'en approchaient. « Je t'en prie, je t'en prie, je t'en prie, murmurai-je. Je t'en prie tiens bon, s'il te plaît. » Mais même avant d'avoir vu les nageurs s'éloigner, je savais. Je savais déjà.

Le bateau qui transportait Sophie et Boyd arriva près du mien.

– Margaret ! cria Sophie, prête à bondir.

Elle était enveloppée dans des couvertures, comme moi, mais souriait. Seule Sophie était capable de sourire à un tel moment.

– Peut-elle venir avec moi ? demandai-je au sauveteur, qui acquiesça.

Il se mit à cheval sur les deux bateaux, grâce à ses longues jambes de sauveteur, et l'aida à passer. Puis il tendit la main à Boyd qui la prit et sauta. Sophie s'accrocha à ma taille, tandis que Boyd et moi nous regardions.

Il est mon oncle et il m'a sauvé la vie. Je ne pus prononcer cette phrase.

Pourtant, comme s'il m'avait entendue, Boyd hocha la tête et jeta un coup d'œil sur la mer.

– Il s'en sortira, dit-il. C'est Ratt.

Mais sa voix tremblait.

Je déglutis et me forçais à parler.

– C'est mon oncle.

Mon oncle. Il m'avait appelé par mon nom comme s'il me connaissait. Il m'avait dit qu'il était désolé et que mon père n'avait pas voulu mourir. Et quand j'avais regardé dans ses yeux las et tristes, j'avais su qu'il s'agissait de la vérité.

Sophie mit un certain temps à comprendre ce qui s'était passé. Toujours agrippée à ma taille, elle appelait :

– Oncle Ratt ! Oncle Ratt !

Le sauveteur prit la parole, d'une voix douce.

– Écoutez, nous allons vous ramener à terre. Les autres bateaux vont rester et chercher votre oncle.

– Il était là, dis-je. Il m'a sauvé la vie. Il faut le retrouver.

– S'il est là, nous le trouverons. Je te le promets.

– Je ne veux pas le quitter, Margaret. Je ne veux pas partir, pleurnicha Sophie.

– Je sais, répondis-je. Ça va aller, Sophie. Ils vont le trouver.

– Mais il voulait me montrer où ça s'est passé. Il voulait seulement me raconter l'histoire. Il m'a tout dit, Margaret.

– *Chut*, dis-je en l'attirant contre moi.

Je ne l'écoutais pas. Je pensais au moment où il m'avait semblé si facile de me laisser couler. Dans l'eau sombre et paisible. Était-ce ce qu'avait fait Ratt ?

Notre bateau de sauvetage s'éloigna des autres et se dirigea vers le rivage. J'observai les cercles des projecteurs qui se mêlaient pour ne devenir peu à peu qu'une tache sur un océan de ténèbres. Cette petite tache avait changé ma vie. Deux fois.

– Maman !

À peine le sauveteur avait-il débarqué Sophie sur la côte, qu'elle courut vers Lizzie. On l'avait déjà prévenue par radio que nous revenions sains et saufs. Lizzie tomba à genoux. Sophie plongea entre ses bras tendus et elles se balancèrent d'avant en arrière, en riant et en pleurant.

– Boyd !

Au milieu de la petite foule de spectateurs, les parents de Boyd appelèrent leur fils qui se précipita vers eux. Ils se refermèrent alors sur lui comme les deux moitiés d'une coquille d'huître protégeant sa précieuse perle.

Je me frayai un chemin vers Sophie et Lizzie, toujours accrochées l'une à l'autre, pareilles à deux réfugiées dans un reportage sur la guerre.

– Viens, ma chérie, m'appela Lizzie en me tendant un bras.

Je la dépassai, encore hébétée.

– Il faut d'abord que je trouve quelque chose, marmonnai-je.

– Margaret ! cria-t-elle de nouveau et je me mis à courir.

La couverture volait autour de mes jambes nues. Je me dirigeai vers le manoir. Peut-être Ratt avait-il déjà regagné la côte ? Peut-être était-il déjà dans sa petite chambre, penché sur son bureau, esquissant les aventures des trois enfants qui l'avaient suivi sur l'eau ? Voilà pourquoi, je courais : Ratt allait transformer, du moins je l'espérais, cette terrible nuit en une histoire à vous couper le souffle, que nous pourrions tous lire et relire.

Je tournai au coin de la maison. Sur le porche, il y avait un agent de police, qui gardait l'entrée principale. Je me cachai dans l'ombre et l'observai. Que pouvais-je faire ?

Alors, Boyd me rejoignit, agité, hors d'haleine.

– Margaret, te voilà. J'ai eu si peur. Ta mère te cherche. Vous resterez toutes les trois chez moi, ce soir.

Hagarde, je laissai Boyd prendre mon bras et m'éloigner de la maison. D'un signe de tête, il indiqua les lumières qui flottaient sur la mer.

– Ils sont toujours là-bas. Ça veut dire qu'il y a encore de l'espoir, non ?

Je ne sus pas quoi lui répondre. J'avais vu Ratt de près. J'avais plongé mes yeux dans les siens et l'avais entendu : « C'est trop tard maintenant. » « Plus nulle part où vivre libre. » J'avais distingué ses mains tremblantes, qui glissaient du gilet de sauvetage, emportant avec lui son secret.

Chapitre 54

Lorsque nous arrivâmes chez Boyd, sa mère m'étreignit comme si elle me connaissait depuis des années. Sophie, couchée sur le sofa, ronflait doucement. Lizzie, assise à la table de la cuisine, buvait une tisane. Si vous cherchez à vous faire de bons amis en un clin d'œil, vivez un drame.

– Veux-tu que je t'apporte quelque chose à manger ? me demanda la mère de Boyd. Une boisson chaude ?

Je secouai la tête. Lizzie s'éclaircit la voix, l'air nerveuse, et m'indiqua la chaise à côté d'elle.

– Comment tu as pu savoir que nous étions là ? l'interrogeai-je.

– On m'a appelée.

– Nous t'avons installé un sac de couchage dans le séjour, me dit la maîtresse de maison. Boyd te prêtera des vêtements.

– Merci, répondis-je.

– Continuez, dit la mère de Boyd à Lizzie.

Puis elle se tourna vers moi :

– Ta mère m'expliquait vos liens avec le manoir. Une histoire remarquable.

– C'est vrai, dis-je. Ne t'interromps pas à cause de moi. Ça fait longtemps que je veux entendre ça.

– Margaret, hésita Lizzie, je racontai simplement qu'après la mort de ton grand-père, ton oncle s'est retrouvé seul… et il est devenu, disons, un peu fou.

– Je ne savais pas que quelqu'un habitait la vieille maison, confirma la mère de Boyd en versant une nouvelle tasse de tisane. Il croyait vraiment être un rat ? Il fouillait dans les poubelles ? Elle remua la tête en frissonnant.

– Depuis l'adolescence, expliqua Lizzie. La puberté.

Les deux mères nous observèrent à la dérobée, Boyd et moi, puis s'entre-regardèrent.

Je ne pouvais rester assise à ne rien dire.

– Mais, maman, il t'a envoyé un paquet. Il a essayé de te contacter. Tu ne l'as même pas ouvert !

– Je n'ai pas pu l'ouvrir, Margaret. Je n'ai pas pu.

– Pourquoi ?

Ma mère ne répondit pas. Sa main s'agita en quête d'une cigarette. Soudain, le père de Boyd arriva dans l'entrée. Il était resté sur la plage et avait surveillé les bateaux de sauvetage.

– Papa !

Boyd se précipita vers lui en espérant des nouvelles.

Son père regarda sa mère, puis Lizzie et moi. Il posa la main sur l'épaule de Boyd.

– Ils interrompent les recherches pour ce soir, nous apprit-il. Ils recommenceront demain matin.

Interrompre les recherches pour ce soir? Comme s'ils interrompaient une partie de base-ball à cause de la pluie.

Sans un mot, Boyd et moi traversâmes le couloir qui menait à sa chambre. Dans le placard, j'enfilai un lainage et un jean qui lui appartenaient et nous nous postâmes devant la fenêtre. Pour scruter la mer.

J'entendis la porte de la chambre de Boyd s'entrebâiller. Un instant plus tard, Lizzie se tenait derrière nous. Je savais que c'était elle à cause de l'odeur de tabac froid qui flottait sur ses vêtements.

– Margaret, souffla-t-elle, je n'ai pas pu l'ouvrir. Car si je l'avais fait, il m'aurait fallu tout revivre et je ne m'en sentais pas capable.

Nous restâmes silencieux. Les projecteurs regagnaient la côte.

– Maman, murmurai-je. Papa a voulu revenir. Ratt me l'a dit.

– Bien sûr, ma chérie.

– Tu le savais ?

– C'était un accident, Margaret, cela, tu le savais…

– Non, maman. Tu n'en as jamais parlé. Tu n'as jamais parlé de rien. Et tu t'es mise à dormir tout le temps. Je croyais que c'était parce que… je croyais que papa…

Je ne pus terminer.

– Boyd, tu voudrais nous laisser seules un instant ?

– Non, la coupai-je. C'est sa chambre. Si tu veux me dire quelque chose, je veux que Boyd l'entende aussi.

Lizzie hésita puis soupira.

– D'accord, admit-elle. Margaret, ma chérie. Ta sœur m'a dit quelque chose ce soir, juste avant de s'endormir. Quand ton oncle l'a emmenée sur son canoë, il voulait lui montrer l'endroit où…

– Je sais, maman.

– Il l'a utilisé comme appât, continua Lizzie, négligeant mon interruption. Un appât : ce sont les mots de ton oncle, pas ceux de ta sœur. Il voulait aussi te montrer l'endroit et savait que tu les suivrais. Il lui a parlé, Margaret. Il lui a raconté toute l'histoire de cette nuit tragique. Je n'en savais pas autant.

« Margaret, ton père est venu chercher Ratt pour qu'il vive avec nous. Nous lui rendions visite, surtout après la mort de ton grand-père, mais lorsque les habitants ont commencé à se plaindre parce qu'il fouillait dans leur poubelle, nous avons compris qu'il ne pouvait plus vivre sans nous.

Seule une partie de moi écoutait. L'autre jouait à « Tout est bien qui finit bien » : je scrutais la mer en attendant de voir la grosse tête du rongeur émerger de l'eau et fendre gaiement les flots vers le rivage.

– En fait, dit Lizzie d'une voix tremblante, Ratt savait que ton père allait venir le chercher. Il a dit à ton père que s'il quittait l'île, il n'y survivrait pas…

– « Plus nulle part où vivre libre », citai-je.

– Quoi ? s'enquit Boyd.

– C'est ce qu'il m'a dit. « Plus nulle part où vivre libre »

– Continuez, demanda Boyd à ma mère. Qu'est-ce qu'il a dit à Sophie ?

Ce fut peut-être l'injonction de Boyd qui permit à Lizzie de raconter le reste. Comme si sa gorge brûlait d'avoir retenu ces mots si longtemps, l'histoire coula soudain de sa bouche. Et tandis qu'elle parlait, je me mis à entendre sa voix. La voix triste et râpeuse de mon oncle, Ratt. Voici ce qu'il raconta à Sophie sur le canoë. Ce qui suit est son histoire.

Pour disparaître et ne jamais être retrouvé, il faut un témoin, avait-il dit.

Le témoin de Ratt était mon père.

Je voulais l'emmener sur le canoë une dernière fois, comme lorsque nous étions enfants. Puis aller au large et lui dire que je souhaitais nager. Il m'aurait regardé dériver au loin, de plus en plus loin. Il m'aurait crié de faire attention, comme quand nous étions petits. Et à ce moment-là, je l'aurais fait. Ç'aurait été difficile, parce que je ne voulais pas lui faire du mal. Mais c'était la seule solution pour moi. Je devais faire semblant de me noyer, devant un témoin. Mon frère m'aurait pleuré, puis il serait retourné vivre auprès de sa femme et de ses filles. Et j'aurais continué à être Ratt.

Je savais qu'il était un excellent nageur, aussi je ne m'inquiétais pas pour lui. Je m'inquiétais seulement de la façon dont j'allais prendre la fuite.

Sauf que ça ne s'est pas passé ainsi. Mon père a plongé à son tour. Le canoë a dérivé. L'eau était glaciale. Ils se sont battus. Ratt s'est éloigné à la nage. Il a entendu mon père l'appeler, mais il n'a pas compris qu'il l'appelait à l'aide. Mon père était champion de natation. Il avait toujours été un héros pour Ratt. Comment Ratt aurait-il pu comprendre que mon père l'appelait, lui, à l'aide ?

Qu'il ne faisait pas semblant ?

Voilà ce que j'étais venu chercher sur cette île. Et une fois l'histoire finie, le monde entier me parut différent. J'avais rencontré mon père dans la mer. Je l'avais senti m'attirer, puis me repousser. J'avais vu son reflet dans les yeux de mon oncle, lorsqu'il les avait rivés sur les miens. Voilà. J'avais terminé mon PUZZLE LE PLUS DUR.

J'ouvris les paupières et vis mon image dans la vitre.

– Alors, il l'a dessiné, murmurai-je.

Mes lèvres bougeaient, mais ma voix semblait venir d'ailleurs.

– Comme s'il voulait le garder en vie. Mais il n'est pas revenu de la bonne façon. Il est revenu comme un fantôme. Boyd, je suppose que tu as compris. Mon père est le Noyé fantôme.

– Oui, acquiesça Boyd.

– Et le paquet, maman. Il voulait te dire qu'il était désolé. Il avait besoin que tu saches. Il t'avait donné la clé de la maison.

J'attendis sa réponse, mais elle ne vint pas. Alors, je poursuivis :

– Tu l'as renvoyé. Tu ne l'as même pas ouvert. Alors il a vécu toutes ces années avec son terrible secret. Et maintenant, il est mort, à cause de moi. Il m'a sauvé la vie avant de disparaître.

Je me rendis compte que je pleurais en voyant le rebord de la fenêtre mouillé de larmes. Je pensai à mon oncle, adolescent, qui croyait se transformer en rat. Puis je pensai à lui des années plus tard, plein de culpabilité et de douleur. Nous étions bien plus proches qu'il ne le saurait jamais.

– Peut-être est-il toujours là… hésita Boyd. Peut-être est-il toujours vivant…

– Non, répondit Lizzie d'une voix ferme. L'eau est trop froide. Il est parti. Qu'il repose en paix. Oui, qu'il repose enfin en paix.

Je sentis les épaules de Boyd qui tremblaient. J'enfouis mon visage entre mes mains. Peut-être reposait-il en paix, mais moi ?

– Tout est de ta faute, accusai-je ma mère. C'est ta faute.

Je ne le pensais pas vraiment. Je savais qu'il y avait beaucoup d'éléments qui m'échappaient : comme la difficulté d'élever deux enfants en étant veuve. Mais je voulais faire du mal à quelqu'un, parce que j'avais mal. Et je voulais que ce fût ma mère.

Lizzie resta silencieuse un moment, puis s'excusa.

– Je suis désolée, Margaret. Pardon.

Je la sentis s'éloigner et, dans le reflet de la vitre, je la vis sortir de la chambre.

Boyd ouvrit la fenêtre. Sans dire un mot, nous enjambâmes le rebord et nous mîmes à courir vers la plage et le ponton de Ratt. Nous nous assîmes au bord, tout près l'un de l'autre. Nos épaules se touchaient. Je me penchai en avant et plongeai mes mains dans l'eau.

La même eau, la même mer. Je ne l'avais pas dit à haute voix, mais je savais que Boyd avait entendu. *La même mer que celle où gît mon père. Mon père est le Noyé fantôme.*

– Je t'ai menti à propos de lui, lança soudain Boyd.

– Quoi ?

– Ce sont les Trois qui m'ont attaché. Ratt a fait la bande dessinée pour que tu puisses me retrouver.

– Ah ! dis-je. Ah !

Bien sûr.

Boyd contempla ses mains et se mit à pleurer.

Nous passâmes la nuit dehors, sur la jetée, à attendre que Ratt s'échouât sur la plage, ébrouât son corps velu et se précipitât vers l'abri de son manoir. Mais lorsque nous vîmes le soleil chasser la lune du ciel, nous avions compris.

Chapitre 55

Comme promis, les bateaux de sauvetage reprirent les recherches le lendemain, à l'aube. Mais le père de Boyd, pendant le petit déjeuner, s'empressa de déclarer qu'ils ne recherchaient pas un survivant.

– Qu'est-ce que ça veut dire ? s'enquit Sophie, qui reniflait d'un air soupçonneux les tranches de tofu fumé.

– Ça veut dire qu'ils le cherchent toujours, ma chérie, répondit Lizzie.

– Dis-lui la vérité, maman, lui demandai-je. Après tous ces événements, tu ne crois pas qu'on devrait au moins en tirer cette leçon ?

Lizzie contempla son assiette, puis s'éclaircit la voix.

– Ça veut dire, commença-t-elle prudemment, qu'il n'est sans doute plus en vie.

Elle leva la tête et toucha la main de Sophie.

– Je suis navrée, ma chérie.

Mais avant même que Lizzie eût prononcé ces mots, Sophie avait compris. Elle pleurait déjà.

J'évitai la plage le reste de la matinée et ne regardai même pas les deux bateaux qui décrivaient de grands cercles sur la mer. En revanche, je pénétrai dans le manoir, cherchai mon sac à dos, la bande dessinée et le chien de Ratt.

Je trouvai mon sac à dos, exactement où je l'avais laissé, mais la police avait dû saisir le livre comme pièce à conviction. Quant au chien, soit il se cachait, soit la tranche de tofu fumé avec laquelle je l'appâtais ne lui plaisait pas. Ou alors lui aussi avait simplement disparu.

Je lançai le sac sur mon épaule et jetai un dernier regard sur le manoir décrépi. *Au revoir, papa.*

En sortant sous le soleil, je me demandai comment il parvenait si bien à me réchauffer. Au bout de la pelouse, je vis Lizzie qui en finissait avec un agent de police. Il hocha la tête, ferma son bloc-notes et remit son stylo dans sa poche. Qu'allait-il faire de toutes ces notes ? Peut-être un petit article paraîtrait dans *L'Hebdo de l'île* ? Peut-être M. Bibliothécaire le trouverait, le découperait et l'ajouterait à l'un de ses albums ? Mais si c'était le cas, dans lequel ? QUESTIONS D'INTÉRÊT PUBLIC ? INCROYABLES HISTOIRES ANIMALIÈRES ? ÉVÉNEMENTS S'ÉTANT DÉROULÉS IL Y A FORT LONGTEMPS ET QUI CONTINUENT À NOUS HANTER ?

Boyd, au milieu de la pelouse, observait la pancarte À VENDRE que Lizzie avait retrouvée derrière un buisson et replantée. Je descendis du porche et m'approchai de lui. C'était le moment. Le moment de nous dire au revoir.

– Je suis désolée pour le panneau, m'excusai-je.

– Je l'enlèverai quand vous serez parties, répondit-il.

Il ne dit rien de plus, mais je savais à quoi il pensait. *Juste au cas où.*

– Boyd, commençai-je avant de m'interrompre aussitôt.

Tout ce que je voulais dire resta coincé dans ma bouche, alors je dis simplement :

– J'ai essayé de récupérer le volume 1 pour toi, mais la police a dû le prendre.

– Pas grave.

Nous nous regardions. Nous attendions tous deux le moment qui allait suivre, cet au revoir que nous ne souhaitions pas. J'avais tant à lui dire.

Merci de m'avoir aidée à retrouver mon oncle, merci de m'avoir laissée dormir sous ton lit. Merci d'avoir dérobé de la nourriture pour moi et de m'avoir suivie dans les bois. Merci de m'avoir emmenée sur ton bateau, alors que tu ne pensais pas t'en sortir. Merci de t'être assis à côté de moi, si près que je sentais ton épaule trembler.

– À bientôt, dis-je seulement.

– Salut Margaret, répondit-il.

Soudain, Sophie jaillit de la maison en traînant sa valise sur les marches.

– Aide-la, Margaret, cria Lizzie au volant de la camionnette. (Elle en avait terminé avec la police et désirait partir le plus vite possible.) Dépêche-toi, je veux prendre le prochain ferry.

Je saisis la valise de Sophie et traversai la pelouse, heureuse d'avoir quelque chose à faire.

– Attention à mon puzzle, me prévint Sophie en me devançant et en sautant dans la camionnette.

– Qu'est-ce qu'elle a là-dedans ? demanda Boyd.

– Un puzzle, répondis-je en posant la valise sur le plateau.

Puis je me tournai vers Boyd et nous nous sourîmes. Nous nous regardions dans les yeux en souriant. Au soleil, la nuit précédente paraissait un rêve. Au soleil, les yeux de Boyd avaient la couleur d'une mer transparente et profonde.

Sophie appuya sur le klaxon. Je m'approchai de la portière et grimpai.

– Tu sais où j'habite, cria Boyd, tandis que Lizzie passait la marche arrière et s'engageait dans l'allée.

Je hochai la tête et lui fis un signe de la main par la vitre ouverte.

Le crissement des roues sur le gravier, l'odeur de la pelouse sous le soleil, le cricri des grillons qui semblaient nous dire à la fois bonjour et au revoir. *Souviens-t'en*, me dis-je. Souviens-toi de tout. Souviens-toi du garçon qui se regardait dans un miroir et croyait voir un être hideux. Souviens-toi du garçon qui chérissait ce que jetaient les autres. Souviens-toi du garçon qui apprit à survivre. Souviens-toi du garçon, devenu mon oncle, qui me sauva la vie : le terrible, le merveilleux Ratt.

Sur le ferry, lorsque Sophie revint avec une assiette de frites géante, Lizzie me demanda :

– Tu ne manges rien ?

Je secouai la tête et continuai à regarder par le hublot.

– Tina Louise a un amoureux, m'apprit Sophie, la bouche pleine de frites.

Je l'ignorai.

– Elle a un amoureux et elle dit que c'est le destin qui les a réunis. Je les ai vus avant de te rejoindre.

Je l'ignorai.

– Margaret, c'est quoi le destin ?

Je me levai et passai devant elle. J'arrivai sur le pont et trouvai une place derrière le garde-fou. Sophie me suivait.

– Laisse-moi seule, Sophie.

– Alors, dis-moi ce que c'est, le destin.

Je me tournai vers elle, incrédule. Comment pouvait-elle être aussi joyeuse ? Comment avait-elle assez d'appétit pour manger des frites ? Je lui posai une question :

– Tu te souviens de ce qui s'est passé hier soir ?

Sophie sortit la médaille de natation que je lui avais donnée la veille de mon départ pour l'île.

– Je suis sérieuse, Sophie, la prévins-je. Laisse-moi tranquille.

– Tu n'as pas compris, hein ? déclara-t-elle. Aujourd'hui, elle était dans ma valise. Je suis allée la chercher juste avant de partir. Ma valise. Dans le manoir !

Je la dévisageai en essayant de comprendre ce qu'elle tentait de m'expliquer.

– Et alors ? dis-je.

– Je lui ai donné la médaille hier soir, quand on était dans le canoë.

– Quoi ?

Mon cœur battait la chamade. S'était-il arrêté depuis la veille ?

– Il l'avait mise autour de son cou.

Je revins en courant dans la cabine et pris mon sac à dos, sur le siège à côté de Lizzie. Je l'ouvris et tâtonnai à l'intérieur. Vêtements, barres de confiserie, torche... Attendez... Ma main se referma sur le dos d'un livre. Je pris une profonde inspiration et le sortis. *RATT, VOLUME 1 : COMMENT DISPARAÎTRE ET NE JAMAIS ÊTRE RETROUVÉ.*

– Qu'est-ce que c'est, Margaret ? m'interrogea Lizzie.

– Un livre, hésitai-je. C'est son livre.

Je le feuilletai. Plié soigneusement au milieu des pages se trouvait l'article de la bibliothèque. UN JEUNE INSULAIRE EN ROUTE VERS L'OR. Je jetai un œil par le hublot vers Sophie, toujours sur le pont.

– Maman, ce livre était dans la maison...

Je m'interrompis. Sophie, face à l'océan, bondissait sur le pont en agitant ses bras frénétiquement. Elle se tourna, me regarda à travers la vitre et me fit signe de me dépêcher. Je serrai la bande dessinée contre ma poitrine et courus vers le pont.

– Qu'est-ce qu'il y a Sophie ?

Avant d'entendre sa réponse, je le vis : zigzaguant

entre d'élégants petits voiliers et de grands yachts étincelants, un hors-bord se précipitait à notre rencontre.

– Les voilà, Margaret ! s'exclama Sophie joyeusement. C'est eux !

Boyd, le garçon terrifié par la mer, conduisait le bateau comme s'il l'avait fait toute sa vie.

– Boyd !

J'agitai mes bras vers lui, comme Sophie. Il n'avait pu m'entendre à cause du rugissement du moteur et pourtant il leva la tête. Il nous vit et nous salua d'un geste. Puis il se détourna vers une silhouette recroquevillée à l'arrière.

Et soudain…

Mon oncle, Ratt, se leva. Pour la première fois depuis des années, il affrontait la lumière du jour et laissait le soleil baigner son visage. Timidement, il leva un bras vers moi, puis vers Sophie.

– Oncle Raaaattt !

Nous criâmes, en riant, en pleurant et en nous étreignant.

– Oncle Raaaattt !

Nous hurlâmes jusqu'au moment où nos gorges brûlèrent et nos voix s'enrouèrent.

Je ne sais pas depuis combien de temps elle était à côté de nous, mais je remarquai Lizzie, agrippée au garde-fou.

« Maman », chuchotai-je, mais elle ne parut pas m'entendre.

Elle lâcha la rambarde et tendit la main. Ratt, à l'arrière du hors-bord, tendit la sienne. Et malgré l'espace qui les séparait, je sus qu'elles se touchaient.

– Maman… commençai-je sans savoir comment poursuivre.

Je voulais simplement prononcer le mot « maman ». Je le répétai et cette fois je me mis à pleurer si fort que je ne pus continuer. Elle m'entoura les épaules d'un bras, puis le posa sur celles de Sophie. Nous nous tenions toutes les trois ainsi et regardions Boyd décrire de grands cercles, puis retourner vers l'île.

Chapitre 56

Il était revenu. Il avait planifié la plus grande fuite de tous les temps ; il aurait pu disparaître à jamais, comme il essayait de le faire depuis des années. Mais il était revenu. Je pense qu'il ne voulait pas que je sois affligée par le même sentiment de culpabilité que celui qu'il avait éprouvé depuis la disparition de mon père. C'est ce que je pense.

Au départ, je crus que cette histoire allait se terminer sur ces adieux. Mais comme j'ignore le vrai début de ce récit, j'en ignore la fin.

Une semaine plus tard, nous revînmes sur l'île. Lizzie eut un long rendez-vous avec des banquiers. Apparemment, avant sa mort, mon grand-père avait ouvert un compte pour couvrir toutes les dépenses de la maison et faciliter l'avenir de son plus jeune fils. Ainsi, mon père n'aurait pas à sa charge ce frère bizarre qui vivait en reclus. Mais, lorsque le compte fut épuisé, la banque ne retrouva pas Ratt et la maison devint la propriété de Lizzie.

– D'où la pancarte À VENDRE, murmura Sophie.

Assises sur un canapé dans le bureau des banquiers, nous essayions de comprendre les discussions d'argent qui bruissaient autour de nous.

– Je suppose, chuchotai-je en attendant les prochaines bribes d'information que je saisirais.

Je vis alors ma mère rédiger un chèque et le tendre aux banquiers. Puis elle leur demanda de la tenir au courant des prochaines dépenses et des éventuels problèmes juridiques.

– Est-ce que ça veut dire qu'on emménage ici, maman ? demanda Sophie d'une petite voix.

Pleine d'espoir, je n'intervins pas.

– Non, répondit Lizzie sans détour. Non, nous ne la vendons pas, c'est tout.

À sa façon de le dire, nous savions qu'il ne fallait pas insister.

Quelques jours plus tard, une grande enveloppe en papier kraft adressée à Elizabeth Clairmont arriva au courrier. Je reconnus immédiatement l'écriture. Maman l'ouvrit lentement et en sortit un dessin. Il s'agissait du manoir sous l'aspect qu'il devait avoir des années auparavant — une demeure magnifique qu'on était fier d'habiter. Sous le dessin, un mot était écrit : *Merci*.

Nous le contemplâmes toutes les trois un long moment. Puis, sans un mot, maman se dirigea vers la cuisine et l'accrocha au réfrigérateur à l'aide de l'aimant hippopotame.

– On pourra y retourner de temps à autre, déclara-t-elle, les yeux toujours rivés sur le dessin. Pour réparer les fenêtres. Peut-être un week-end. Et entretenir le jardin.

Sophie et moi nous regardions en souriant.

Tous les quinze jours, Boyd empaquetait les BD de Ratt et me les envoyait. Je les lisais immédiatement puis les relisais à voix haute le soir pour endormir Sophie. Généralement, je ne les gardais que quelques jours avant d'aller à la poste pour les réexpédier à Boyd. Ratt avait beau être mon oncle, c'était lui, Boyd, qui avait découvert et précieusement archivé ces BD, bien avant qu'elles ne fussent aussi populaires qu'aujourd'hui.

Les histoires n'ont pratiquement pas changé ; sauf sur un détail d'importance : le Noyé fantôme n'apparaît plus les soirs de pleine lune. Il ne cherche plus à se venger et à voler des paires d'yeux. Peut-être était-ce, comme me l'avait écrit Boyd dans une de ses lettres, parce qu'il voulait juste revoir ses enfants une dernière fois. Puisqu'il avait assouvi son désir, il pouvait désormais reposer en paix.

Quand j'y repense, je comprends qu'il ne s'agit pas uniquement de mon histoire et que son début et sa fin ne sont pas les mêmes pour tout le monde. Prenons Tina Louise, par exemple. En revenant à l'école du Sacré Cœur, j'appris qu'un événement surprenant s'était produit : Tina Louise savait jouer au base-ball.

– Comment ça se fait ? lui demandai-je, incrédule.

Tina Louise me dévisagea, étonnée, et hocha la tête.

– Le destin, affirma-t-elle simplement. Le destin.

Mais après avoir traversé toutes ces épreuves, je n'avais plus la même opinion concernant le destin. Parfois des événements (bons ou mauvais) se produisent : à nous, alors, de leur donner un sens. C'est peut-être le destin qui avait assommé Tina Louise, mais lorsqu'on lui avait proposé de prendre des leçons de base-ball, c'est elle qui les avait acceptées.

Apparemment, le jour où j'étais partie sur l'île, D.J. s'était approché de Tina Louise sur le terrain et avait offert de lui donner des cours.

– Qui essaies-tu d'humilier cette fois ? lui avait-elle demandé.

Lorsqu'elle avait vu les larmes monter aux yeux du garçon, elle avait compris qu'il était sincère.

Ultime note de l'éditeur :

La vie changea aussi pour Boyd. Les Trois continuèrent à le harceler pendant un moment, mais lorsqu'ils comprirent qu'il n'avait plus peur d'eux, ils cessèrent et cherchèrent une nouvelle victime.

Un jour, quelques semaines avant les vacances d'été, Boyd lisait la dernière aventure de Ratt dans le couloir de l'école.

– Pourquoi tu lis toujours la même chose ? lui demanda un garçon en observant l'étrange bande dessinée avec un manoir en couverture.

Boyd sentit son visage s'empourprer, mais garda la tête haute et lui répondit :

– Parce que ce sont les meilleures histoires du monde.

– Vraiment ? l'interrogea le garçon.

– Vraiment, répondit Boyd.

C'était l'heure du déjeuner, alors les deux collégiens se dirigèrent vers la cantine et s'assirent à une table vide. Boyd commença par le commencement.

– Il y avait deux garçons, comme toi et moi.

Il ne s'interrompit qu'à la sonnerie de la cloche.

– Retrouvons-nous ici demain, dit le garçon. Tu me raconteras la suite.

Le lendemain à la cantine, Boyd et son ami mirent en commun leur argent et s'achetèrent une assiette de frites. Puis ils s'installèrent à la même table et Boyd continua l'histoire.

Le surlendemain, ils se retrouvèrent, mais cette fois ils n'étaient plus seuls. Deux autres collégiens, qui étaient assis à côté d'eux la veille, leur demandèrent timidement s'ils pouvaient écouter eux aussi l'histoire. Bientôt, la table fut remplie de garçons et de filles qui partageaient des frites en écoutant le récit de deux garçons qui leur ressemblaient, etc.

« Où peut-on les trouver ? » demandèrent les enfants, et quand Boyd le leur apprit, il y eut après l'école une ruée vers la petite bibliothèque jaune.

Comme il n'y avait plus assez de livres, Boyd dut rapporter ceux qu'il avait empilés soigneusement dans son placard. Mais, évidemment, ce n'était pas suffisant pour satisfaire les lecteurs assidus qui voulaient se tenir au courant de la vie et des aventures de Ratt. L'un d'eux demanda à M. Bibliothécaire s'il pouvait les éditer en plusieurs exemplaires.

– Évidemment non, répliqua-t-il.

Alors, les enfants allèrent à la source. Ils rassemblèrent leur courage et s'approchèrent du vieux manoir impressionnant, munis d'offrandes. La peur et l'excitation faisaient battre leur petit cœur tandis qu'ils déposaient morceaux de fruits, sacs de billes, poignées de bonbons et, bien sûr, boîtes de beignets à la cerise, sur le porche délabré de Ratt. Parmi ces cadeaux, ils laissaient des lettres qui ressemblaient à celle-ci :

Cher Monsieur Ratt,

Nous aimons vos histoires. C'est difficile d'attendre son tour avant de pouvoir les lire. Pouvez-vous faire plus d'exemplaires de chaque épisode ?

Votre ami,

Richard ou Chris ou Shelley ou Max.

Personne n'aperçut le moindre signe de vie dans la maison, mais, comme par magie, les fruits, les beignets, les billes et les bonbons s'évanouirent. Et alors, le lendemain, des exemplaires du dernier Ratt apparurent en nombre dans la bibliothèque, à R comme Rongeur. (À peu près au même moment, une rumeur circula sur le fait qu'une photocopieuse cassée avait disparu de la ruelle, derrière le cabinet du dentiste. Mais, puisque l'histoire n'a jamais été publiée dans L'Hebdo de l'île *à la rubrique faits divers, je la considère toujours comme une rumeur.)*

Ainsi s'achève ce récit, pour le moment. J'ai essayé de rester à l'écart, de laisser parler les héros, mais parfois un autre angle de vue peut être utile. Vous ne croyez pas ?

Voici ce que je veux dire. On laisse traîner des histoires partout. Des bouts de papier, des initiales gravées sur le tronc d'un arbre. Des bribes de conversation entendues dans un bus ou flottant à la fenêtre d'un immeuble, par une chaude journée d'été. Dans ce qu'on jette et qu'on ne devrait pas jeter. Dans ce qu'on devrait jeter et qu'on ne parvient pas à jeter. Même dans des listes de courses, si on lit patiemment entre les lignes.

Tout le monde a une histoire à raconter. Moi, je me contente de les recueillir et de les conserver. Puis j'essaie de les faire circuler vers d'autres personnes qui en prendront soin.

Je vous remercie sincèrement
D'être l'un de ceux
Qui feront circuler cette histoire

Signé : M. *Bibliothécaire*

L'auteur

Sara Nickerson vit à Seattle, au nord-ouest des États-Unis, avec son mari Matthew et leur fils Simon. Elle a d'abord voulu imaginer un scénario pour le cinéma mais, par chance, son manuscrit est devenu au fil de l'écriture ce roman pour la jeunesse. *Comment disparaître et ne jamais être retrouvé* est le premier livre que signe la jeune Américaine.

Dans la même collection

FIN AOÛT, DÉBUT SEPTEMBRE,
Jean-Paul Nozière / N° 1
On n'est pas libre de sa vie quand on a quatorze ans. Cet été-là, Hicham, Pauline et Thomas, amis depuis l'enfance, se retrouvent peut-être pour la dernière fois. Refusant la fatalité, ils se lancent un défi : descendre en canoë un bras de rivière encore inexploré. S'ils réussissent, c'est qu'ils se reverront. Mais s'ils échouent...

L'aventure et l'amitié peuvent-elles suffire à renverser le cours du destin ? Une fin d'été qui est aussi une fin d'enfance.

MARIE-BANLIEUE, Martine Delerm / N° 2
Pas facile, à onze ans, de quitter la banlieue pour un village de Normandie. Rêveuse et solitaire, Marie se confie à son journal intime et cherche sa place dans la nouvelle vie qui est la sienne. Lorsque son professeur de français l'inscrit à un concours de nouvelles, Marie hésite... puis se lance. Après tout, qu'a-t-elle à perdre ?

Une histoire simple et poétique, où l'amour de l'écriture peut conduire à la découverte de soi et des autres.

Dans la même collection

RAPT A BRANCHECOURT, Yves Hughes / N° 3
Rien ne va plus chez le seigneur de Branchecourt : on a enlevé sa fille unique Ludivine ! Seul Messire Hugues de Flérimont, le chevalier errant, peut la retrouver. Son joker ? Le jeune page Millefeuille et son irrésistible maladresse. Juché sur Petit-Pet, son fidèle destrier, voilà notre apprenti détective lancé sur la piste semée d'embûches de ce drôle de rapt à Branchecourt…

Pour les amateurs de mystère et d'humour, une plongée au cœur du Moyen Age à vous couper le souffle… de rire.

ROCAMBOLE ET LE SPECTRE DE KERLOVEN, Michel Honaker / N° 4
Paris, au XIXe siècle. Fauvette, la jeune orpheline, est-elle la fille de l'infâme Sir Williams, maître incontesté du crime ? Lorsqu'il enlève la fillette, un seul homme peut la sauver : le mythique Rocambole, ancien voleur et génie du déguisement. Au château de Kerloven, la lutte s'engage avec Sir Williams et sa secte d'assassins, prêts à tout pour reprendre Fauvette…

Vous avez dit rocambolesque ? Entre Arsène Lupin et Fantômas, le premier épisode d'une série où le fantastique le dispute à l'aventure la plus échevelée.

J'AI PENSÉ À VOUS TOUS LES JOURS,
Loupérigot / N° 5

Cédric est un enfant de la DDASS. Abandonné par sa mère à la naissance, il n'a connu que la solitude des foyers et des familles d'accueil. Jusqu'au jour où il découvre qu'il a un frère, Adrien, élevé dans les beaux quartiers... Entre ces deux garçons que tout semble séparer, la rencontre est explosive. Surtout lorsqu'ils décident de fuguer ensemble pour retrouver leur mère disparue.

Peut-on choisir sa famille ? Un roman grave et fort sur la séparation.

DE L'AUTRE CÔTÉ DU CIEL,
Évelyne Brisou-Pellen / N° 6

Quand Moï et Reuben quittent le peuple du Centre du Monde, ils ignorent tout des dangers qui les attendent. Leur mission : rapporter du bout de la terre le coquillage sacré qui fera de Moï le nouveau chef de sa tribu... Mais dans ce monde des premiers âges, le chemin est long, plein d'inconnu et de pièges qu'il leur faudra déjouer s'ils veulent survivre.

Comment les hommes de la préhistoire imaginaient-ils l'univers ? Par l'auteur des aventures de Garin Trousseboeuf, une quête haletante où magie et réalité s'affrontent.

Dans la même collection

L'ATTRAPE-MONDES, Jean Molla / N° 7
Circuler dans des univers parallèles grâce à un gant magique, l'attrape-Mondes... Y affronter un peuple de dragons, une princesse jalouse, un sorcier diabolique... C'est une mission pour héroïne de jeux vidéo, pas pour une adolescente de quatorze ans ! Depuis qu'elle a rencontré le beau William, la vie de Nina a basculé. Et si, sans le savoir, elle avait quitté la réalité pour un voyage sans retour dans le monde virtuel ?

Un roman d'aventures fantastiques qui vous emportera dans les arcanes des jeux informatiques nouvelle génération. Attention, vous ne disposez que de trois vies !

LE BOURREAU DE LA PLEINE LUNE,
Michel Honaker / N° 8
Hiver 1245. La terreur rôde sur les terres de Mortecombe. Chaque nuit de pleine lune, on retrouve pendu à une branche un nouveau cadavre ! Complot ? Vengeance macabre ? Gabriel, le jeune ménestrel en mal d'aventure et de romance, se jette à corps perdu dans l'énigme du Bourreau de la Pleine Lune. Au risque de finir à son tour au bout d'une corde...

Une intrigue palpitante, un héros plein de fantaisie et les beaux yeux d'une damoiselle pour un formidable polar médiéval !

POIDS PLUME, Nicky Singer / N° 9
Tout le monde connaît un Rick Patter. C'est ce garçon qui n'est jamais choisi quand on fait les équipes, celui qui n'a jamais de voisin pendant les cours... Alors Rick est le premier surpris lorsqu'une vieille dame étrange le désigne pour percer le mystère d'une demeure à l'abandon. Pour connaître la vérité, le souffre-douleur du collège devra apprendre à voler de ses propres ailes.

Une rencontre peut-elle changer votre vie à jamais ? La réponse émouvante et drôle d'un garçon pas comme les autres.

GUERRE SECRÈTE A VERSAILLES,
Arthur Ténor / N° 10
A quinze ans, Jean veut devenir mousquetaire, mais sera page à Versailles et servira les grands. Fini les rêves d'aventure ? Pas si sûr, car la Cour du Roi-Soleil recèle des pièges sans nombre. Très vite, le jeune provincial s'y fait un ennemi mortel, François de Champin-Belcourt, petit noble arrogant et sans scrupules. Avec la complicité de la jolie Prunelle, Jean va devoir rendre coup pour coup s'il veut sauver son honneur... et sa tête.

Un voyage insolite et palpitant dans les coulisses de Versailles au temps de Louis XIV.

Dans la même collection

JEREMY CHEVAL,
Pierre-Marie Beaude / N° 11

Pour retrouver sa mère indienne, Jeremy fuit le ranch où il a grandi et s'enfonce dans l'immensité de la grande prairie. Bientôt il reçoit l'aide de Flamme, un pur-sang apaloosa qui l'accueille parmi les chevaux sauvages. C'est alors que se produit l'incroyable : Jeremy se métamorphose et devient lui-même cheval ! Désormais, il va devoir affronter avec les siens les dangers qui menacent la horde, braver le froid, les pumas et les chasseurs…

Au cœur du grand Ouest américain, une fabuleuse aventure pleine de rencontres et de découvertes.

CACHE-CACHE MORTEL,
Michel Grimaud / N° 12

« Quand tu es seul, n'ouvre à personne ! » Jérémie connaît la chanson par cœur. Mais que faire lorsqu'un inconnu blessé entre en pleine nuit et réclame de l'aide ? Qu'une bande d'assassins est lancée à ses trousses, bien décidée à lui faire la peau ? Pour s'en sortir, Jérémie et son mystérieux visiteur vont devoir jouer serré. Un seul faux pas, et la partie de cache-cache risque bien d'être mortelle…

Entre suspense policier et intrigue familiale, une histoire trépidante et tendre à la fois.

ROCAMBOLE ET LES MARIONNETTES DE LA MORT, Michel Honaker / N° 13

Paris, 1831. Un maître chanteur terrorise la capitale, tirant des fils invisibles pour assouvir une obscure vengeance. Seul Rocambole peut empêcher de nouveaux crimes et résoudre ce mystère. Mais pour triompher, il devra affronter les plus cauchemardesques des créatures: les marionnettes de la mort!

Où l'on retrouve le génial Rocambole, dans un nouvel épisode de ses palpitantes aventures contre le crime et l'injustice.

Imprimé en Italie
par LegoPrint.

PAO : Belle Page

Dépôt légal : août 2003
N° d'édition : 121085
ISBN 2-07-055274-8
Loi n° 49-956 du 16 juillet 1949
sur les publications
destinées à la jeunesse